AF617492

CASOS GANADOS
Responsabilidad Civil y Seguro

125 casos ganados

Cláusulas oponibles de los seguros

Marta López Valverde
Directora de **sepín** Responsabilidad Civil y Seguro

C/ Mahón, 8
28290 Las Rozas (Madrid)
Tel.: 91 352 75 51
www.sepin.es
sac@sepin.es

Precio: 34,90 euros (4 % IVA no incluido)

ISBN: 978-84-1053-942-6
Depósito legal: M-20048-2025

Producción gráfica: **sepín**, S. L.

Impresión: Service Point, S. A.

Presentación

Aunque la Ley 50/1980 de Contrato de Seguro fue pionera en el tratamiento en derecho español de las condiciones generales de los contratos, llama la atención que siendo los seguros unos contratos de adhesión, el legislador dentro de la normativa de seguros nunca se ha molestado en conceptuar o distinguir los diferentes tipos de cláusulas que contienen los condicionados de los seguros.

De hecho, si acudimos al art. 3 LCS, vemos que se citan unas condiciones generales y unas particulares, así como unas cláusulas limitativas, e incluso se habla de lesividad, pero no se definen sus características. Es por ello por lo que han sido los tribunales los que han tenido que determinar, mediante su función soberana de interpretación de los contratos, el cuándo, el cómo y el que de estas cláusulas y diferenciarlas de las delimitadoras y limitativas.

Es importante esta distinción por siendo delimitadoras son clausulas directamente oponibles al asegurado, esto es, la aseguradora puede hacer valer esa cláusula frente al asegurado, es decir, puede invocarla para limitar o excluir su responsabilidad en caso de siniestro, mientras que las limitativas han de cumplir con unos requisitos formales, como estar destacadas tipográficamente y haber sido expresamente aceptadas por escrito por el asegurado, y que si se cumplen son perfectamente validas y aplicables en caso de siniestro.

Así, en esta colección se han recopilado 125 resoluciones para mostrar cuales que cumpliendo con los requerimientos formales de la Ley de Contrato de Seguro, así como con las estipulaciones de los tribunales tienen validez y consecuentemente pueden ser oponibles frente al tomador, al asegurado y el tercero perjudicado, en las coberturas específicas de los seguros de tráfico, los multirriesgo de daños, los específicos de personas, los de comercio, los de responsabilidad civil, etc.

Marta López Valverde
Directora de **sepín** Responsabilidad Civil y Seguro

Sumario

Cláusulas oponibles al tomador, asegurado

Por ser delimitadoras del riesgo

Caso 1

Resumen: Sin cobertura de la pérdida de beneficios por paralización de actividad por la pandemia en el seguro de comercio, pues solo se cubre la paralización si estuviera ocasionada por alguno de los daños o pérdidas cubiertas por el contrato.

Sentencia: TS, Sala Primera, de lo Civil, Pleno, 604/2025, de 21 de abril. Recurso 8360/2022 (SP/SENT/1254694).

Argumentación jurídica: Decisión de la sala. Admisibilidad del recurso. Estimación. Asunción de la instancia. Desestimación de la demanda.

1. En primer lugar rechazamos los óbices de inadmisibilidad a que se refiere la recurrida, pues no se trata de causas de inadmisibilidad de las que esta sala considera absolutas, pues el recurso plantea una cuestión jurídica: si, a pesar de que en el condicionado general la pérdida económica por paralización de la actividad del negocio se vincula a las paralizaciones que sean consecuencia de los eventos y daños cubiertos por el propio contrato, la interpretación de la expresión "riesgos extensivos" que se utiliza en la póliza para describir la extensión de las coberturas del seguro, permite entender que se cubren las pérdidas por paralización debida a cualquier causa, incluida la paralización motivada por las resoluciones administrativas que se adoptaron durante la pandemia del Covid-19.

2. A la vista de lo alegado por ambas partes, y dada la acumulación de argumentos que se contienen en la sentencia recurrida, debemos precisar lo siguiente.

La Audiencia, según afirma asumiendo lo razonado por el juzgado, descarta que pueda negarse la cobertura del seguro aplicando la cláusula de las condiciones generales por la que se excluyen los perjuicios por interrupción de la actividad comercial por restricciones al negocio fijadas por las autoridades. La razón es que esa cláusula, que dice la Audiencia sería limitativa, figura en la actualización de la póliza de septiembre de 2020, después del siniestro, pero no en la póliza suscrita por las partes en el año 2019, a cuyas cláusulas concretas, contenidas en los documentos 2 y 3 aportados por la demandante, debe estarse.

Al mismo tiempo la Audiencia, confirmando el criterio del juzgado, entiende que dada la oscuridad del concepto "riesgos extensivos" que se utiliza en la póliza, y dado que es un contrato de adhesión, procede una interpretación de la cláusula que se refiere a riesgos extensivos en el sentido de que incluye la paralización de la pandemia.

3. Frente a esta argumentación se alza la aseguradora y lo que dice es verdad. Si, asumiendo el planteamiento de la sentencia recurrida, de lo que se trata es de interpretar qué son los "riesgos extensivos", no hay oscuridad ninguna, pues en el propio condicionado en el que se utiliza esa expresión, al referirse a la extensión de las garantías, se enumeran una serie de eventos que quedan cubiertos por el seguro. No habría cláusula oscura que interpretar, pues el propio clausulado describe qué son los riesgos extensivos (fenómenos atmosféricos. Inundación. Derrame y extracción de lodos. Actos de vandalismo o malintencionados. Acción del humo u hollín. Impacto de animales y vehículos terrestres, marítimos o aéreos. Ondas sónicas. Derrame o escape accidental de las instalaciones automáticas de extinción de incendios. Bienes temporalmente desplazados).

4. Por otra parte, en el mismo condicionado se vincula también, como advierte la recurrente, la cobertura opcional de pérdida de beneficios con la paralización que se origine como consecuencia de los eventos que se mencionan en la póliza.

Siguiendo este razonamiento, sí sería oportuno valorar si las cláusulas que vinculan a determinados siniestros la indemnización por pérdidas por el cierre del negocio están delimitando el riesgo, es decir, fijando qué riesgos, en caso de producirse, hacen surgir el derecho del asegurado a la prestación o si, por el contrario, restringen, condicionan o modifican el derecho del asegurado, y por tanto la indemnización, cuando el riesgo del objeto del seguro se hubiera producido, de modo que, por ser limitativas, estarían sujetas a los requisitos previstos en el art. 3 LCS.

5. En el contrato litigioso, que no tiene por objeto exclusivamente la pérdida de beneficios (*cfr.* art. 67 LCS, que prohíbe para el caso de que sea ese el objeto exclusivo del contrato la predeterminación del importe de la indemnización), la pérdida de beneficios diaria contratada a razón de 150 euros diarios por un máximo de 90 días, no sería una cobertura autónoma que protegiera al asegurado frente a cualquier situación que suponga una paralización de su negocio, incluida por tanto la derivada de las restricciones sanitarias durante la pandemia. La cláusula que vincula la cobertura a que las pérdidas se produzcan «a consecuencia de los acontecimientos delimitados en el contrato» sería una cláusula delimitadora, en los mismos términos utilizados en el art. 66 LCS para referirse al seguro de pérdida de beneficios por paralización de la empresa.

6. De acuerdo con lo razonado, procede la estimación del recurso de casación, pues no resulta correcta la aplicación de la doctrina de la interpretación contra *stipulatorem* al amparo del art. 1.288 CC (que requiere una cláusula oscura) para interpretar que los "riesgos extensivos" permiten incluir los daños por paralización de la pandemia, cuando hay otras cláusulas que, de una parte, permiten identificar qué debe entenderse cuando se alude a los riesgos extensivos y, de otra parte, vinculan la pérdida económica por paralización de la actividad del negocio a las que sean consecuencia de los eventos y daños cubiertos por el propio contrato.

7. Al estimar el recurso de casación y, por las mismas razones, el recurso de apelación interpuesto por la demandada, debemos analizar la pretensión de la actora ejercitada en su demanda.

En este caso, debemos partir de que la cláusula de cuya interpretación se han ocupado erróneamente tanto el juzgado como la Audiencia, y en la que se alude a la cobertura opcional de pérdida de beneficios y a los "riesgos extensivos", se encuentra en unas condiciones generales que, como señala la demandante, se refieren a un contrato que no estaba en vigor cuando se produjo el cierre del establecimiento por el que se reclama. Así lo han aceptado las dos sentencias de instancia (aunque, paradójicamente, se hayan pronunciado sobre la interpretación y aplicación de algunas de sus cláusulas).

De esta forma, tal como apuntó la Audiencia (aunque luego no terminara de ser coherente con esta premisa), reiterando lo señalado por el juzgado, debe estarse a las cláusulas concretas contenidas en los documentos 2 y 3 aportados por la demandante.

8. La actora aportó como documento 2 la póliza con las "condiciones particulares y especiales", en las que se fijaba la cobertura contratada en 90 los días de indemnización para la "pérdida de beneficios diaria" y en 150 euros de límite diario de indemnización, con un límite de indemnización de 13 500,00 euros.

Para fundamentar su pretensión, la actora afirmó que "*esa indemnización asociada a la garantía por «pérdida de beneficios» tiene el objeto de resarcir al asegurado de los daños o perjuicios que sufra a consecuencia del cierre de su negocio/paralización de su actividad como expresamente recoge la propia entidad aseguradora, dentro de la póliza «Caser Comercio» bajo su apartado «Qué se asegura» en su propia web*".

Para acreditar lo que decía, la actora acompañaba a la demanda como documento 3 un pdf denominado "Seguro de Comercio. Caser seguros. Documento de información sobre el producto de seguro".

Ahora bien, realmente, lo que se dice de forma literal en el pdf extraído de la web, según el documento aportado por la propia demandante, es: "*¿Qué se asegura? (...) Pérdida de beneficios diaria por paralización de la actividad a causa de un daño y/o pérdida cubierto por el contrato (...)*".

Es decir, es la propia actora, quien, considerando insuficiente para fundar su reclamación la cláusula de las condiciones particulares que se limita a describir la cobertura como "*pérdida de beneficios diaria*", la pone en relación con la información que aparece en la página web de la entidad sobre "*pérdida de beneficios diaria por paralización de la actividad*". De esta forma, excluyendo que la pérdida de beneficios cubierta pueda tener cualquier origen, la propia demandante argumenta que la indemnización asociada tiene el objeto de resarcir al asegurado de los daños o perjuicios que sufra a consecuencia del cierre de su negocio/paralización de su actividad.

La actora, sin embargo, en la transcripción que hace en la demanda de la información que ella misma aporta, prescinde de la parte de la cláusula que no le interesa, y según la cual, la paralización de la actividad debe ser "*a causa de un daño y/o pérdida cubierto por el contrato*".

De esta forma, resulta que en el contrato, de acuerdo con la documentación aportada por la actora, el derecho de la asegurada a la prestación de pérdida de beneficios por paralización de la actividad solo surgiría si la paralización estuviera ocasionada por alguno de los daños o pérdidas cubiertas por el contrato (según la misma información aportada por la demandante como documento 3, y en términos semejantes a los expuestos por la demandada: incendio, explosión, rayo, fenómenos atmosféricos, inundación, vandalismo y un largo etcétera), lo que en el caso no ha sucedido. La demandante no funda su pretensión en la paralización de su actividad como consecuencia de ninguno de los daños previstos en el contrato, sino por la paralización motivada por las resoluciones administrativas que se adoptaron durante la pandemia del covid-19. En consecuencia, desestimamos la demanda.

Caso 2

Resumen: La exclusión de actividades intrínsecamente peligrosas como la práctica del automovilismo o el motociclismo, o las carreras de cuatrimotos, deben ser consideradas como cláusulas delimitadoras del riesgo y no cláusulas limitativas.

Sentencia: TS, Sala Primera, de lo Civil, 1679/2024, de 16 de diciembre. Recurso 691/2020 (SP/SENT/1241344).

Argumentación jurídica: Cláusulas delimitadoras del riesgo y cláusulas limitativas. Desestimación de los motivos.

1. En cuanto a la distinción entre cláusulas de delimitación de cobertura y cláusulas limitativas, las primeras concretan el objeto del contrato y fijan los riesgos que, en caso de producirse, hacen surgir en el asegurado el derecho a la prestación por constituir el objeto del seguro. Mientras que las cláusulas limitativas restringen, condicionan o modifican el derecho del asegurado a la indemnización o a la prestación garantizada en el contrato, una vez que el riesgo objeto del seguro se ha producido.

La sentencia 853/2006, de 11 de septiembre, sienta una doctrina, recogida posteriormente en otras muchas resoluciones de esta sala, (*verbigracia* sentencias núm. 1051/2007, de 17 de octubre; 598/2011, de 20 de julio; y 661/2019, de 12 de diciembre), según la cual son estipulaciones delimitadoras del riesgo aquellas que tienen por finalidad delimitar el objeto del contrato, de modo que concretan: (i) qué riesgos constituyen dicho objeto; (ii) en qué cuantía; (iii) durante qué plazo; y (iv) en que ámbito temporal.

Se trata, pues, como advertimos en las sentencias 273/2016, de 22 de abril, y 548/2020, de 22 de octubre, de individualizar el riesgo y de establecer su base objetiva, eliminar ambigüedades y concretar la naturaleza del riesgo en coherencia con el objeto del contrato o con arreglo al uso establecido, siempre que no delimiten el riesgo en forma contradictoria con las condiciones particulares del contrato o de manera infrecuente o inusual (cláusulas sorprendentes).

2. Por su parte, las cláusulas limitativas de derechos se dirigen a condicionar o modificar el derecho del asegurado y por tanto la indemnización, cuando el riesgo objeto del seguro se hubiere producido. Deben cumplir los requisitos formales previstos en el art. 3 LCS, de

manera que deben ser destacadas de un modo especial y han de ser expresamente aceptadas por escrito; formalidades que resultan esenciales para comprobar que el asegurado tuvo un exacto conocimiento del riesgo cubierto (sentencias 268/2011, de 20 de abril; 516/2009, de 15 de julio; 76/2017, de 9 de febrero; y 1479/2023, de 23 de octubre).

La jurisprudencia de esta sala ha determinado, de forma práctica, el concepto de cláusula limitativa, referenciándolo al contenido natural del contrato, en relación con el alcance típico o usual que corresponde a su objeto, con arreglo a lo dispuesto en la ley o en la práctica aseguradora (sentencias 273/2016, de 22 de abril; 58/2019, de 29 de enero; 609/2019, de 14 de noviembre; 421/2020, de 14 de julio; 1479/2023, de 23 de octubre; y 423/2024, de 1 de abril).

3. Desde este punto de vista, si tenemos en cuenta la definición y la funcionalidad de los seguros de personas contratados (tres de vida y uno de accidentes, todos ellos con cobertura de invalidez o incapacidad permanente) no es contrario a su contenido natural que se excluyan los riesgos de actividades intrínsecamente peligrosas como la práctica del automovilismo o el motociclismo, o las carreras de cuatrimotos, que pueden tener incidencia causal directa en la vida, la salud o la integridad corporal del asegurado. Por lo que deben ser consideradas, como correctamente hace la Audiencia Provincial, cláusulas delimitadoras del riesgo y no cláusulas limitativas.

Podría albergarse alguna duda respecto del seguro de accidentes, puesto que es jurisprudencia de la sala que, con carácter general, las restricciones a la definición de la cobertura de accidentes que se contiene en el art. 100 LCS constituyen cláusulas limitativas (sentencias 704/2006, de 7 de julio, y 402/2015, de 14 de julio). Pero debe tenerse en cuenta que, según consta probado y queda incólume en casación, respecto de esa póliza ya hizo constar el asegurado en su declaración que no deseaba cubrir el riesgo ni de motos de más de 250 CC, ni de quads de cualquier cilindrada, y en cuanto a los riesgos excluidos (firmados por el asegurado a pie de página) se hacía mención expresa a los ocasionados por la utilización de quads de cualquier cilindrada. Por lo que el asegurado era plenamente consciente de las limitaciones y exclusiones del aseguramiento que estaba contratando, que al fin y a la postre es la finalidad del art. 3 LCS y entronca con la doctrina de las cláusulas sorprendentes que ha utilizado esta sala para la conceptuación de determinas cláusulas de los contratos de seguro (por todas, sentencia 273/2016, de 22 de abril).

Caso 3

Resumen: La exclusión de cobertura por robo por negligencia grave del asegurado, del tomador del seguro o de sus trabajadores, es delimitadora por lo que es correcta la falta de cobertura pues hubo participación en el robo de la dependienta del local.

Sentencia: TS, Sala Primera, de lo Civil, 423/2024, de 1 de abril. Recurso 5684/2019 (SP/SENT/1217139).

Argumentación jurídica: El motivo primero denuncia la infracción e indebida aplicación del art. 3 de la Ley del Contrato de Seguro (en adelante, LCS), y la jurisprudencia que lo interpreta, en concreto la contenida en las sentencias 5/2004, de 26 de enero, 1033/2005, de 30 de diciembre, la 741/2011, de 25 de octubre, y la 489/2012, de 19 de julio, relativas a la distinción entre clausulas delimitadoras del riesgo y cláusulas limitativas de los derechos del asegurado. La infracción se habría producido porque la sentencia recurrida califica la cláusula 4.8 del condicionado general como una cláusula limitativa de derechos del asegurado, cuando esa cláusula no merece esa calificación, sino la de delimitadora del riesgo.

El motivo tercero denuncia la infracción de los arts. 50 y 52 LCS y la jurisprudencia que los interpreta, contenida en las sentencias 692/1089, de 10 de mayo, y 549/1997, de 19 de junio, en relación con el concepto de sustracción ilegítima por parte de tercero y la negligencia grave del empleado en los supuestos de robo. Conforme al art. 52 LCS, el asegurador no viene obligado, salvo pacto en contrario, a indemnizar el siniestro cuando este se haya causado por negligencia grave del asegurado, del tomador del seguro o de las personas que de ellos dependen o con ellos convivan. Y, en este caso, no solo ha habido negligencia de una dependienta, sino una participación voluntaria o dolosa en el devenir del siniestro. De tal forma que para la recurrente *"la cláusula de «infidelidad de empleados» que ha sido objeto de análisis en los anteriores motivos del recurso es la traslación o incorporación al contrato de seguro de lo que dispone el art. 52.1 LCS, pues la doctrina es unánime al considerar que tal concepto se corresponde con el de mala fe a que hace expresa mención el art. 19 LCS para excluir el deber de indemnización del asegurador en caso de que el asegurado haya causado el siniestro con mala fe.*

2. Resolución del tribunal. Procede estimar ambos motivos por las razones que exponemos a continuación.

La jurisprudencia de la sala sobre cláusulas de delimitación de cobertura y clausulas limitativas, tal y como consta recogida en la sentencia 609/2019, de 14 de noviembre, parte de una primera apreciación general, según la cual" (...) las primeras —cláusulas de delimitación de cobertura— concretan el objeto del contrato y fijan los riesgos que, en caso de producirse, hacen surgir en el asegurado el derecho a la prestación por constituir el objeto del seguro. Mientras que las cláusulas limitativas restringen, condicionan o modifican el derecho del asegurado a la indemnización o a la prestación garantizada en el contrato, una vez que el riesgo objeto del seguro se ha producido.

"La sentencia 853/2006, de 11 de septiembre, sienta una doctrina, recogida posteriormente en otras muchas resoluciones de esta sala, (verbigracia sentencias núm. 1051/2007, de 17 de octubre; y 598/2011, de 20 de julio), según la cual son estipulaciones delimitadoras del riesgo aquellas que tienen por finalidad delimitar el objeto del contrato, de modo que concretan: (i) qué riesgos constituyen dicho objeto; (ii) en qué cuantía; (iii) durante qué plazo; y (iv) en que ámbito temporal.

Otras sentencias posteriores, como la núm. 82/2012, de 5 de marzo, entienden que debe incluirse en esta categoría la cobertura de un riesgo, los límites indemnizatorios y la cuantía asegurada. Se trata, pues, como dijimos en la sentencia núm. 273/2016, de 22 de abril, de individualizar el riesgo y de establecer su base objetiva, eliminar ambigüedades y concretar la naturaleza del riesgo en coherencia con el objeto del contrato o con arreglo al uso esta-

blecido, siempre que no delimiten el riesgo en forma contradictoria con las condiciones particulares del contrato o de manera infrecuente o inusual (cláusulas sorprendentes).

Por su parte, las cláusulas limitativas de derechos se dirigen a condicionar o modificar el derecho del asegurado y por tanto la indemnización, cuando el riesgo objeto del seguro se hubiere producido. Deben cumplir los requisitos formales previstos en el art. 3 LCS, de manera que deben ser destacadas de un modo especial y han de ser expresamente aceptadas por escrito; formalidades que resultan esenciales para comprobar que el asegurado tuvo un exacto conocimiento del riesgo cubierto (sentencias 268/2011, de 20 de abril; 516/2009, de 15 de julio; y 76/2017, de 9 de febrero).

La jurisprudencia de esta sala ha determinado, de forma práctica, el concepto de cláusula limitativa, referenciándolo al contenido natural del contrato, en relación con el alcance típico o usual que corresponde a su objeto, con arreglo a lo dispuesto en la ley o en la práctica aseguradora (sentencias 273/2016, de 22 de abril; y 58/2019, de 29 de enero)".

En nuestro caso, el seguro concertado es un seguro de daños, en la modalidad de robo, cuyo contenido natural viene conformado también por su regulación legal, en concreto por los arts. 50 y ss. LCS.

El art. 50 LCS prescribe que, "*por el seguro contra robo, el asegurador se obliga, dentro de los límites establecidos en la Ley y en el contrato a indemnizar los daños derivados de la sustracción ilegítima por parte de terceros de las cosas aseguradas*". Y dentro de esta delimitación legal, el art. 52 LCS establece lo siguiente:

El asegurador, salvo pacto en contrario, no vendrá obligado a reparar los efectos del siniestro cuando este se haya producido por cualquiera de las siguientes causas:

Primera. Por negligencia grave del asegurado, del tomador del seguro o de las personas que de ellos dependan o con ellos convivan.

Segunda. Cuando el objeto asegurado sea sustraído fuera del lugar descrito en la póliza o con ocasión de su transporte, a no ser que una u otras circunstancias hubieran sido expresamente consentidas por el asegurador.

Tercera. Cuando la sustracción se produzca con ocasión de siniestros derivados de riesgos extraordinarios".

Esto supone que, aunque cabe pactar otra cosa, en principio, forma parte del contenido natural del seguro de robo que quede fuera de la cobertura el siniestro (robo) producido "*por negligencia grave del asegurado, del tomador del seguro o de las personas que de ellos dependan o con ellos convivan*". En el caso de un seguro que pretende cubrir el robo en un establecimiento, debe entenderse que esta exclusión legal, salvo pacto en contrario, afecta a los dependientes de la tienda o local. De tal forma que, si la ley entiende que, salvo pacto en contrario, el siniestro (robo) propiciado por la negligencia del asegurado o sus dependientes queda fuera de la cobertura del seguro de robo, con mayor razón lo está el robo que se realiza con la participación de la dependienta del local, que le mereció la condena penal como coautora del robo.

Siendo este el contenido natural del contrato de seguro de robo, una cláusula que no garantiza los daños que resulten de "*la infidelidad de los empleados al servicio del Asegurado*", no merece la calificación limitativa de derechos, sino que más bien delimita el riesgo cubierto en línea con lo que cabía esperar de un seguro de robo a la vista de su regulación legal.

3. La estimación de estos dos motivos, además de hacer innecesario el análisis los restantes motivos, conlleva la casación de la sentencia de apelación, que dejamos sin efecto. Al asumir la instancia, las mismas razones expuestas para casar la sentencia conducen a desestimar el recurso de apelación y a confirmar la sentencia de primera instancia.

Caso 4

Resumen: La cláusula del seguro de responsabilidad civil patronal que define cuál es la conducta infractora del empresario que en caso de accidente de un empleado dará lugar a la cobertura, es delimitadora.

Sentencia: TS, Sala Primera, de lo Civil, 1479/2023, de 23 de octubre. Recurso 5499/2018 (SP/SENT/1199087).

Argumentación jurídica: Decisión de la Sala: la cláusula litigiosa es delimitadora del riesgo.

1. En cuanto a la distinción entre cláusulas de delimitación de cobertura y cláusulas limitativas, las primeras concretan el objeto del contrato y fijan los riesgos que, en caso de producirse, hacen surgir en el asegurado el derecho a la prestación por constituir el objeto del seguro. Mientras que las cláusulas limitativas restringen, condicionan o modifican el derecho del asegurado a la indemnización o a la prestación garantizada en el contrato, una vez que el riesgo objeto del seguro se ha producido.

La Sentencia 853/2006, de 11 de septiembre, sienta una doctrina, recogida posteriormente en otras muchas resoluciones de esta sala, (verbigracia sentencias núm. 1051/2007, de 17 de octubre; 598/2011, de 20 de julio; y 661/2019, de 12 de diciembre), según la cual son estipulaciones delimitadoras del riesgo aquellas que tienen por finalidad delimitar el objeto del contrato, de modo que concretan: (i) qué riesgos constituyen dicho objeto; (ii) en qué cuantía; (iii) durante qué plazo; y (iv) en que ámbito temporal.

Se trata, pues, como advertimos en las sentencias 273/2016, de 22 de abril, y 548/2020, de 22 de octubre, de individualizar el riesgo y de establecer su base objetiva, eliminar ambigüedades y concretar la naturaleza del riesgo en coherencia con el objeto del contrato o con arreglo al uso establecido, siempre que no delimiten el riesgo en forma contradictoria con las condiciones particulares del contrato o de manera infrecuente o inusual (cláusulas sorprendentes).

2. Por su parte, las cláusulas limitativas de derechos se dirigen a condicionar o modificar el derecho del asegurado y por tanto la indemnización, cuando el riesgo objeto del seguro se hubiere producido. Deben cumplir los requisitos formales previstos en el art. 3 LCS, de manera que deben ser destacadas de un modo especial y han de ser expresamente aceptadas por escrito; formalidades que resultan esenciales para comprobar que el asegurado

tuvo un exacto conocimiento del riesgo cubierto (Sentencias 268/2011, de 20 de abril; 516/2009, de 15 de julio; y 76/2017, de 9 de febrero).

La jurisprudencia de esta sala ha determinado, de forma práctica, el concepto de cláusula limitativa, referenciándolo al contenido natural del contrato, en relación con el alcance típico o usual que corresponde a su objeto, con arreglo a lo dispuesto en la ley o en la práctica aseguradora (sentencias 273/2016, de 22 de abril; 58/2019, de 29 de enero; 609/2019, de 14 de noviembre; y 421/2020, de 14 de julio).

3. Desde este punto de vista, si tenemos en cuenta la definición y la funcionalidad del seguro de responsabilidad civil patronal antes indicadas, en el contrato que la asegure debe describirse cuál es la conducta infractora del empresario en relación con su empleado que, en caso de accidente, dará lugar a la cobertura por parte de la aseguradora. Para ello, la cláusula litigiosa establece tres condiciones acumulativas: (i) que haya existido un incumplimiento por parte del asegurado de la normativa que rige la materia (seguridad laboral); (ii) que exista relación de causalidad directa entre dicho incumplimiento y el accidente sufrido por el trabajador; y (iii) que se haya incoado un procedimiento administrativo ante el INSS o judicial en la jurisdicción social.

Esta descripción del riesgo no puede considerarse limitativa de los derechos del asegurado, puesto que precisamente lo que hace es definir el objeto del contrato y fijar los riesgos que, en caso de producirse, hacen surgir en el asegurado el derecho a la prestación por constituir el objeto del seguro. Es decir, no solo no desnaturaliza el contrato, sino que se adapta a su funcionalidad jurídica y económica.

4. Lo expuesto debe conducir a la desestimación del recurso de casación.

Caso 5

Resumen: La exclusión de cobertura por los siniestros de embarcaciones gobernadas por quienes no tengan la titulación oficial necesaria es clausula delimitadora que se expresa en términos claros y fácilmente comprensibles.

Sentencia: TS, Sala Primera, de lo Civil, 1013/2023, de 21 de junio. Recurso 5066/2020 (SP/SENT/1187833).

Argumentación jurídica: Primer motivo de casación. Planteamiento.

1. El primer motivo de casación denuncia la infracción del art. 1.288 CC, en relación con el art. 3 de la Ley de Contrato de Seguro (LCS) y la jurisprudencia de esta sala sobre la aplicación de la regla *contra proferentem* (Sentencias 676/2008, de 15 de julio, y 251/2013, de 24 de abril).

2. En el desarrollo del motivo, la parte recurrente alega, resumidamente, que la Audiencia Provincial, pese a considerar que los apartados 9 y 10 de las Institute Yacht Clauses tienen carácter complementario con las condiciones generales, acaba otorgando preferencia a estas. De tal modo que en las condiciones particulares, donde consta la aplicación de las condiciones inglesas, no figura la exclusión de cobertura por falta de titulación del patrón, que sí consta de modo oscuro y sin resaltar en las condiciones generales.

En suma, se le da consideración de cláusula de delimitación de cobertura a una cláusula limitativa que debería reunir los requisitos del art. LCS.

QUINTO. **Decisión de la Sala. Cláusulas delimitadoras del riesgo y cláusulas limitativas**

1. Como recuerda la sentencia 100/2022, de 7 de febrero, como regla general, la contradicción entre condiciones particulares y condiciones generales debe resolverse a favor de las primeras, salvo que las generales resulten más favorables para el adherente (art. 6.1 LCGC). Pero en este caso realmente no hay contradicción, porque el hecho de que las condiciones particulares no incluyeran una exclusión de cobertura por falta de titulación del patrón, no quiere decir que quedara sin efecto la que sí estaba expresamente contenidas en las condiciones generales.

2. El art. 2 de las condiciones generales de la póliza de seguro marítimo suscrita entre las partes, bajo el epígrafe "*Riesgos excluidos con carácter general*", contiene en el apartado 8, en negrita, el siguiente texto:

"Siniestros y sus consecuencias que ocurran cuando la persona que gobierne la embarcación no haya cumplido con los requisitos previstos por las leyes que regulan los títulos a exigir para el manejo de cada tipo de embarcación de recreo".

3. Esta delimitación de cobertura debe ponerse en conexión con las previsiones legales al respecto, que exigen, según el tipo de embarcación, una determinada titulación (en este caso, el Real Decreto 875/2014, de 10 de octubre, por el que se regulan las titulaciones náuticas para el gobierno de las embarcaciones de recreo). De tal manera que la expresión contractual de una obligación legal para el ejercicio de la actividad asegurada no puede considerarse una cláusula limitativa. Sin que tampoco pueda ser calificada como cláusula sorprendente, pues lo sorpresivo sería lo contrario, que la compañía de seguros asegurase la navegación sin la acreditación de los conocimientos necesarios para ello, puesto que como declararon las sentencias 622/1998, de 29 de junio, y 160/2020, de 10 de marzo, "*la falta de titulación supone una presunción de impericia*".

Por lo que no cabe apreciar infracción del art. 3 LCS, ni de la jurisprudencia que lo interpreta.

4. Igualmente, no cabe tachar la cláusula controvertida como oscura o ininteligible. Al contrario, la póliza se expresa en términos claros y fácilmente comprensibles, al indicar que no cubrirá los siniestros de embarcaciones gobernadas por quienes no tengan la titulación oficial necesaria para ello. Por lo que tampoco existe infracción del art. 1.288 CC.

5. En su virtud, el primer motivo de casación debe ser desestimado.

Caso 6

Resumen: Desestimación al calificar la cláusula de cobertura por paralización de actividad, recogida en las condiciones generales, como delimitadora del riesgo, por lo que la aseguradora solo está obligada a indemnizar los riesgos objeto de cobertura.

Sentencia: AP Navarra, Sec. 3.ª, 896/2024, de 12 de julio. Recurso 677/2022 (SP/SENT/1238556).

Argumentación jurídica: En el presente caso en el Condicionado Particular de ambas pólizas, dentro de las Garantías y Sumas aseguradas consta:

Pérdida de beneficios: 721

Modalidad asegurada: indemnización diaria

Período de indemnización: Tres meses.

A su vez en las CONDICIONES GENERALES aportadas por la demandada consta dentro del apartado Condiciones generales de garantía, en el ART. 3 OBJETO Y ALCANCE DEL SEGURO: GARANTIAS OPTATIVAS:

3.5. Pérdida de beneficios

Se garantizan las pérdidas que ocasione la paralización temporal, total o parcial, de la actividad del establecimiento asegurado como consecuencia de un siniestro amparado por los epígrafes 2.1 Incendio y complementarias, 2.4 Extensión de garantías y 2.6 Daños por agua, del artículo 2 de estas condiciones generales de garantías, siempre que figuren como incluidos en las condiciones particulares de la póliza.

Esta garantía se condiciona a la reanudación efectiva de la actividad asegurada después del siniestro. No obstante, si por fuerza mayor y con independencia de su voluntad, el Asegurado se viere en la imposibilidad de seguir la explotación del negocio, tendrá derecho a una compensación exclusivamente por los gastos generales permanentes, realizados hasta el momento en que pudo tener conocimiento de la imposibilidad de la explotación. El límite de indemnización no podrá superar el capital indicado en las condiciones particulares.

Antes de calificar dichas clausulas contenidas en el condicionado de la póliza nos referimos de nuevo a la resolución anteriormente transcrita dictada por esta Sección 3.º, siguiendo a la SAP de Pontevedra de 8 de julio de 2022:

"la mera inclusión como riesgo opcional de la Pérdida de Explotación es totalmente incompleta ante la ausencia de un elemento esencial del contrato que es la descripción del siniestro causante de la pérdida del rendimiento económico. De forma que su descripción en las condiciones generales no solo no es contradictoria con las condiciones particulares, sino plenamente complementaria para recoger todos los elementos esenciales del contrato, al describir el objeto del contrato, el objeto de cobertura, conforme al concepto de contrato de seguro de lucro cesante establecido en la propia Ley de Contrato de Seguro".

Conforme a ello y aplicando la postura jurisprudencial reiterada por el TS debemos concluir que es en el artículo 16 de las Condiciones Generales donde se describe la cobertura del siniestro causante de la pérdida que es imprescindible para delimitar el objeto del contrato respecto de esa a ya que, sin esa descripción del riesgo, está quedaría totalmente indeterminada por falta de mención del siniestro que desencadena la cobertura. Concluimos, por tanto, que la cláusula claramente efectúa una delimitación positiva del riesgo porque concreta que la paralización de actividad solo es objeto de cobertura en los supuestos expresamente previstos. En este sentido nos remitimos a las STS 853/2006, de 11 de septiembre, y la 498/2016, de 19 de julio, establecen que son estipulaciones delimitadoras del riesgo aquellas que tienen por finalidad delimitar el objeto del contrato. Este es el criterio prácticamente unánime de las Audiencias Provinciales al resolver los litigios sobre reclamaciones en materia de seguros por la pérdida de beneficios a consecuencia de la paralización de la actividad por la pandemia del COVID. Cabe citar al respecto las sentencias de la Audiencia Provincial de Cantabria (2.ª) de 5 de junio y 17 de abril de 2023; A Coruña (5.ª) de 4 de mayo de 2023 y (6.ª) de 25 de enero de 2023; Palma de Mallorca (4.ª) de 27 de abril de 2023; Oviedo, (5.ª) de 5 de abril de 2023 y (7.ª) de 16 de febrero de 2023 y 25 de octubre de 2022; Murcia (4.ª) de 30 de marzo de 2023; Vizcaya (4.ª) de 27 de enero de 2023; Valencia (1.ª) de 24 de enero de 2023; Salamanca (1.ª) de 9 de enero de 2023; Valladolid (1.ª) de 24 de enero de 2023; Girona (1.ª) de 19 de diciembre de 2022; Logroño (1.ª) de 23 de noviembre de 2022; Pontevedra de 18 de julio de 2022; Barcelona (15.ª), n.º 1251/2022 de 20 de julio; Zaragoza (5.ª) de 13 de julio; Granada (4.ª), n.º 251/2022 de 21 de septiembre y de 30 de septiembre y (3.ª) de 7 de octubre de 2022; SAP Palma de Mallorca, Sección 4.ª, n.º 473/2022 de 30 de septiembre; Murcia de 28 de febrero de 2022; entre otras. Insistiéndose por la recurrente en la postura recogida en la sentencia dictada por la Audiencia Provincial de Gerona dictada el 3 de febrero de 2021 y que aportaba junto con su demanda hemos de poner de manifiesto que posteriormente en sentencia dictada el 19 de diciembre de 2022 se pronuncia en sentido contrario al señalar: "***Como se desprende de ambos preceptos [63 y 66 LCS], lo relevante para determinar el alcance de la cobertura de la pérdida de beneficios por paralización de la actividad es examinar cuales son aquellos acontecimientos expresados en el contrato. Ante ello, es claro que cuando en las condiciones generales se indica lo que debe entenderse por siniestro indemnizable aquel daño material directo cubierto por la póliza que origine pérdidas económicas al asegurado, se está delimitando el riesgo, conforme disponen los artículos 11 mencionados y, por lo tanto, no se trataría de una cláusula limitativa de derechos, sino de una cláusula delimitadora del riesgo. no cabe duda de que la cláusula relativa a la cobertura por paralización de actividad, recogida en las páginas 51 y 52 de las condiciones generales, es delimitadora del riesgo, es decir, configura el objeto del seguro, no pudiendo defenderse seriamente que sea limitativa por el hecho de que contenga exclusiones y hay que entender que lo no incluido expresamente en dicho objeto está fuera de cobertura sin necesidad de que el contrato mencione expresamente todo el universo de supuestos no comprendidos en ese objeto, como la paralización del negocio por la pandemia del Covid, y sin que esta omisión pueda tomarse como una restricción de los derechos del asegurado que necesite de un especial consentimiento o aceptación. [...] debe interpretarse que la paralización de la actividad debe derivar de alguno de los acontecimientos delimitados en el contrato como exige el artículo 66 de la LCS, que no pueden ser otros que los riesgos asegurados (incendio, robo, agua, etc.), no encontrándose en ningún caso la paralización por decisión administrativa o legal, como ocurre con la prohibición***

***de apertura por el Real Decreto Ley del estado de alarma (En este sentido sentencia de la AP de Murcia de 28 de febrero del 2022, sentencia de la AP de Palencia de 16 de mayo del 2022, sentencia de la AP de 22 de julio del 2022, sentencia de la AP de Granada de 21 de septiembre del 2022 y dos sentencia de 25 de mayo del 2022 de esta Audiencia Provincial, que siguen el acuerdo no jurisdiccional de ambas secciones). En conclusión, debiendo calificarse la cláusula litigiosa como delimitadora del riesgo la consecuencia que de ellos se deriva es que no son aplicables las exigencias del artículo 3 de la LCS previstas para las cláusulas limitativas. En consecuencia, procede la íntegra desestimación del recurso interpuesto y la confirmación de la resolución*".**

Conforme a dicho criterio plenamente extrapolable al caso que nos ocupa, procede la desestimación del recurso interpuesto, al calificar la cláusula relativa a la cobertura por paralización de actividad, recogida en las condiciones generales, como delimitadora del riesgo, al entender que es una cláusula perfectamente aplicable al caso que nos ocupa y que por tanto la pérdida de beneficios objeto de cobertura debe ser interpretado en los términos en los que aparece recogida, esto es a la derivada de un siniestro expresamente amparado en la póliza.

Procede por ello la desestimación del recurso y la confirmación de la sentencia dictada.

Caso 7

Resumen: Se trata de una cláusula de exclusión totalmente legal, conducir a velocidades excesiva implica mala fe por el asegurado, el seguro no está obligado a asumir tales riesgos.

Sentencia: AP Navarra, Sec. 3.ª, 833/2024, de 4 de julio. Recurso 694/2022 (SP/SENT/1238553).

Argumentación jurídica: i) que la cláusula de exclusión es una cláusula limitativa de derechos sometida a las exigencias del art. 3 de la Ley de Contrato de Seguro o, como mínimo, debería estar sometida al régimen de aceptación del art. 8.3 de la misma LCS;

ii) que el riesgo asegurado no es un hecho doloso sino las consecuencias económicas del mismo y no cabe equiparar la mala fe civil del art. 19 LCS que implica la provocación del siniestro.

Ambos motivos se desestiman.

En las sentencias de esta Sección 160/2004 de 16 de septiembre y 162/2004, del día siguiente, ya se hacía referencia a que, conforme a la jurisprudencia, las cláusulas como la que aquí tratamos "*es una cláusula delimitadora del riesgo, y por ello en principio no era necesario que fuera aceptada específicamente por el asegurado*", si bien en el caso de que no se incluyera en la condiciones particulares de la póliza y, sin embargo, se introdujera "*subrepticiamente*" en el condicionado general, podía entenderse que se trataba de "*cláusulas que por su contenido distorsionen el riesgo descrito en el condicionado particulares*".

De otro lado, según el artículo 19 de la Ley de Contrato de Seguro: "*El asegurador estará obligado al pago de la prestación, salvo en el supuesto de que el siniestro haya sido causado por mala fe del asegurado*". La inasegurabilidad de los actos intencionados es consustancial al contrato de seguro, en el que el componente aleatorio debe ser ajeno a la voluntad e intencionalidad del asegurado, puesto que de lo contrario se elimina la incertidumbre del riesgo a que se refiere el art. 1 LCS.

Al respecto el Tribunal Supremo ha declarado en Sentencia 799/2022,de 22 de noviembre, en un supuesto en que la conducta delictiva consistió en conducir el asegurado su vehículo a una velocidad de 120 kilómetros por hora en una zona urbana con limitación de la velocidad a 50 kilómetros por hora, que: "*no se trata de una limitación de los derechos del asegurado sometida a los requisitos de transparencia del*

art. 3 LCS, sino de un supuesto de inasegurabilidad del daño por mala fe del asegurado".

Se señala en esta sentencia que:

"*El delito contra la seguridad vial del art. 379.1 del Código Penal es un delito de riesgo de naturaleza dolosa (...). Asimismo, debe tenerse en cuenta que el delito contra la seguridad del tráfico por exceso de velocidad es de mera actividad, de peligro abstracto, en el que la consumación se produce con la realización de la acción y la puesta en peligro del bien jurídico protegido, sin que sea necesario que se produzca un resultado lesivo entendido como una modificación del mundo exterior perceptible por los sentidos (...) al ser plenamente consciente el asegurado de la existencia de la limitación de velocidad, reforzada por la ubicación de un radar, es patente la intencionalidad de su conducta. Consciencia de la ilicitud que fulminó la aleatoriedad del contrato, al depender de la mera voluntad del asegurado la producción del siniestro y, derivadamente, el pago de la indemnización. Por lo que la sentencia recurrida aplicó correctamente el art. 19 LCS.*

No siendo equiparable este caso a los de conducción bajo la influencia de bebidas alcohólicas, a los que se han referido otras sentencias de esta sala, por cuanto en ellos, en palabras de la sentencia 704/2006, de 7 de julio: «[n]o se demuestra por sí misma una intencionalidad en la producción del accidente, ni siquiera la asunción de un resultado altamente probable y representado por el sujeto como tal, sino solo un acto ilícito administrativo o delictivo según las circunstancias»".

Y viene a concluir que, conductas como la llevada a cabo por el demandante en el presente caso, integra una intencionalidad del asegurado en la provocación del siniestro "*que es precisamente lo que excluye el art. 19 LCS, de forma que, como antes referimos no estamos ante una limitación de los derechos del asegurado sometida a los requisitos de transparencia del art. 3 LCS, sino de un supuesto de inasegurabilidad del daño por mala fe del asegurado*".

Caso 8

Resumen: Desestimación de falta de conocimiento del asegurado por no haber entregado al Asegurado copia de las condiciones generales pues es el propio demandante quien acredita que tenía conocimiento de tales condiciones.

Sentencia: AP Badajoz, Sec. 2.ª, 458/2024, de 30 de mayo. Recurso 956/2022 (SP/SENT/1232029).

Argumentación jurídica: El recurso no prospera. La alegación de falta de información por no haber suministrado la Aseguradora demandada al actor las condiciones generales del contrato de seguro que constituye el fundamento de su pretensión, y, por tanto, que no pueden invocarse las mismas frente al dicho actor, por desconocimiento por parte de este, cae por su base, desde el momento que es el propio demandante quien acredita que tenía conocimiento de tales condiciones generales, pues las aporta como documento 13 de su demanda (A. D. número 14).

La cláusula que establece que se garantizan las pérdidas económicas que ocasione la paralización temporal, total o parcial, de la actividad del establecimiento asegurado, durante el tiempo que duren las obras necesarias para reparar los daños ocasionados como consecuencia de un siniestro cubierto por las garantías A.1 daños o pérdidas materiales al continente y/o contenido, del apartado 1 al 10 y de la garantía opcional B.3. Robo y Expoliación, si esta estuviera expresamente contratada (garantía asegurada B.4: pérdidas consecuenciales, del condicionado genera), es una cláusula delimitadora del riesgo.

El período de indemnización tiene como límite la duración fijada en las condiciones particulares de la póliza, lo que, en el caso de autos, se indemnizará durante un período máximo de 3 meses, a razón de 300 €;/ día (doc. n.º 1: póliza y condiciones particulares, A.D. 2)

Tercero. Como consecuencia se desprende de la lectura del Condicionado General y del clausulado particular, como ya dijimos la cláusula litigiosa es una cláusula que define y delimita el riesgo que es objeto de cobertura, pues viene a decir que no toda pérdida patrimonial, cualquiera que fuese su causa originadora, va a generar el derecho del Asegurado a obtener una indemnización diaria de 300 €; durante un período máximo de 3 meses, sino que dentro de las numerosas causas que pueden dar lugar a esas pérdidas económicas, el seguro solo se va a fijar, en las que obedecen a paralización, total o parcial, de la actividad que desarrolla el Asegurado (restauración: cadena 100 montaditos) derivada del cierre total o parcial consecuencia de las obras necesarias para reparar los daños en continente y/o contenido por cualquiera de las causas de los apartados 1 a 10 de la garantía básica: 1: daños o pérdidas materiales por: incendio, explosión, por agua, va vandalismo, inundación, humo, etc.; pero no aparecen contempladas las pérdidas consecuenciales que obedezcan a cierre legal de la actividad por decisión del Gobierno con motivo de medidas adoptadas para hacer frente a una pandemia como la que se padeció en 2020 (COVID-19)

Cuarto. Consiguientemente, siendo las cláusulas delimitadoras del riesgo las que especifican que clase de riesgo constituyen el objetivo del contrato, y las que fijan qué clase de riesgos, en caso de producirse, hacen surgir en el Asegurado el derecho a la prestación y, en las Aseguradora, el deber de atenderla. En definitiva, es cláusula delimitadora la que dice que riesgos se cubre, en qué cuantía, durante qué plazo y en qué ámbito territorial (ss. T. S. 609/2019, de 14 de noviembre; 853 / 2006 y de 11 septiembre; 58/2019, de 29 enero, entre otras muchas) es indudable ya, y como venimos diciendo que de ninguna manera nos encontramos ante una cláusula limitativa de las que menciona el Art. 3 apartado primero de la LCS, y por tanto, no precisan ser aceptadas expresamente por escrito por el Asegurado, para ser vinculantes.

Por tanto, una vez concretado el objeto del seguro, a través de la cláusula delimitadora, entonces pueden entrar ya en juegos las cláusulas limitativas, o sea, las que limitan,

restringen, condicionan o modifican el derecho del Asegurado a la indemnización o a la prestación garantizada en el contrato, una vez producido el riesgo objeto del seguro.

Caso 9

Resumen: La redacción clara y precisa de la condición general de la póliza no ofrece duda, exigiendo que el cese de la actividad del establecimiento sea por los riesgos asegurados de daños materiales y robo, lo que excluye la pandemia.

Sentencia: AP Baleares, Sec. 5.ª, 137/2024, de 4 de marzo. Recurso 795/2023 (SP/SENT/1222329).

Argumentación jurídica: La integración de las condiciones particulares de la póliza con sus condiciones generales llevan a confirmar la decisión de la Magistrado a quo. Conforme al artículo 63 de la Ley de Contrato de Seguro "*Por el seguro de lucro cesante el asegurador se obliga, dentro de los límites establecidos en la Ley y en el contrato, a indemnizar al asegurado la pérdida del rendimiento económico, que hubiera podido alcanzarse en un acto o actividad de no haberse producido el siniestro descrito en el contrato.*

Este seguro podrá celebrarse como contrato autónomo o añadirse como un pacto a otro de distinta naturaleza".

El artículo 8 de las condiciones generales (página 36) define la cobertura de paralización de la actividad, obligándose la aseguradora a indemnizar los perjuicios económicos sufridos por el asegurado debidos a la interrupción total o parcial de la actividad del riesgo asegurado a consecuencia de un siniestro amparado por la cobertura de daños materiales y robo del contrato. La examinada es cláusula que define la cobertura en el sentido que declara la sentencia del Tribunal Supremo (Pleno de la Sala) 661/2019, de 12 de diciembre:

"*En principio, una condición delimitadora define el objeto del contrato, perfila el compromiso que asume la compañía aseguradora, de manera tal que, si el siniestro acaece fuera de dicha delimitación, positiva o negativamente explicitada en el contrato, no nace la obligación de la compañía aseguradora de hacerse cargo de su cobertura*".

La redacción clara y precisa de la condición no ofrece duda sobre su alcance, exigiendo que el cese de la actividad del establecimiento venga determinado por los riesgos asegurados de daños materiales y robo, lo que excluye la situación generada por la pandemia y medidas gubernativas que determinó, lo que conduce a la desestimación del recurso.

En este mismo sentido de excluir la cobertura en supuestos como el presente se vienen pronunciando la mayor parte de las Audiencias Provinciales pudiendo citarse entre las más recientes las SAP Girona 16 octubre 2023, SAP Jaén 13 noviembre 2023, SAP Almería 28 noviembre 2023.

Caso 10

Resumen: Es delimitadora la cláusula sobre la cobertura de la avería de maquinaria incluida dentro de los riesgos cubiertos, siendo a continuación cuando se establecen los riesgos no cubiertos.

Sentencia: AP Castellón, Sec. 3.ª, 277/2023, de 22 de junio. Recurso 886/2021 (SP/SENT/1198880).

Argumentación jurídica: Cláusula limitativa del riesgo.

Se opone a continuación que la cláusula que establece la obligación de tener un contrato de mantenimiento es limitativa y que no ha sido expresamente aceptada.

Nuestra opinión es coincidente con la que expone la Juez de instancia en cuanto consideramos que esa cláusula delimita el riesgo, en cuanto se refiere a la cobertura de la avería de maquinaria, estando incluida dentro de los riesgos cubiertos en los términos antes expuestos, siendo a continuación cuando se establecen los riesgos no cubiertos.

La Sentencia del Tribunal Supremo de 26 de julio de 2021 (ECLI:ES:TS:2021:3167) recuerda que *"En la sentencia del Tribunal Supremo 661/2019, de 12 de diciembre, del Pleno, cuya doctrina reproduce la más reciente sentencia 399/2020, de 6 de julio, se expuso la doctrina de este tribunal en los términos siguientes:*

«En principio, una condición delimitadora define el objeto del contrato, perfila el compromiso que asume la compañía aseguradora, de manera tal que, si el siniestro acaece fuera de dicha delimitación, positiva o negativamente explicitada en el contrato, no nace la obligación de la compañía aseguradora de hacerse cargo de su cobertura. Las cláusulas limitativas, por el contrario, desempeñan distinto papel, en tanto en cuanto producido el riesgo actúan para restringir, condicionar o modificar el derecho de resarcimiento del asegurado.

Insistiendo en ello la STS 402/2015, de 14 de julio, precisa que:

[...] responden a un propósito de eliminar ambigüedades y concretar la naturaleza del riesgo en coherencia con el objeto del contrato o en coherencia con el uso establecido, evitando delimitarlo en forma contradictoria con el objeto del contrato o con las condiciones particulares de la póliza (SSTS de 25 de octubre de 2011, 20 abril de 2011, 18 de mayo de 2009, 26 de septiembre de 2008 y 17 de octubre de 2007)».

Como obstáculo determinante de su habilidad contractual las condiciones delimitadoras no pueden tratarse de cláusulas que determinen el riesgo en forma contradictoria con el objeto del contrato o con las condiciones particulares de la póliza, o de manera no frecuente o inusual (SSTS de 10 de febrero de 1998, 17 de abril de 2001, 29 de octubre de 2004, núm. 1055/2004, 11 de noviembre de 2004, rec. núm. 3136/1998, y 23 de noviembre de 2004, núm. 1136/2004, 676/2008, de 15 de julio, cuya doctrina reproduce la ulterior STS 82/2012).

La STS 853/2006, de 11 de septiembre, sienta una doctrina, recogida posteriormente en otras muchas resoluciones de este tribunal, como las SSTS 1051/2007 de 17 de octubre; 676/2008, de 15 de julio; 738/2009, de 12 de noviembre; 598/2011, de 20 de julio; 402/2015, de 14 de julio, 541/2016, de 14 de septiembre; 147/2017, de 2 de marzo; 590/2017, de 7 de noviembre, según la cual son estipulaciones delimitadoras del riesgo aquellas que tienen por finalidad delimitar el objeto del contrato, de modo que concretan:

(i) qué riesgos constituyen dicho objeto; (ii) en qué cuantía; (iii) durante qué plazo; y (iv) en que ámbito temporal o espacial.

El papel que, por el contrario, se reserva a las cláusulas limitativas radica en restringir, condicionar o modificar el derecho del asegurado a la indemnización, una vez que el riesgo objeto del seguro se ha producido (SSTS de 16 de mayo y 16 octubre de 2000, 273/2016, de 22 de abril, 520/2017, de 27 de septiembre, 590/2017, de 7 de noviembre). En palabras de la STS 953/2006, de 9 de octubre, serían «las que empeoran la situación negocial del asegurado»".

En el presente supuesto nos encontramos ante un seguro de actividades empresariales y de una lectura e interpretación conjunta de la descripción del riesgo en ese condicionado general referido a la cobertura de avería de maquinaria, resulta que se estableció como un requisito indispensable de suscripción de un contrato de mantenimiento de dicha maquinaria dentro de la descripción de los riesgos cubiertos y no para restringir, condicionar o modificar el derecho del asegurado.

Se añade en el recurso que en todo caso la cláusula tampoco sería válida según la Ley de Condiciones Generales de la Contratación, por no haber sido el demandante informado previamente a la aceptación del condicionado de la póliza.

No es factible la introducción de cuestiones nuevas en esta alzada no suscitadas oportunamente en la instancia (esto es, con los escritos fundamentales de alegaciones, sin perjuicio de los complementos admisibles en el acto de la audiencia previa y de lo que resulte de los hechos nuevos que puedan introducirse en los términos legales), careciendo por tanto de relevancia las mismas. En este sentido, dice la Sentencia del Tribunal Supremo de fecha 13 de abril de 2016 que "*como venimos afirmando reiteradamente (por todas, sentencia de esta Sala 718/2014, de 18 de diciembre), la prohibición de introducción de cuestiones nuevas en la segunda instancia es un principio fundamental del recurso de apelación, recogido en el art. 456.1 LEC*", por lo que, como recoge la Sentencia del mismo Tribunal de fecha 29 de septiembre de 2016, "*con ocasión del recurso de apelación no cabe plantear cuestiones nuevas, ni en lo que afecta a los hechos ni en lo relativo a las cuestiones jurídicas oportunamente deducidas por las partes*".

En el presente supuesto en el escrito de demanda no se hizo ninguna referencia a que las cláusulas de la póliza no fueran válidas o a que se hubiera incumplido la Ley de Condiciones Generales de la Contratación. Tampoco se fijó esto como un hecho controvertido en el acto de la Audiencia Previa, donde por el contrario se cuestionó la cobertura de la póliza habiendo impugnado las dos partes los documentos aportados de adverso pero solo en cuanto a su valor probatorio, por lo que no cabe introducir esta cuestión de forma extemporánea en esta segunda instancia.

Se rechaza de nuevo el motivo del recurso.

Por ser delimitadoras de la cuantía

Caso 11

Resumen: Es de aplicación el límite recogido en las condiciones generales del importe máximo de 3.000 euros, aunque no estén firmadas, pues se ha invocado su cumplimiento para la elección libre del abogado.

Sentencia: TS, Sala Primera, de lo Civil, 477/2023, de 11 de abril. Recurso 3130/2019 (SP/SENT/1180331).

Argumentación jurídica: Asunción de la instancia.

Al estimar el recurso de casación y asumir la instancia, reconocemos la legitimación de la viuda e hijos de Jorge para exigir el cumplimiento del seguro de defensa jurídica concertado por este último con la demandada.

Por lo que se refiere a la cuantía reclamada, la parte demandante solicitaba de manera principal la suma de 9 550,26 euros, ajustada según decía a los criterios del Colegio de Abogados de Valencia, correspondiente al lugar en el que tuvieron lugar las actuaciones profesionales dirigidas a lograr la indemnización finalmente percibida en virtud de acuerdo con la compañía aseguradora del vehículo que atropelló a Jorge. De manera subsidiaria, en la demanda se solicitaba la condena al pago de 3 000 euros, importe máximo fijado en las condiciones generales. En todo caso, se solicitaba el pago de los intereses del art. 20 LCS desde el día 20 de abril de 2016.

La razón por la que la demandada cuestionaba la aplicación del importe máximo fijado de 3.000 euros fijado en las condiciones generales era que no constaba que tales condiciones hubieran sido firmadas por el tomador del seguro, por lo que entendía que el límite cuantitativo no se habría incorporado al contrato, de conformidad con lo que establece el art. 3 LCS para las cláusulas limitativas.

Por lo que decimos a continuación, procede estimar la pretensión subsidiaria de la parte demandante.

En el ámbito del seguro de defensa jurídica, conforme al art. 76 a) LCS, el asegurador queda obligado a hacerse cargo de los gastos de la defensa jurídica libremente elegida *"dentro de los límites establecidos en la ley y en el contrato"*.

En la Sentencia 101/2021, de 24 de febrero, recordamos que para los seguros de defensa jurídica, además de la doctrina jurisprudencial de esta sala sobre las cláusulas de delimitación, las cláusulas limitativas y las cláusulas lesivas, es preciso atender a la doctrina del Tribunal de Justicia sobre la Directiva 87/344/CEE, de 22 de junio, sobre coordinación de las disposiciones legales, reglamentarias y administrativas relativas al seguro de defensa jurídica, cuya incorporación a la ley española del contrato de seguro tuvo lugar por medio de la Ley 21/1990, de 19 de diciembre.

De acuerdo con la doctrina del Tribunal de Justicia, que sintetizamos en la mencionada sentencia 101/2021, de 24 de febrero, la interpretación del derecho nacional debe dirigirse a lograr la mayor efectividad del derecho de elección del perjudicado (STJUE de 7 de abril de 2016, asunto C-5/15, Gökhan Büyüktipi, STJUE de 20 de mayo de 2011, asunto C-293/10, Stark, STJUE de 7 de noviembre de 2013, asunto C-442/12, Sneller). Por lo que aquí interesa, naturalmente que no se excluye que puedan fijarse límites a la cuantía cubierta por el asegurador en función de la prima pagada, pero siempre que ello no comporte vaciar de contenido la libertad de elección por el asegurado de la persona facultada para representarlo y siempre que la indemnización efectivamente abonada por este asegurador sea suficiente, lo que según el Tribunal de Justicia corresponde comprobar en cada caso al órgano jurisdiccional nacional.

En el supuesto que juzgamos, y a diferencia de lo que sucedía en el de la Sentencia 101/2021, de 24 de febrero, consideramos que, en atención a las circunstancias, la limitación cuantitativa a la cobertura que se incluye en las condiciones generales, a continuación de su extensión a los accidentes que pudiera sufrir el asegurado como peatón, no impedía el ejercicio del derecho de defensa, sin que el cálculo de los honorarios conforme a los criterios que hubiera podido elaborar el colegio profesional, en todo caso meramente orientadores, determine la cantidad que debe reembolsar la aseguradora.

En las condiciones particulares firmadas por el tomador aparece determinada la prima correspondiente a la cobertura de defensa jurídica, y en las condiciones generales, la cláusula 2.3 extiende la cobertura de defensa jurídica a los accidentes que sufra el asegurado como peatón e, inmediatamente a continuación, la cláusula 2.4, que se refiere a la designación libre de abogado, introduce la limitación de la cobertura. Es decir, mediante pago de un precio se contrataba una cobertura al mismo tiempo que se limitaba su cuantía para el caso de que se recurriera a abogados diferentes de los que pudiera proponer la aseguradora, lo que en definitiva permitía optar en función de la prima pagada, por un abogado de libre elección, con el límite de la póliza, o por un abogado de la compañía.

Por lo demás, la cláusula aparece redactada con claridad y no puede invocarse su falta de aceptación por el hecho de estar en las condiciones generales no firmadas cuando al mismo tiempo se está invocando el cumplimiento de la ampliación de la cobertura a los accidentes del asegurado como peatón que figura en las mismas condiciones.

Procede por tanto condenar a la aseguradora demandada a abonar la suma de 3.000 euros. Dicha suma devengará el interés previsto en el art. 20 LCS desde el 20 de abril de 2016, fecha en la que según consta en la documental aportada a las actuaciones se considera acreditada la recepción por la aseguradora demandada de la minuta de honorarios profesionales reclamados, hasta su abono.

Caso 12

Resumen: La cláusula que fija los gastos en la defensa jurídica es delimitadora y su cuantía es la máxima total establecida a favor de la asegurada y que no puede ser excedida, ni siquiera con la adición del IVA correspondiente.

Sentencia: AP Barcelona, Sec. 4.ª, 468/2024, de 28 de junio. Recurso 836/2022 (SP/SENT/1232104).

Argumentación jurídica: Aplicación al caso. Estimación del recurso de casación.

En el caso que da lugar a este recurso nos encontramos con un contrato de seguro del automóvil que no se limita a incorporar el contenido propio de defensa que incumbe al asegurador de la responsabilidad civil frente a las reclamaciones del perjudicado contra el asegurado (art. 74 LCS) sino que incluye, además, de manera voluntaria, una cobertura adicional de defensa jurídica.

La condición particular V de la póliza, firmada por el asegurado, es del siguiente tenor: "*Libre elección de abogado (art. 63 de las condiciones generales). El asegurador garantiza a su cargo, sin límite alguno, todos los gastos necesarios para la defensa y/o reclamación de los intereses del asegurado, según las coberturas a que se refiere el presente artículo, cuando los servicios sean prestados por el mismo asegurador. Si el asegurado ejerciera su derecho a la libre elección de abogado y/o procurador que lo represente, el asegurador abonará hasta el límite máximo de 600 euros, los gastos de dichos profesionales, con sujeción a las normas orientadoras de los colegios profesionales a los que aquellos pertenecieran*".

Aunque no se han aportado las condiciones generales a este procedimiento, se desprende del tenor de la condición particular que se incluía la cobertura de defensa jurídica tanto para las reclamaciones de responsabilidad civil que pudieran dirigirse contra el asegurado (art. 74 LCS) como para la reclamación de sus intereses en una posición activa, es decir en caso de reclamaciones frente a terceros con ocasión de los daños sufridos en un accidente de circulación. Por lo demás, la cláusula particular no limita la "*libre elección de abogado*" a los casos de conflicto de intereses de la aseguradora, pero incluye como posibles limitaciones dos: el límite máximo de 600 euros y la sujeción a las normas orientadoras de los colegios profesionales a los que pertenecieran los profesionales libremente designados.

En el caso, lo que se reclama a la aseguradora demandada son los honorarios de abogado y derechos de procurador abonados por la esposa e hijo del asegurado fallecido y en su condición de herederos del mismo por la reclamación frente a la aseguradora de quien provocó la muerte del asegurado. La demandada no niega que la póliza cubriera los gastos ocasionados por estos profesionales por ser una reclamación frente a terceros, pero entiende que la cuantía que debe abonar se limita a la suma de 600 euros prevista en la póliza. Este es el punto de controversia que se somete a esta sala.

La cláusula que fija los límites de cobertura se incluyó entre las cláusulas particulares y fue firmada por el asegurado. En este sentido, la limitación de la cobertura conforme a los criterios orientadores de los Colegios Profesionales habría quedado aceptada e incorporada a la póliza, pues cumple las exigencias del art. 3 LCS. Los propios demandantes, aunque abonaron una suma mayor a los profesionales designados, limitan su reclamación al límite de lo que resulta de esos criterios orientadores.

Cuestión distinta es la que plantea el límite de los 600 euros previstos en la póliza. La sentencia recurrida, aceptando el argumento de la aseguradora, considera que debe ponerse en relación con la prima abonada por el seguro, que no incluye cantidad alguna por defensa jurídica, por lo que para aumentar el límite de los gastos de defensa el asegurado pudo aumentar la prima del seguro. Este argumento no puede ser aceptado.

Aun en el caso de que se tratara de la defensa del asegurado frente a la reclamación del perjudicado (art. 74 LCS) ya hemos dicho que, de acuerdo con la Sentencia 421/2020, de 14 de julio, la cláusula que delimita cuantitativamente el objeto asegurado, aunque en principio pueda calificarse como delimitadora del riesgo, puede considerarse como limitativa de derechos e incluso lesiva si fija unos límites notoriamente insuficientes en relación con la cuantía cubierta por el seguro de responsabilidad civil.

Pero, además, en el caso litigioso, en el que se reclama por gastos de defensa de los intereses frente a terceros, el que la cobertura se incluyera como adicional de un seguro de responsabilidad civil no le priva de su propio objeto. La cobertura de la defensa jurídica de los intereses frente a terceros no es la del art. 74 LCS sino la propia de un contrato de defensa jurídica, aun cuando no se hubiera fijado, como exige el art. 76 c) LCS, la parte de la prima que le correspondía. La falta de especificación sería imputable a la aseguradora, no al asegurado ni a sus herederos, y el argumento de la aseguradora aceptado por la sentencia recurrida de que para mayor cuantía debía haberse pagado mayor prima puede ser invertido, pues también cabría pensar que de no haberse incluido la cobertura adicional de defensa la prima habría sido menor.

Como hemos advertido, de acuerdo con la doctrina del Tribunal de Justicia de la Unión Europea, las partes contratantes son libres para pactar niveles de cobertura de los gastos de defensa jurídica más importantes, en su caso mediante el pago por el asegurado de una prima mayor, y el ejercicio del derecho del asegurado de elegir libremente a su representante legal no excluye que, en determinados casos, se establezcan limitaciones a los gastos soportados por las compañías aseguradoras, pero siempre que no se vacíe de contenido la libertad de elección por el asegurado de la persona facultada para representarlo y siempre que la indemnización efectivamente abonada por este asegurador sea suficiente.

Desde este punto de vista es razonable admitir que, en función de la prima pagada, puede establecerse una limitación del riesgo cubierto cuando se recurra a servicios jurídicos escogidos libremente mientras que la cobertura sea total si los servicios son prestados por el asegurador, pues cabe pensar que cuando la compañía presta el servicio de defensa con sus propios medios o con servicios jurídicos concertados, los costes asumidos serán menores. Con todo, la fijación de una cuantía tan reducida que por ridícula haga ilusoria la facultad atribuida de libre elección de los profesionales, equivale en la práctica a vaciar de contenido la propia cobertura que dice ofrecer la póliza.

Esto es lo que ha sucedido en el caso puesto que, ante el abanico de posibles pretensiones que pudieran ejercitarse en defensa de los intereses del asegurado en caso de siniestro, la cuantía de 600 euros fijada en la cláusula resulta lesiva, pues impediría ejercer el derecho a la libre elección de abogado y/o procurador, al no guardar ninguna proporción con los costes de la defensa jurídica. Basta observar los criterios orientadores del Colegio de Abogados correspondiente a la localidad en la que se firmó el contrato de seguro y a los que se remitía la misma póliza como límite de la cobertura del asegurador lo que, por otra parte, a pesar de su carácter meramente orientativo, creaba la apariencia de una cobertura suficiente que al mismo tiempo quedaba vacía de contenido por la cuantía máxima señalada.

En atención a lo motivado la sala estima el recurso de casación. Al asumir la instancia desestimamos el recurso de apelación interpuesto por la demandada y confirmamos el fallo de la sentencia del juzgado, por las razones expuestas en esta sentencia.

Se reitera que en el ámbito del seguro de defensa jurídica, conforme al art. 76 a) de la Ley del Contrato de Seguro, el asegurador queda obligado a hacerse cargo de los gastos de la defensa jurídica libremente elegida "*dentro de los límites establecidos en la ley y en el contrato*". Pues bien, en el apartado específico destinado en el condicionado general suscrito por las partes al seguro de defensa jurídica se incorpora la siguiente previsión:

"El Asegurador asumirá los gastos reseñados anteriormente, dentro de los límites establecidos y hasta la cantidad indicada en las Condiciones Particulares, en caso de libre elección de abogado y procurador por parte del Asegurado, que hayan de defenderle y/o representarle en cualquier clase de procedimiento judicial, administrativo o arbitral, el límite de gastos máximo para reembolso será de 1.500 euros".

Sin embargo, los "*límites establecidos en el contrato*" a los que se refiere el artículo 76 a) son los previstos no solo en las condiciones generales del seguro, sino también en las condiciones particulares. Y dentro de estas últimas, la póliza suscrita por las litigantes incrementó hasta los 3.000 euros el límite de cobertura para el supuesto de defensa y/o asistencia jurídica.

Tal como se refleja en la sentencia del Tribunal Supremo transcrita, se trata de una previsión delimitadora del riesgo –no se ha propugnado lo contrario por la actora apelante–, y su alcance cuantitativo es de la suficiente entidad como para concluir que no interfiere ni condiciona el ejercicio del derecho de la asegurada a elegir libremente abogado y procurador.

IV. Por ello debe considerarse que la conclusión alcanzada por la magistrada de primera instancia se ajusta a Derecho, y únicamente se agregará, a fin de agotar los motivos de oposición expuestos por la demandante en su escrito de apelación, que cuando el condicionado particular de la póliza suscrita por las partes fija en 3.000 euros la suma a la que la asegurada puede tener derecho en relación con la defensa jurídica, tal previsión se establece en concepto de capital asegurado o límite de cobertura, de modo que debe interpretarse que aquella cuantía es la máxima total establecida a favor de la asegurada y que no puede ser excedida, ni siquiera con la adición del IVA correspondiente, concepto este último que por ello ha de entenderse incluido en la suma asegurada.

La sentencia de primera instancia, en consecuencia, deberá ser íntegramente confirmada.

Caso 13

Resumen: Desestimación pues la cláusula en la que se establece la cantidad a cargo de la aseguradora en caso de defensa jurídica es una cláusula delimitadora del riesgo y no limitativa de derechos del asegurado.

Sentencia: AP Barcelona, Sec. 1.ª, 459/2024, de 17 de junio. Recurso 1169/2022 (SP/SENT/1233568).

Argumentación jurídica: Clausulas limitativas y delimitadoras.

1. Según dispone el artículo 3 de la Ley de Contrato de Seguro "*Las condiciones generales, que en ningún caso podrán tener carácter lesivo para los asegurados, habrán de incluirse por el asegurador en la proposición de seguro si la hubiere y necesariamente en la póliza de contrato o en un documento complementario, que se suscribirá por el asegurado y al que se entregará copia del mismo. Las condiciones generales y particulares se redactarán de forma clara y precisa. Se destacarán de modo especial las cláusulas limitativas de los derechos de los asegurados, que deberán ser específicamente aceptadas por escrito (...)*".

Es decir, las cláusulas limitativas son válidas siempre que el asegurado haya conocido las restricciones que introducen –es decir, que no le sorprendan– y que sean razonables, que no vacíen el contrato de contenido y que no frustren su fin económico y, por tanto, que no le priven de su causa (STS 22/4/16).

En este sentido la jurisprudencia destaca que si bien la distinción entre ambas clases de condiciones delimitadoras y limitativas no es complicada de establecer desde un punto de vista teórico, su aplicación práctica no es fácil de llevar a efecto en no pocos casos ante las particularidades de cada condicionado contractual (STS 14/7/15 y 22/4/16, entre otras muchas).

La reciente sentencia del Alto Tribunal de 3/7/20 aludiendo a la doctrina jurisprudencial sobre la distinción entre condiciones generales limitativas y delimitadoras, y con cita de la STS 661/2019, de 12 de diciembre, del Pleno, que expuso la doctrina del TS en la materia, dijo: "*En principio, una condición delimitadora define el objeto del contrato, perfila el compromiso que asume la compañía aseguradora, de manera tal que, si el siniestro acaece fuera de dicha delimitación, positiva o negativamente explicitada en el contrato, no nace la obligación de la compañía aseguradora de hacerse cargo de su cobertura. Las cláusulas limitativas, por el contrario, desempeñan distinto papel, en tanto en cuanto producido el riesgo actúan para restringir, condicionar o modificar el derecho de resarcimiento del asegurado*".

Insistiendo en ello la STS 402/2015, de 14 de julio, precisa que: "*[...] responden a un propósito de eliminar ambigüedades y concretar la naturaleza del riesgo en coherencia con el objeto del contrato o en coherencia con el uso establecido, evitando delimitarlo en forma contradictoria con el objeto del contrato o con las condiciones particulares de la póliza (SSTS de 25 de octubre de 2011, 20 de abril de 2011, 18 de mayo de 2009, 26 de septiembre de 2008 y 17 de octubre de 2007)*".

Como obstáculo determinante de su habilidad contractual las condiciones delimitadoras no pueden tratarse de cláusulas que determinen el riesgo en forma contradictoria con el objeto del contrato o con las condiciones particulares de la póliza, o de manera no frecuente o inusual (SSTS de 10 de febrero de 1998, 17 de abril de 2001, 29 de octubre de 2004, núm. 1055/2004, 11 de noviembre de 2004, rec. núm. 3136/1998, y 23 de noviembre de 2004, núm. 1136/2004, 676/2008, de 15 de julio, cuya doctrina reproduce la ulterior STS 82/2012).

La STS 853/2006, de 11 de septiembre, sienta una doctrina, recogida posteriormente en otras muchas resoluciones de este tribunal, como las SSTS 1051/2007 de 17 de octubre; 676/2008, de 15 de julio; 738/2009, de 12 de noviembre; 598/2011, de 20 de julio; 402/2015, de 14 de julio, 541/2016, de 14 de septiembre; 147/2017, de 2 de marzo; 590/2017, de 7 de noviembre, según la cual son estipulaciones delimitadoras del riesgo aquellas que tienen por finalidad delimitar el objeto del contrato, de modo que concretan: (i) qué riesgos constituyen dicho objeto; (ii) en qué cuantía; (iii) durante qué plazo; y (iv) en que ámbito temporal o espacial.

El papel que, por el contrario, se reserva a las cláusulas limitativas radica en restringir, condicionar o modificar el derecho del asegurado a la indemnización, una vez que el riesgo objeto del seguro se ha producido (SSTS de 16 de mayo y 16 octubre de 2000, 273/2016, de 22 de abril, 520/2017, de 27 de septiembre, 590/2017, de 7 de noviembre). En palabras de la STS 953/2006, de 9 de octubre, serían "*las que empeoran la situación negocial del asegurado.*

Según la STS 402/2015, de 14 de julio Son limitativas de los derechos del asegurado las que restringen, condicionan o modifican el derecho del asegurado a la indemnización, una vez que se ha producido el riesgo (SSTS de 14 de junio de 2007, 30 de diciembre de 2005 y, 26 de febrero de 1997, entre otras) No siempre las diferencias entre unas y otras aparecen en las cláusulas con la claridad suficiente, calificándose de limitativas de derechos las que limitan sorprendentemente el riesgo (STS de 25 de noviembre de 2013, RC 2187/2011). El principio de transparencia que opera con especial intensidad en las cláusulas limitativas de derechos, debe ponerse de manifiesto en las cláusulas particulares (STS de 15 de octubre de 2014, RC 2341/2012) (...)".

En esta última sentencia del TS de 15/10/14 se dice lo siguiente: "*Por su parte, las cláusulas limitativas de derechos se dirigen a condicionar o modificar el derecho del asegurado y por tanto la indemnización, cuando el riesgo objeto del seguro se hubiere producido. Estas deben cumplir los requisitos formales previstos en el art. 3 LCS, de modo que deben ser destacadas de un modo especial y han de ser expresamente aceptadas por escrito, formalidades que resultan esenciales para comprobar que el asegurado tuvo un exacto conocimiento del riesgo cubierto (SSTS de 20 de abril de 2011, RC 1226/2007 y de 15 de julio de 2009, RC 2653/2004). Estas últimas, determinan, de forma práctica, el concepto de cláusula limitativa, referenciándolo al contenido natural del contrato, derivado, entre otros elementos, de las cláusulas identificadas por su carácter definidor, de las cláusulas particulares del contrato y del alcance típico o usual que corresponde a su objeto con arreglo a lo dispuesto en la ley o en la práctica aseguradora. El principio de transparencia, fundamento del régimen especial de las cláusulas limitativas, opera con especial intensidad respecto de las cláusulas introductorias o particulares*".

2. Aplicando la jurisprudencia al caso que nos ocupa, la cláusula en la que se establece la cantidad a cargo de la aseguradora en caso de defensa jurídica es una cláusula delimitadora del riesgo y no limitativa de derechos del asegurado. Dicha cantidad de 6.000 euros, ya ha sido abonada por la aseguradora, por lo que debemos desestimar el recurso y confirmar la sentencia de primera instancia.

Caso 14

Resumen: Es clausula delimitadora la limitación del capital asegurado a los ingresos laborales del asegurado pues es un contrato denominado de "*seguro de subsidio por pérdida del permiso de conducir*", y no de seguro por pérdida de ingresos laborales.

Sentencia: AP Valencia, Sec. 8.ª, 490/2023, de 11 de diciembre. Recurso 732/2022 (SP/SENT/1211206).

Argumentación jurídica: Con el recurso de apelación, en el que no se articula motivo concreto se está denunciando el error *in iudicando* del juzgador al no haber tenido en cuenta que en las condiciones generales de la póliza se establecían unas cláusulas, la 4.ª y 6.ª sobre capital máximo asegurado, en función de que se tratare de un conductor profesional disponiendo el apdo. 6.1.

"*Tratándose de un seguro destinado a paliar las pérdidas económicas, el capital de subsidio asegurable en ningún caso podrá superar la media de ingresos mensuales que obtenga el asegurado en el ejercicio de su oficio o profesión con el fin de que el presente seguro no pueda ser en ningún caso objeto de enriquecimiento injusto*".

Argumenta que por ello se requirió al actor acreditara sus ingresos mensuales, como así hizo, lo cual considera una prueba de su conocimiento del contenido de la póliza contratada. El argumento es ciertamente endeble, pues la aportación de una documentación que le requirió la aseguradora no presupone que conociera el objeto o destino de la misma, máxime si tenemos en cuenta que, al ser trabajador asalariado se le requirió aportar el TC2 de la empresa, que es un documento sobre bases de cotización, no exactamente sobre retribución o ingresos, ni mucho menos que aceptara que la cobertura se limitara a estos.

En relación con el contenido negocial aceptado por el tomador asegurado, el juez consideró que el contrato que ambas partes aportaron era diferente —docum. 1 dda. y 3 de la contestación—, y que en el del actor no figuraban las condiciones generales mencionadas, ni estaba firmado. Al respecto la apelante alega que tampoco el contrato que aportó estaba por él firmado, pese a lo cual no se cuestiona la existencia del mismo, argumento insulso, ya que nada hay que probar sobre lo que no es controvertido —la suscripción del seguro—, y es a quien afirma haber entregado al tomador las condiciones generales del contrato, en este caso la apelante, a quien corresponde acreditar dicho extremo conforme al art. 217 LEC.

Por último se argumenta que dichas cláusulas no son limitativas de derechos que deban ser expresamente aceptadas conforme al art. 3 Ley de Contrato de Seguro, sino delimitadoras del riesgo y que conforme a la doctrina de los tribunales, de los que menciona varias resoluciones al ser inherentes a la modalidad del seguro contratado, para su obligatoriedad no se precisa que se entreguen al asegurado.

En relación con las cláusulas delimitadoras y limitativas, como expresa la S. del T.S. de 14-7-15, la jurisprudencia ha distinguido las cláusulas delimitadoras del riesgo de las cláusulas limitativas de derechos, a partir de la Sentencia de Pleno de 11 de septiembre de 2006, reiterada en otras posteriores. Entre las primeras, las delimitadoras del riesgo, se encuentran aquellas que determinan qué riesgo se cubre, en qué cuantía, durante qué plazo y en qué ámbito espacial, incluyendo en estas categorías la cobertura de un riesgo, los límites indemnizatorios y la cuantía asegurada o contratada. Responden a un propósito de eliminar ambigüedades y concretar la naturaleza del riesgo en coherencia con el objeto del contrato o en coherencia con el uso establecido, evitando delimitarlo en forma contradictoria con el objeto del contrato o con las condiciones particulares de la póliza (SS. del T.S. de 17-10-07, 26-9-08, 18-5-09, 20-4-11, 25-10-11). Son limitativas de los derechos del asegurado las que restringen, condicionan o modifican su derecho a la indemnización, una vez que se ha producido el riesgo (SS. del T.S. 26-2-97, 30-12-05 y 14-6-07). No siempre las diferencias entre unas y otras aparecen en las cláusulas con la claridad suficiente, calificándose de limitativas de derechos las que limitan sorprendentemente el riesgo (SS. del T.S. de 25-11-13). A su vez, la exigencia que en orden a las cláusulas limitativas establece el artículo 3 de la Ley de contrato de seguro es doble, de un lado, han de estar "*destacadas de modo especial*", ajustándose su redacción a los criterios de transparencia, claridad y sencillez, y de otro, han de estar "*especialmente aceptadas por escrito*", requisito este que debe concurrir cumulativamente con el anterior (SS. del T.S. de 17-10-07, 15-7-08 y 1-10-10). Finalmente la SS. del T.S. de 18-5-16, hace referencia a la número 1.029/2.008, de 22 de Diciembre, que se pronuncia en los siguientes términos: "*Las cláusulas limitativas de los derechos de los asegurados deben cumplir, en orden a su validez, como expresión de un principio de transparencia legalmente impuesto, los requisitos de: a) ser destacadas de modo especial y b) ser específicamente aceptadas por escrito (artículo 3 de la Ley de Contrato de Seguro, que se cita como infringido). Del artículo 3 de la Ley de Contrato de Seguro se desprende que el ejemplar de las condiciones generales debe ser suscrito por el asegurado, sin cuyo requisito carece de validez. En el caso de que se incluyan cláusulas limitativas en un documento separado, resulta obvio que el mismo deberá ser también suscrito por el asegurado. Sin embargo, la jurisprudencia ha mitigado esta exigencia admitiendo la validez de aquellas condiciones generales que son invocadas o aportadas por la parte interesada o bien respecto de las cuales consta su aceptación en las condiciones particulares suscritas*" (SS. del T.S. de 7-7-06).

Aplicando la citada doctrina al supuesto analizado, no se comparte la apreciación de la parte apelante en cuanto a que la limitación del capital asegurado a los ingresos laborales del asegurado se tratara de una condición limitadora. Como se afirma en la sentencia, no consta así en el contrato denominado de "*seguro de subsidio por pérdida del permiso de conducir*", y no de seguro por pérdida de ingresos laborales y en cuyas condiciones particulares se establece un subsidio mensual de 3.000 €; y no de "*hasta 3.000 €*".

Procede por todo lo expuesto la desestimación del recurso de apelación y la confirmación de la sentencia de instancia.

Caso 15

Resumen: Está claro en la póliza que el límite de cobertura pactado por cada víctima es de 1.200.000 €;, no de 120.000.

Sentencia: AP Barcelona, Sec. 14.ª, 477/2022, de 13 de septiembre. Recurso 699/2020 (SP/SENT/1161163).

Argumentación jurídica: La parte apelante articula su pretensión de límite de cobertura, alegando la vulneración del artículo 209-3 de la Ley de Enjuiciamiento Civil, aunque en realidad mediante dicho motivo se alega el límite de cobertura del seguro, aduciendo que en el hecho tercero de la contestación se alegó que en el contrato de seguro se estableció un límite de cobertura en la póliza contratada por CASAJUANA HOTEL PAPI, S. L., y así se determinó en la Audiencia Previa, pero en la sentencia no se hace referencia a dicho límite y se condena a ambos demandados al pago de 183.084,63 €;, cuando se pactó un límite de cobertura por víctima de 120.000 €;. En primer término, debe indicarse que no es cierto que en la Audiencia Previa se fijará el límite de cobertura aludido, pues la parte actora se opuso a dicha limitación, alegando que no constaba que la garantía por responsabilidad civil del asegurado fuera de 120.000 €;; y, por otro lado, el juzgador acordó que esta cuestión no debía resolverse en la Audiencia Previa, ya que se resolvería según el resultado de la prueba aportada.

En cuanto a la cantidad máxima, cubierta por los contratos de seguro, el artículo 27 de la Ley del Contrato de Seguro establece que "*la suma asegurada representa el límite máximo de la indemnización a pagar por el asegurador en cada siniestro*", por lo que cuando se trate de condenas solidarias debe diferenciarse el importe que corresponde pagar a la compañía aseguradora, que estará limitado por la suma pactada en la póliza, y el exceso de dicho importe, que le corresponde pagar exclusivamente al causante del daño, pero no a la compañía aseguradora. Ahora bien, esta circunstancia no acaece en el presente caso. Efectivamente, en la póliza de seguros aportada con la contestación a la demanda (doc. 1), en su página 3, Riesgo 5.º, RESPONSABILIDAD CIVIL - GARANTÍA 1.ª R.C. DE LA EXPLOTACIÓN Y PATRONAL se indica como "*suma asegurada por siniestro y anualidad de seguro*" (...) 1.200.000 €; (es decir, un millón doscientos mil euros). Por otro lado, en las condiciones generales (doc. 2 contestación) en su cláusula 5-5-3, denominada Límite de indemnización, se estipula lo siguiente:

a) "*Se establece un límite de indemnización del 100 % de la suma asegurada para la partida propia de la Garantía Primera (Responsabilidad Civil de Explotación y Patronal) establecida en las Condiciones Particulares de esta Póliza, con los sublímites de indemnización siguientes: Por víctima 100 % del límite por víctima contratado en las Condiciones Particulares de esta Póliza, que constituye la cantidad máxima a satisfacer por la Compañía por cada una de las víctimas de un siniestro, hasta el límite de indemnización conjunto indicado anteriormente*".

En consecuencia, de la lectura de las condiciones particulares de la póliza del seguro (cláusula 5.ª) y de la estipulación 5-5-3 de las condiciones generales (vid. docs. 1 y 2 de la contestación) se deduce que el límite de cobertura pactado por cada víctima es de 1.200.000 €;, no de 120.000 €;, como alega la parte apelante. Ni siquiera es nece-

sario acudir a la hermenéutica de interpretación de los contratos, dado que, conforme lo dispuesto en el artículo 1.281, que recoge el aforismo *in claris not fit intepretatio*, si los términos de un contrato son claros se estará al sentido literal de sus cláusulas, de modo que habiéndose pactado la suma de 1.200.000 €; (un millón doscientos mil euros), como límite máximo de indemnización, la entidad aseguradora apelante está obligada a responder hasta el importe del pago establecido en la sentencia de instancia (183.084,63 €; más los intereses correspondientes). En consecuencia, la condena solidaria del responsable del daño y de la compañía aseguradora es acorde a derecho, por lo que debe desestimarse el primer motivo del recurso de apelación.

Caso 16

Resumen: De la interpretación de la póliza se recoge que la cláusula sobre que la cobertura pactada ha sido la responsabilidad civil subsidiaria de subcontratista con la acreditación de la previa insolvencia del responsable directo es delimitadora del riesgo.

Sentencia: AP Madrid, Sec. 11.ª, 163/2021, de 13 de mayo. Recurso 563/2020 (SP/SENT/1112166).

Argumentación jurídica: Sentado lo anterior, la siguiente cuestión a resolver, pasa por determinar si la cláusula antedicha, que exige en el caso de subcontratación, la acreditación de la previa insolvencia del responsable directo, es una cláusula delimitadora del contrato, o una cláusula limitativa de derechos, partiendo del extremo no controvertido de que la referida cláusula no consta suscrita expresamente por la tomadora del seguro, ni consta expresamente comunicada a la hoy apelante.

La jurisprudencia declara reiteradamente (Sentencias del Tribunal Supremo de 9 de noviembre de 1990, 16 de octubre de 1992, 9 de febrero de 1994, 18 de septiembre de 1999, 16 de mayo y 16 de octubre de 2000, 17 de abril de 2001, STSJ Navarra 22 de diciembre de 1999), que en el contrato de seguro deben distinguirse entre aquellas cláusulas destinadas a delimitar el riesgo o evento contratado, de aquellas otras que restringen los derechos del asegurado. La exigencia de aceptación expresa y por escrito que impone el art. 3 de la Ley de Contrato de Seguro, se refiere específicamente a aquellas cláusulas que son limitativas de los derechos de los asegurados. Al respecto debe tenerse en cuenta que si bien las condiciones del seguro son las que se especifican en el Condicionado General de la Póliza, las cláusulas limitativas de derechos deben reunir unos requisitos tasados jurisprudencialmente: 1.º) la exigencia de redacción clara y precisa (STS de 15 de octubre de 1990); 2.º) El deber de destacarlas de modo especial (STS de 25 de octubre de 1991 y 11 de junio de 1992, entre otras); y 3.º) Necesidad de ser específicamente aceptadas por escrito (STS de 29 de abril de 1991 y 10 de junio de 1991, etc.), que consideran insuficiente el conocimiento general del convenio y exige la aceptación específica e individualizada de tales cláusulas por medios que dejen constancia inequívoca de su imposición y asentimiento, destacando que la mera entrega de un impreso en el que figuran las condiciones limitativas, no suple la exigencia de aceptación específica e independiente que contempla la norma (STS de 10 de octubre de 1992), todo ello en concordancia con lo dispuesto en el artículo 10 de la Ley General para la Defensa de los Consumidores y Usuarios.

De otro lado, conforme al artículo 73 LCS, el contenido del contrato es el que determina el alcance de la cobertura, que no puede extenderse ni cualitativa ni cuantitativamente más allá de lo estipulado. Las cláusulas delimitadoras definen el alea contractual asumido por el asegurador, y en función de los riesgos asumidos se fija la prima y se definen los principios de la reciprocidad contractual. Las cláusulas que definen el objeto de la cobertura, son las que delimitan el riesgo al que el contrato de seguro se extiende. La jurisprudencia afirma respecto de estas cláusulas delimitadoras que deben definir clara y comprensiblemente la cobertura (SSTS 26 de febrero de 1997, 3 de marzo de 1998, 18 de septiembre de 1999, 7 de junio de 2004).

La Sentencia del Tribunal Supremo de 12 de diciembre de 2019, recurso n.º 3634/2016, señala que son cláusulas delimitadoras del riesgo aquellas que tienen por finalidad delimitar el objeto del contrato, de modo que concretan qué riesgos constituyen dicho objeto; en qué cuantía; durante qué plazo; y en que ámbito temporal o espacial. Son, pues, aquellas mediante las cuales se individualiza el riesgo y se establece su base objetiva. Las cláusulas limitativas restringen, condicionan o modifican el derecho del asegurado a la indemnización, una vez que el riesgo objeto del seguro se ha producido. Las cláusulas delimitadoras, susceptibles de incluirse en las condiciones generales para formar parte del contrato, quedan sometidas al régimen de aceptación genérica sin la necesidad de la observancia de los requisitos de incorporación que se exigen a las limitativas, que deben estar destacadas de un modo especial y ser expresamente aceptadas por escrito. Se resume la casuística jurisprudencial sobre la calificación, como delimitadoras o limitativas, de diferentes cláusulas. En el caso que examina, atendida la naturaleza y objeto del seguro (de responsabilidad civil), la cláusula litigiosa, que define la cobertura de la responsabilidad subsidiaria por actos del subcontratista (exigiendo declaración judicial de su responsabilidad, insolvencia y carencia de seguro) es delimitadora del riesgo, en tanto en cuanto lo define e individualiza, coherentemente con el objeto del seguro, sin entrar en contradicción con las condiciones particulares. A continuación se extractan los razonamientos jurídicos que atañen a la cuestión a resolver:

"En este caso, nos encontramos ante un contrato de seguro de responsabilidad civil, definido por el art. 73 de la LCS art. 73, como aquel en virtud del cual:

[...] el asegurador se obliga, dentro de los límites establecidos en la Ley y en el contrato, a cubrir el riesgo del nacimiento a cargo del asegurado de la obligación de indemnizar a un tercero los daños y perjuicios causados por un hecho previsto en el contrato de cuyas consecuencias sea civilmente responsable el asegurado, conforme a derecho".

La finalidad de esta clase de seguros consiste pues en la protección del asegurado, ante la eventualidad de la responsabilidad en que pueda incurrir frente a terceros. La correlativa obligación de resarcimiento del asegurador, para dejar patrimonialmente indemne al asegurado, se encuentra condicionada a la producción del siniestro que, durante la vigencia del contrato, sea consecuencia de la realización de un riesgo, que no se encuentre debidamente excluido de cobertura, sino abarcado por la misma, bajo los requisitos legalmente exigibles; es decir "*dentro de los límites establecidos en la Ley y en el contrato*".

En el supuesto litigioso, objeto de recurso de casación, nos hallamos ante un seguro de responsabilidad civil, que cubre distintas modalidades de cobertura, como la responsabilidad civil de la explotación, responsabilidad civil patronal, responsabilidad de productos, responsabilidad civil subsidiaria de subcontratistas, entre otras.

Según consta, en las condiciones particulares de la póliza, la actividad objeto del seguro es: "*Manufacturas del caucho, fabricación de bandas transportadoras y pavimentos de goma. Planta de cogeneración*". No se plantea el recurso sobre la extensión del seguro de la responsabilidad civil de la explotación, sino exclusivamente sobre el seguro de responsabilidad civil subsidiaria.

La sentencia de la Audiencia, en pronunciamiento no cuestionado, considera que el contrato suscrito, en la modalidad responsabilidad civil de productos (mundo entero, salvo USA/Canadá y Méjico), según cláusula especial n.º 216, con una indemnización por siniestro y período de 1.200.000 euros, cubriría los daños causados por productos, sobrevenidos después de la entrega, que tengan "*(...) por hecho generador un vicio propio del producto o un error cometido durante (...) su montaje*".

Ahora bien, en el caso que nos ocupa, los daños causados por un defectuoso montaje de las bandas no proceden de trabajos directamente ejecutados por la actora a través de sus propios trabajadores, sino de una tercera empresa autónoma, que efectuó su instalación por encargo de la demandante. La actora, una vez abonado voluntariamente el perjuicio sufrido por la entidad compradora, considera, en su condición de asegurada y tomadora del seguro, que el siniestro acaecido se encontraba cubierto dentro de la modalidad de responsabilidad civil subsidiaria pactada, al considerar limitativos los requisitos exigidos, en la condición especial 204, para que nazca la obligación de la compañía de seguros de hacerse cargo de los daños previamente indemnizados.

En las condiciones particulares de la póliza consta que serán aplicadas a este contrato las condiciones generales modelo 301022, las condiciones especiales modelo C-3100108 y entre otras la cláusula especial número 204, en la que se explicita la garantía litigiosa.

Igualmente, en las propias condiciones particulares, con respecto a dicho riesgo asegurado, figura consignado en negrilla: "*responsabilidad civil subsidiaria de subcontratistas: según cláusula 204*", por siniestro, 1.200.000 euros.

La condición especial 204, a la que expresamente remiten las condiciones particulares, aparece redactada en los términos antes transcritos, en el fundamento de derecho primero de esta sentencia, y su interpretación no ofrece dudas que determinen la aplicación de la doctrina de las cláusulas oscuras del art. 1.288 del CC. Legislación citada que se aplica: Real Decreto de 24 de julio de 1889 por el que se publica el Código Civil. Art. 1.288 (16/08/1889) (interpretación *contra proferente*, STS 373/2019, de 27 de junio. Jurisprudencia citada: STS, Sala de lo Civil, Sección 1.ª, 27-06-2019 (rec. 2265/2016), entre otras).

Pues bien, si tenemos en cuenta que la cobertura pactada ha sido la responsabilidad civil subsidiaria de subcontratista, definida contractualmente, en la condición especial 204 como aquella que, en derogación de lo indicado en las condiciones de la póliza, "*[...] pueda atribuírsele al Asegurado, por los daños personales, materiales y perjuicios consecutivos ocasionados a terceras personas, por los subcontratistas del Asegurado, durante el desarrollo de actividades propias al servicio del mismo"*, supeditada a la concurrencia de los requisitos, que dicha condición establece acto seguido, sin solución de continuidad ni fractura convencional, relativos a que la empresa subcontratista sea declarada civilmente responsable por sentencia judicial, insolvente y que no tenga suscrita ninguna póliza que la ampare o que, si la tuviera, el capital máximo garantizado fuera insuficiente para cubrir la indemnización derivada del siniestro, debe ser calificada como delimitadora del riesgo, en tanto en cuanto lo define e individualiza, coherentemente y no de forma contradictoria con el objeto del seguro, sin entrar en contradicción con las condiciones particulares, pues en estas expresamente se señala *"responsabilidad civil subsidiaria de subcontratistas: según cláusula 204"*.

Por otra parte, los requisitos requeridos para el nacimiento de la cobertura no pueden reputarse como cláusulas sorpresivas, sino naturales al tipo de cobertura pactada, que no es una responsabilidad directa, que obligue a responder de actos de otros como los dependientes o empleados [art. 1.903 CC. Legislación citada que se aplica: Real Decreto de 24 de julio de 1889 por el que se publica el Código Civil. art. 1903 (28/01/1991)] o solidaria, indistintamente con otros sujetos [arts. 1.137. Legislación citada que se aplica: Real Decreto de 24 de julio de 1889 por el que se publica el Código Civil. art. 1137 (16/08/1889) y 1144 CC. Legislación citada que se aplica: Real Decreto de 24 de julio de 1889 por el que se publica el Código Civil. art. 1144 (16/08/1889)]; sino de naturaleza subsidiaria, que opera, por lo tanto, para el supuesto de que se deba responder por cuenta del autor material del daño, verdadero responsable del siniestro, de manera no principal, sino en defecto del causante, y siempre además que el subcontratista no pueda hacerse cargo de los daños por falta de capacidad económica para ello. No se responde pues por el hecho de otro, sino por **la responsabilidad del otro, en el caso de imposibilidad de este.**

Por lo tanto, no podemos calificar la cláusula 204 de limitativa de derechos, sino delimitadora de la cobertura, ya que establece los riesgos asumidos por la aseguradora. No los limita o restringe, sino que los determina, fijando su ámbito de aplicación. En tan esencial función delimitadora no se aparta del contenido natural o usual de un seguro de tal clase, ni entra en abierta contradicción con la práctica del sector. En definitiva, no podemos estimar frustradas las expectativas razonables del asegurado, de manera que quedara vacío de contenido el objeto del contrato. No cabe concluir, por ende, que la cláusula especial 204 sea sorpresiva, de forma que merezca el tratamiento jurídico de las limitativas, con los requisitos acumulativos de resultar especialmente destacada en la póliza y amparada por la firma del asegurado para desenvolver su eficacia contractual.

La STS 244/2005, de 14 de abril. Jurisprudencia citada a favor: STS, Sala de lo Civil, Sección: 1.ª, 14/04/2005 (rec. 4331/1998). Por lo que hace referencia al examen directo de la cláusula, procede resaltar que las expresiones de subsidiariedad (que se aplica a la responsabilidad dispuesta para sustituir a otra principal, o anterior, en caso de fallar esta), existencia de otros seguros que amparen los mismos riesgos y operatividad una vez agotadas las garantías que corresponda de dichos seguros citados en primer lugar son jurídicamente claras y dotadas de la suficiente inteligibilidad para excluir la tacha de oscuridad., señaló que:

"[...] por lo que hace referencia al examen directo de la cláusula, procede resaltar que las expresiones de «subsidiariedad» (que se aplica a la responsabilidad dispuesta para sustituir a otra principal, o anterior, en caso de fallar esta), existencia de «otros seguros que amparen los mismos riesgos» y operatividad una vez «agotadas las garantías que corresponda de dichos seguros citados en primer lugar» son jurídicamente claras y dotadas de la suficiente inteligibilidad para excluir la tacha de oscuridad.

«Finalmente debe señalarse, por un lado, que la cláusula de que se trata no tiene la naturaleza de las limitativas de los derechos de los asegurados, sino que es claramente delimitadora del alcance del riesgo, y por consiguiente con el régimen jurídico de las que ostentan este carácter (SS., entre otras, 9 febrero 1.994, 10 febrero 1998, 18 septiembre 1999, 16 mayo y 16 octubre 2000, 2 febrero 2001, 5 marzo 2003, 2 marzo 2005)»".

Así, y teniendo en cuenta la identidad de razón con el caso que nos ocupa, ha de concluirse que la cláusula cuestionada tiene un carácter delimitativo, y por tanto no precisa de una especial aceptación.

En todo caso, y respecto a la necesidad de que las cláusulas delimitadoras sean también expresamente puestas en conocimiento del asegurado en los casos de seguros colectivos, debe tenerse en cuenta que la Sentencia del Pleno del Tribunal Supremo n.º 402/2015, de 14 de julio. Jurisprudencia citada a favor: STS, Sala de lo Civil, Sección: 991.ª, 14/07/2015 (rec. 1241/2013), el control de transparencia aplicable a la contratación seriada que acompaña al seguro, particularmente de la accesibilidad y comprensibilidad real por el asegurado de las causas limitativas del seguro que respondan a su propia conducta o actividad, que deben ser especialmente reflejadas y diferenciadas en la póliza, señaló esta obligación pera para las limitativas:

"En todo caso, y con carácter general, conviene recordar que el control de transparencia, tal y como ha quedado configurado por esta Sala (SSTS de 9 de mayo de 2013 y 8 de septiembre de 2014), resulta aplicable a la contratación seriada que acompaña al seguro, particularmente de la accesibilidad y comprensibilidad real por el asegurado de las causas limitativas del seguro que respondan a su propia conducta o actividad, que deben ser especialmente reflejadas y diferenciadas en la póliza".

Por todo lo expuesto, procede la íntegra desestimación del recurso de apelación interpuesto, confirmando íntegramente la Sentencia recurrida.

Por delimitación temporal

Caso 17

Resumen: La cláusula que restringe la asistencia a 365 desde el siniestro es delimitadora, pues delimita el espacio físico, asistencial y temporal.

Sentencia: AP Cáceres, Sec. 1.ª, 169/2024, de 25 de abril. Recurso 802/2023 (SP/SENT/1229919).

Argumentación jurídica: Por su parte, las cláusulas limitativas de derechos se dirigen a condicionar o modificar el derecho del asegurado y por tanto la indemnización, cuando el riesgo objeto del seguro se hubiere producido. Estas deben cumplir los requisitos formales previstos en el artículo 3 de la Ley de Contrato de Seguro, de modo que deben ser destacadas de un modo especial y han de ser expresamente aceptadas por escrito, formalidades que resultan esenciales para comprobar que el asegurado tuvo un exacto conocimiento del riesgo cubierto (Sentencias del Tribunal Supremo de 20 de abril de 2011 y de 15 de julio de 2009). Estas últimas determinan, de forma práctica, el concepto de cláusula limitativa, referenciándolo al contenido natural del contrato, derivado, entre otros elementos, de las cláusulas identificadas por su carácter definidor, de las cláusulas particulares del contrato y del alcance típico o usual que corresponde a su objeto con arreglo a lo dispuesto en la ley o en la práctica aseguradora. El principio de transparencia, fundamento del régimen especial de las cláusulas limitativas, opera con especial intensidad respecto de las cláusulas introductorias o particulares (...).

Y, en sentido análogo, la Sentencia del Tribunal Supremo, Sala 1.ª, de fecha 15 de julio de 2008, donde se señala que: "*A) Las cláusulas limitativas de los derechos de los asegurados deben cumplir, en orden a su validez, como expresión de un principio de transparencia legalmente impuesto, los requisitos de: a) ser destacadas de modo especial; y b) ser específicamente aceptadas por escrito (artículo 3 de la Ley de Contrato de Seguro, que se cita como infringido).*

La Sentencia del Tribunal Supremo de 11 de septiembre de 2006, del Pleno de la Sala, dictada con un designio unificador, precisa, invocando la doctrina contenida en las Sentencias del Tribunal Supremo de 2 de febrero de 2001, 14 de mayo de 2004 y 17 de marzo de 2006, que deben excluirse del concepto de cláusulas limitativas de los derechos del asegurado aquellas que determinan qué riesgo se cubre, en qué cuantía, durante qué plazo y en qué ámbito espacial, incluyendo en estas categorías la cobertura de un riesgo, los límites indemnizatorios y la cuantía asegurada o contratada (Sentencia del Tribunal Supremo de 17 de octubre de 2007).

No tienen pues carácter limitativo de los derechos del asegurado las cláusulas delimitadoras del riesgo, que son, pues, aquellas mediante las cuales se individualiza el riesgo y se establece su base objetiva. Tienen esta naturaleza las que establecen «exclusiones objetivas» (Sentencia del Tribunal Supremo de 9 de Noviembre de 1.990) de la póliza o restringen su cobertura en relación con determinados eventos o circunstancias, siempre que respondan a un propósito de eliminar ambigüedades y concretar la naturaleza del riesgo en coherencia con el objeto del contrato (fijado en las cláusulas particulares, en las que figuran en lugar preferente de la póliza o en las disposiciones legales aplicables salvo pacto en contrario) o en coherencia con el uso establecido. No puede tratarse de cláusulas que delimiten el riesgo en forma contradictoria con el objeto del contrato o con las condiciones particulares de la póliza, o de manera no frecuente o inusual (Sentencias del Tribunal Supremo de 10 de febrero de 1998, 17 de abril de 2001, 29 de octubre de 2004, 11 de noviembre de 2004, y 23 de noviembre de 2004)".

En aplicación de lo expuesto debemos convenir con la Juez de instancia y con la compañía apelada. Decimos lo anterior porque las cláusulas deben ser interpretadas de manera racional, conjunta y según su encuadre. La "*asistencia sanitaria ilimitada*" se halla dentro de las cuantías que la aseguradora debe abonar. Esa es la interpretación lógica. Basta observar que está inmersa en una fila vertical donde se reseñan cuantías en atención a diversos acaecimientos. Por tanto, no podemos compartir la tesis de la recurrente al manifestar que se trata de una cláusula que determina que la asistencia sanitaria siempre se prestará. A partir de aquí no podemos entender que la cláusula que restringe la asistencia a 365 desde el siniestro sea *"limitativa"* sino delimitadora, como reseña la aseguradora en su apelación, delimita el espacio físico, asistencial y temporal. Aparte lo expuesto y en contra de lo que manifestaba la parte, la póliza se encuentra firmada. En definitiva, el criterio interpretativo de la instancia es correcto. No procede la indemnización solicitada al tratarse de un supuesto excluido de la póliza.

Caso 18

Resumen: Falta de legitimación pasiva *"ad causam"* de la aseguradora por aplicación de la cláusula de limitación temporal del seguro al ser rescindido el contrato por no aceptar el asegurado la modificación del contrato.

Sentencia: AP Madrid, Sec. 12.ª, 181/2024, de 29 de mayo. Recurso 909/2022 (SP/SENT/1230757).

Argumentación jurídica: Y a fin de dar respuesta a dichas alegaciones, hacemos nuestros los razonamientos de la SAP Madrid, Sección 14.ª, de 1 de diciembre de 2023:

"No podemos admitir las reservas que nos presenta la parte apelante, pues en este caso, al margen del documento en la que se contienen las condiciones especiales y generales, donde encontramos que en la condición 3, resaltada en negrita como el resto de las cláusulas limitativas, se contiene la cláusula de delimitación temporal, en un documento aparte, firmado y aceptado por la sociedad Asegurada MAD UNION DENTAL, se recogen agrupadas todos los clausulas limitativas y exclusiones, entre las que se incluye las de limitación temporal en la que se indica textualmente que «queda cubierta, en los términos pactados, la Responsabilidad Civil del Asegurado derivada de las reclamaciones presentadas por escrito y por primera vez por un tercero al Asegurado o al Asegurador durante la vigencia de la póliza por errores profesionales o hechos ocurridos, no conocidos por el asegurado a la fecha de efecto del seguro, causantes de daños personales, materiales y sus perjuicios consecutivos».

El hecho de que la letra sea pequeña y dificulte un poco la lectura no debe influir en la validez de la estipulación pues no nos encontramos con un consumidor sino ante unas empresas que conocen la transcendencia del contenido de documento y, además, la dificultad puede solventarse con el examen de las condiciones especiales y generales donde se resaltan en negrita todas las estipulaciones limitativas contenidas en documento aparte".

Tras la lectura de la cláusula de limitación temporal, debemos indicar que nos encontramos en un caso semejante al que analizo la sentencia del Pleno del TS a la que antes hemos hecho referencia, pues no hay ninguna limitación temporal sobre el origen de los hechos causantes de los daños de los que se debería responder en función del seguro de responsabilidad civil, salvo que los mismos fueran conocidos por el asegurado en el momento de la firma del seguro.

Recordamos que en la sentencia de 26 de abril de 2018 se indica que "*en consecuencia, la cláusula de delimitación temporal controvertida cumplía con lo exigido para la modalidad del inciso segundo del párrafo segundo del art. 73 LCS, pues la limitación temporal consistente en que la reclamación al asegurado se formulara «durante la vigencia de la póliza» se compensaba con una falta de límite temporal alguno respecto del hecho origen de la reclamación; es decir, cualquiera que fuese el tiempo de «nacimiento de la obligación»*".

Al igual que en aquel caso, en este no podemos aceptar las valoraciones que ha hecho la parte apelante sobre la comunicación de la rescisión de las pólizas de seguros contratadas. Esta había sido redactada e iba firmada por Seguros Bilbao limitándose la Correduría de Seguros UNITECO PROFESIONAL a hacer llegar la comunicación a la Asegurada IDENTAL para lo que eligió la vía electrónica, operación que fue revisada y autenticada por la sociedad EVIDENCIAS CERTIFICADAS, en calidad de tercero de confianza en los términos de Reglamento (UE) n.º 910/2014 del Parlamento Europeo y del Consejo de 23 de julio de 2014 relativo a la identificación electrónica y los servicios de confianza para las transacciones electrónicas en el mercado interior.

De la lectura de las certificaciones emitidas por el "*tercero de confianza*", obrantes a los folios 148 a 150, se comprueba que se remitió una comunicación con un anexo conteniendo una carta de "*Seguros Bilbao de Rescisión*", que se remitió el mensaje al servidor del correo del destinatario, que lo recibió el día 3 de mayo de 2018 (folio 152) y que el correo electrónico fue abierto el día 4 de mayo de 2018 (folio 154). Por lo que concluimos la certeza de la comunicación y de la recepción del mensaje electrónico y su apertura por la asegurada.

Consecuentemente, no se aprecia error en la valoración alcanzada por la Juzgadora de Instancia al interpretar la cláusula de delimitación temporal. El motivo se desestima, se confirma la apreciación de falta de legitimación pasiva "*ad causam*", no habiendo lugar a examinar el resto de los motivos del recurso.

Se desestima el recurso de apelación, debiendo ser confirmada la sentencia recurrida.

Caso 19

Resumen: Se interpreta la cláusula como delimitadora por lo que si la pérdida temporal de explotación no se ha producido por ninguno de los riesgos contratados no surge el derecho del asegurado a ver cubierta dicha situación.

Sentencia: AP Navarra, Sec. 3.ª, 679/2023, de 25 de septiembre. Recurso 1941/2021 (SP/SENT/1201205).

Argumentación jurídica: Examinando ahora el contenido de la póliza se hace necesario examinar dicho clausulado con la única finalidad de averiguar cuál es la voluntad real de las partes al momento de la suscripción del contrato.

Tras la lectura del clausulado es evidente que para que se produzca la pérdida del rendimiento económico es necesario por un lado que haya interrupción total o parcial

de la actividad, circunstancia esta que no se pone en duda y que ello sea consecuencia de los riesgos garantizados en la póliza, entre los que no se encuentra la situación existente.

En este sentido discrepamos de la posición adoptada por la juez de instancia y concluimos considerando dicha cláusula como delimitadora del riesgo ya que se limita a definir los concretos supuestos objeto de cobertura no suponiendo en ningún caso una restricción de los derechos del asegurado, sino que su finalidad es la descripción del riesgo sin que por ello pueda entenderse que el hecho de no incluir el riesgo por el que reclama el asegurado suponga una restricción, o modificación del derecho de resarcimiento del asegurado.

En este sentido se han pronunciado la mayoría de los Audiencias Provinciales destacando en este sentido las sentencias antes mencionadas de la AP de Cantabria, la de Cáceres de 25 de abril de 2017, de La Coruña de 4 de mayo de 2023, o la de Oviedo de 5 de abril de 2023.

La conclusión que obtenemos de todo ello es que tratándose de una cláusula delimitadora del riesgo no exige una expresa firma del condicionado general.

Por tanto, siendo evidente que la pérdida temporal de explotación no se ha producido por ninguno de los riesgos contratados no surge el derecho del asegurado a ver cubierta dicha situación.

Consecuencia de ello procede la estimación del recurso de apelación interpuesto, y la consecuente desestimación de la demanda presentada.

Caso 20

Resumen: La limitación temporal de que la reclamación se formulara *"durante la vigencia de la póliza"* se compensaba con una falta de límite temporal respecto del hecho origen, siendo la cláusula válida y eficaz.

Sentencia: AP Asturias, Oviedo, Sec. 5.ª, 220/2023, de 12 de mayo. Recurso 45/2023 (SP/SENT/1193513).

Argumentación jurídica: La ley 30/1995, de 8 de noviembre, introdujo en la regulación del seguro de responsabilidad (art. 23 LCS) la conocida como cláusulas "*claims made*", que delimitan temporalmente la cobertura del siniestro al desplazar como hito temporal el momento del acaecimiento del siniestro por el de la reclamación, exigiendo para su validez los mismos requisitos que para las cláusulas limitativas, esto es, haber sido destacadas y expresamente aceptadas por el tomador o asegurado, obrando en la actualidad un copioso cuerpo de doctrina jurisprudencial que las analiza y proclama su eficacia en tanto cumplan los requisitos del art. 3 de LCS (así STS 26-4-2018, 20-3-2019, 27-10-2019, 30-6-2020 y 16-6-2022); en concreto dice la STS de 20-3-2019: "*La citada sentencia de pleno 252/2018, de 26 de abril, se pronuncia por vez primera sobre la cuestión que plantea el presente recurso, consistente en si cualquier cláusula de delimitación temporal del seguro de responsabilidad civil debe o no cumplir simultáneamente los requisitos de las* *de futuro (reclamación posterior a la vigencia del seguro, inciso primero del párrafo segundo del art. 73 LCS) y de las retrospectivas o de pasado (nacimiento de la obligación antes de la vigencia del seguro, inciso segundo del mismo párrafo).*

Según explica dicha sentencia, hasta entonces la jurisprudencia de esta sala, al interpretar el actual párrafo segundo del art. 73 LCS, añadido por la d. adicional 6.ª de la Ley 30/1965, de 8 de noviembre, de Ordenación y Supervisión de los Seguros Privados, se había limitado a pronunciarse sobre la necesidad de que las cláusulas de delimitación temporal del seguro de responsabilidad civil, como cláusulas limitativas que son según la propia norma, cumplieran el requisito condicionante de su validez de aparecer destacadas de modo especial en la póliza y haber sido específicamente aceptadas por escrito, como exige el art. 3 LCS (sentencias 700/2003, de 14 de julio, 87/2011, de 14 de febrero, 283/2014, de 20 de mayo, y 134/2018, de 8 de marzo), y a declarar que la interpretación de estas cláusulas no debía perjudicar al asegurado ni al perjudicado (sentencias 87/2011, de 14 de febrero, y 366/2012, de 19 de junio), si bien esto último debía ponerse en relación o bien con sentencias sobre el art. 73 LCS antes de su modificación en 1995, o bien con la aplicación de su redacción posterior a casos de sucesión o concurrencia de seguros de responsabilidad civil para evitar períodos de carencia de seguro o de disminución de cobertura en detrimento del asegurado o del perjudicado, pues claro está que las cláusulas de delimitación temporal, como limitativas que son, en principio siempre perjudican al asegurado.

Al abordar por vez primera la cuestión ahora controvertida, la sentencia de pleno, aclarada por auto de 17 de diciembre de 2018, fija en interés casacional la siguiente doctrina jurisprudencial:

«El párrafo segundo del art. 73 de la Ley de Contrato de Seguro regula dos cláusulas limitativas diferentes, cada una con sus propios requisitos de cobertura temporal, de modo que para la validez de las de futuro (inciso primero) no es exigible, además, la cobertura retrospectiva, ni para la validez de las retrospectivas o de pasado (inciso segundo) es exigible, además, que cubran reclamaciones posteriores a la vigencia del seguro».

Para llegar a esta conclusión razona, en síntesis, que «cualquiera que sea la opinión que merezca la introducción de su párrafo segundo al alterar la regla general de su párrafo primero para poner el acento no en el nacimiento de la obligación del asegurado de indemnizar a un tercero, sino en la reclamación de este tercero contra el asegurado, lo cierto es que se declaran legalmente admisibles dos modalidades de cláusulas de delimitación temporal, cada una de ellas con sus propios requisitos de validez. Así se desprende de su regulación diferenciada en dos incisos separados por un punto y seguido y del comienzo de la redacción del inciso segundo con el adverbio 'asimismo', equivalente a 'también', seguido de las palabras 'y con el mismo carácter de cláusulas limitativas', reveladoras de que cada una de las modalidades contempladas en el párrafo segundo del art. 73 LCS es diferente de la otra y tiene sus propios requisitos de validez, por más que ambas sean limitativas».

En aplicación de esa doctrina la sala estimó entonces el recurso de casación porque, siendo la cláusula litigiosa «de las retrospectivas o de pasado», la limitación temporal consistente en que la reclamación al asegurado se formulara «durante la vigencia de la póliza» se compensaba con una falta de límite temporal alguno respecto del hecho origen de la reclamación, lo que legalmente era suficiente para que ese tipo de cláusula fuera válida y eficaz, dado que su validez no dependía, pese a que así lo hubiera entendido la sentencia recurrida, del cumplimiento además del requisito exigido en el inciso primero del párrafo segundo del art. 73 LCS para las de cobertura posterior o de futuro.

1) Como en recurso resuelto por la sentencia de pleno 252/2018, también aquí la cláusula controvertida cumplía con lo exigido para la modalidad del inciso segundo del párrafo segundo del art. 73 LCS, pues la limitación temporal consistente en que la reclamación al asegurado se formulara «durante el período de vigencia de la póliza» se compensaba con una falta de límite temporal alguno respecto del hecho origen de la reclamación («sin perjuicio de la fecha en que hubiera tenido lugar el hecho que motive su presunta responsabilidad»); es decir, cualquiera que fuese el tiempo de nacimiento de la obligación, por más que la redacción de esta retroactividad temporalmente ilimitada fuese manifiestamente mejorable si se hubiera sustituido la fórmula «sin perjuicio» por una expresión más precisa.

4) En consecuencia la sentencia recurrida, al considerar nula la cláusula en cuestión por no cumplir un requisito (que la limitación temporal no excluyera las reclamaciones hechas en el año posterior a la vigencia de la póliza) que en realidad no era exigible para esa concreta modalidad por serlo únicamente para las de futuro, se opone a la doctrina jurisprudencial fijada al respecto por esta sala".

Como referimos, el recurrente objeta que no se cumplen las exigencias legales de su específica aceptación y de figurar en la póliza de forma destacada, sin embargo, al contrario de como afirma, en el certificado de adhesión suscrito por IDENTAL la limitación temporal de la cobertura a las reclamaciones formuladas por tercero durante la vigencia de la póliza es objeto de un apartado específico encabezado con una leyenda que dice "*cláusula de delimitación temporal*" y las condiciones particulares del certificado de adhesión aparecen suscritas por el asegurado, de forma que se cumplen las exigencias de resaltamiento de la cláusula, evitando el riesgo de que el tomador asegurado, no repare en ello y sus consecuencias y de específica aceptación (en este sentido, por todas con carácter general, STS 21-10-2022 y de forma específica, respecto a su incorporación en los boletines de adhesión de seguros colectivos, STS 18-10-2007 y 22-10- 2019).

En tercer lugar, por lo que se refiere a su inoponibilidad frente al tercero perjudicado (art. 76 LCS) la acción directa del perjudicado no es inmune las excepciones objetivas correspondientes al alcance de la cobertura de la póliza según sus condiciones válidamente aceptadas (STS 14-10-2005, 17-4-2015, 11-9-2018, 16-6-2020 y 15-7-2021 y en particular respecto de cláusulas como la litigiosa STS 8-3-2018).

Por tanto, se desestima este motivo del recurso.

Caso 21

Resumen: La cláusula que recoge que para las modalidades de aseguramiento invalidez permanente progresiva de aplicación de un baremo no es limitativa sino delimitadora del riesgo.

Sentencia: AP Huesca, Sec. 1.ª, 244/2020, de 22 de diciembre. Recurso 312/2017 (SP/SENT/1083249).

Argumentación jurídica: (...) En este caso discrepamos de la calificación de clausula limitativa que hace la sentencia impugnada, aunque llegamos a la misma conclusión práctica.

2. En la denominada *"acta rectificativa"* del contrato denominado Multiseguro Lider Ejecutivo con base en el que se acciona –documento 3 de la demanda folio 14– por lo que se deduce que lo conocía y aceptaba, pues estaba en su poder, en el apartado *"detalle de las garantías y sumas aseguradas"* aparece la mención controvertida: invalidez permanente (normal), referida a las condiciones generales a las que, también de un modo general, valga la redundancia, remite. Con esta mención se quiere designar el tipo o clase de contrato, porque hay otra modalidad de seguro, la llamada *"invalidez permanente progresiva"* que, a su vez, admite dos variantes, progresiva 250 % y 400 %. La primera de estas últimas, progresiva 250, es la que tenía concertada antes de la renovación –folio 93–. Esta rectificación, según la denominada *"acta rectificativa"*, tuvo lugar el 29 de julio de 2014, al cumplir el asegurado y tomador accionante los 65 años, todo ello de conformidad con lo pactado en las condiciones generales, en concreto en el artículo 5.2.1.4, donde podemos leer:

Las modalidades de aseguramiento invalidez permanente progresiva (250 % o 400 %) NO SE APLICARÁN A LAS PERSONAS MAYORES DE 65 AÑOS, para las que será de aplicación el baremo establecido en el punto 5.2.1.2 del apartado 5.2. de las presentes condiciones generales (sic).

3. De este modo se define, describe y desarrolla el contenido del contrato. Es decir, se delimita –que no limita– el riesgo, objeto y alcance del contrato, en su dimensión personal y corporal. La interpretación que propone el recurrente es que cualquier perdida anatómica o funcional permanente daría lugar a la totalidad del capital, con lo que resulta que se equipararía la situación de estado vegetativo o coma vigil y la pérdida de un dedo de la mano, porque ambas suponen una pérdida, y por tanto invalidez, de uno o varios órganos o piezas anatómicas con carácter permanente, lo cual es totalmente ilógico y absurdo. Por todo ello, como ya hemos anunciado al principio, el recurso no puede prosperar.

Por delimitación del plazo de cobertura

Caso 22

Resumen: La extinción del seguro a los 65 años es delimitador y la edad que se tiene en cuenta en los seguros de vida a la hora de calcular el riesgo es la actuarial; que es el cumpleaños más cercano a la fecha en la que la póliza empieza a tener vigencia.

Sentencia: TS, Sala Primera, de lo Civil, 1344/2023, de 3 de octubre. Recurso 4947/2019 (SP/SENT/1197401).

Argumentación jurídica: Pues bien, con base en dicho apoyo jurisprudencial hemos de determinar la naturaleza jurídica de la condición particular cuestionada. Para tal cometido, partimos de la base de que el litigioso es un contrato de seguro de vida, definido por el art. 83 de la LCS, como aquel por el cual "*[...] el asegurador se obliga, mediante el cobro de la prima estipulada y dentro de los límites establecidos en la Ley y en el contrato, a satisfacer al beneficiario un capital, una renta u otras prestaciones convenidas, en el caso de muerte o bien de supervivencia del asegurado, o de ambos eventos conjuntamente*".

Conforme a la práctica del sector es habitual, como acontece en el caso que nos ocupa, que el seguro de riesgo de muerte se complemente con otras prestaciones como la invalidez absoluta permanente para todo tipo de trabajo.

El riesgo de la muerte constituye uno de los sectores más dinámicos del contrato de seguro ante las distintas posibilidades y modalidades que brinda la cobertura de la vida humana. En el proceso que enjuiciamos nos hallamos ante un seguro de vida para el caso de muerte, en el que el tomador asegura su propia existencia, constituyendo el riesgo la incertidumbre sobre la duración de la vida humana, en tanto en cuanto constituye un evento *certus an, incertus* cuando (cierto si, incierto cuando), puesto que las personas estamos sometidas a la inexorable ley del fallecimiento bajo la incertidumbre del concreto momento en que tal desenlace se producirá, dentro claro está de los límites temporales de la supervivencia humana, finita por naturaleza.

No es de extrañar entonces que la edad, el estado de la salud, los riesgos vitales a los que está sometida la actividad a la que se dedica o practica el asegurado constituyan pilares fundamentales a la hora de contratar esta clase de seguros, y ello no solo a los efectos de determinar el umbral del riesgo, sino también como imprescindible elemento para el cálculo actuarial de la prima.

Pues bien, el seguro para el caso de muerte admite como modalidades, barajando el trascendental elemento de su duración, la de seguro de vida entera y la de seguro para el caso de muerte a tiempo parcial o con carácter temporal.

La esencia del seguro a vida entera radica en que la compañía cubre el riesgo del fallecimiento del asegurado sin limitación temporal alguna hasta que se produzca el fallecimiento; mientras que, cuando se pacta con carácter temporal, se asegura el mismo riesgo de la muerte, pero dentro de unas determinadas coordenadas temporales que con inherentes a esta tipología de coberturas.

En el caso que nos ocupa, no ofrece duda que el contrato de seguro suscrito es un seguro de vida temporal, como así consta en las condiciones generales y especiales de la póliza que especifican que se trata de un seguro de tal clase (pág. 21). Es más tampoco cuestiona tal tipología de cobertura la propia parte demandante.

Es, por ello, que la determinación del límite temporal del seguro no es una condición limitativa del riesgo, sino delimitadora del objeto del contrato de seguro de vida suscrito.

No la podemos considerar como una cláusula sorpresiva como razonamos en la sentencia 87/2021, de 17 de febrero, en la que explicamos:

"Este motivo tampoco debe ser estimado. Como hemos señalado en la sentencia del pleno de esta Sala 661/2019, de 12 de diciembre:

Un criterio distintivo utilizado para determinar el concepto de cláusula limitativa, es referirlo con el contenido natural del contrato, esto es «[...] del alcance típico o usual que corresponde a su objeto con arreglo a lo dispuesto en la ley o en la práctica aseguradora» (SSTS 273/2016, de 22 de abril, 541/2016, de 14 de septiembre y 147/2017, de 2 de marzo). En este sentido, se atribuye la condición de limitativa a la cláusula sorpresiva que se aparta de dicho contenido (STS 58/2019, de 29 de enero). En el mismo sentido, se expresa la STS 715/2013, de 25 de noviembre, cuando precisa que «[...] incluso hay supuestos en que las cláusulas que delimitan sorprendentemente el riesgo se asimilan a las limitativas de los derechos del asegurado».

Muy gráficamente lo explica la STS 273/2016, de 22 de abril, cuando bajo el epígrafe expectativas razonables del asegurado, señala:

«Cuando legislativamente se estableció un régimen específico para que determinadas condiciones generales del contrato de seguro alcanzasen validez, se estaba pensando precisamente en las cláusulas que restringen la cobertura o la indemnización esperada por el asegurado. Estas cláusulas pueden ser válidas, pero para ello se requiere que el asegurado haya conocido las restricciones que introducen —es decir, que no le sorprendan— y que sean razonables, que no vacíen el contrato de contenido y que no frustren su fin económico y, por tanto, que no le priven de su causa [...]. Precisamente cuando hay contradicción entre las cláusulas que definen el riesgo y las que lo acotan es cuando puede producirse una exclusión sorprendente».

En definitiva, cuando una determinada cobertura de un siniestro es objetiva y razonablemente esperada por el asegurado, por constituir prestación natural de la modalidad de seguro concertado, es preciso que la restricción preestablecida cuente con la garantía adicional de conocimiento que implica el régimen de las cláusulas limitativas, por lo que la eficacia contractual de las condiciones sorpresivas queda condicionada a las exigencias del art. 3 LCS.

Pues bien, en este caso, no es aplicable la mentada doctrina, en tanto en cuanto es inherente a la modalidad de seguro de vida pactado el establecimiento de un límite temporal de cobertura, que constituye su esencia; por lo que no cabe atribuir el calificativo de sorpresiva a una condición delimitadora ínsita en la propia naturaleza jurídica del contrato suscrito o dicho de otra forma de su alcance típico o usual".

En efecto, la determinación del límite temporal de cobertura de un seguro de vida a tiempo parcial es un elemento esencial del propio contrato, al que no podemos atribuir la condición de cláusula limitativa del riesgo, sino definidora del objeto del contrato.

Por otra parte, aun en la hipótesis de considerarse la condición como limitativa, como se sostiene por el demandante, tampoco podría estimarse la demanda, toda vez que la condición XV figura en las condiciones particulares aportadas por la propia demandante, bajo el epígrafe enmarcado, en negrita y con mayúsculas *"POR FAVOR, LÉASE CON ATENCIÓN Y FÍRMESE SOLO EN* ***Caso*** *DE ESTAR DE ACUERDO CON SU CONTENIDO"*, y, en el texto de dicha condición, también en negrita resulta *"límite de caducidad de cobertura: Al término de la anualidad en que el Asegurado cumpla 65 años actuariales"*, y en las condiciones generales y especiales consta que se trata de un seguro de vida temporal.

Las cláusulas delimitadoras y limitativas de la póliza que figuran en las condiciones particulares abarcan el final de un folio, otro entero y menos de la mitad del tercero, se trata de páginas consecutivas, con lo que dicha cláusula no se halla desperdigada u oculta entre otras heterogéneas de manera que pueda pasar desapercibida; lejos de ello, se encuentran destacadas y figuran avaladas con la firma del tomador del seguro.

La firma del tomador aparece al final de las condiciones particulares en las que está inserta la estipulación litigiosa, con lo que se cumple el requisito de la suscripción. En la sentencia 234/2018, de 23 de abril, hemos señalado que:

"La STS de 17 de octubre de 2007 (RC 3398/2000) consideró cumplida esta exigencia cuando la firma del tomador del seguro aparece al final de las condiciones particulares y la de 22 de diciembre de 2008 (RC 1555/2003), admitió su cumplimiento por remisión de la póliza a un documento aparte en el que aparecían, debidamente firmadas, las cláusulas limitativas debidamente destacadas. En ningún caso se ha exigido por esta Sala una firma para cada una de las cláusulas limitativas".

En cualquier caso, determinada la naturaleza de las condiciones generales de la póliza suscrita, la extinción del seguro a los 65 años conforma una cláusula de redacción clara, que no genera dudas interpretativas, que determinen la aplicación de la regla *contra proferentem* del art. 1288 CC y su interpretación jurisprudencial (Sentencias 248/2009, de 2 de abril; 601/2010, de 1 de octubre; 71/2019, de 5 de febrero; 373/2019, de 27 de junio, 636/2020, de 25 de noviembre y 87/2021, de 17 de febrero, entre otras), ni cabe alcanzar una conclusión distinta fundada en una hermenéutica sistemática de la póliza (art. 1285 CC).

El contrato litigioso se extinguió al alcanzar el asegurado los 65 años, una vez finalizó la anualidad prorrogada del contrato en que cumplió tal edad, momento en que la compañía quedó liberada de la obligación de atender al siniestro, al producirse fuera del contexto temporal pactado; de la misma manera que si, por el contrario, ocurre dentro del mismo habría de hacerse cargo del siniestro objeto de cobertura.

La interpretación alternativa dada por la demandante no es de recibo, al considerar que la expresión *"al término de la anualidad en que el Asegurado cumpla 65 años actuariales"*, supone su extensión hasta la finalización del año natural, y no al de la fecha final de cada renovación anual del contrato como es lo lógico. Aceptar la tesis de la parte demandante supondría una suerte de renovación de un contrato cancelado por un nuevo período contractual sin abono de prima, lo que carece de sentido.

En efecto, en este caso, el asegurado cumplió los 65 años, el NÚM. 002 de 2010, al haber nacido el NÚM. 002 de 1945. El contrato era anual renovable, se concertó, por primera vez, el 15 de diciembre de 2004, por lo que vencía el 15 de diciembre de cada anualidad. Cumplidos los 65 años por el asegurado, el 21 julio de 2010, la cobertura se prorrogó hasta el 15 de diciembre de 2010, pero no abrió un nuevo período de prórroga, desde tal fecha hasta el 15 de diciembre de 2011, para comprender el fallecimiento del asegurado el 31 de diciembre de 2010.

La edad actuarial es la del asegurado, que se tiene en cuenta en los seguros de vida a la hora de calcular el riesgo, que es tomada desde el cumpleaños más cercano a la fecha en la que la póliza empieza a tener vigencia. De esta manera, si se contrata un seguro de vida y quedan más de 6 meses para la fecha del cumpleaños, la edad real coincidirá con la edad actuarial, pero si quedan menos de 6 meses para el cumpleaños la edad actuarial será un año superior a la edad real; mas, en este caso, no ofrece duda que, antes de vencer el período de vigencia de la anualidad prorrogada de la póliza, desde el 15 de diciembre de 2009 a 15 de diciembre de 2010, el asegurado contaba con los 65 años de edad, que cumplió el 21 de julio de este último año, por lo que nada influye la edad actuarial.

En virtud de todo el conjunto argumental expuesto, tal motivo del recurso debe ser estimado, y considerar cancelada la cobertura suscrita de seguro de vida temporal objeto de contrato.

Caso 23

Resumen: Hubo aceptación de la cláusula limitativa del seguro de responsabilidad civil en el que aparece la cláusula controvertida destacada en negrita, pues pasó por la correduría de seguros y el certificado individual fue suscrito por el asegurado.

Sentencia: AP Madrid, Sec. 25.ª, 346/2024, de 24 de septiembre. Recurso 639/2023 (SP/SENT/1241852).

Argumentación jurídica: La premisa fáctica de la que parte la resolución de lo planteado es la efectiva rescisión de la póliza por aseguradora el 1 de abril de 2018, como se acredita con la certificación de notificación electrónica enviada a asegurada por correduría de seguros con carta de demandada a clínica dental de rescisión de la póliza, con reclamación posterior a esa vigencia por demandante a demandada de la responsabilidad atribuida a asegurada en tratamiento dental durante la vigencia de la póliza, premisas fácticas y cuestión jurídica coincidente con la resuelta por esta Sección en Sentencia de 26 de mayo de 2023 con el contenido siguiente.

Entre otras Sentencias la de la Sección 20 de 17 de febrero 2023 que establece La póliza de seguro colectivo de responsabilidad civil (documento 3 de la contestación a la demanda) contiene, destacada en mayúsculas y en negrita, una cláusula de delimitación temporal (estipulación 3.ª) en cuya virtud: Queda cubierta, en los términos pactados, la Responsabilidad Civil del Asegurado derivada de las reclamaciones presentadas por un tercero al Asegurado, al Asegurador o a la Agencia de Suscripción durante la vigencia de la póliza, por errores profesionales o hechos ocurridos, no conocidos por el Asegurado a la fecha de efecto del seguro, causantes de daños personales, materiales y sus perjuicios consecutivos. Esta cláusula de exclusión figura en el certificado individual de seguro de responsabilidad civil suscrito por la asegurada (documento n.º 4 de la contestación); y se aporta por la demandada la comunicación de 3 de mayo de 2018 a Idental de su decisión de rescindir la póliza (documento n.º 7 de la contestación). La reclamación extrajudicial de la parte actora a la demandada tiene lugar el 24 de abril de 2019, en la que se reconoce la rescisión de la póliza por el período 1 de abril de 2018 al 31 de marzo de 2019 (documento n.º 6 de la demanda). Respecto a la cláusula de delimitación temporal inserta en pólizas como la que nos ocupa, se ha pronunciado esta Audiencia en el sentido de sostener su validez y considerarla una estipulación oponible al tercero perjudicado. Así se pronuncia la Sección 19.ª en la sentencia de 15 de junio de 2022 (rec. 141/2022), al recordar: 4. El artículo 73.3 LCS dispone que "*serán admisibles, como límites establecidos en el contrato, aquellas cláusulas limitativas de los derechos de los asegurados ajustadas al artículo 3 de la presente Ley que circunscriban la cobertura de la aseguradora a los supuestos en que la reclamación del perjudicado haya tenido lugar dentro de un período de tiempo, no inferior a un año, desde la terminación de la última de las prórrogas del contrato o, en su defecto, de su período de duración. Asimismo, y con el mismo carácter de cláusulas limitativas conforme a dicho artículo 3 serán admisibles, como límites establecidos en el contrato, aquellas que circunscriban la cobertura del asegurador a los supuestos en que la reclamación del perjudicado tenga lugar durante el período de vigencia de la póliza siempre que, en este caso, tal cobertura se extienda a los supuestos en los que el nacimiento de la obligación de indemnizar a cargo del asegurado haya podido tener lugar con anterioridad, al menos, de un año desde el comienzo de efectos del contrato, y ello aunque dicho contrato sea prorrogado. 5. Conforme a la interpretación de este precepto que efectúa la sentencia del Pleno Tribunal Supremo n.º 252/2018 de 26-04-2018, la cláusula de delimitación temporal controvertida cumplía con lo exigido para la modalidad del inciso segundo del párrafo segundo del art. 73 LC, pues la limitación temporal consistente en que la reclamación al asegurado se formulara «durante la vigencia de la póliza" se compensaba con una falta de límite temporal alguno respecto del hecho origen de la reclamación es decir, cualquiera que fuese el tiempo de «nacimiento de la obligación». 6. En este mismo sentido y respecto a la misma póliza de seguros se pronuncia AP Madrid, sec. 8.ª, S 08-07-2021, n.º 297/2021, que significa que se trata de una estipulación delimitadora del riesgo oponible a la víctima, tal como declara la STS (Sala 1.ª) de 23 de abril de 2009, rec. 497/2003.* ***El criterio expuesto es el que mantiene esta Sala, entre otras, en la sentencia núm. 361/2022, de 29 de septiembre, en la que admitimos la validez de la cláusula de limitación temporal de la cobertura como la que ahora nos ocupa, y concluimos que para que la aseguradora quedase obligada a indemnizar al perjudicado, la reclamación debería haberse formulado dentro del espacio temporal de vigencia de la póliza por así haberlo pactado las partes. Se ha de concluir, pues, que la reclamación no se efectuó en el período temporal de cobertura señalado en la póliza. Frente a ello no cabe sostener que no se cumplen los requisitos del artículo 3 LCS, desde el instante en que se ha***

aportado el ejemplar de las condiciones remitido a la correduría de seguros, y el certificado individual suscrito por el asegurado en el que aparece la cláusula controvertida destacada en negrita. En estas circunstancias no puede considerarse que la cláusula discutida no fuera aceptada o desconocida por el tomador. Cierto es que el tamaño de la letra del certificado pudiera dificultar su lectura, pero no lo es menos que nos encontramos ante una póliza concertada con intervención de una correduría de seguros, que actúa por cuenta del asegurado, siendo su obligación analizar y defender los intereses del cliente, informándole de los riesgos cubiertos y facilitarle la documentación necesaria (...). En idéntico sentido Sentencias, Sección 10.ª, de 8 de febrero 2023, Sección 9.ª, de 10 de noviembre 2022 y, Sección 8.ª, de 11 de julio 2022, criterios plenamente compartidos por esta Sección y que llevan a desestimar la demanda con estimación del recurso de apelación".

La aplicación del criterio expresado lleva a estimar el recurso de apelación con desestimación de la demanda presentada.

Caso 24

Resumen: Desestimación al no estar cubierta temporalmente la reclamación, pues ya no estaba vigente la póliza por lo que no cabe entrar en la responsabilidad o indemnización por negligencia en los actos médicos.

Sentencia: AP Madrid, Sec. 20.ª, 230/2024, de 30 de mayo. Recurso 378/2023 (SP/SENT/1232691).

Argumentación jurídica: Admitida la validez de las cláusulas de limitación temporal de la cobertura pactadas entre la compañía aseguradora y asegurada y ajustándose esta a lo establecido en el art. 73 LCS, la misma afecta también al tercero que ejerciten la acción directa, pudiendo oponerse al mismo por la aseguradora como excepción impropia; de manera que identificándose el tiempo de cobertura con el de la vigencia del contrato, para que (...) la aseguradora quede obligada a indemnizar al perjudicado, la reclamación debe formularse dentro de ese espacio temporal de vigencia de la póliza por así haberlo pactado las partes.

En el mismo sentido se han pronunciado las Sentencias de esta Audiencia Provincial de Madrid, de la Sec. 8.ª de fecha 8 de julio de 2021 (rec. 109/2021) o la de la Sec. 19.ª de 15 de junio de 2022 (rec.141/2022), entre otras.

En el sentido expresado también se pronuncian, entre otras, las SSAP de Madrid (Sección 25.ª) núm. 270/2023, de 26 de mayo; y (Sec. 8.ª) núm. 319/2023, de 29 de junio, que dice: En el presente supuesto, consta la cláusula de delimitación temporal en condiciones generales en negrita y en el certificado de adhesión, se establece en párrafo separado y debidamente destacado dentro del apartado de cláusulas limitativas y exclusiones, y se encuentra firmado por el tomador que además, intervino a través de Corredor de Seguro, por lo que no puede negarse validez.

En cuanto a que no consta que la póliza hubiera sido rescindida puesto que la comunicación se realizó al mediador y no está probado lo que se transmitió a la asegurada por lo que no puede considerarse probado que se tratara de la rescisión del contrato, es alegación que no se acoge, puesto que analizado el documento 7 aportado junto con la contestación, se observa que el Corredor adjunta a la comunicación, la cartas del tomador por la que rescinde el seguro, identificando por zonas geográficas, entre ellas Madrid, y señalando que ante el impago de la prima, ha rescindido el contrato y adjunta la carta y la sociedad Evidencias Certificados S. L. certifica que se ha remitido comunicación desde el Corredor de Seguros a Idental y en el anexo identifica que acompaña *"carta de Seguros Bilbao rescisión"* y añade, además de otros aspectos técnicos, que el resultado del envío es positivo y que el sistema recibió un aviso técnico de *"apertura de mensaje"*, por lo que no puede acogerse que la asegurada no tuviera conocimiento de la rescisión del contrato.

Se dice que la comunicación debe realizarse, para que tenga validez, directamente al asegurado, por no tener poder el corredor ni ser apoderado del asegurado, que es afirmación que no se comparte, puesto que podría ser relevante si únicamente se hubiera comunicado la rescisión al corredor, pero aquí consta que la trasladó al tomador, por lo que no puede negarse que la comunicación de rescisión le fuera realizada y no es aplicable el art. 21 LCS a *contrario sensu*, puesto que, se insiste, la comunicación rescindiendo el contrato, en definitiva, se trasladó al tomador, certificando el corredor (doc. 8) que el seguro fue rescindido y no consta reclamación del actor durante su vigencia.

Por lo anterior no estando cubierta temporalmente la reclamación, no cabe entrar en el resto de motivos que hacen referencia a la responsabilidad, indemnización, e intereses que se reclaman, ya que la póliza no ampara el siniestro.

Trasladando el criterio expuesto al supuesto de autos y, por tanto, afirmada la validez de la cláusula de delimitación temporal controvertida, su oponibilidad a terceros, así como la rescisión de la póliza mediante la comunicación de 3 de mayo de 2018, y acreditado que ha sido que la reclamación de la actora se formuló el 25 de abril de 2019, esto es, fuera del ámbito temporal de aseguramiento, procede la estimación de la impugnación formulada por BILBAO COMPAÑÍA DE SEGUROS Y REASEGUROS, con el consiguiente rechazo del recurso de apelación interpuesto por doña Jessica y la confirmación de la sentencia apelada en cuanto a la desestimación de la demanda por las razones antes expuestas.

Caso 25

Resumen: Desestimación de la reclamación al seguro de la Clínica dental pues de aplicación la limitación temporal consistente en que la reclamación al asegurado se formulara *"durante la vigencia de la póliza"*.

Sentencia: AP Madrid, Sec. 14.ª, 519/2023, de 1 de diciembre. Recurso 1152/2022 (SP/SENT/1216539).

Argumentación jurídica: En este contrato se ha optado, al delimitar el ámbito temporal de la vigencia de la póliza, por el sistema o criterio del momento en que se ha efectuado la reclamación, *"claim made basis"*, sin tener en cuenta el momento en que se produjo o exteriorizó el siniestro, sistema cuya validez, efectos y consecuencias han sido regulados por la ley (véanse artículos 2, 3 y 73 LCS) e interpretado por la doctrina jurisprudencial.

El reconocimiento expreso de las cláusulas *claim made* en nuestro país se produjo a raíz de la modificación del artículo 73 de la Ley de Contrato de Seguro, operada por la Ley 30/1995, de 8 de noviembre, de ordenación y supervisión de los seguros privados, que declaró admisibles las cláusulas de limitación temporal de las pólizas de responsabilidad civil que se ajustasen a los siguientes criterios: (i) que la póliza cubra reclamaciones que se efectúen durante su vigencia por hechos ocurridos durante, al menos, un año antes a la entrada en vigor de la póliza (criterio de la cobertura retroactiva); (ii) que el seguro cubra siniestros producidos durante la vigencia de la póliza y cuya reclamación se efectúe durante, al menos, el año siguiente a la finalización de su vigencia (criterio de la eficacia prospectiva o de futuro).

Ya con la nueva redacción del artículo 73 de la Ley de Contrato de Seguro, el Tribunal Supremo ha ratificado la validez de las cláusulas "*claim made*" en sus sentencias de 14 de julio de 2003, 14 de febrero de 2011, 19 de junio de 2012, 20 de mayo de 2014, 18 de febrero de 2016 y 8 de marzo de 2018, así como en la sentencia 252/2018 del Pleno de 26 de abril de 2018, en concreto ha considerado admisibles las cláusulas de delimitación temporal del seguro de responsabilidad civil si cumplen el requisito, como cláusulas limitativas que son según la propia norma, de aparecer destacadas de modo especial en la póliza y haber sido específicamente aceptadas por escrito, como exige el art. 3 LCS, afirmando la sentencia del Pleno que las cláusulas de delimitación temporal previstas en dicho precepto (cobertura retroactiva y prospectiva) son independientes entre sí, por lo que la validez de una de ellas no exige la inclusión de la otra en la misma póliza.

Debemos decir que la parte apelante no ha cuestionado la validez del clausula "*claim made*", período de cobertura en función a que la fecha de la reclamación se produzca durante la vigencia de la póliza de seguro, sino considera que en este caso no puede admitirse la misma pues siendo una cláusula limitativa de derechos no ha sido aceptada expresamente y luego por no delimitar bien los términos de la cobertura y en especial su alcance retroactivo.

No podemos admitir las reservas que nos presenta la parte apelante, pues en este caso, al margen del documento en la que se contienen las condiciones especiales y generales, donde encontramos que en la condición 3, resaltada en negrita como el resto de las cláusulas limitativas, se contiene la cláusula de delimitación temporal, en un documento aparte, firmado y aceptado por la sociedad Asegurada MAD UNION DENTAL, se recogen agrupadas todos los clausulas limitativas y exclusiones, entre las que se incluye las de limitación temporal en la que se indica textualmente que "*queda cubierta, en los términos pactados, la Responsabilidad Civil del Asegurado derivada de las reclamaciones presentadas por escrito y por primera vez por un tercero al Asegurado o al Asegurador durante la vigencia de la póliza por errores profesionales o hechos ocurridos, no conocidos por el asegurado a la fecha de efecto del seguro, causantes de daños personales, materiales y sus perjuicios consecutivos*".

El hecho de que la letra sea pequeña y dificulte un poco la lectura no debe influir en la validez de la estipulación pues no nos encontramos con un consumidor sino ante unas empresas que conocen la transcendencia del contenido de documento y, además, la dificultad puede solventarse con el examen de las condiciones especiales y generales donde se resaltan en negrita todas las estipulaciones limitativas contenidas en documento aparte.

Finalmente analizaremos la extensión de cobertura de la póliza que en este caso es retrospectiva, es decir cubre hechos ocurridos con anterioridad a la entrada en vigor de la póliza.

Tras la lectura de la cláusula de limitación temporal, debemos indicar que nos encontramos en un caso semejante al que analizo la sentencia del Pleno del TS a la que antes hemos hecho referencia, pues no hay ninguna limitación temporal sobre el origen de los hechos causantes de los daños de los que se debería responder en función del seguro de responsabilidad civil, salvo que los mismos fueran conocidos por el asegurado en el momento de la firma del seguro.

Recordamos que en la sentencia de 26 de abril de 2018 se indica que "*en consecuencia, la cláusula de delimitación temporal controvertida cumplía con lo exigido para la modalidad del inciso segundo del párrafo segundo del art. 73 LCS, pues la limitación temporal consistente en que la reclamación al asegurado se formulara «durante la vigencia de la póliza»* se compensaba con una falta de límite temporal alguno respecto del hecho origen de la reclamación; es decir, cualquiera que fuese el tiempo de «*nacimiento de la obligación»*.

Caso 26

Resumen: La cláusula de limitación temporal de la cobertura puede oponerse al asegurado por la aseguradora como excepción impropia.

Sentencia: AP Madrid, Sec. 20.ª, 361/2022, de 29 de septiembre. Recurso 169/2022 (SP/SENT/1162864).

Argumentación jurídica: Partiendo de la situación fáctica indicada, es de aplicación al caso la doctrina establecida en la jurisprudencia respecto de la denominada cláusula "*claim made*" tal como se hace en la sentencia apelada. Al respecto, debe traerse a colación la STS N.º 545/2020 de 20 de octubre, en la que al determinar la incidencia que en las pólizas de responsabilidad civil ha de otorgarse al transcurso del tiempo entre la producción del siniestro y la reclamación del asegurado o perjudicado, reiterando la doctrina establecida en la STS 252/2018, de 26 de abril, que es la aplicada en la sentencia apelada, analiza la situación que se plantea con las denominadas cláusulas "*claim made basis*", en virtud de las cuales se cubren los siniestros que se reclamen durante la vigencia de la póliza, sin consideración al momento en que se produjo el hecho causante o se hubiese exteriorizado el daño, indicando al respecto: "*(...) Por imperativo legal y según reiterado criterio jurisprudencial las cláusulas* claim made *se consideran limitativas, hallándose, en la actualidad, expresamente previstas en el art. 73 II de la LCS. En estos casos, no es suficiente la realización del siniestro, sino que además se produzca la reclamación del perjudicado dentro del plazo contractualmente previsto. Admiten dos modalidades distintas; así pueden ser* *prospectivas o de futuro, a las que se refiere el primer inciso del art. 73 II LCS; y retroactivas o de pasado, del segundo inciso de tal precepto".*

Este tipo de condiciones contractuales fueron objeto de tratamiento en la sentencia del Pleno de la Sala 1.ª, 252/2018, de 26 de abril, resolviendo la cuestión relativa a si cualquier cláusula de delimitación temporal del seguro de responsabilidad civil debía o no cumplir simultáneamente los requisitos de las de futuro (reclamación posterior a la vigencia del seguro, inciso primero del párrafo segundo del art. 73 LCS) y de las retrospectivas o de pasado (nacimiento de la obligación antes de la vigencia del seguro, inciso segundo del mismo párrafo), problemática que fue contestada negativamente, estableciendo al respecto que:

"El párrafo segundo del art. 73 de la Ley de Contrato de Seguro regula dos cláusulas limitativas diferentes, cada una con sus propios requisitos de cobertura temporal, de modo que para la validez de las de futuro (inciso primero) no es exigible, además, la cobertura retrospectiva, ni para la validez de las retrospectivas o de pasado (inciso segundo) es exigible, además, que cubran reclamaciones posteriores a la vigencia del seguro".

Pues bien, en el supuesto aquí analizado, no se duda de la existencia de dicha cláusula que limita temporalmente la cobertura, lo que precisa, para su validez en el caso concreto, que exista una aceptación expresa por parte del asegurado y que la misma se resalte de manera clara en la Póliza, en los términos que establece el art. 3 LCS; requisitos que sí se cumplen en el caso presente, en cuanto consta redactada en negrita en las condiciones especiales, así como también en el certificado de adhesión y este está firmado en todas sus hojas por la aseguradora y asegurada; de manera que ha de considerare válida la limitación temporal allí establecida. No es de aplicación al caso, el criterio que afirma la apelante sostenía esta Sección en la sentencia de 15 de junio de 2016, en cuanto en dicho procedimiento, en el que era parte demandada tanto la asegurada como la aseguradora, lo que no ocurre en este en el que se demanda por la perjudicada, solo a la aseguradora y no se analiza, por no ser objeto del recurso, la vigencia de la póliza en el momento de la reclamación.

SEXTO. Admitida la validez de la cláusulas de limitación temporal de la cobertura pactadas entre las compañías aseguradora y asegurada y ajustándose esta a lo establecido en el art. 73 LCS, la misma afecta también al tercero que ejerciten la acción directa, pudiendo oponerse al mismo por la aseguradora como excepción impropia; de manera que identificándose el tiempo de cobertura con el de la vigencia del contrato, para que el asegurado y la aseguradora queden obligadas a indemnizar al perjudicado, la reclamación debe formularse dentro de ese espacio temporal de vigencia de la póliza por así haberlo pactado las partes.

En el mismo sentido se han pronunciado las Sentencias de esta Audiencia Provincial de Madrid, de la Sec. 8.ª de fecha 8 de julio de 2021 (rec. 109/2021) o la de la Sec. 19.ª de 15 de junio de 2022 (rec.141/2022), entre otras.

Caso 27

Resumen: La cláusula por la que se cubren aquellas reclamaciones presentadas por un tercero aún no conocidas a la fecha de efecto del seguro se encuentra firmada y es de aplicación, por lo que no hay cobertura.

Sentencia: AP Asturias, Oviedo, Sec. 6.ª, 422/2021, de 29 de noviembre. Recurso 395/2021 (SP/SENT/1134167).

Argumentación jurídica: La STS de 20 de octubre de 2020 resume y concreta la doctrina del Alto Tribunal sobre las cláusulas de limitación temporal de cobertura (cláusula *claim made*) desde la doctrina sentada en la 26 de abril de 2018 y en las posteriores dictadas, en el sentido siguiente:

"En las pólizas de responsabilidad civil es habitual que transcurra un plazo de tiempo más o menos dilatado entre la producción del siniestro asegurado y la reclamación del asegurado o perjudicado. Ante esta realidad del aseguramiento se han venido utilizando distintos criterios en la práctica aseguradora:

*i. El criterio del hecho causante (*action commited basis*), la póliza cubre los daños asegurados que se causaran durante la vigencia de la póliza, independientemente de cuando se reclamen o manifestaron los daños.*

*ii. El criterio de la exteriorización del daño (*loss ocurrence basis*), el seguro cubrirá aquellos daños manifestados durante la vigencia de la póliza, sin importar el momento temporal en que se produjo el hecho causante o se efectuó la reclamación.*

*iii. Y el tercer criterio es el de la reclamación (*claim made basis*), conforme al cual se cubren los siniestros que se reclamen durante la vigencia de la póliza sin consideración al momento en que se produjo el hecho causante o se hubiese exteriorizado el daño.*

Estas últimas cláusulas de limitación temporal de la cobertura no fueron contempladas inicialmente en la LCS, aunque con posterioridad se incorporaron a su articulado, mediante la reforma llevada a efecto por la Ley 30/1995, de 8 de noviembre, de Ordenación y Supervisión de los Seguros Privados.

Dispone al respecto el art. 73 LCS: Por el seguro de responsabilidad civil el asegurador se obliga, dentro de los límites establecidos en la Ley y en el contrato, a cubrir el riesgo del nacimiento a cargo del asegurado de la obligación de indemnizar a un tercero los daños y perjuicios causados por un hecho previsto en el contrato de cuyas consecuencias sea civilmente responsable el asegurado, conforme a derecho.

Serán admisibles, como límites establecidos en el contrato, aquellas cláusulas limitativas de los derechos de los asegurados ajustadas al artículo 3 de la presente Ley que circunscriban la cobertura de la aseguradora a los supuestos en que la reclamación del perjudicado haya tenido lugar dentro de un período de tiempo, no inferior a un año, desde la terminación de la última de las prórrogas del contrato o, en su defecto, de su período de duración. Asimismo, y con el mismo carácter de cláusulas limitativas conforme a dicho artículo 3 serán admisibles, como límites establecidos en el contrato, aquellas que circunscriban la cobertura del asegurador a los supuestos en que la reclamación del perjudicado tenga lugar durante el período de vigencia de la póliza siempre que, en este caso, tal cobertura se extienda a los supuestos en los que el nacimiento de la obligación de indemnizar a cargo del asegurado haya podido tener lugar con anterioridad, al menos, de un año desde el comienzo de efectos del contrato, y ello aunque dicho contrato sea prorrogado".

Continúa la sentencia "*Por imperativo legal y según reiterado criterio jurisprudencial las cláusulas* claim made *se consideran limitativas, hallándose, en la actualidad, expresamente previstas en el art. 73 II de la LCS. En estos casos, no es suficiente la realización del siniestro, sino que además se produzca la reclamación del perjudicado dentro del plazo contractualmente previsto. Admiten dos modalidades distintas; así pueden ser prospectivas o de futuro, a las que se refiere el primer inciso del art. 73 II LCS; y retroactivas o de pasado, del segundo inciso de tal precepto.*

Este tipo de condiciones contractuales fueron objeto de tratamiento en la sentencia del Pleno de la Sala 1.ª, 252/2018, de 26 de abril, resolviendo la cuestión relativa a si cualquier cláusula de delimitación temporal del seguro de responsabilidad civil debía o no cumplir simultáneamente los requisitos de las de futuro (reclamación posterior a la vigencia del seguro, inciso primero del párrafo segundo del art. 73 LCS) y de las retrospectivas o de pasado (nacimiento de la obligación antes de la vigencia del seguro, inciso segundo del mismo párrafo), problemática que fue contestada negativamente, estableciendo al respecto que:

«El párrafo segundo del art. 73 de la Ley de Contrato de Seguro regula dos cláusulas limitativas diferentes, cada una con sus propios requisitos de cobertura temporal, de modo que para la validez de las de futuro (inciso primero) no es exigible, además, la cobertura retrospectiva, ni para la validez de las retrospectivas o de pasado (inciso segundo) es exigible, además, que cubran reclamaciones posteriores a la vigencia del seguro».

En aplicación de esa doctrina la sala estimó entonces el recurso de casación, porque siendo la cláusula litigiosa «de las retrospectivas o de pasado» la limitación temporal consistente en que la reclamación al asegurado se formulara «durante la vigencia de la póliza» se compensaba con una falta de límite temporal alguno respecto del hecho origen de la reclamación, lo que legalmente era suficiente para que ese tipo de cláusula fuera válida y eficaz, dado que su validez no dependía del cumplimiento además del requisito exigido en el inciso primero del párrafo segundo del art. 73 LCS para las de cobertura posterior o de futuro".

Con posterioridad, siguiendo tal doctrina se expresó este Tribunal en sus Sentencias 170/2019, de 20 de marzo; 185/2019, de 26 de marzo, 555/2019, de 22 de octubre y 373/2020, de 30 de junio.

Por consiguiente, no ofrece duda la validez de las cláusulas de limitación temporal de la cobertura pactadas con las compañías demandadas, así como el carácter limitativo de las cláusulas *claim made* del condicionado general de las pólizas.

Se combate en el recurso la afirmación de la sentencia que las condiciones particulares en donde aparece la delimitación temporal no aparecen destacadas ni expresamente aceptadas por el tomador.

El certificado de adhesión obrante en autos en cuanto seguro colectivo sí aparece en este caso firmado por el asegurado, constando en dicho certificado expresamente destacada la cláusula de delimitación temporal.

Y con arreglo a ella, la aseguradora venía a cubrir únicamente aquellas reclamaciones presentadas por un tercero durante el tiempo de vigencia de la póliza aún no conocidas a la fecha de efecto del seguro.

La póliza se rescindió en la anualidad correspondiente a 1/04/2018 por agravación del riesgo y falta de pago de la prima, así consta por la certificación de la Correduría de seguros Uniteco donde notifica a I Norte Dental el 3 de mayo de 2018, carta de la aseguradora informando sobre la resolución de las póliza de seguro de esta compañía NÚM. 000, correspondiente a la anualidad 1/04/2018 a 31/03/2021, el aseguradora ante la agravación del riesgo realizó propuesta de modificación del contrato sin obtener respuesta por parte del tomador, encontrándose todas las primas del seguro impagadas.

Igualmente Uniteco, Correduría de seguros, certifica que a fecha 17/06/ 2020 no consta ningún seguro suscrito con I Norte Dental. Ni reclamación en sus archivos de D. Benito frente a I Norte.

Según resulta de la demanda la última intervención realizada al actor lo fue en fecha 12-06-2018, tras anteriores actuaciones donde se le practicaron extracciones de piezas dentales, y se le revisa y se constata que cicatriza correctamente todo lo anteriormente efectuado y se le informa de la situación actual de la Clínica donde no tiene material para ningún tipo de actuación sobre su dentadura.

La denuncia presentada contra I Dental es de fecha 12 de junio de 2018.

Por lo que al momento de presentar la denuncia no estaba vigente la póliza de seguros de la compañía aseguradora Bilbao que aseguraba a la entidad I Norte Dental.

QUINTO. Como se contiene en la STS de 15 de julio de 2021, a diferencia de lo que sucede en la regulación legal de algunos tipos de seguro que contienen una precisa delimitación del riesgo objeto de cobertura, en el seguro de responsabilidad civil la definición legal del riesgo (art. 73 LCS) remite a la disciplina convencional, de manera que la regulación que sobre el particular se contenga en el propio contrato resulta imprescindible para la determinación del contenido de la obligación del asegurador (sentencia 58/2019, de 29 de enero).

Es decir, dado que el riesgo cubierto en el seguro de responsabilidad civil es el nacimiento de la obligación de indemnizar derivada del acaecimiento de un hecho previsto en el contrato, será precisa la definición convencional –positiva y negativa– del mencionado evento, a fin de concretar el contenido de la obligación asumida por el asegurador.

Habida cuenta que el seguro de responsabilidad civil de explotación se configura a través de la delimitación del riesgo, la última de las sentencias citadas aclara que dicha delimitación del riesgo efectuada en el contrato resulta oponible al tercero perjudicado (el contratante con el asegurado, que sufre su prestación defectuosa o dañina), no como una excepción en sentido propio, sino como consecuencia de la ausencia de un hecho constitutivo del derecho de aquel sujeto frente al asegurador. Ese derecho podrá haber nacido frente al asegurado en cuanto causante del daño, pero el asegurador no será responsable, porque su cobertura respecto al asegurado contra el nacimiento de la obligación de indemnizar solo se extiende a los hechos previstos en el contrato.

En consecuencia, el perjudicado no puede alegar un derecho al margen del propio contrato.

En el presente caso, tal como resulta de la póliza suscrita el objeto de seguro era la responsabilidad profesional, en tanto que en la demanda se ejercita en base a una responsabilidad contractual y lo que se pretende al reclamar la totalidad de la cantidad abonada consecuencia de un incumplimiento contractual, es una resolución de contrato por ese incumplimiento con el consiguiente resarcimiento de los daños y perjuicios.

En este particular, y en la medida expresada, procede estimar el recurso interpuesto y revocar la sentencia apelada.

Caso 28

Resumen: La cláusula "*claim made*" estaba expresamente aceptada por lo que comunicación del siniestro se produjo cuando ya había cesado en su efecto la póliza contratada.

Sentencia: AP Baleares, Sec. 4.ª, 479/2021, de 15 de octubre. Recurso 617/2020 (SP/SENT/1133005).

Argumentación jurídica: La parte actora en su recurso de apelación alega que la cláusula "*Claim made*" que aparece en la póliza de seguro no cumple con los requisitos que exige el artículo 3 de la LCS, al no aparecer destacada de modo especial en la póliza y no estar específicamente aceptada por escrito. Y en esta caso ello provocó que los representantes de Sastre & Masnou SL no conocieron la existencia de la cláusula "*Claim made*" y mucho menos su significado.

También alega que, en todo caso, la cláusula "*Claim made*" que incluye la póliza se contrae a precisar el ámbito temporal del contrato y debe ser entendida a la relación interna entre las partes que la suscribieron, pero no frente a terceros perjudicados al tratarse de una excepción de carácter personal.

Se refiere también la parte apelante a la renovación tácita de la póliza.

Alega también la parte apelante que, a pesar de la franquicia que se recoge en la póliza, la indemnización no puede ser sometida a restricción alguna.

Por último, se refiere a las costas que se le imponen en la sentencia de instancia.

La codemandada Sastre & Masnou SL en la alegación tercera de su recurso se manifiesta en el mismo sentido que la actora en su recurso, en cuanto que alega que la cláusula limitativa no le fue comunicada ni le fue explicada, por lo que no fue nunca aceptada, tampoco se halla firmada.

Las aseguradoras codemandadas al oponerse a los referidos motivos de los respetivos recursos de apelación alegan que en la primera instancia jamás se alegó que la cláusula no cumpliera con los requisitos del art. 3 de la LCS, por ello dicha validez no fue incluida entre los hechos controvertidos que se fijaron en el acto de la Audiencia Previa. En cuanto a Sastre & Masnou, esta ni tan siquiera contestó la demanda. Añadiendo que ninguna de las alegaciones formuladas en los respectivos recursos de apelación pueden prosperar, y no solamente porque en su mayoría son extemporáneas, sino porque no se ha producido error alguno en la valoración de la prueba ni en la aplicación del derecho por parte del juez *"a quo"*. La cláusula *"Claim made"*, inserta en la póliza no solamente cumple todos los requisitos para su validez y es plenamente aplicable al siniestro de autos, sino que, es plenamente oponible al perjudicado que ejercite la acción directa.

Quinto. Conforme tiene declarado el Tribunal Supremo, entre otras, en su sentencia de fecha 26 de abril de 2018, la jurisprudencia, al interpretar el actual párrafo segundo del artículo 73 LCS, añadido por la disposición adicional 6.ª de la Ley de Ordenación y Supervisión de los Seguros privados, ha considerado admisibles las cláusulas de delimitación temporal del Seguro de Responsabilidad Civil si cumplen el requisito, como cláusulas limitativas que son según la propia norma, de aparecer destacadas de modo especial en la póliza y habar ido específicamente aceptadas por escrito, como exige el artículo 3 LCS (sentencias 700/2003, de 14 de julio, 87/2011, de 14 de febrero, 283/2014, de 20 de mayo y 134/18, de 8 de marzo).

El juez *"a quo"* en la sentencia de instancia, después de referirse a la jurisprudencia recaída sobre las cláusulas de delimitación temporal o *"claims made"*, razona que en el supuesto de autos se observa, a partir del examen de la póliza de seguro contratada con las demandadas que la cláusula *"claim made"* se halla particularmente destacada en el Suplemento, redactándose incluso con el empleo de mayúsculas para focalizar la atención del lector y potencial contratante, constando asimismo debidamente firmado el citado suplemento de la póliza. Por lo demás, el tenor literal es claro: *"La presente es una PÓLIZA en base a RECLAMACIONES que se presenten por vez primera contra el ASEGURADO y se notifiquen al ASEGURADOR durante el PERÍODO DE SEGURO respecto de ERRORES O FALTAS PROFESIONALES cometidos tanto con anterioridad a la fecha del efecto de la póliza como durante el PERÍODO DE SEGURO, salvo que se acuerde una FECHA RETROACTIVA diferente y quede reflejada en el apartado 9 de esta Condiciones Particulares"*.

Conforme alegan las entidades aseguradoras codemandadas al oponerse a los recursos de apelación, ni la parte actora en su demanda ni tampoco la entidad codemandada Sastre & Masnou SL, que, conforme hemos indicado antes, no contestó la demanda, alegaron en la primera instancia que la cláusula *"claim made"* contenida en la póliza de autos no reunía los requisitos exigidos por la jurisprudencia para considerarla válida; es decir, en el momento procesal oportuno de la primera instancia (artículo 412 de la LEC) no alegaron que la firma que consta en el documento n.º 19 aportado con la demanda, no perteneciera a quien representaba a la entidad aseguradora, ni tampoco que la cláusula no apareciera destacada de modo especial en la póliza y específicamente aceptada por escrito, conforme exige el artículo 3 de la LCS.

Sexto. **Atendiendo a lo razonado en el Fundamento de Derecho anterior, esta Sala considera que ni el motivo del recurso interpuesto por la parte actora ni el interpuesto por la entidad codemandada sobre la cuestión que ahora nos ocupa, puede prosperar. Y ello habida cuenta que las condiciones particulares y las especiales aparecen**

firmadas y la cláusula "*claim made*", destaca de modo especial cuando en la póliza se recoge: "*DELIMITACIÓN TEMPORAL*" con el carácter de cláusula o condición limitativa de los derechos del ASEGURADO, aceptada expresamente por el TOMADOR DEL SEGUROS Y LOS ASEGURADOS, esta es una PÓLIZA en base a RECLAMACIONES que únicamente cubre las RECLAMACIONES que se presentan por primera vez contra el ASEGURADO y notificadas al ASEGURADOR, o contra el ASEGURADOR en ejercicio de la acción directa, durante el PERÍODO DE SEGURO O durante el PERÍODO ADICIONAL DE NOTIFICACIÓN, si resultase de aplicación conforme lo establecido en la Sección VI, respecto de ERRORES O FALTAS PROFESIONALES cometidos tanto con anterioridad a la fecha de efecto de la POLIZA como durante el PERÍODO DE SEGURO (Sección V de la Condiciones Especiales).

Por otra parte conforme se declara probado en la sentencia de instancia, de la prueba practicada en el procedimiento ha quedado acreditado que la comunicación del siniestro por el asegurado tuvo lugar el 19 de junio de 2015 y no antes, por lo que dicha comunicación se produjo cuando ya había cesado en su efecto la póliza contratada con las aseguradoras codemandadas.

Por último, ante la alegación formulada por la parte actora en su recurso, debemos indicar que dicha cláusula es oponible al perjudicado, conforme lo dispuesto en el artículo 73 de la Ley de Contrato de Seguro.

Por delimitación de las partes en el seguro

Caso 29

Resumen: La cláusula que establece que solo son asegurados los organismos autónomos y empresas públicas expresamente incluidos como tales en la póliza es delimitadora.

Sentencia: AP Madrid, Sec. 14.ª, 336/2021, de 23 de julio. Recurso 71/2021 (SP/SENT/1123885).

Argumentación jurídica: Resolución.

Frente a lo alegado en el recurso, la sentencia apelada no incurre en incongruencia interna (art. 218 LEC) cuando analiza la controvertida condición de asegurada de Emuasa en la poliza de seguro concertada entre Mapfre y el Ayuntamiento de Murcia, ni tampoco por enfocar esa cuestión desde la perspectiva del clausulado literal de la póliza de seguro. De hecho, esa discutida condición de asegurada fue planteada como hecho controvertido en el acto de la audiencia previa, enunciada como "*Relación contractual contenida en la póliza suscrita entre Mapfre y el Ayuntamiento de Murcia, especificando si Emuasa tiene la condición de asegurada en dicha póliza*".

Cuestión diferente, y que más adelante se valora, es si para discernir esa posible condición de asegurada debe estarse a los pactos contractuales (literales) incluidos en la póliza de seguro, o si por el contrario es de aplicación el marco administrativo en el que se generó y formalizó esa póliza, en cuanto dicho marco exceda, o difiera, del tenor literal de la póliza de seguro.

La primera cuestión que se analiza es si las cláusulas del contrato de seguro que firmaron Mapfre y al Ayuntamiento de Murcia, que fundamentan denegar a Emuasa la condición de asegurada, tienen la consideración de cláusulas definitorias del riesgo asegurado, o de cláusulas limitativas de derechos. Pues en este último supuesto, como aduce Zurich, deben ajustarse a los requisitos del art. 3, párrafo primero, último inciso, LCS, a cuyo tenor "*Se destacarán de modo especial las cláusulas limitativas de los derechos de los asegurados, que deberán ser específicamente aceptadas por escrito*".

Pues bien, la referida póliza, al definir el objeto del seguro, se refiere a la responsabilidad "*(...) derivada del ejercicio de sus competencias de la administración del municipio, sus instalaciones, propiedades municipales, así como de sus Entes dependientes, salvo aquellos organismos autónomos y empresas públicas que no hayan sido expresamente incluidos como asegurados en la póliza*".

Y siendo Emuasa la empresa municipal, participada por el Ayuntamiento, que gestiona el ciclo urbano del agua, de la interpretación literal de dicha cláusula (arts. 1281 y ss. CC) se desprende que solo tendrá la condición de asegurada en caso de haber sido expresamente incluida como asegurada en la póliza. La singular redacción del último inciso de esa cláusula, que utiliza una doble negación ("*salvo aquellos (...) que no hayan sido expresamente incluidos*"), no puede inducir a error o a distorsión interpretativa. Solo son asegurados los organismos autónomos y empresas públicas expresamente incluidos como tales en la póliza.

Por lo expuesto, tampoco cabe posible duda sobre que la cláusula analizada es definitoria del riesgo asegurado. Pues en ella se especifica y define cuál es el riesgo asegurado, siéndolo la responsabilidad frente a terceros atribuida al Ayuntamiento y a los organismos autónomos y empresas públicas expresamente incluidos en la póliza. Sin que entre ellos se encuentre Emuasa.

Por el contrario, las cláusulas limitativas de derechos son las que, una vez definido el riesgo asegurado, se introducen para restringir, condicionar o modificar, la obligación de indemnizar de la aseguradora, debiendo formalizarse con observancia del art. 3 LCS antes transcrito. Y es cierto que la póliza elaborada por Mapfre, bajo la rúbrica de exclusiones comunes a todas las coberturas, declara que la póliza no cubre la responsabilidad de "*aquellos Organismos Autónomos y Empresas Públicas que no hayan sido expresamente incluidos como asegurados en la póliza*". Sin embargo, se trata de una exclusión inútil, por redundante, pues en la definición previa del riesgo asegurado nunca se incluyó la responsabilidad de los organismos autónomos y empresas públicas no expresamente incluidas.

A mayor abundamiento, ni está probado que la cláusula contractual examinada, sobre "*exclusiones*", no fuera destacada en el contrato, ni que no resultara expresamente aceptada. El incumplimiento de dichos requisitos no ha sido denunciado por el tomador o por el asegurado, sino únicamente por Zurich, a cuyo efecto solo aporta copia del texto de la póliza de seguro. Pero, sin dudar de la correspondencia entre la copia y el original, no se acredita que este omitiera el destacado, o la firma, de la cláusula sobre exclusión, sobre cuyo extremo no se ha propuesto prueba. En tal sentido, Zurich no

puede alegar carecer de disponibilidad sobre la fuente de la prueba (art. 217.7 LEC), pues pudo instar la práctica de requerimiento de exhibición del ejemplar original de la póliza en comprobación del hecho controvertido.

Despejada la cuestión anterior, debe analizarse si la condición de asegurada de Emuasa en la póliza de seguro entre Mapfre y el Ayuntamiento, depende de la redacción de su clausulado, o si este debe completarse, o modificarse, con las bases o condiciones del proceso administrativo en cuyo marco se adjudicó y se firmó el seguro. Pues sostiene Zurich que las bases públicas de contratación publicadas por el Ayuntamiento de Murcia difieren de las cláusulas de la póliza finalmente firmada con la adjudicataria, Mapfre. Y argumenta que esa contradicción debe resolverse en el sentido de aplicar el contenido de aquellas bases administrativas, y no el tenor literal de las cláusulas del seguro, como erróneamente hace la sentencia apelada.

Sobre esa cuestión, es cierto que a tenor del Pliego de Prescripciones Técnicas, publicadas durante el proceso de contratación administrativa, "*forman parte integrante de la póliza el pliego de condiciones administrativas y el pliego de prescripciones técnicas de responsabilidad civil que rigen para esta contratación, así como las condiciones generales, las condiciones particulares, las cláusulas especiales y los suplementos que se emitan a la misma para complementarla o modificarla*". Y, en relación con ello, interpreta Zurich que Emuasa sí es asegurada, al ejecutar "*actividades de desenvolvimiento del funcionamiento de los mismos [Ayuntamiento]*" (apdo. 3.2 del mismo pliego).

Es decir, pretende Zurich que, en el marco del presente litigio, se decida si la póliza de seguro firmada por el Ayuntamiento y Mapfre se ajustó o no al Pliego de Prescripciones Técnicas y al Pliego de Condiciones Administrativas del proceso administrativo de adjudicación, y en función de ello module la eficacia de las cláusulas del contrato de seguro, alterando su tenor literal.

Ese planteamiento es erróneo. Pues no incumbe a esta jurisdicción civil enjuiciar la posible vulneración por el Ayuntamiento de Murcia de las bases y estipulaciones de los referidos Pliegos, ni decidir el contenido y efectos del clausulado de la póliza en función de la supuesta infracción de las referidas bases. Esa pretendida vulneración, y la declaración de ineficacia de la póliza de seguro, habría de suscitarse ante los órganos administrativos o contencioso-administrativos correspondientes. Por el contrario, la jurisdicción civil, en el marco jurídico-privado delimitado por las cláusulas de la póliza de seguro, debe interpretar el clausulado *ex* arts. 1282 y concordantes CC, y aplicarlo en los términos que de ello resulten. En tal sentido, la jurisdicción civil está vinculada por la presunción de validez y legitimidad de los actos administrativos, sujetándose a la premisa de la correcta celebración del contrato de seguro entre el Ayuntamiento de Murcia y la aseguradora Mapfre.

Dicha presunción de validez y legitimidad de las actuaciones de la administración pública resulta del art. 39.1 de la Ley 39/2015, de 1 de octubre, de Procedimiento Administrativo Común de las Administraciones Públicas (LPAC), dispone que:

"Los actos de las Administraciones Públicas sujetos al Derecho Administrativo se presumirán válidos y producirán efectos desde la fecha en que se dicten, salvo que en ellos se disponga otra cosa".

Paralelamente, a tenor del art. 4.1 de la Ley 7/1985, de 2 de abril, reguladora de las Bases del Régimen Local:

"En su calidad de Administraciones públicas de carácter territorial, y dentro de la esfera de sus competencias, corresponden en todo caso a los municipios, las provincias y las islas:

(...) e) La presunción de legitimidad y la ejecutividad de sus actos".

Por todo lo cual se aceptan y se tienen por reproducidos los fundamentos de la sentencia apelada que declaran que Emuasa no tiene la condición de asegurado en el contrato de seguro celebrado entre el Ayuntamiento de Murcia y Mapfre, lo que excluye cualquier posible deber indemnizatorio *ex contractu* a cargo de Mapfre.

Las alegaciones del recurso sobre la posible negligencia del Ayuntamiento en la conservación de las instalaciones del circuito de aguas, y su consiguiente responsabilidad en la causación del siniestro, exceden de los límites de la acción ejercitada en la demanda, dimanante del art. 32 LCS.

Caso 30

Resumen: La cláusula, como condición particular, que, a falta de una designación nominativa expresa, aclara quien tiene la condición de beneficiario, redactada de forma clara, precisa y destacada es delimitadora y valida.

Sentencia: AP Asturias, Gijón, Sec. 7.ª, 317/2021, de 8 de julio. Recurso 366/2021 (SP/SENT/1122730).

Argumentación jurídica: Expuesto lo anterior, la cuestión que aquí se plantea es meramente jurídica. Tanto en el condicionado particular de la póliza originaria, suscrita el día 30 de julio de 2001, como en la posterior de 30 de julio de 2009, que lo único que hace es ampliar las coberturas, consta una cláusula especifica determinando quienes son los beneficiarios del seguro por este orden preferente y excluyente, en caso de fallecimiento: "*1. El cónyuge del Asegurado no separado legalmente: 2. Los hijos del Asegurado; 3. Los padres del Asegurado; 4. Los herederos del Asegurado*". Lo que la parte apelante sostiene es que, puesto que el tomador no suscribió con su firma el condicionado particular, ni con ocasión de la póliza originaria, ni con ocasión de la que se emitió tras la ampliación de las sumas aseguradas, debería entrar en juego lo establecido en el art. 84 de la Ley de Contrato de Seguro, que determina que la indemnización pasará a formar parte del patrimonio del tomador.

El motivo se desestima, pues no estamos ante una cláusula limitativa de la cobertura, en donde entra la previsión de la exigencia de la firma del tomador a la que hace mención el art. 3 párrafo 3.º de la Ley de Contrato, de seguro, sino ante una el ejercicio de una mera facultad que el propio art. 84 permite al tomador de designar al beneficiario de la póliza, y ante una cláusula que, a falta de una designación nominativa expresa, aclara quien tiene la condición de beneficiario, bastando que, como condición particular, esté redactada de forma clara y precisa, lo que aquí acontece, y además, debe añadirse, se hace de forma destacada (la previsión figura en un apartado específico y de forma destacada, en la tercera página de la póliza originaria, y en la primera de la emitida con ocasión de la ampliación).

En este sentido, la sentencia n.º 3311/2006 de 6 de junio del Tribunal Supremo, citada en la instancia, y que a su vez se apoya en la del Alto Tribunal de fecha 20 de diciembre de 2000 en donde se dice que *"El artículo 85 de la Ley de Contrato de Seguro es una norma interpretativa especial destinada a salvar las dudas que pudiera plantear la designación de los beneficiarios de un seguro de vida"*, concluye en el supuesto por ella analizado de una cláusula muy similar a la ahora controvertida, que *"partiendo de que existía una previsión expresa en la propia póliza en la que se hacían constar los beneficiarios a falta de designación expresa, ha de concluirse, por un lado, en que no puede atenderse a la falta de firma de la póliza para excluir su aplicabilidad, cuando la parte recurrente está amparándose en su existencia para reclamar el importe de la misma [...]"*.

Es cierto que los precedentes judiciales citados parecen dejar la puerta abierta a prescindir de la previsión contractual, mas ello, en todo caso, lo sería si se acreditase que otra era la voluntad del tomador, que demostraría su falta de conocimiento y con ello de aceptación, cosa que en autos no costa. Lo que la parte sostiene es que don Hermenegildo no tuvo conocimiento de la previsión contractual, siendo su intención que las beneficiarias de la póliza lo fueran, originariamente la demandante, y ulteriormente su otra hija, nacida de una nueva unión matrimonial, meses antes de su fallecimiento, mas no hay nada en autos que permita sostener esta tesis, pues aunque el tomador en 2008 otorga testamento designando a la demandante como su heredera, y este puede ser un indicio de que su intención fuera beneficiarla también con el seguro, ello no es incompatible con el conocimiento y aceptación de la cláusula en cuestión, pues la previsión contractual sería acorde con dicha voluntad al no existir en ese momento cónyuge alguno, y olvida la parte que en año 2013 contrajo matrimonio con la codemandada, por lo que no es descartable la tesis contraria, esto es el conocimiento de la previsión contractual y su aceptación, al ser acorde con su intención posterior de favorecer a su esposa, dado el cambio de sus circunstancias familiares, intención lógica, usual en situaciones similares y acorde con la realidad social y que no es incompatible con la voluntad que pudiera ser la originaria de don Hermenegildo.

Caso 31

Resumen: En el seguro multirriesgo familiar contratado se considera cláusula delimitadora del riesgo asegurado la que establece que se cubre la invalidez permanente que tenga lugar en el plazo de un año desde el accidente.

Sentencia: AP Madrid, Sec. 9.ª, 313/2021, de 17 de junio. Recurso 309/2021 (SP/SENT/1112889).

Argumentación jurídica: Invocándose por la parte apelante que, en todo caso, nos encontramos ante una cláusula limitativa del riesgo, debemos de reproducir lo razonado por el TS en S de 19 de diciembre de 2019 sobre las cláusulas delimitadoras del riesgo y las limitativas:

Por su parte, el art. 8.3 de la LCS, dentro de las indicaciones, que debe contener la póliza de seguro, señala:

"Naturaleza del riesgo cubierto, describiendo, de forma clara y comprensible, las garantías y coberturas otorgadas en el contrato, así como respecto a cada una de ellas, las exclusiones y limitaciones que les afecten destacadas tipográficamente".

Las condiciones particulares, especiales y generales del contrato señalan el evento cuyo riesgo es objeto de cobertura de forma positiva −determinados daños− y de forma negativa −ciertos daños o, mejor, ciertas causas del daño− quedando así delimitado el riesgo, como cláusula *"constitutiva del objeto o núcleo del seguro, pues concreta exactamente hasta donde puede alcanzar la acción indemnizatoria"* (SSTS 718/2003, de 7 julio y 853/2006, 11 de septiembre).

(...) En principio, una condición delimitadora define el objeto del contrato, perfila el compromiso que asume la compañía aseguradora, de manera tal que, si el siniestro acaece fuera de dicha delimitación, positiva o negativamente explicitada en el contrato, no nace la obligación de la compañía aseguradora de hacerse cargo de su cobertura. Las cláusulas limitativas, por el contrario, desempeñan distinto papel, en tanto en cuanto producido el riesgo actúan para restringir, condicionar o modificar el derecho de resarcimiento del asegurado.

En este sentido, la STS 541/2016, de 14 de septiembre, cuya doctrina cita y ratifica la más reciente STS 58/2019, de 29 de enero, señala que:

"[...] desde un punto de vista teórico, la distinción entre cláusulas de delimitación de cobertura y cláusulas limitativas parece, a primera vista, sencilla, de manera que las primeras concretan el objeto del contrato y fijan los riesgos que, en caso de producirse, hacen surgir en el asegurado el derecho a la prestación por constituir el objeto del seguro. Mientras que las cláusulas limitativas restringen, condicionan o modifican el derecho del asegurado a la indemnización o a la prestación garantizada en el contrato, una vez que el riesgo objeto del seguro se ha producido".

(...) según la cual son estipulaciones delimitadoras del riesgo aquellas que tienen por finalidad delimitar el objeto del contrato, de modo que concretan: (i) qué riesgos constituyen dicho objeto; (ii) en qué cuantía; (iii) durante qué plazo; y (iv) en que ámbito temporal o espacial.

La STS 676/2008, de 15 de julio, cuya doctrina reproduce la ulterior STS 82/2012, en el esfuerzo jurisprudencial diferenciador entre ambas clases de cláusulas, se refiere a las delimitadoras de la forma siguiente:

"[...] son, pues, aquellas mediante las cuales se individualiza el riesgo y se establece su base objetiva. Tienen esta naturaleza las que establecen «exclusiones objetivas» (STS de 9 de noviembre de 1990) de la póliza o restringen su cobertura en relación con determinados eventos o circunstancias, siempre que respondan a un propósito de eliminar ambigüedades y concretar la naturaleza del riesgo en coherencia con el objeto del contrato (fijado en las cláusulas particulares, en las que figuran en lugar preferente de la póliza o en las disposiciones legales aplicables salvo pacto en contrario) o en coherencia con el uso establecido. No puede tratarse de cláusulas que delimiten el riesgo en forma contradictoria con el objeto del contrato o con las condiciones particulares de la póliza, o de manera no frecuente o

inusual (SSTS de 10 de febrero de 1998, 17 de abril de 2001, 29 de octubre de 2004, núm. 1055/2004, 11 de noviembre de 2004, rec. núm. 3136/1998, y 23 de noviembre de 2004, núm. 1136/2004)".

(...) De la misma forma la STS 402/2015, de 14 de julio, perfilando igualmente los contornos de dichas condiciones, precisa que:

"[...] responden a un propósito de eliminar ambigüedades y concretar la naturaleza del riesgo en coherencia con el objeto del contrato o en coherencia con el uso establecido, evitando delimitarlo en forma contradictoria con el objeto del contrato o con las condiciones particulares de la póliza (SSTS de 25 de octubre de 2011, 20 de abril de 2011, 18 de mayo de 2009, 26 de septiembre de 2008 y 17 de octubre de 2007)".

El papel que, por el contrario, se reserva a las cláusulas limitativas radica en restringir, condicionar o modificar el derecho del asegurado a la indemnización, una vez que el riesgo objeto del seguro se ha producido (SSTS de 16 de mayo y 16 octubre de 2000, 273/2016, de 22 de abril, 520/2017, de 27 de septiembre, 590/2017, de 7 de noviembre). En palabras de la STS 953/2006, de 9 de octubre, serían "*las que empeoran la situación negocial del asegurado*".

A la luz de tal doctrina jurisprudencial, la Sala considera que en la póliza "*Multiseguro familiar*" convenida, la condición general contenida en el art. Primero del "*Seguro de Accidentes individual*", bajo el epígrafe "*objeto del seguro*": "*Por el presente contrato, la compañía en caso de un accidente que cumpla los requisitos establecidos en el artículo preliminar de este seguro, se obliga a pagar al beneficiario las indemnizaciones pactadas para los supuestos de muerte o invalidez permanente de los asegurados y que tengan lugar dentro del plazo de un año desde que se produjo el accidente y a consecuencia de este*", se trata de una cláusula delimitadora del riesgo en tanto en cuanto está fijando el riesgo y el plazo en que debe de producirse.

Es decir, el riesgo asegurado es la invalidez permanente que tenga lugar en el plazo de un año desde el accidente, por lo que la declarada en el caso de autos no se integra en tal cobertura (el accidente tuvo lugar el 23 de abril de 2010, la declaración de incapacidad permanente data de 3 de diciembre de 2012).

Por todo ello el motivo debe de ser desestimado.

Caso 32

Resumen: La cláusula con la definición de "tercero" en la que se excluye a determinados familiares del tomador del seguro, es una cláusula que define el riesgo, siendo delimitadora.

Sentencia: AP Navarra, Sec. 3.ª, 912/2020, de 11 de diciembre. Recurso 25/2019 (SP/SENT/1093840).

Argumentación jurídica: Es también objeto de recurso la resolución dictada en primera instancia por la representación de la Sra. Milagros en relación con el pronunciamiento que desestima su demanda a ser indemnizada por los daños ocasionados en la vivienda colindante propiedad de su hermana.

Considera la recurrente que dicha cláusula debe considerarse como limitativa de derechos, careciendo por tanto de eficacia al no estar debidamente firmada.

La sentencia de instancia considera aplicable la cláusula contenida en la póliza modelo 76:

B9. GARANTÍAS OPTATIVAS.

B3.1. RESPONSBILIDAD CIVIL GENERAL.

B3.1.1.1. RESPONSABILIDAD CIVIL FRENTE A TERCEROS.

QUEDA GARANTIZADA:

No se consideran terceras personas a efectos de lo previsto en los apartados precedentes, el cónyuge, los familiares, parientes y afines hasta segundo grado del Asegurado ni las personas que con él convivan.

Califica dicha cláusula como "*de exclusión del riesgo*" a lo que se opone la representación de la Sra. Milagros.

El art. 3 de la Ley de Contrato de Seguro dispone:

"Las condiciones generales, que en ningún caso podrán tener carácter lesivo para los asegurados, habrán de incluirse por el asegurador en la proposición de seguro si la hubiere y necesariamente en la póliza de contrato o en un documento complementario, que se suscribirá por el asegurado y al que se entregará copia del mismo. Las condiciones generales y particulares se redactarán de forma clara y precisa. Se destacarán de modo especial las cláusulas limitativas de los derechos de los asegurados, que deberán ser específicamente aceptadas por escrito.

Las condiciones generales del contrato estarán sometidas a la vigilancia de la Administración Pública en los términos previstos por la Ley.

Declarada por el Tribunal Supremo la nulidad de alguna de las cláusulas de las condiciones generales de un contrato, la Administración Pública competente obligará a los aseguradores a modificar las cláusulas idénticas contenidas en sus pólizas".

La jurisprudencia del Tribunal Supremo ha establecido la doctrina para deslindar cuando nos encontramos ante una u otra cláusula, partiendo de la idea de que no siempre han sido pacíficos los perfiles que presentan las cláusulas delimitadoras del riesgo y las limitativas. Así la STS 15/10/2014, ECLI: ES:TS:2014:4785, afirma: "*La STS de 11 de septiembre de 2006 (RC 3260/1999) sienta una doctrina, recogida posteriormente en otras muchas, (entre las más recientes la STS núm. 598/2011, de 20 de julio y 7 de noviembre de 2017), según la cual son estipulaciones delimitadoras del riesgo aquellas que tienen por finalidad delimitar el objeto del contrato, de modo de concretan que riesgos constituyen dicho objeto, (ii) en qué cuantía (iii), durante qué plazo y (iv) en que ámbito temporal. Otras SSTS posteriores a la citada, como la de 17 de octubre de 2007, recordada en la más reciente de 5 de marzo de 2012, entiende que debe incluirse en esta categoría, la cobertura de un riesgo, los límites indemnizatorios y la cuantía asegurada. Se trata, pues, de individualizar el riesgo y de establecer su base objetiva, establecer «exclusiones objetivas», como señala la citada sentencia de 5 de marzo de 2012, eliminar ambigüedades y concretar la naturaleza del riesgo en coherencia con el objeto del contrato o con arreglo al uso establecido, siempre que no delimiten el riesgo en forma contradictoria con las condiciones particulares del contrato o de manera no frecuente o inusual (sorprendentes).*

Por su parte, las cláusulas limitativas de derechos se dirigen a condicionar o modificar el derecho del asegurado y, por tanto, la indemnización, cuando el riesgo objeto del seguro se hubiere producido. Estas deben cumplir los requisitos formales previstos en el Art. 3 LCS, de modo que deben ser destacadas de un modo especial y han de ser expresamente aceptadas por escrito, formalidades que resultan esenciales para comprobar que el asegurado tuvo un exacto conocimiento del riesgo cubierto (SSTS de 20 de abril de 2011, RC 1226/2007 y de 15 de julio de 2009, RC 2653/2004). Estas últimas, determinan, de forma práctica, el concepto de cláusula limitativa, referenciándolo al contenido natural del contrato, derivado, entre otros elementos, de las cláusulas identificadas por su carácter definidor, de las cláusulas particulares del contrato y del alcance típico o usual que corresponde a su objeto con arreglo a lo dispuesto en la ley o en la práctica aseguradora. El principio de transparencia, fundamento del régimen especial de las cláusulas limitativas, opera con especial intensidad respecto de las cláusulas introductorias o particulares".

La reciente STS 6/02/2017, Recurso n.º 2709/2016, dice:

"La exigencia de que las cláusulas limitativas de derechos figuren destacadas de modo especial, responde a la finalidad de que el asegurado tenga un conocimiento exacto del riesgo cubierto por la póliza. Lo importante es que las cláusulas limitativas deben permitir al asegurado comprender su significado y alcance para diferenciarlas de las que no tienen esa naturaleza (STS de pleno 402/2015 de 14 de julio)". En igual sentido la sentencia de 7 de noviembre de 2017, Recurso n.º 1116/2015.

Por tanto y conforme a dicha jurisprudencia son cláusulas delimitadoras aquellas mediante las cuales se concreta el objeto del contrato, fijando qué riesgos, en caso de producirse, por constituir el objeto del seguro, hacen surgir en el asegurado el derecho a la prestación, en que cuantía durante qué plazo y en que ámbito espacial (SSTS 2 de febrero 2001; 14 mayo 2004; 17 marzo 2006).

Por el contrario son cláusulas limitativas aquellas que una vez definido el riesgo operan para restringir, condicionar o modificar el derecho del asegurado a la indemnización siendo la diferencia fundamental entre ambas que mientras para las primeras basta que estén destacadas y aceptadas de forma genérica, por lo que es suficiente el consentimiento general del tomador en orden a la conclusión del contrato para la validez y consiguiente posibilidad, en cambio las lesivas de los derechos del asegurado requieren la aceptación específica [SSTS 9 noviembre 1990, 16 octubre y 31 diciembre 1992, 9 febrero 1994, 7 marzo 1997, 10 febrero y 3 marzo 1998, 18 septiembre 1999, 16 mayo y 25 octubre 2000, 2 febrero 2001, 11 de septiembre de 2006, dictada por el Pleno con finalidad unificadora, y otras posteriores [SSTS 1, 5 y 8 marzo 2007].

Por otra parte, el TS ha examinado cláusulas semejantes a la que ahora nos ocupa. Así la STS de 26 de septiembre de 2008 se decanta por considerar que la cláusula que excluye del riesgo a los hijos y los trabajadores es una cláusula delimitadora del riesgo, al declarar que:

"[...] las expresadas previsiones de las condiciones generales, en este caso concreto, se erigen en delimitadoras del riesgo cubierto, confirmando así la calificación dada por la Audiencia Provincial, por cuanto en las mismas se conforma el riesgo asegurado, consistente en la responsabilidad civil por daños causados a terceros, pero excluyendo, a través de la definición de «tercero» contenida en las definiciones de la página 12 de las condiciones generales, a los descendientes del tomador del seguro, por lo que al ser una cláusula que define el riesgo que se cubre, conforme a la doctrina anterior, es una cláusula delimitativa o, más correctamente, delimitadora del riesgo, para la que solo se necesita el conocimiento y aceptación por el tomador".

También en similar sentido se pronuncia la STS de 13 de septiembre de 2007 al declarar que:

"Es preciso notar que, según el artículo 73 LCS, referido en particular a la modalidad de seguro de responsabilidad civil, que fue la suscrita por el marido de la recurrente, mediante la póliza NÚM. 002 que estaba vigente a la fecha del siniestro, solo puede exigirse al asegurador el cumplimiento de su deber de indemnizar los daños y perjuicios derivados para terceros «dentro de los límites establecidos en la ley y en el propio contrato», y que son esos límites establecidos según la autonomía de la voluntad de los contratantes los que establecen el régimen de los derechos y obligaciones del asegurador. En consecuencia, las partes, en la póliza que documenta el contrato de seguro, comprensiva tanto de las condiciones generales como de las especiales, gozan de la facultad de delimitar el objeto del mismo. Esa delimitación del riesgo vendrá determinada por ciertos hechos vinculados a concretas personas, cosas o eventos, que pueden ser de muy variada índole y que deben detallar las cláusulas contractuales, debiendo entenderse, propiamente, como actuación amparada en esa facultad delimitadora del riesgo, la desplegada por las partes encaminada a definir al tercero en quien, por virtud del esta modalidad aseguradora, de producirse el riesgo descrito, nacerá el derecho a la indemnización por los perjuicios sufridos. Esto fue lo que hicieron las partes en el condicionado general, excluyendo expresamente de la condición de «tercero» al cónyuge del asegurado, conviniendo libremente una estipulación destinada a concretar el objeto del contrato, fijando apriorísticamente y con precisión, el alcance del riesgo que, de producirse, por constituir el objeto del seguro, haría surgir en el asegurado el derecho a la prestación, que es la cobertura de su responsabilidad civil frente a dicho tercero previamente descrito. Como señala la Sentencia de 8 de marzo de 2007, «las expresadas previsiones de las condiciones generales, (...) excluyendo a través de la definición de 'tercero', contenida en el «artículo preliminar se erigen en delimitadoras del riesgo cubierto, por cuanto en las mismas se conforma el riesgo asegurado, consistente en la responsabilidad civil por daños causados a terceros», debiendo rechazarse su carácter limitativo de derechos, ya que no hay limitación de un derecho cuando el mismo aún no ha nacido, y solo tienen esta naturaleza las estipulaciones dirigidas a limitar, restringir, condicionar o modificar el derecho del asegurado a la indemnización una vez que el riesgo objeto del seguro se ha producido, pero no las que, como aquí ocurre, fijan a priori *quién puede ser acreedor de la indemnización.*

Y si no puede calificarse como cláusula limitativa de derechos, sino como cláusula delimitadora del riesgo cubierto, la consecuencia es que su oponibilidad por parte de la aseguradora no depende de la llamada doble firma a que se refiere el artículo 3 LCS, siendo suficiente que conste que formó parte de la póliza y que fue conocida y aceptada al contratar por el asegurado [...]".

Conforme a todo ello este Tribunal considera que en dicha cláusula el riesgo asegurado consiste en la responsabilidad civil por daños causados frente a terceros, y después a través de la definición de "tercero" se excluye a determinados familiares del tomador del seguro por lo que al ser una cláusula que define el riesgo, conforme a la doctrina anterior, debe calificarse como cláusula delimitadora del riesgo.

Ahora bien, el hecho de que una cláusula como la citada, que delimita el concepto de tercero a estos efectos del seguro de responsabilidad civil, tenga la naturaleza de cláusula delimitadora del riesgo y no limitativa de derechos, según la jurisprudencia (STS de 19 de julio de 2016, 30 de noviembre de 2011 y 26 de septiembre de 2008, entre otras), no obsta a la necesidad de su conocimiento y aceptación previa por el tomador del seguro, aunque ello lo sea sin el requisito de la doble firma al que se refiere el artículo 3 LCS.

Siendo por tanto la cuestión a dilucidar si el tomador del seguro conocía la expresada cláusula debemos dar por cierto dicha afirmación desde el momento en que en su demanda se refiere constantemente a dicha póliza como la vigente al tiempo del siniestro.

Procede por ello la desestimación del recurso interpuesto.

Por ser limitativas firmadas por el asegurado

Caso 33

Resumen: La cláusula litigiosa, que establecía unos lugares y horarios de estacionamiento, recinto cerrado con llave, vigilancia, etc., para la cobertura en el caso de robo de la mercancía, es una cláusula limitativa que está firmada.

Sentencia: AP Ourense, Sec. 1.ª, 700/2024, de 16 de octubre. Recurso 580/2024 (SP/SENT/1241962).

Argumentación jurídica: La propia regulación del contrato de seguro de transporte terrestre de mercancías establece una serie de exclusiones y delimitaciones materiales, temporales o espaciales: daño debido a la naturaleza intrínseca o vicios propios de las mercancías transportadas (art. 57.2 LCS); realización del viaje dentro de plazo (art. 58 LCS); realización del transporte dentro de territorio nacional [art. 107.1 a) LCS].

Estas delimitaciones legales, junto con el propósito intrínseco de esta modalidad de seguro de indemnizar los daños materiales que puedan sufrir las mercancías porteadas con ocasión o consecuencia del transporte, configuran su contenido natural.

Mientras que el resto de las limitaciones, que suelen ser transcripciones más o menos literales y extensas de formularios nacionales o internacionales (en este caso, según la propia póliza, de las Institute Cargo Clauses, del Instituto de Aseguradores de Londres) suponen la introducción de exclusiones que van más allá del contenido natural del contrato y, por tanto, son cláusulas limitativas, en el sentido y con los efectos previstos en el art. 3 LCS. Tal y como ya afirmamos en la antes citada Sentencia 590/2017, de 7 de noviembre.

6. En consecuencia, debemos concluir que una cláusula como la litigiosa, que establecía una serie de condicionantes (lugares y horarios de estacionamiento, recinto cerrado con llave, vigilancia, etc.) a la cobertura del riesgo para el caso de robo de la mercancía, es una cláusula limitativa de los derechos del asegurado, y no meramente delimitadora.

Como declaró la Sentencia 661/2019, de 12 de diciembre:

"Cuando una determinada cobertura de un siniestro es objetiva y razonablemente esperada por el asegurado, por constituir prestación natural de la modalidad de seguro concertado, es preciso que la restricción preestablecida cuente con la garantía adicional de conocimiento que implica el régimen de las cláusulas limitativas, por lo que la eficacia contractual de las condiciones sorpresivas queda condicionada a las exigencias del art. 3 LCS".

Así pues, según la sentencia anteriormente transcrita las cláusulas que excluyen la cobertura cuando el riesgo se produzca en unas determinas circunstancias como las del presente supuesto, son limitativas de los derechos del asegurado al restringir el riesgo asegurado más allá del contenido natural del contrato de seguro de transporte terrestre y de lo que el asegurado podía razonablemente esperar.

Por tanto esta cláusula, en la que se amparó la aseguradora para denegar la indemnización es una cláusula limitativa que debe cumplir las formalidades del artículo 3 de la Ley del Contrato de Seguro para ser válida y eficaz: aceptación expresa por el asegurador mediante su firma y redactarse de modo destacado en el contrato.

En este caso, frente a lo que se indica en la demanda, la póliza ha sido firmada por la asegurada, mostrando su conformidad expresa a todas sus cláusulas. Su firma aparece en numerosas páginas de la póliza: en la página 3 de las Condiciones Particulares, última del apartado de la Información de Interés, figura el sello profesional de la entidad actora, con la indicación de su CIF, domicilio social, teléfono y página web, con una firma manuscrita que debe corresponder al representante legal; en la página 4 de las Condiciones Particulares, al final del capítulo I (Datos identificativos), figura de nuevo el sello con membrete de la actora, con firma manuscrita de su representante bajo la expresión "*Recibida nuestra copia y aceptamos el contrato en todos sus términos y condiciones*"; en la página 21 de las Condiciones Generales aparecen el mismo sello y la firma bajo la rúbrica "*El Tomador/Asegurado*" y "*Recibida mi copia y acepto el contrato en todos sus términos y condiciones*".

La contratación se realizó a través de un corredor de Norte Broker, D. Saturnino que en el juicio declaró que facilitó una copia de la póliza a la apelante por correo previo a su suscripción, teniendo así acceso a las condiciones generales y particulares, y la devolvió firmada tras valorar sus condiciones. Así pues la cláusula litigiosa fue conocida por la asegurada; aparece destacada en las Condiciones Particulares pues es una de la pocas menciones que se contienen sobre las condiciones de cobertura en las

mismas, y esas Condiciones Particulares aparecen firmadas por la apelante con el sello de la entidad. La firma del representante de la actora aparece así en múltiples lugares del contrato, sin que sea preciso que cada una de las exclusiones aparezca específicamente e individualmente suscrita; bastando como sucede en este caso que aparezca al final de las condiciones generales y particulares en las que figuren las cláusulas limitativas. Así lo ha señalado el Tribunal Supremo en sentencia de 14 de julio de 2015, en los siguientes términos:

"Respecto a la exigencia de que las cláusulas limitativas deban ser «especialmente aceptadas por escrito», es un requisito que debe concurrir cumulativamente con el anterior (STS de 15 de julio de 2008, RC 1839/2001), por lo que es imprescindible la firma del tomador. Como se ha señalado anteriormente, la firma no debe aparecer solo en el contrato general, sino en las condiciones particulares que es el documento donde habitualmente deben aparecer las cláusulas limitativas de derechos. La STS de 17 de octubre de 2007 (RC 3398/2000) consideró cumplida esta exigencia cuando la firma del tomador del seguro aparece al final de las condiciones particulares y la de 22 de diciembre de 2008 (RC 1555/2003), admitió su cumplimiento por remisión de la póliza a un documento aparte en el que aparecían, debidamente firmadas, las cláusulas limitativas debidamente destacadas. En ningún caso se ha exigido por esta Sala una firma para cada una de las cláusulas limitativas".

En suma, aun tratándose de una cláusula limitativa ha de considerarse específicamente aceptada y admitida por la asegurada y, por ello, oponible frente a la reclamación formulada contra la aseguradora.

Caso 34

Resumen: La cláusula, en cuestión, que limita la valoración del vehículo en caso de daño a las tablas GANVAM es limitativa pero no lesiva, fue firmada y aceptada por el asegurado.

Sentencia: AP Navarra, Sec. 3.ª, 639/2024, de 10 de mayo. Recurso 939/2022 (SP/SENT/1231133).

Argumentación jurídica: Lo anterior bastaría para desestimar el recurso de apelación, toda vez que la sentencia de primera instancia recurrida no entra a dirimir ninguna hipotética invalidez de la cláusula por su supuesto carácter lesivo, por razón de que no fue una controversia suscitada por la partes para ser resuelta por el juzgador de instancia.

No obstante, y en aras de colmar la garantía de tutela judicial efectiva de la parte recurrente, estima esta Sala que, en cualquier caso, no concurren los vicios de invalidez e inoponibilidad de la cláusula que denuncia en su recurso.

No es discutido que el condicionado particular, y dentro del mismo la cláusula antes indicada, se encuentra debidamente firmado por el tomador del seguro, y en consecuencia aceptado por este.

Lo que ahora denuncia la parte recurrente es que dicha cláusula no es conforme a las exigencias del art. 3 de la Ley del Contrato de Seguro. No tanto porque se trate de una cláusula limitativa de los derechos del asegurado que no conste aceptada por escrito, sino porque, a su entender, se trata de una cláusula lesiva que llega a distorsionar la cobertura y la utilidad económica del contrato por reducir desproporcionadamente el derecho del asegurado, además de por su carácter inusual y sorpresivo.

El art. 3 de la LCS determina que las condiciones generales del seguro *"en ningún caso podrán tener carácter lesivo para los asegurados"* además de exigir que las cláusulas limitativas de los derechos del asegurado deberán constar destacadas de modo especial y aceptadas específicamente por escrito.

La jurisprudencia caracteriza el carácter lesivo de una cláusula aseguraticia (tanto general como particular) como aquel que genera una desproporción o desequilibrio, al margen del exacto contenido de la cláusula, o incluso por ser contraria a los criterios determinantes de la buena fe, esto es, aquella cláusula *"que reduce considerablemente y de manera desproporcionada el derecho del asegurado, vaciándolo de contenido, de manera que es prácticamente imposible acceder a la cobertura del siniestro. En definitiva, impide la eficacia de la póliza"* (STS 273/2016, de 22 de abril).

En el caso que nos ocupa no observamos tal caracterización de desproporción ni de práctica anulación de la cobertura o del derecho del asegurado en la condición particular que referencia la indemnización del daño propio en el vehículo a los valores GANVAM. Se trata, por el contrario, de uno más de los diversos métodos de valoración de un automóvil, como lo puede ser el valor de reposición, el valor real de mercado o el valor venal. Los valores GANVAM responden a las tasaciones de los concesionarios de automóviles para vehículos usados en exclusiva atención a su fecha de matriculación (y al margen, por tanto, de otros factores particulares como extras, desgaste, kilometraje, etcétera), frente al valor venal (identificado en el cálculo de la depreciación del concreto vehículo a la fecha del siniestro) o frente al valor real de mercado de segunda mano (como el representativo del precio a pagar por un vehículo de similar antigüedad, estado de conservación y características que el siniestrado).

Entendemos que en el caso que nos ocupa las circunstancias de la póliza no conducen a considerar que el asegurado pudiese esperar una concreta cobertura del daño propio (en uno u otro de los posibles valores que pudieran darse a su vehículo), de manera que la determinación contractual de uno de esos mecanismos de valoración no constituye una anulación del interés aseguraticio ni impide la eficacia de la póliza, no conformando, por tanto, una "*cláusula lesiva*". El recurso de apelación pretende identificar la reducción desproporcionada anulatoria de la utilidad económica del aseguramiento en la consideración de que el valor GANVAM reduce en un 58,95 % el valor real del vehículo. Pero tal construcción es artificiosa: por un lado, porque no toma el valor GANVAM (que es 13.340 euros) sino el resultado final de adicionar el 10 % de la cláusula "*Happyend*" y minorar el valor de los restos, tomando así un importe de 12.124 euros; y por el otro lado, porque toma como "*valor real*" del vehículo el importe de 20.563 euros aportado por su perito, que sin embargo responde a una media aritmética de once concretos anuncios de ofertas de venta en el mercado de segunda mano de vehículos similares pero en los que se observan diferenciados condicionantes de antigüedad, potencia, conservación o kilometraje (no en vano, el informe abarca

precios muy heterogéneos oscilantes en márgenes de más de diez mil euros, entre 15.250 euros y 26.300 euros; siendo que las ofertas más altas se corresponden con vehículos de kilometraje inferior al litigioso —que tenía 81.000 kilómetros—).

Por tanto, la cláusula controvertida que limita la valoración del vehículo a efectos de indemnizar el daño propio al valor de las tablas GANVAM es una cláusula limitativa, pero no lesiva, y en este caso se encuentra debidamente firmada y aceptada, como bien referencia la sentencia aquí apelada, por lo que resulta oponible a la parte demandante y procede con ello la desestimación de su recurso de apelación.

Caso 35

Resumen: La cláusula de exclusión de responsabilidad de la aseguradora se encuentra redactada en la póliza en las condiciones particulares, diferenciándose del resto al estar resaltada en negrita, confirmándose que se firmó expresamente por el asegurado.

Sentencia: AP Barcelona, Sec. 16.ª, 52/2023, de 7 de febrero. Recurso 48/2021 (SP/SENT/1180016).

Argumentación jurídica: En el caso de autos, la cláusula de exclusión se regula en las condiciones particulares de la póliza. Se reseñan en negrita y de forma separada (página 3) las cláusulas a las que se debe prestar especial atención por limitar la cobertura. Y, a continuación, **se analizan esas cláusulas en cada una de las coberturas de la póliza (responsabilidad civil de suscripción obligatoria, coberturas seguro voluntario, responsabilidad civil suplementaria, daños e incendio, robo y defensa jurídica) que se destacan en negrita y subrayadas. La STS 21-10-2022 recuerda que "*el uso de las negritas con la finalidad expresada, y como medio de cumplimiento de la exigencia del art. 3 LCS, ha sido avalada por esta sala en diversos precedentes. Así la sentencia 234/2018, de 23 de abril, admitió que «el tomador conocía dicha limitación establecida para el caso de conducción bajo influencia de bebidas alcohólicas, ya que la cláusula en cuestión aparecía en las condiciones particulares, se destacaba en negrita el lugar que ocupaban las 'cláusulas limitativas' [...]». También la sentencia 76/2017, de 9 de febrero, admitió que "la cláusula controvertida (...) viene suficientemente destacada en "negrita" a los efectos de que no pase desapercibida por el asegurado*".**

Por otra parte, la redacción de la cláusula es clara, sencilla y comprensible (*"Excluye las consecuencias de accidentes del conductor por tasas de alcohol superiores a las permitidas, consumo de drogas, tóxicos, estupefacientes o psicotrópicos*"). Y el texto en que se enmarca se estima que resulta fácilmente legible de modo que la cláusula se muestra, en palabras de la STS 21-10-2022, "*sin ningún tipo de abigarramiento y sin mezclarla o confundirla con otras exclusiones heterogéneas que pudieran dificultar su lectura y visualización o comprensión del riesgo excluido*".

Por último, se cumple también el requisito de la aceptación por escrito porque todas las páginas de las condiciones particulares están firmadas en la parte inferior por el tomador del seguro, firma que no ha sido impugnada ni discutida por los demandados.

Así las cosas, el motivo de apelación debe ser estimado.

Caso 36

Resumen: Quedando constancia de la certificación del proceso de aceptación de las condiciones contractuales y las cláusulas generales y particulares, se considera que la cláusula limitativa fue aceptada de forma expresa por el tomador del seguro.

Sentencia: AP Ávila, Sec. 1.ª, 14/2022, de 20 de enero. Recurso 311/2021 (SP/SENT/1142735).

Argumentación jurídica: Respecto al segundo motivo de apelación, la doctrina del TS sobre esta cláusula limitativa, así como los requisitos que deben concurrir para que sea válida, conforme al art. 3, párrafo primero, LCS, la exclusión de la conducción en estado de embriaguez, se compendia en la sentencia 238/2018, de 23 de abril, que señala:

"[...] La sentencia núm. 402/2015, de 14 de julio, formula doctrina, que ha sido reiterada entre otras por la núm. 76/2017, de 9 febrero, en el siguiente sentido: a) La exigencia de que las cláusulas limitativas de derechos figuren «destacadas de modo especial», tiene la finalidad de que el asegurado tenga un conocimiento exacto del riesgo cubierto. La jurisprudencia de esta Sala exige que deben aparecer en las condiciones particulares y no en las condiciones generales, por más que, en estas últimas declare conocer aquellas, como advierte la STS de 1 de octubre de 2010, RC 2273/2006, entre otras. La redacción de las cláusulas debe ajustarse a los criterios de transparencia, claridad y sencillez, y deben aparecer destacadas o resaltadas en el texto del contrato; y b) En cuanto a la exigencia de que las cláusulas limitativas deban ser «especialmente aceptadas por escrito», es un requisito que debe concurrir cumulativamente con el anterior (STS de 15 de julio de 2008, RC 1839/2001), por lo que es imprescindible la firma del tomador y la firma no debe aparecer solo en el contrato general, sino en las condiciones particulares que es el documento donde habitualmente deben aparecer las cláusulas limitativas de derechos. La STS de 17 de octubre de 2007 (RC 3398/2000) consideró cumplida esta exigencia cuando la firma del tomador del seguro aparece al final de las condiciones particulares y la de 22 de diciembre de 2008 (RC 1555/2003), admitió su cumplimiento por remisión de la póliza a un documento aparte en el que aparecían, debidamente firmadas, las cláusulas limitativas debidamente destacadas. En ningún caso se ha exigido por esta Sala una firma para cada una de las cláusulas limitativas [...]".

Por otro lado, también la STS 140/2020, de 2 de marzo, determina la doctrina de la Sala sobre las cláusulas limitativas y su validez, en su fundamento de derecho 4.º:

"[...] 1.ª) La sentencia de esta Sala 402/2015, de 14 de julio, de pleno, que se pronunció sobre una cláusula limitativa similar en un seguro de accidentes, tras interpretar la exigencia del art. 3 LCS de que las cláusulas limitativas aparezcan destacadas de modo esencial, interpreta la otra exigencia, es decir, la de que sean «específicamente aceptadas por escrito», del siguiente modo:

Respecto a la exigencia de que las cláusulas limitativas deban ser especialmente aceptadas por escrito, es un requisito que debe concurrir cumulativamente con el anterior (STS de 15 de julio de 2008, RC 1839/2001), por lo que es imprescindible la firma del tomador. Como se ha señalado anteriormente, la firma no debe aparecer solo en el contrato general, sino en las condiciones particulares que es el documento donde habitualmente deben aparecer las cláusulas limitativas de derechos. La STS de 17 de octubre de 2007 (RC 3398/2000) consideró cumplida esta exigencia cuando la firma del tomador del seguro aparece al final de las condiciones particulares y la de 22 de diciembre de 2008 (RC 1555/2003), admitió su cumplimiento por remisión de la póliza a un documento aparte en el que aparecían, debidamente firmadas, las cláusulas limitativas debidamente destacadas. En ningún caso se ha exigido por esta Sala una firma para cada una de las cláusulas limitativas [...]".

Sentado ello, cabe señalar que, conforme a la documental obrante en autos, la referida cláusula aparece claramente destacada en negrita en las condiciones particulares, de manera que el tomador tuvo la oportunidad de conocer el contenido de la cláusula en cuestión, la cual se recoge de forma específica, destacada y diferenciada.

Respecto al hecho de que, dado el sistema de suscripción de la póliza de seguro empleado, la aceptación del tomador no conste por escrito, incumpliendo el requisito de que la cláusula limitativa aparezca especialmente aceptada por escrito, es de señalar que, el art. 23.3 de la Ley 34/2002, de 11 de julio, de servicios de la sociedad de la información y de comercio electrónico, dispone que: "*Siempre que la Ley exija que el contrato o cualquier información relacionada con el mismo conste por escrito, este requisito se entenderá satisfecho si el contrato o la información se contiene en un soporte electrónico*". Ello es lo que ocurre en el presente caso en el que, conforme a la certificación emitida por el tercero de confianza que intervino en el proceso de contratación electrónica, toda la documentación de la póliza de seguro, incluidas las condiciones generales y las particulares, estaba recogida o contenida en un soporte electrónico, integrando así, por equivalencia legalmente establecida, el requisito de la escritura.

Así las cosas, la única cuestión que resta por examinar es la relativa a si el proceso de contratación singularmente empleado en el presente supuesto y la forma de manifestación de la aceptación del clausulado, tanto general como particular (remisión por un tercero de confianza de un pin vía SMS al terminal móvil facilitado por el tomador del seguro), garantiza con todas las exigencias legales la identidad de quien a través de ese medio manifiesta su aceptación, cabe señalar, con los recurrentes, que tal medio no constituye a la luz de la vigente Ley 6/2020 de 11 de noviembre, reguladora de determinados aspectos de los servicios electrónicos de confianza, que derogó la Ley 59/2003 de Firma Electrónica y el art. 25 de la Ley 34/2002 de servicios de la sociedad de la información y de comercio electrónico, alusivo a los terceros de confianza, en puridad una firma electrónica por cuanto aquel sistema no estaba sustentado en un certificado digital, único supuesto en el que, conforme a la citada Ley 6/2020 y al Reglamento UE 910/2014, cabe atribuir eficacia como tal a una firma electrónica.

Ahora bien, también es de señalar que la Ley 6/2.020 no contiene ninguna disposición transitoria ni adicional relativa a la validez o eficacia de la contratación electrónica concertada a través de los sistemas regulados en la legislación que deroga y con anterioridad a su entrada en vigor, por lo que se ha de acudir a las disposiciones de derecho transitorio recogidas en el CC (arts. 3 y 4 CC) y, por lo que aquí respecta, a la disposición transitoria segunda, según la cual: "*Los actos y contratos celebrados bajo el régimen de la legislación anterior, y que sean válidos con arreglo a ella, surtirán todos sus efectos según la misma*".

Es por ello que, dado que el sistema de contratación y aceptación del clausulado general y particular empleado en el presente supuesto era perfectamente válido conforme a la legislación vigente en el momento de la perfección del contrato, y que consta en autos la certificación del proceso de aceptación de las condiciones contractuales emitida por el tercero de confianza que intervino, no cabe sino concluir, con el Juez de Instancia, que tal clausula limitativa fue expresamente aceptada por el tomador del seguro y, en conclusión, no cabe sino desestimar el motivo y, con ello, íntegramente el recurso.

Caso 37

Resumen: Las cláusulas limitativas, aparecen en un anexo unido al contrato voluntario de seguro, en mayúsculas y en negrita, además de firmadas por el asegurado, por tanto, se consideran ajustadas a derecho y conocedoras por este.

Sentencia: AP Barcelona, Sec. 14.ª, 234/2021, de 13 de mayo. Recurso 510/2019 (SP/SENT/1111715).

Argumentación jurídica: La doctrina y jurisprudencia vienen distinguiendo lo que se denominan cláusulas limitativas de derechos, que operan para restringir, condicionar o modificar el derecho del asegurado o la indemnización una vez el riesgo objeto del seguro se ha producido; de las cláusulas de exclusión del riesgo, que especifican qué clase de riesgos constituyen el objeto del contrato.

La cláusula de delimitación de cobertura concreta el objeto del contrato, y fijan los riesgos que en caso de producirse hacen surgir al asegurado el derecho a la prestación, mientras que el clausulado limitativo, modifica el derecho al asegurado a la indemnización. Las cláusulas limitativas de derechos, para ser oponibles deben destacarse de un modo especial y han de ser expresamente aceptadas, por escrito, en aplicación del artículo 3 de la Ley del Contrato de Seguro (SSTS, Sala 1.ª, 147/2017, de 2 de marzo de 2017 y sentencia 58/2019, de 29 de enero de 2019).

A la vista del planteamiento del recurso, de partida se hace preciso señalar que cabe conceptuar las cláusulas delimitadoras del riesgo como aquellas que con carácter general definen o describen el riesgo que va a ser objeto de cobertura por el contrato de seguro, mientras que las cláusulas limitativas de los derechos del asegurado son las que excluyen, limitan o reducen en determinados supuestos la cobertura del riesgo en principio asegurado y que, de no ser por la cláusula, quedarían incluidas en el riesgo que delimita el ámbito general del seguro (ss. TS. 26-2-1997; 17-4-2001 y 13- 7-2002), siendo en ocasiones harto complicado en la práctica la diferenciación o distinción entre ambos tipos de cláusulas.

De otra parte, el art. 3 de la Ley 50/1980, de 8 de Octubre, de Contrato de Seguro, establece una serie de formalidades a observar con el fin de garantizar la realidad del consentimiento del asegurado, exigiendo la inclusión por el asegurado de las condiciones generales en la proposición del seguro, si la hubiere, y, necesariamente, en la póliza del contrato o en documento complementario, que se suscribirá por el asegurado, al cual se le entregará copia del mismo, debiendo las condiciones generales y particulares del contrato redactarse de forma clara y precisa, destacándose de forma especial las cláusulas limitativas de los derechos de los asegurados que deberán ser específicamente aceptadas por escrito. El contenido del mencionado precepto ha sido interpretado jurisprudencialmente de forma estricta y en beneficio del asegurado, siendo muchas las sentencias del Tribunal Supremo que declaran la ineficacia de las cláusulas limitativas de derechos para el asegurado (entre las que obviamente se encuadran las cláusulas de exclusión de cobertura del riesgo asegurado), sino vienen específicamente aceptadas por escrito por el mismo, y, más concretamente, en el caso de que tales limitaciones se contengan en un documento complementario a la póliza del contrato de seguro, se exige, de conformidad con el tenor literal de la norma, que sea aquel también suscrito por el asegurado (ss. TS, de fecha 23-12-1988; 4-11- 1991, entre otras). No bastando, pues, con la tenencia por el asegurado de la póliza o documento en el que conste la cláusula limitativa de alguno de los derechos y que pudiera hacer suponer su reconocimiento por aquel, sino que se requiere algo más, cuál es la firma de los mismos por el asegurado para poder entender que dicha cláusula ha sido aceptada por el particular adherente a los efectos de quedar vinculado por su contenido (en tal sentido, sentencias del TS, de fechas 22-10-2002; 29-10-2002 y 27-11-2003, entre otras). Sentencia 601/2010, de 01 de octubre de 2010.

Desde un punto de vista teórico no resulta complicado diferenciar entre unas cláusulas y otras, sin embargo, desde un punto de vista práctico resulta de mayor complejidad. En este caso que nos ocupa, la cláusula que exonera a la aseguradora de responsabilidad cuando el conductor circula bajo la ingesta o influencia de bebidas alcohólicas, ha sido reconocido por el Tribunal Supremo en casos análogos al que nos ocupa, como clausula limitativa, excluyendo la posibilidad de ser definida como cláusula delimitadora de la cobertura del riesgo (STS 23 de abril de 2018).

Con ello debe confirmarse que la cláusula que nos ocupa participa de la naturaleza jurídica de cláusula limitativa de derechos del asegurado.

"Dicha doctrina, aplicada al caso, nos lleva a considerar que se han cumplido las exigencias del artículo 3 de la Ley de Contrato de Seguro y que, en consecuencia, el tomador conocía dicha limitación establecida para el caso de conducción bajo influencia de bebidas alcohólicas, ya que la cláusula en cuestión aparecía en las condiciones particulares, se destacaba en negrita el lugar que ocupaban las «cláusulas limitativas», así denominadas en el contrato, y todas ellas aparecían aceptadas mediante la firma del tomador al pie de las condiciones particulares. De ahí que, aun cuando esta sala considera como limitativa de los derechos del asegurado dicha cláusula, el cumplimiento de los requisitos impuestos por el artículo 3 de la Ley de Contrato de Seguro hace que la misma sea oponible y genere el derecho de repetición que fundamenta la interposición de la demanda" STS 234/2018, de 23 de abril de 2018.

Requisitos exigibles a las cláusulas limitativas de derechos:

El Tribunal Supremo ha reiterado en estos casos, deben incluirse en las condiciones particulares, destacarse en negrita, ser aceptadas por escrito por el asegurado, para que puedan ser efectivas y oponibles.

"La sentencia núm. 402/2015, de 14 de julio, formula doctrina, que ha sido reiterada entre otras por la núm. 76/2017, de 9 febrero, en el siguiente sentido: a) La exigencia de que las

cláusulas limitativas de derechos figuren «destacadas de modo especial», tiene la finalidad de que el asegurado tenga un conocimiento exacto del riesgo cubierto. La jurisprudencia de esta Sala exige que deben aparecer en las condiciones particulares y no en las condiciones generales, por más que, en estas últimas declare conocer aquellas, como advierte la STS de 1 de octubre de 2010, RC 2273/2006, entre otras. La redacción de las cláusulas debe ajustarse a los criterios de transparencia, claridad y sencillez, y deben aparecer destacadas o resaltadas en el texto del contrato; y b) En cuanto a la exigencia de que las cláusulas limitativas deban ser «especialmente aceptadas por escrito», es un requisito que debe concurrir cumulativamente con el anterior (STS de 15 de julio de 2008, RC 1839/2001), por lo que es imprescindible la firma del tomador y la firma no debe aparecer solo en el contrato general, sino en las condiciones particulares que es el documento donde habitualmente deben aparecer las cláusulas limitativas de derechos. La STS de 17 de octubre de 2007 (RC 3398/2000) consideró cumplida esta exigencia cuando la firma del tomador del seguro aparece al final de las condiciones particulares y la de 22 de diciembre de 2008 (RC 1555/2003), admitió su cumplimiento por remisión de la póliza a un documento aparte en el que aparecían, debidamente firmadas, las cláusulas limitativas debidamente destacadas. En ningún caso se ha exigido por esta Sala una firma para cada una de las cláusulas limitativas".

Revisando la prueba documental aportada autos, este Tribunal no comparte la valoración efectuado por el juez a quo, en la medida que el documento 1, el contrato de seguro, consideramos que cumple con los requisitos que la jurisprudencia del TS exige para la efectividad y oponibilidad de esta cláusula limitativa de derechos.

En primer lugar no se incorpora en las condiciones generales sino en un anexo a continuación del contrato bajo la rúbrica "*pacto adicional a condiciones generales y particulares de la póliza*". Integra el contenido del artículo 24, destacado en letra mayúscula y negrita como distintos supuestos de exclusiones generales. Se incluye en el apartado D), conjuntamente con otros supuestos distintos de la conducción bajo la influencia de bebidas alcohólicas, sin que el tratamiento de todos los supuestos de exclusión de cobertura en este apartado resaltado en negrita prive de claridad o suponga una ocultación del supuesto que nos ocupa como situación de exclusión de cobertura. Puesto que la lectura de este apartado por el asegurado ofrece la posibilidad de conocimiento de este supuesto de exoneración de responsabilidad. Debe destacarse que a pie de la página donde se redacta esta cláusula limitativa aparece la firma del asegurado, no exigiendo el Tribunal Supremo una firma en cada una de las cláusulas o supuestos de limitación de derechos. Todas las páginas que integran este anexo aparecen a pie de página debidamente firmadas.

A ello debe añadirse que en este caso, además la acción de repetición de la compañía de seguro en el contrato de seguro voluntario en la circulación de vehículos a motor, cuando se trata de los siniestros producidos por conducción bajo los efectos del alcohol, se pactó expresamente. Al final de la misma página, bajo la rúbrica artículo 38, se integra en ese anexo del contrato la facultad legal del asegurador de repetir en todos los casos de exclusión definidos en el artículo anterior, artículo 24. En letra negrita y mayúscula se transcribe el derecho de repetición del asegurador contra el asegurado, cumpliendo con el requisito que esta facultad legal reconocida en el artículo 10 d)

LRCSCVM se incorpore al contrato de seguro para ser oponible, como en algunas resoluciones el Alto Tribunal ha exigido.

"*El artículo 7 c) de la Ley sobre Responsabilidad Civil y Seguro en la Circulación de Vehículos a Motor, en su redacción vigente cuando se produjo el hecho, consagraba en el ámbito de los accidentes de circulación un derecho de repetición del asegurador frente al asegurado en los casos de conducción en estado de embriaguez o bajo los efectos de sustancias tóxicas. Se ha estimado por esta Sala, y así se ha reconocido también en las instancias, que no es aplicable tal derecho de repetición en el seguro voluntario salvo que así se haya pactado, porque el artículo 7 c) se encuentra dentro del Capítulo III que la LRCSCVM —en redacción dada por la DA 8.ª de la Ley 50/95 de 26 de noviembre— dedica al seguro obligatorio*", STS 375/2016, de 3 de junio de 2016.

Debe hacerse una mención a la apreciación valorativa de la sentencia recurrida, donde la dificultad de lectura del documento 1, el contrato de seguro, y sus condiciones, se percibe como consecuencia de un problema de calidad defectuosa en el documento aportado, telemáticamente, al no disponerse del original. Sin embargo no se aprecia el uso de una letra excesivamente minúscula o el uso de un tipo de letra que haga ilegible el contenido de ese documento, al poder constatar, especialmente en el anexo, las rubricas resaltadas en negrita y mayúscula, con lo que se estima probada la posibilidad de conocer por parte del asegurado las limitaciones a sus derechos sin empleo de una especial atención y diligencia en el examen del contenido de la póliza (STS 375/2016), no habiendo alegado en ningún momento el asegurado, que no se le entregó copia del documento, estimando que la firma de un documento por el asegurado prueba que al tiempo de firmarse pudo haber leído su contenido.

Caso 38

Resumen: Las cláusulas limitativas que aparecen recogidas en la póliza del seguro se encuentran resaltadas en negrita y son claras y precisas, por tanto, cumplen con los requisitos preceptivos, y que han sido firmadas por la asegurada de forma comprensible.

Sentencia: AP Alicante, Sec. 4.ª, 421/2020, de 11 de noviembre. Recurso 694/2019 (SP/SENT/1102865).

Argumentación jurídica: Se impugna, asimismo, por las apelantes la infracción por inaplicación del artículo 3 de la ley de Contrato de seguro y artículos 8 y 17 de la Ley general para la defensa de los consumidores y usuarios y respecto de los que no se pronuncia la sentencia. Consideran así los recurrentes que lo relevante es si se pactó expresamente la facultad de repetición como cláusula limitativa de los derechos del asegurado, tratándose de un tipo de cláusulas cuya eficacia y oposición al asegurado depende del requisito de la doble firma del artículo 3 LCS. Y en el caso de autos aparecen unas condiciones limitativas a la póliza que, pese a estar firmadas por la tomadora Sra. Elisabeth, no cumplen con los mínimos requisitos de transparencia legalmente exigidos, no habiendo informado el agente de seguros a la misma de las condiciones del contrato y sus limitaciones.

La Sala ha examinado de nuevo el resultado de la prueba practicada y entiende que no procede estimar dicho motivo de impugnación, ratificando el criterio del *juez a quo*.

El artículo 3 de la LCS expresamente dice que Las condiciones generales y particulares se redactarán de forma clara y precisa. Se destacarán de modo especial las cláusulas limitativas de los derechos de los asegurados, que deberán ser específicamente aceptadas por escrito.

El artículo 3 mencionado, dice la sentencia del Alto Tribunal de 3/6/16, dispone, entre otras cosas, que "*se destacarán de modo especial las cláusulas limitativas de los derechos de los asegurados, que deberán ser específicamente aceptadas por escrito*". Se trata de una previsión legal que requiere una aceptación especial de dichas cláusulas por el tomador del seguro y no solo mediante la aceptación por escrito, sino además a través de la exigencia de que dichas cláusulas se destaquen de modo especial (mediante otro tipo de letra, mayor tamaño de la misma, subrayado o procedimiento equivalente), dando así garantía de que el tomador del seguro ha tenido la posibilidad de conocer la limitación sin empleo de una especial atención y diligencia en el examen del contenido de la póliza.

En el caso de autos, estamos en presencia de una póliza de seguro que incluye la responsabilidad civil de suscripción obligatoria y también la voluntaria. En las condiciones particulares aparece resaltado en negrita la siguiente leyenda "*Cláusulas a las que se debe prestar especial atención por limitar la cobertura de su póliza. Y dentro de este apartado, la exclusión de los hechos y consecuencias siguientes: c) la conducción en estado de embriaguez o bajo la influencia de drogas, estupefacientes o psicotrópicos determinadas por las pruebas de detección legalmente establecidas, aun cuando no exista condena judicial al respecto. Se considerará que existe alcoholemia cuando el conductor supere los límites legalmente vigentes. e) Los causados intencionadamente por el tomador, el asegurado, conductor o familiares (...)*".

Pues bien, entendemos que la cláusula limitativa, que consta la firma de la asegurada al pie de la página, cumple los requisitos de transparencia a que nos hemos referidos en cuanto a la claridad, precisión y énfasis necesarios para cumplir el objetivo de asegurar su conocimiento por parte del asegurado. La cláusula, por tanto, cumple las exigencias que establece el artículo 3 de la LCS, de redacción clara, fácilmente inteligible y debidamente suscrita por el asegurado.

Por ello, la Sala reitera que procede la desestimación íntegra del recurso planteado.

Por ser sorpresivas ajustadas a derecho

Caso 39

Resumen: La cláusula de exclusión por "*riesgo altamente previsible*", es delimitadora y de aplicación pues ha quedado acreditado el mal estado por falta de mantenimiento de la estación de servicio, y la omisión de las medidas de precaución oportunas.

Sentencia: AP Jaén, Sec. 1.ª, 841/2023, de 20 de julio. Recurso 1808/2021 (SP/SENT/1199011).

Argumentación jurídica: Centrado así el objeto de debate en esta alzada y por más que se denuncie la existencia de error en la valoración de la prueba, lo planteado no deja de ser una cuestión estrictamente jurídica, cual es la determinación o concreción del carácter de la estipulación contenida en las condiciones generales (página 25) en concreto, de exclusión, por los daños cuya ocurrencia sea altamente previsible por haberse omitido las medidas de prevención adecuadas; o cuando se haya aceptado deliberadamente su eventual ocurrencia al recogerse un determinado método de trabajo con el fin de reducir su coste o apresurar su ejecución, o sean realizadas por individuos o por empresas que carezcan en la licencia o permiso legal cuando sea obligatorio, como delimitadora o limitativa de derechos del asegurado.

Al respecto, conviene recordar, como se señala en la sentencia de esta Audiencia Provincial de Jaén de fecha 14 de julio de 2021, la sentencia del Tribunal Supremo 661/2019, de 12 de diciembre, del pleno, vino a declarar que: "*el contrato de Seguro se configura como instrumento jurídico de protección del asegurado frente a determinados riesgos que operan como determinante para su celebración por parte del tomador, que pretende de esta forma preservarse de ellos ante el temor de que llegaran a producirse, generándole un perjuicio. La prestación del asegurador, en esta clase de contratos, nace de dos esenciales requisitos, cuales son la percepción de la prima, por una parte; y por la otra, que el riesgo asegurado posible e incierto, se convierta en siniestro. La determinación del riesgo deviene pues en elemento esencial de un contrato aleatorio, como el del seguro, toda vez, que condiciona la contraprestación asumida por la compañía aseguradora, que se obliga, como norma, el artículo 1 de la L. C. S. «dentro de los límites pactados»*".

En el caso que nos ocupa, en modo alguno se aprecia el error valorativo alegado, en relación a la ausencia de responsabilidad de la entidad aseguradora demandada respecto de los daños derivados del siniestro objeto de la presente litis, debiendo de tenerse en cuenta, que no es objeto de discusión por las partes el accidente ocurrido, ni el alcance de las lesiones sufridas por el actor, conforme a la valoración de las mismas en el informe pericial emitido por el Dr. Luis, y por otra parte, ciertamente y conforme concluye el juzgado de instancia ha quedado acreditado el mal estado por falta de mantenimiento de la estación de servicio, la ausencia de todo tipo de señalización, del peligro existente y la previsibilidad de causar daños al omitirse las medidas de precaución oportunas, y por tanto concurre la circunstancia expresamente prevista en la póliza concertada de "*riesgo altamente previsible*", llegando por todo ello, el juzgador de instancia a la convicción razonada y razonable de que la reseñada cláusula, es delimitadora del riesgo, la cual, en principio define el objeto del contrato, perfila el compromiso que asume la compañía aseguradora, de manera tal que, si el siniestro acaece fuera de dicha delimitación, positiva o negativamente explicitada en el contrato, no nace la obligación de la compañía aseguradora de hacerse cargo de su cobertura (sentencias del Tribunal Supremo de 23 de junio de 2020 y de 12 de diciembre de 2019, entro otras muchas).

Cuarto. Reiterada doctrina jurisprudencial trata la cuestión relativa a la diferenciación y distinto régimen jurídico de las condiciones delimitadoras y limitativas del contrato de seguro.

En este sentido las sentencias del Tribunal Supremo 541/2019 y 58/2019 señala que "*Es necesario tener en cuenta también que los contratos de seguro forman parte de la deno-*

minada contratación seriada, mediante la utilización de la técnica de condiciones generales, que requiere prestar a los asegurados adherentes la correspondiente protección jurídica para que adquieran constancia real de los riesgos efectivamente cubiertos, por una elemental exigencia de transparencia contractual. A tal finalidad responde el art. 3 de la LCS, cual es «facilitar el conocimiento de las condiciones generales del contrato por parte del tomador» (STS 1152/2003, de 27 de noviembre). Se pretende, en definitiva, que la garantía no resulte incierta en la mente del asegurado. Es preciso, para ello, dentro de la asimetría convencional derivada de la información disímil existente entre compañía y tomador, garantizar que este obtenga un conocimiento fidedigno del riesgo cubierto.

En este sentido, señala la STC 402/2015, de 14 de julio, del pleno que: "*En todo caso, y con carácter general, conviene recordar que el control de transparencia, tal y como ha quedado configurado por esta Sala (SSTS de 9 de mayo de 2013 y 8 de septiembre de 2014), resulta aplicable a la contratación seriada que acompaña al seguro, particularmente de la accesibilidad y comprensibilidad real por el asegurado de las causas limitativas del seguro que respondan a su propia conducta o actividad, que deben ser especialmente reflejados y diferenciadas en la póliza*".

Por su parte, el art. 8.3 LCS, dentro de las indicaciones, que debe contener la póliza de seguro, señala: "*Naturaleza del riesgo cubierto, describiendo, de forma clara y comprensible, las garantías y coberturas otorgadas en el contrato, así como respecto a cada una de ellas, las exclusiones y limitaciones que les afecten destacadas tipográficamente*".

Las condiciones particulares, especiales y generales del contrato señalan el evento cuyo riesgo es objeto de cobertura de forma positiva –determinados daños– y de forma negativa –ciertos daños o, mejor, ciertas causas del daño– quedando así delimitado el riesgo, como cláusula "*constitutiva del objeto o núcleo del seguro, pues concreta exactamente hasta donde puede alcanzar la acción indemnizatoria*" (SSTC 718/2003, de 7 de julio y 853/2006, 11 de septiembre).

Es muy frecuente que litigios de la naturaleza que nos ocupa versen sobre la determinación de si el siniestro era objeto de cobertura por la compañía aseguradora, según los límites de la ley y del contrato.

Para la individualización del riesgo, su adecuación a los intereses de las partes y la fijación de la cuantía de la prima, se acude a la inclusión de condiciones delimitadoras y limitativas, cuya distinción, desde un punto de vista estrictamente teórico, aparece relativamente sencilla, pero que, en su aplicación práctica, no deja de presentar dificultades.

En principio, una condición delimitadora define el objeto del contrato, perfila el compromiso que asume la compañía aseguradora, de manera tal que, si el siniestro acaece fuera de dicha delimitación, positiva o negativamente explicitada en el contrato, no nace la obligación de la compañía aseguradora de hacerse cargo de su cobertura. Las cláusulas limitativas, por el contrario, desempeñan distinto papel, en tanto en cuanto producido el riesgo actúan para restringir condicionar o modificar el derecho de resarcimiento del asegurado.

En este sentido, la STS 541/2016, de 14 de septiembre, cuya doctrina cita y ratifica la más reciente STS 58/2019, de 29 de enero, señala que: "*[...] desde un punto de vista teórico, la distinción entre cláusulas de delimitación de cobertura y cláusulas limitativas parece, a primera vista, sencilla, de manera que las primeras concretan el objeto del contrato y fijan los riesgos que, en caso de producirse, hacen surgir en el asegurado el derecho a la prestación por constituir el objeto del seguro. Mientras que las cláusulas limitativas restringen, condicionan o modifican el derecho del asegurado a la indemnización o a la prestación garantizada en el contrato, una vez que el riesgo objeto del seguro se ha producido".*

Las dificultades expuestas han llevado a la jurisprudencia a intentar establecer criterios distintivos entre unas y otras cláusulas. En tal esfuerzo de concreción jurídica es de obligada cita la STS 853/2006, 11 de septiembre, del Pleno del esta Sala, que señala que son delimitadora las condiciones "*[...] mediante las cuales se concreta el objeto del contrato, fijando qué riesgos, en caso de producirse, por constituir el objeto de seguro, hacen surgir en el asegurado el derecho a la prestación, y en la aseguradora el recíproco deber de atenderla*".

En definitiva, la precitada STS 853/2006, de 11 de septiembre, sienta una doctrina, recogida posteriormente en otras muchas resoluciones de este tribunal, como las SSTS 1051/2007 de 17 de octubre; 676/2008, de 15 de julio; 738/2009, de 12 de noviembre; 598/2011, de 20 de julio; 402/2015, de 14 de julio, 541/2016, de 14 de septiembre; 147/2017, de 2 de marzo; 590/2017, de 7 de noviembre, según la cual son estipulaciones delimitadoras del riesgo aquellas que tienen por finalidad delimitar el objeto del contrato, de modo que concretan: (i) qué riesgos constituyen dicho objeto; (ii) en qué cuantía; (iii) durante qué plazo; y (iv) en que ámbito temporal o espacial.

La STS 676/2008, de 15 de julio, cuya doctrina reproduce la ulterior STS 82/2012, en el esfuerzo jurisprudencial diferenciador entre ambas clases de cláusulas, se refiere a las delimitadoras de la forma siguiente:

"[...] son, pues, aquellas mediante las cuales se individualiza el riesgo y se establece su base objetiva. Tienen esta naturaleza las que establecen «exclusiones objetivas» (STS de 9 de noviembre de 1990) de la póliza o restringen su cobertura en relación con determinados eventos o circunstancias, siempre que respondan a un propósito de eliminar antigüedades y concretar la naturaleza del riesgo en coherencia con el objeto del contrato (fijado en las cláusulas particulares, en las que figuran en lugar preferente de la póliza o en las disposiciones aplicables salvo pacto en contrario) o en coherencia con el uso establecido. No puede tratarse de cláusulas que delimiten el riesgo en forma contradictoria con el objeto del contrato o con las condiciones particulares de la póliza, o de manera no frecuente o inusual (SSTS de 10 de febrero de 1998, 17 de abril de 2001, 29 de octubre de 2004, núm. 1055/2004, 11 de noviembre de 2004, rec. núm. 3136/1998, y 23 de noviembre de 2004, núm. 1136/2004)".

Para la STS 82/2012, de 5 de marzo, debe incluirse en esta categoría las relativas a la cobertura de un riesgo, los límites indemnizatorios la cuantía asegurada.

De la misma forma la STS 402/2015, de 14 de julio, perfilando igualmente los contornos de dichas condiciones, precisa que:

"(...) responde a un propósito de eliminar ambigüedades y concretar la naturaleza del riesgo de coherencia con el objeto del contrato o en coherencia con el uso establecido, evitando delimitarlo en forma contradictoria con el objeto del contrato o con las condiciones

particulares de la póliza (SSTS de 25 de octubre de 2011, 20 de abril de 2011, 18 de mayo de 2009, 26 de septiembre de 2008 y 17 de octubre de 2007)".

El papel que, por el contrario, se reserva a las cláusulas limitativas radica en restringir, condicionar o modificar el derecho del asegurado a la indemnización, una vez que el riesgo objeto del seguro se ha producido (SSTS de 16 de mayo y 16 de octubre de 2000, 273/2016, de 22 de abril, 520/2017, de 27 de septiembre, 590/2017, de 7 de noviembre). En palabras de la STS 953/2006, de 9 de octubre, serían "*las que empeoran la situación negocial del asegurado*".

Un criterio distintivo utilizado para determinar el concepto de cláusula limitativa, es referido con el contenido natural del contrato, esto es "*(...) del alcance típico o usual que corresponde a su objeto con arreglo a lo dispuesto en la ley o en la práctica aseguradora*" (SSTS 273/2016, de 22 de abril, 541/2016, de 14 de septiembre y 147/2017, de 2 de marzo). En este sentido, se atribuye la condición de limitativa a la cláusula sorpresiva que se aparta de dicho contenido (STS 58/2019, de 29 de enero). En el mismo sentido, se expresa la STS 715/2013, de 25 de noviembre, cuando precisa "*(...) incluso hay supuestos en que las cláusulas que delimitan sorprendentemente el riesgo se asimilan a las limitativas de los derechos del asegurado*".

Muy gráficamente lo explica la STS 273/2016, de 22 de abril, cuando bajo el epígrafe expectativas razonables del asegurado, señala: "*Cuando legislativamente se estableció un régimen específico para que determinadas condiciones generales del contrato de seguro alcanzasen validez, se estaba pensando precisamente en las cláusulas que restringen la cobertura o la indemnización esperada por el asegurado. Estas cláusulas pueden ser válidas, pero para ello se requiere que el asegurado haya conocido las restricciones que introducen —es decir, que no le sorprendan— y que sean razonables, que no vacíen el contrato de contenido y que no frustren su fin económico y, por tanto, que no le priven de su causa (...) Precisamente cuando hay contradicción entre las cláusulas que definen el riesgo y las que lo acotan es cuando puede producirse una exclusión sorprendente*".

En definitiva, cuando una determinada cobertura de un siniestro es objetiva y razonablemente esperada por el asegurado, por constituir prestación natural de la modalidad de seguro concertado, es preciso que la restricción preestablecida cuente con la garantía adicional de conocimiento que implica el régimen de las cláusulas limitativas, por lo que la eficacia contractual de las condiciones sorpresivas queda condicionada a las exigencias del art. 3 LCS.

Las consecuencias de dicha diferenciación devienen fundamentales, dado que las cláusulas delimitadoras, susceptibles de incluirse en las condiciones generales para formar parte del contrato, quedan sometidas al régimen de aceptación genérica sin la necesidad de la observancia de los requisitos de incorporación que se exigen a las limitativas (SSTS 366/2001, de 17 de abril; 303/2003, de 20 de marzo; 14 de mayo 2004, en recurso 1734/1998; 1033/2005, de 30 de diciembre): mientras que estas últimas deben cumplir los requisitos previstos en el art. 3 LCS; esto es, estar destacadas de un modo especial y ser expresamente aceptadas por escrito, formalidades que resultan esenciales para comprobar que el asegurado tuvo un exacto conocimiento

del riesgo cubierto (SSTS 516/2009, de 15 de julio; 268/2011, de 20 de abril; 541/2016, de 14 de septiembre; 234/2018, de 23 de abril; 58/2019, de 29 de enero; 418/2019, de 15 de julio), y que además han de concurrir conjuntamente (SSTS 676/2008, de 15 de julio; 402/2015, de 14 de julio y 76/2017, de 9 de febrero).

Por todo ello, y por sus propios fundamentos procede confirmar íntegramente la sentencia de instancia, previa desestimación del recurso de apelación promovido.

Caso 40

Resumen: La cláusula sorpresiva, que delimita el riesgo de manera compatible con el objeto del seguro, es válida y eficaz si cumple las exigencias del art. 3 LCS.

Sentencia: AP Navarra, Sec. 3.ª, 94/2023, de 2 de febrero. Recurso 172/2021 (SP/SENT/1193399).

Argumentación jurídica: El resto del recurso se contrae a la alegación de que la cláusula cuestionada es sorpresiva porque dejaría vacía de contenido la cobertura contratada para cubrir los daños causados por los aperos y la maquinaria agrícola y, además, se aduce que es oscura puesto que, tratándose de un seguro que cubre los daños causados a terceros, la cláusula no indica que lo que se excluya sean daños a los cultivos de terceros tratados por la asegurada.

La primera afirmación referida carece de relevancia impugnatoria puesto que, como antes hemos señalado, la propia sentencia aprecia que "*estamos ante una cláusula no individualizadora del riesgo sino limitativa de los derechos del asegurado, o como se refiere a ella la parte actora estamos ante «una cláusula sorpresiva»*", si bien no llega a precisar porqué alcanza tal conclusión en el caso concreto.

La STS —Pleno— 661/2019, de 12 de diciembre, estableció lo siguiente: "*Un criterio distintivo utilizado para determinar el concepto de cláusula limitativa, es referirlo con el contenido natural del contrato, esto es «[...] del alcance típico o usual que corresponde a su objeto con arreglo a lo dispuesto en la ley o en la práctica aseguradora» (SSTS 273/2016, de 22 de abril, 541/2016, de 14 de septiembre y 147/2017, de 2 de marzo). En este sentido, se atribuye la condición de limitativa a la cláusula sorpresiva que se aparta de dicho contenido (STS 58/2019, de 29 de enero). En el mismo sentido, se expresa la STS 715/2013, de 25 de noviembre, cuando precisa que «[...] incluso hay supuestos en que las cláusulas que delimitan sorprendentemente el riesgo se asimilan a las limitativas de los derechos del asegurado»*".

La jurisprudencia no determina que la "*cláusula sorpresiva*" sea nula en todo caso. Ese efecto solo se ha acogido cuando la cláusula sea lesiva al reputarse incompatible con el objeto mismo del tipo de seguro contratado porque, por ejemplo, excluya riesgos esenciales a la propia naturaleza del seguro.

Aquí no estamos ante ese caso, la póliza de seguros contratada cubre el riesgo general de incurrir responsabilidad civil frente a terceros, garantizando conforme a su objeto "*el pago de las indemnizaciones por las que pudiera resultar civilmente responsable conforme a derecho, por daños corporales o materiales y los perjuicios que de estos deriven ocasionados a terceros (...) por hechos derivados del riesgo especificados en la misma"*. La póliza describía el riesgo como: *"100 HECTÁREAS DE SECANO Y 350 DE REGADÍO"*. La amplitud de la cobertura de la póliza respecto a la responsabilidad civil por daños en que pudiera incurrir la SAT hace que la exclusión circunscrita a los *"daños ocasionados a los cultivos tratados"* no limite de tal forma la cobertura global de la póliza que la haga prácticamente ilusoria.

Y lo mismo ocurre respecto a la más concreta garantía a la que se refiere la parte apelante en su recurso, por daños *"derivados del uso de maquinaria y aperos necesarios para la realización de los trabajos propios de la actividad asegurada"* (incluida en el apartado 3 de las condiciones particulares bajo el epígrafe *"alcance del siniestro"*), puesto que esos daños abarcan muchos más supuestos posibles que la causación de daños a los cultivos que fueran tratados utilizándolos.

Al ubicar la cláusula cuestionada dentro de las limitativas del riesgo (sin que este extremo haya sido combatido), la sentencia, aunque no lo exprese así, estima que estamos ante una cláusula sorpresiva que delimita el riesgo de manera compatible con el objeto del seguro, sin que impida su eficacia, por lo que para su validez habría de cumplir los requisitos del art. 3 LCS. En este sentido la STS 661/2019, ya citada, señaló que *"cuando una determinada cobertura de un siniestro es objetiva y razonablemente esperada por el asegurado, por constituir prestación natural de la modalidad de seguro concertado, es preciso que la restricción preestablecida cuente con la garantía adicional de conocimiento que implica el régimen de las cláusulas limitativas, por lo que la eficacia contractual de las condiciones sorpresivas queda condicionada a las exigencias del art. 3 LCS"*.

La sentencia apelada analiza las circunstancias concurrentes y alcanza la conclusión de que las exigencias del art. 3 se cumplimentaron en la concertación de esta póliza, amparando la validez de la causa de exclusión cuestionada. Y tal apreciación de naturaleza fáctico-jurídica no ha sido cuestionada en el recurso, por lo que debe ser mantenida en esta alzada (art. 465.5 LEC).

SEXTO. Tal y como tiene establecido la jurisprudencia (*cfr.* STS 101/2021, de 24 de febrero) la claridad y precisión es exigible a todas las cláusulas del contrato de seguro, tanto si están incluidas en las condiciones generales como en las particulares, y con independencia de que se califiquen de delimitadoras del riesgo o limitativas de los derechos del asegurado. Las formalidades exigidas en el art. 3 LCS para las cláusulas limitativas que condicionan o modifican el derecho a cobrar la indemnización (estar destacadas de modo especial y ser específicamente aceptadas por escrito) suponen un plus con el fin de comprobar que el asegurado tuvo un exacto conocimiento del riesgo cubierto. Pero, aunque no estén sometidas a esas formalidades, las cláusulas que delimitan el riesgo objeto de la cobertura (entre las que la doctrina de la sala ha incluido las que concretan el objeto del contrato y fijan los riesgos, incluida la cuantía) deben estar redactadas de manera clara y precisa. De no ser así, ello daría lugar a una interpretación que no podría favorecer a la aseguradora que la redactó o incluso a la nulidad de la estipulación.

No se alcanza a comprender el alcance de la alegación del recurso relativa a la oscuridad de la cláusula analizada, oscuridad que, en su alegato, se centra en que la estipulación no determina o precisa si viene referida a daños en los cultivos propios o de terceros.

Cualquiera entiende que, en el ámbito de un seguro que cubre el riesgo general de incurrir responsabilidad civil frente a terceros, garantizando conforme a su objeto "*el pago de las indemnizaciones por las que pudiera resultar civilmente responsable conforme a derecho, por daños corporales o materiales y los perjuicios que de estos deriven ocasionados a terceros (...) por hechos derivados del riesgo especificados en la misma*", la exclusión de cobertura de un daño determinado no puede venir referido sino a un daño causado a un tercero (y no al asegurado) por ser este el riesgo que la póliza garantiza.

En consecuencia, no se aprecia la oscuridad denunciada.

Caso 41

Resumen: No existe una compensación de capitales entre el establecido en el riesgo número 5 con los de los demás riesgos asegurados en la póliza pues la exclusión pactada supone un supuesto de cláusula delimitadora, sin que pueda reputarse sorpresiva.

Sentencia: AP Asturias, Oviedo, Sec. 5.ª, 367/2021, de 22 de octubre. Recurso 394/2021 (SP/SENT/1127684).

Argumentación jurídica: Sentado lo anterior, debe señalarse que en el presente caso no se discute cuál era la suma asegurada respecto a las existencias: 1.000.000 €;, ni tampoco se discute el importe de las mercancías depositadas en el condicionado general, concretamente en la condición general 6.3.8, Nave de la demandada en Colloto, que lo eran por cuantía de 2.082.690,28 €;, lo que se mantiene es que existe una compensación de capitales, de modo que cabe compensar el establecido en el riesgo número 5 con los de los demás riesgos asegurados en la póliza. Conclusión que el Juzgador "*a quo*" descarta basándose en la propia dicción de la cláusula 6.3.8 del condicionado general de la póliza de Generali, como hizo constar la Perito del Consorcio en su informe. Pues bien, ciertamente en esta cláusula se establece: "*en caso de insuficiencia de la suma asegurada solo se admitirá la compensación de capitales de haberse pactado en condiciones particulares la aplicación de la revalorización automática de sumas aseguradas según lo dispuesto en el artículo 6 de estas condiciones generales específicas. Dicha compensación de capitales será aplicable únicamente sobre la sumas aseguradas de las partidas asegurables de continente, ajuar industrial y existencias, siempre que se hallen contratados y para los bienes correspondientes a una misma situación de riesgo*", dicción que es incompatible con la pretensión de esas mismas condiciones (página 76 del condicionado) se dice respecto a compensación de sumas aseguradas que esta compensación será aplicable únicamente a bienes correspondientes a una misma situación de riesgo. De modo que a la vista de lo expuesto el primer motivo del recurso debe ser rechazado.

En segundo lugar, se alega que estas condiciones generales son limitativas de derechos y dado que ni en el condicionado general ni en el particular aparece la firma del tomador del seguro, las mismas no pueden ser aplicadas.

No es discutible que ninguno de los condicionados aparecen firmados por la actora, ahora bien, por la parte apelada se sostiene que se trata de condiciones delimitadoras del riesgo, que pueden considerarse como las cláusulas limitativas cuando se trata de una cláusula de naturaleza sorpresiva; sin embargo, en el presente caso estima la parte apelada que dicha característica no puede predicarse de la concreción de capitales para cada situación de riesgo, pues dicha cláusula ha tenido forzosamente que ser expresamente negociada con la demandante para poder establecerla, pues solo ella conoce los diferentes riesgos y el volumen de existencias depositadas en cada uno.

Sentado lo anterior, debe señalarse la diferencia entre cláusulas limitativas y cláusulas delimitadoras. En este sentido el Tribunal Supremo en la sentencia de 11 de febrero de 2009 declaraba: "*Las cláusulas delimitadoras del riesgo son, pues, aquellas mediante las cuales se concreta el objeto del contrato, fijando qué riesgos, en caso de producirse, por constituir el objeto del seguro, hacen surgir en el asegurado el derecho a la prestación, y en la aseguradora el recíproco deber de atenderla. La jurisprudencia mayoritaria declara que son cláusulas delimitativas aquellas que determinan qué riesgo se cubre, en qué cuantía, durante qué plazo y en qué ámbito espacial (SSTS 2 de febrero 2001; 14 mayo 2004; 17 marzo 2006). Ello permite distinguir lo que es la cobertura de un riesgo, los límites indemnizatorios y la cuantía asegurada o contratada, de las cláusulas del contrato que limitan los derechos de los asegurados, una vez ya se ha concretado el objeto del seguro, por cuanto nada tienen que ver con estas, sino con las delimitativas, en cuanto pertenecen al ámbito de la autonomía de la voluntad, constituyen la causa del contrato y el régimen de los derechos y obligaciones del asegurador, y no están sujetas a los requisitos impuestos por la Ley a las limitativas, conforme el art. 3, puesto que la exigencia de este precepto no se refiere a una condición general o a sus cláusulas excluyentes de responsabilidad de la aseguradora, sino a aquellas que son limitativas de los derechos del asegurado (STS 5 de marzo 2003, y las que en ella se citan).*

De esa forma, el art. 8 LCS establece como conceptos diferenciados la «naturaleza del riesgo cubierto» (art. 8.3 LCS) y la «suma asegurada o alcance de la cobertura» (arts. 8.5 LCS). La suma asegurada, como límite máximo establecido contractualmente para el contrato de seguro (art. 27), puede ser limitada o ilimitada, cuando así se pacta o se deduce de las prestaciones convenidas, pero debe incluirse necesariamente en la Póliza, como elemento esencial del contrato, en cuanto sirve de base para calcular la prima y de límite contractual a la futura prestación de la aseguradora, según la propia definición del contrato de seguro en el artículo 1 de la Ley, de tal forma que aquellas cláusulas mediante las cuales se establece la cuantía asegurada o alcance de la cobertura no constituyen una limitación de los derechos que la ley o el contrato reconocen al asegurado, sino que delimitan la prestación del asegurador por constituir el objeto del contrato". **Pues bien, a la vista de lo expuesto, la Sala estima que el carácter limitativo que la parte apelante predica de las cláusulas 6.3.8 no es compartida, pues se considera que nos encontramos ante un supuesto de cláusula delimitadora, sin que pueda reputarse sorpresiva por lo expuesto por la parte apelada y que indicábamos en las líneas precedentes. Siendo asimismo delimitadoras las que fijan los lugares de riesgo, en los que además se detalla de forma expresa el concepto y las sumas asegu-**

radas diferentes para cada situación de riesgo. En suma, se trata de cláusulas que delimitan el riesgo asegurado entre ellas, como se ha reiterado la aclaración de riesgo a la que precedentemente nos hemos referido. Siendo en este punto reveladora la suscripción del suplemento 8 con las modificaciones expuestas en líneas precedentes, lo que evidencia la necesidad de efectuar estas, a la vista del tenor de las cláusulas del documento 7.

Condiciones generales firmadas

Caso 42

Resumen: Las condiciones particulares aparecen firmadas por el tomador de seguro y la cláusula sobre la pérdida de la explotación es delimitadora sin que este cubierto el cierre del negocio por la pandemia.

Sentencia: TS, Sala Primera, de lo Civil, Pleno, 602/2025, de 21 de abril. Recurso 5936/2022 (SP/SENT/1254693).

Argumentación jurídica: El contrato suscrito por las partes.

Las partes suscribieron un contrato de seguro multirriesgo de comercio y autoemprendedores, que fue formalizado en la correspondiente póliza que contenía una garantía de seguro de lucro cesante.

En efecto, entre las coberturas pactadas figuraban los daños materiales en contenido y continente derivados de incendio, fenómenos atmosféricos, daños eléctricos, agua, ruptura de cristales, robo etc., así como otras coberturas y garantías complementarias entre las que se encontraba la pérdida de la explotación con una suma asegurada de 310,87 euros diarios, como así resulta de las condiciones particulares.

También consta, en dichas condiciones particulares, que "*[e]l período de indemnización estipulado en la pérdida de explotación es de tres meses*", así como la cobertura de indemnización diaria (CP 19).

Estas condiciones particulares aparecen firmadas por el tomador de seguro en cada una de las páginas, si bien no por el reverso. En resumen, figuran en ellas siete firmas del asegurado que, a su vez, es el tomador del seguro.

En las condiciones generales (art. 15) se describe en qué consiste el objeto de dicha cobertura, cuando se explica que:

"*La cobertura será de aplicación siempre que se produzca una interrupción temporal, total o parcial de la actividad del establecimiento asegurado a consecuencia de los daños materiales directos sufridos por los bienes asegurados en las situaciones descritas en dichas Condiciones Particulares, derivados de la COBERTURA DE DAÑOS MATERIALES de este contrato y a condición de que dichos daños se encuentren cubiertos y sean indemnizados por la Compañía*".

Es decir que, de la lectura del artículo 15 de las condiciones generales del contrato de seguro litigioso, resulta la conexión o relación de causalidad que debe existir entre los daños materiales, objeto de cobertura en la póliza, con la paralización total o parcial de la actividad del establecimiento asegurado, de manera tal que no comprende siniestros derivados de riesgos no cubiertos, como son los generados por el cierre del local litigioso como consecuencia de la crisis sanitaria producida por la pandemia del COVID-19.

En esta modalidad de seguro de pérdida de beneficios por interrupción de la empresa, prevista en el art. 66 de la LCS, alcanza una especial importancia la configuración convencional de la cobertura, al normar que:

"[e]l titular de una empresa puede asegurar la pérdida de beneficios y los gastos generales que haya de seguir soportando cuando la Empresa quede paralizada total o parcialmente a consecuencia de los acontecimientos delimitados en el contrato".

Según la precitada definición legal se indemnizan la pérdida de los beneficios y los gastos generales, producidos por la paralización de la actividad empresarial, pero no por cualquier causa, sino los que tenga su origen en los acontecimientos delimitados en la póliza de seguro suscrita.

A través de esta modalidad del seguro, se pretende dar cobertura a empresas generadoras de una dinámica actividad productiva encaminada a la obtención de beneficios, por lo que es habitual que no solo se aseguren los daños sufridos en sus elementos materiales a través de los prototípicos seguros de daños, sino también las pérdidas de beneficios y/o gastos derivados de la paralización empresarial debida a daños en los elementos asegurados. En este caso, se fijó una suma diaria de 310,87 euros.

4.º Desestimación del recurso

Pues bien, si consideramos como delimitadoras del riesgo las condiciones que definen el objeto del contrato, de manera que perfilan el compromiso que asume la compañía aseguradora, acotando positiva o negativamente el contorno del riesgo asumido, dicha condición 15 debe ser calificada como delimitadora. La finalidad pretendida, mediante su incorporación al contrato, no es la de restringir, condicionar o modificar el derecho de resarcimiento del asegurado, características propias de las cláusulas limitativas, sino fijar el contorno de la cobertura; no restar, sino precisar.

En este caso, quedó la cobertura delimitada a la interrupción total o parcial de actividad empresarial derivada de los daños materiales producidos en el continente y contenido, ya sea por incendio, agua, rayo, actos vandálicos, explosión, inundación, eléctricos, etc., que sean cubiertos por la póliza.

Tal y como ha sido redactado el artículo 15 de las condiciones generales de la póliza suscrita, no genera dudas interpretativas que determinen la aplicación de la regla *contra proferentem* del art. 1.288 del CC con su correlativa interpretación jurisprudencial (sentencias 248/2009, de 2 de abril; 601/2010, de 1 de octubre; 71/2019, de 5 de febrero; 373/2019, de 27 de junio, 636/2020, de 25 de noviembre y 87/2021, de 17 de febrero, entre otras), ni cabe alcanzar una conclusión distinta fundada en una hermenéutica sistemática de las condiciones particulares y generales de la póliza (art. 1.285 CC).

El art. 16 b) de las condiciones generales del contrato, bajo el epígrafe riesgos no cubiertos, no transmuta la definición del riesgo asegurado, que se lleva a efecto en el art. 15 de las condiciones generales, sino que, por el contrario, la refuerza y precisa, al insistir en que no cubre:

"Siniestros no amparados ni indemnizados por la Compañía a través de la Cobertura de Daños Materiales prevista en estas Condiciones Generales, ni los de bienes y establecimientos no asegurados por la póliza".

Por otra parte, no cubrir los riesgos de la emergencia sanitaria sufrida por la pandemia del COVID-19, tampoco puede sorprender al asegurado, de manera que queden frustradas sus previsibles expectativas contractuales, para dispensar al precitado artículo 15 el tratamiento jurídico propio de las condiciones limitativas según la jurisprudencia antes reseñada (cláusulas sorpresivas).

Es más, la práctica aseguradora incluye con carácter general la cobertura de pérdida de beneficios como complementaria de los seguros de daños materiales; es decir, que el objeto de aseguramiento es la pérdida de beneficios derivados de un siniestro cubierto en la póliza a modo de una prestación adicional causalizada, no autónoma e independiente, desligada de la clase de seguro multirriesgo suscrito. Esta vinculación con un daño material cubierto es la tesis de la doctrina mayoritaria al interpretar lo dispuesto en los arts. 63 y siguientes de la LCS, todo ello sin perjuicio de la delimitación del riesgo de otra manera, pero que no es caso que ahora nos ocupa.

Por otra parte, es doctrina consolidada de esta sala que la aceptación de las condiciones generales por parte del asegurado mediante su firma en las condiciones particulares con referencia expresa a aquellas implica su aceptación, salvo cuando la referencia a ellas se haga con carácter genérico e indeterminado de manera que sea susceptible de inducir a confusión (SSTS 704/2006, de 7 de julio; 676/2008, de 15 de julio; 225/2018, de 17 de abril; 263/2021, de 6 de mayo).

En el caso presente, consta expresamente, en las condiciones particulares, que el tomador recibe un ejemplar de las condiciones generales con la concreta indicación de su modelo de referencia, que son precisamente las aportadas por la aseguradora y que, por consiguiente, las que forman parte integrante inescindible del contrato suscrito (art. 1 LCS).

Caso 43

Resumen: No es necesario que las condiciones generales delimitadoras del riesgo estén firmadas expresamente, ni que estén destacadas, bastando con la aceptación genérica.

Sentencia: AP La Rioja, Sec. 1.ª, 24/2025, de 28 de enero. Recurso 63/2024 (SP/SENT/1253327).

Argumentación jurídica: Sobre el contrato y sobre las condiciones particulares y generales.

El demandante, D. Alejo suscribió un contrato con GRUPO VITALICIO el día 17 de enero de 1995 denominado *"Vitalicio Futuro - Plan 5 de jubilación"*. Al margen de la naturaleza concreta del contrato, pues no es estrictamente un contrato de seguro típico, sino un producto de inversión con cierta aleatoriedad, en virtud del mismo se aseguraba a la jubilación un capital a la fecha de vencimiento el día 2/4/2022 de 6.506.757 pesetas o 39.106,40 euros o una renta vitalicia. Cierto es que no es un seguro de vida o de fallecimiento, pero este si estaba previsto, pues en el caso de fallecer entre la suscripción del seguro y hasta el 1/4/1997 percibiría el 150 % del valor acumulado o del 110 % si se fallecía a partir de tal fecha.

En las garantía aseguradas se indicaba en el apartado SEGURO PRINCIPAL JUBILACIÓN: Capital asegurado en la fecha de vencimiento (02/04/2022): 6.506.757 pesetas o Renta Vitalicia anual, con un período cierto de diez años: 547.281 pesetas. El importe del capital asegurado se ha calculado a un tipo de interés garantizado del 6 % y según las bases técnicas presentadas a la Dirección General de Seguro Previamente en los elementos técnicos se indicaba que el interés técnico garantizado era del 6 % anual, lo cual se volvía a indicar en la cláusula particular 03.

Finalmente se estipuló que el tomador reconoce haber recibido de la entidad aseguradora las Condiciones Generales del Contrato de Seguro, las Condiciones Generales Específicas de este seguro (RV -1) y el original de las Presentes Condiciones Particulares que constan de 03 hojas con 07 cláusulas particulares, constando su firma.

De las condiciones generales debe destacarse el artículo 8 cuyo título es el de ELEMENTOS TÉCNICOS QUE COMPONEN EL SEGURO.

En el 8.1 se vuelve a reiterar que se garantiza el interés técnico del 6 % anual. En el artículo 8.2 la participación en beneficios, lo cual ya se preveía en las garantías aseguradas al establecer que los capitales asegurados se incrementarían por la participación en beneficios en la forma indicada en las condiciones generales. En conclusión, en el apartado 8.2 se regulaba la posibilidad de aumento de la prestación por la participación en beneficios.

En el apartado 8.3 se regulaba la determinación de la rentabilidad de las inversiones en donde se estipula que ello se obtendría por la rentabilidad líquida obtenida en las inversiones de las provisiones matemáticas, incluidas las plusvalías o minusvalías realizadas y las deducciones por gastos de gestión y administración de las inversiones, los derivados de la administración del contrato y como máximo un 0,5 % sobre provisiones matemáticas en concepto de margen para dotación de la solvencia dinámica de la Entidad.

En el apartado 8.5 sobre gastos de gestión se establecía que la compañía deducirá del valor de acumulación de la póliza el porcentaje de gastos que conste en las bases técnicas presentadas a la Dirección General de Seguros.

Comparando dicha cláusula con el apartado de garantía aseguradas donde se garantizaba un capital asegurado calculado a un tipo de interés garantizado, pudiendo ser superior la inversión, como así ha sido, aunque fuera mínima, es claro que el artículo 8 de las condiciones generales debe interpretarse en sentido de que lo que especifica es como se determinará finalmente la rentabilidad. Por lo tanto, estamos ante una cláusula delimitadora del riesgo y no una cláusula limitativa de derechos.

Debe recordarse que en las condiciones generales pueden existir condiciones delimitadoras y condiciones limitativas de derechos. Al respecto dice la sentencia del TS de 3 de octubre de 2023 que:

El artículo 3 de la LCS norma que las condiciones generales y particulares se redactarán de forma clara y precisa, así como que se destacarán de modo especial las cláusulas limitativas de los derechos de los asegurados que deberán ser específicamente aceptadas por escrito.

La jurisprudencia y la doctrina han realizado un esfuerzo conjunto para definir cuáles son las notas características configuradoras de la esencia jurídica de estas condiciones limitativas que, por su indiscutible transcendencia, se encuentran revestidas de una especial protección legal, así como determinar los criterios distintivos con respecto a las condiciones delimitadoras del riesgo, cuya función radica en concretar los contornos de la cobertura aseguradora, y no propiamente de restringirla o condicionarla negativamente como aquellas otras cláusulas.

A este reto responde la Sentencia 853/2006, 11 de septiembre, del Pleno de esta Sala 1.ª del Tribunal Supremo que precisa, tras señalar que son delimitadoras las condiciones *"mediante las cuales se concreta el objeto del contrato, fijando qué riesgos, en caso de producirse, por constituir el objeto del seguro, hacen surgir en el asegurado el derecho a la prestación, y en la aseguradora el recíproco deber de atenderla"*, adiciona que se deben reputar como tales las que determinan: (i) qué riesgos constituyen el objeto del seguro; (ii) en qué cuantía; (iii) durante qué plazo; y (iv) en que ámbito temporal o espacial.

Esta doctrina es reiterada en otras muchas resoluciones como las Sentencias 1051/2007, de 17 de octubre; 676/2008, de 15 de julio; 738/2009, de 12 de noviembre; 598/2011, de 20 de julio; 402/2015, de 14 de julio; 541/2016, de 14 de septiembre; 147/2017, de 2 de marzo; 590/2017, de 7 de noviembre; 661/2019, de 12 de diciembre, o más recientemente 87/2021, de 17 de febrero.

El papel que, por el contrario, se reserva a las cláusulas limitativas radica en restringir, condicionar o modificar el derecho del asegurado a la indemnización, una vez que el riesgo, objeto del seguro, se ha producido (SSTS de 16 de mayo y 16 octubre de 2000; 273/2016, de 22 de abril; 520/2017, de 27 de septiembre; 590/2017, de 7 de noviembre, y 661/2019, de 12 de diciembre).

En palabras de la sentencia 953/2006, de 9 de octubre, serían *"[...] las que empeoran la situación negocial del asegurado"*.

Un criterio utilizado para determinar la naturaleza de ciertas cláusulas para darles el tratamiento de limitativas, es referirlo al contenido natural del contrato; esto es *"[...] del alcance típico o usual que corresponde a su objeto con arreglo a lo dispuesto en la ley o en la práctica aseguradora"* (SSTS 273/2016, de 22 de abril, 541/2016, de 14 de septiembre Y 147/2017, de 2 de marzo). En este sentido, se atribuye la condición de limitativa a la cláusula sorpresiva que se aparta de dicho contenido ordinario (STS 58/2019, de 29 de enero,661/2019, de 12 de diciembre y 87/2021, de 17 de febrero).

Teniendo en cuenta la naturaleza especial de este seguro, que es más un producto de inversión que un seguro, dado que se garantiza una rentabilidad y la posibilidad de obtener una rentabilidad superior depende de una serie de criterios, lo cuales se regulan en el artículo 8 de las condiciones generales, no cabe otra conclusión que considerar esta condición como delimitadora del riesgo.

La distinción tiene relevancia pues como dice la misma sentencia del Tribunal Supremo:

Las consecuencias de dicha diferenciación devienen fundamentales, dado que las cláusulas delimitadoras, susceptibles de incluirse en las condiciones generales para formar parte del contrato, quedan sometidas al régimen de aceptación genérica, sin la necesidad de la observancia de los requisitos de incorporación que se exige a las limitativas (SSTS 366/2001, de 17 de abril;303/2003, de 20 de marzo; 14 de mayo 2004, en recurso 1734/1998; 1033/2005, de 30 de diciembre): mientras que estas últimas deben cumplir los requisitos previstos en el art. 3 LCS; esto es, estar destacadas de un modo especial y ser expresamente aceptadas por escrito, formalidades que resultan esenciales para comprobar que el asegurado tuvo un exacto conocimiento del riesgo cubierto (SSTS 516/2009, de 15 de julio; 268/2011, de 20 de abril; 541/2016, de 14 de septiembre; 234/2018, de 23 de abril; 58/2019, de 29 de enero; 418/2019, de 15 de julio), y que además han de concurrir, no alternativamente, sino de forma conjunta (SSTS 676/2008, de 15 de julio; 402/2015, de 14 de julio;76/2017, de 9 de febrero y 661/2019, de 12 de diciembre).

Al final de las condiciones particulares se firmó y aceptó haber recibido las condiciones generales del contrato, por lo tanto, de acuerdo con la jurisprudencia citada, no es necesario que las condiciones generales delimitadoras del riesgo estén firmadas expresamente, ni que estén destacadas, bastando con la aceptación genérica. Por lo tanto, el artículo 8 debe integrarse e interpretarse junto con las condiciones particulares, lo que no lleva a analizar su sentido.

Caso 44

Resumen: Las tablas de valoración del daño en la cobertura por incapacidad temporal son delimitadoras del riesgo, pero al ser consideradas una condición general, por remisión en las particulares a dichas tablas, necesitan aceptación expresa del tomador.

Sentencia: AP Asturias, Oviedo, Sec. 1.ª, 898/2022, de 11 de noviembre. Recurso 462/2022 (SP/SENT/1167455).

Argumentación jurídica: La definición del riesgo cubierto por el contrato de seguro suscrito por la demandante aparece descrito con total claridad en las condiciones particulares cuando bajo el epígrafe de "*Incapacidad Temporal Baremada*" habla de "*El pago de un capital en caso de que al Asegurado se le diagnostique una incapacidad laboral derivada de enfermedad o accidente que impida temporalmente el ejercicio de la actividad profesional del asegurado. El pago es el resultado de multiplicar el capital diario asegurado por el número de días reflejado en el Baremo anexo a la póliza, para la enfermedad o lesión sufrida por el asegurado*".

En las condiciones generales se insiste en esta misma descripción, sin incurrir en contradicción alguna, tanto en el resumen de coberturas (pág. 3) como posteriormente en el apartado referido a "*¿Cómo se calcula el capital de este pago?*" (pág. 8). Finalmente el impreso del cuestionario de salud firmado por Doña Emma el mismo día que firmó la póliza (10 noviembre 2017) vuelve a repetir la descripción del riesgo asegurado en los mismos términos ya señalados.

Ante una descripción del riesgo cubierto en unos términos tan diáfanos y comprensibles como los expuestos, y que se repiten tanto en las condiciones particulares como en las generales, es claro que la remisión al baremo para cuantificar la suma asegurada no puede ser calificada sino como delimitadora del riesgo, lo que excluye la aplicación de lo dispuesto en el art. 3 LCS para las cláusulas limitativas. Esto es, no nos encontramos ante una cláusula contenida en las condiciones generales que aparezca redactada con la finalidad de limitar lo que constituiría el contenido natural del contrato, en relación con el alcance típico o usual que corresponde a su objeto, con arreglo a lo dispuesto en la ley o en la práctica aseguradora, y según aparece originalmente definido en sus condiciones particulares (*vid.* en este sentido SSTS 22 octubre 2020 y 22 marzo 2021, entre otras), sino que en la presente póliza son las propias condiciones particulares —en redacción coordinada con las condiciones generales— las que ya se ocupan de advertir de manera clara y precisa cuál es el concreto contenido del riesgo cubierto.

Por otra parte la cláusula que nos ocupa se encarga de describir los términos en que se concreta la suma asegurada o alcance de la cobertura, siendo esta una de las menciones necesarias que debe contener todo contrato de seguro tal y como aparecen enumeradas en el art. 8 LCS, debiendo aquí recordar que el Pleno de la Sala Primera del Tribunal Supremo en Sentencia de 11 septiembre 2006 señaló, con cita de numerosa jurisprudencia, que las cláusulas que contienen las menciones necesarias enumeradas en el art. 8 LCS, entre las que figura la que aquí nos ocupa (apartado 5 del art. 8 LCS), "*no constituyen una limitación de los derechos que la Ley o el contrato reconocen al asegurado, sino que delimitan la prestación del asegurador por constituir el objeto del contrato*".

La jurisprudencia ha continuado insistiendo en calificar las cláusulas que definen la prestación natural de la modalidad de seguro concertado como meramente delimitadoras, bastando citar la reciente STS de 7 de febrero de 2022 cuando declara "*Con ese contenido, esas cláusulas son delimitadoras del riesgo, en cuanto que concretan el objeto del contrato, fijando qué riesgos, en caso de producirse, hacen surgir en el asegurado el derecho a la prestación por constituir el objeto del seguro (sentencias 853/2006, de 11 de septiembre; 1051/2007, de 17 de octubre; 598/2011, de 20 de julio; 273/2016, de 22 de abril; y 498/2016, de 19 de julio). Y no pueden calificarse como limitativas, porque no condicionan o modifican el derecho del asegurado y por tanto la indemnización, cuando el riesgo objeto del seguro se hubiere producido (sentencia 58/2019, de 29 de enero). Por lo que no cabe apreciar infracción del art. 3 LCS, ni de la jurisprudencia que lo interpreta*".

Cuestión distinta es que, pese a tratarse de una cláusula delimitadora del riesgo por cuanto define su contenido, deba ser considerada como una condición general que por ello mismo tiene que llegar al conocimiento del tomador de la póliza para poder formar parte integrante del contrato, estando por tanto sujeta al control de incorporación tal y como aparece genéricamente previsto en el art. 5 Ley Condiciones Generales de la Contratación, así como en el art. 80 LGDCU cuando alude a la prohibición de "*reenvíos a textos o documentos que no se faciliten previa o simultáneamente a la conclusión del contrato*". Es por ello que la regulación específica contenida en el art. 3 LCS permite que esas condiciones generales, en este caso el baremo, pueda constar en un documento complementario siempre y cuando cumpla las exigencias referidas a que "*se suscribirá por el asegurado y al que se entregará copia del mismo"*. Este deber de transparencia contractual se refleja expresamente en otras disposiciones como en el Real Decreto 2486/1998, de 20 de noviembre, por el que se aprueba el Reglamento de Ordenación y Supervisión de los Seguros Privados, en cuyos artículos 106 y 107, se refleja que el asegurado ha de recibir con anterioridad a la celebración del contrato de seguro o a la suscripción del boletín de adhesión, la información requerida para conocer el alcance del contrato, lo que hoy en día se reproduce, en el Real Decreto 1060/2015, de 20 de noviembre, de ordenación, supervisión y solvencia de las entidades aseguradoras y reaseguradoras, que deroga la disposición anterior.

Pues bien, en el caso examinado la aseguradora sostiene que la prueba de que el documento anexo conteniendo el baremo le fue entregado a Doña Emma es su firma en el cuestionario de salud en el que se incluía un resumen de las coberturas contratadas. Lo cierto es que dicho cuestionario no hace sino repetir en su encabezamiento la descripción del riesgo asegurado, con remisión nuevamente al baremo, sin que el hecho de que figure la firma de la tomadora al pie del documento permita en modo alguno tener por demostrado que le fuera entregado el repetido baremo de cuya constancia no existe dato alguno en las actuaciones.

Llegados a este punto la cuestión planteada deber reconducirse a determinar cuáles son las consecuencias jurídicas que debe llevar aparejado este déficit de información contractual. Para ello habremos de partir de que la tomadora Doña Emma necesariamente conocía que la pretensión que podía ejercitar frente a la compañía a causa de la enfermedad sufrida no se correspondía con el resultado de multiplicar el capital diario asegurado por el número de días de baja, sino tan solo "*por el número de días reflejado en el Baremo anexo a la póliza*", si bien lo que no conocía era el contenido de esa baremación. Seguidamente hemos de considerar que la acción que se ejercita en la demanda presentada por Doña Emma es la de cumplimiento del contrato, no de anulabilidad por error en el consentimiento, ni de indemnización de daños y perjuicios por supuestos incumplimientos de deberes precontractuales de información. Por lo tanto, y siguiendo el criterio expresado por la STS 17 febrero 2021, procede concluir señalando que la demandante no puede pretender que se mude la naturaleza del contrato suscrito, ni reclamar la condena al pago de una prestación que excede lo que aparece recogido en la póliza suscrita cuando lo que está ejercitando es precisamente una acción de cumplimiento contractual. En este caso siendo pacífico que la compañía Allianz ha procedido a abonar la cantidad que se corresponde con los días baremados (300 euros, tal y como se recoge en el propio escrito demanda) es por lo que procede acoger el recurso de apelación para revocar la Sentencia apelada y en su lugar declarar que no ha lugar a acoger la pretensión ejercitada en el escrito de demanda.

Caso 45

Resumen: Por la prueba se estima que el asegurado, no consumidor, tuvo a su disposición las condiciones generales del seguro por el que no se puede cubrir contingencias que son completamente ajenas al riesgo asegurado.

Sentencia: AP Barcelona, Sec. 15.ª, 1251/2022, de 20 de julio. Recurso 1881/2022 (SP/SENT/1159698).

Argumentación jurídica: Sobre el examen del objeto del contrato.

11. El seguro se comercializaba como "*assegurança negoci*" y en el objeto de la cobertura se mencionaban tanto la actividad como bienes. La lectura de las condiciones particulares de la póliza no permite concluir que los riesgos de la actividad se identifiquen con los de los bienes utilizados para ella, sino que también podría pensarse, a partir de la consideración de ese solo dato, que son autónomos. No obstante, en las condiciones generales se puede leer que las coberturas por este concepto están limitadas a la paralización de la actividad que sea consecuencia de la ocurrencia de un siniestro que tenga cobertura por daños, lo que significa que solo comprende los supuestos de incendio, rayo y explosión.

12. De acuerdo con el art. 63 LCS, (p)or el seguro de lucro cesante el asegurador se obliga, dentro de los límites establecidos en la Ley y en el contrato, a indemnizar al asegurado la pérdida del rendimiento económico, que hubiera podido alcanzarse en un acto o actividad de no haberse producido el siniestro descrito en el contrato.

En el párrafo segundo del propio precepto se dispone que (e)ste seguro podrá celebrarse como contrato autónomo o añadirse como un pacto a otro de distinta naturaleza.

13. En nuestro caso, aunque del examen de las condiciones particulares pudiera derivarse la idea de que se trata de un seguro autónomo, si lo ponemos en relación con las condiciones generales resulta una idea distinta, que se trata de un seguro accesorio o subordinado. Por tanto, tiene razón la recurrente que no puede cubrir contingencias que son completamente ajenas al riesgo asegurado.

Por consiguiente, debemos estimar el recurso y con él desestimar íntegramente la demanda.

Caso 46

Resumen: La cláusula limitativa aparece en las condiciones generales y particulares y está especialmente destacada y firmada, por lo que es de aplicación.

Sentencia: AP Las Palmas, Sec. 3.ª, 378/2022, de 18 de mayo. Recurso 38/2020 (SP/SENT/1157173).

Argumentación jurídica: RESOLUCIÓN del RECURSO. CLÁUSULAS LIMITATIVAS de DERECHOS (artículo 3 LCS).

3.1. La cláusula que es objeto de discusión y análisis en la sentencia recurrida es la aportada por los demandantes tanto en el condicionado general como particular. El contrato se suscribe el 13 de ENERO del 2017.

Así tendríamos:

1.º Contratación particular con número de referencia NUM000 (folio 78). Entre las coberturas se encuentra tanto el fallecimiento como la invalidez permanente absoluta (páginas 1 a 3).

2.º Las condiciones generales (folio 78), páginas 4 a 11. En este condicionado debemos de destacar la cláusula discutida la 4.b (página 5, folio 83), que dice:

"Quedan excluidos para cualquier garantía del presente contrato los siguientes casos, además de los que puedan establecerse en las condiciones especiales de la póliza:

(...)

b) las consecuencias de enfermedad o accidente originados con anterioridad a la entrada en vigor de este seguro y conocidos por el asegurado (...)".

3.º También aparece unas condiciones especiales para los supuestos de invalidez absoluta (folio 96, páginas 12 y 17 de la póliza).

En lo que aquí interesa el contrato termina:

"Las presentes condiciones especiales consta de dos páginas. El firmante declara conocer y aceptar lo dispuesto en las presentes condiciones especiales y especialmente las exclusiones y limitaciones de los derechos del asegurado, tomador o beneficiario que figuran en las cláusulas, 1, 2, 3, 4, 5 y 6".

3.2. La jueza a quo no entró a debatir si la cláusula era delimitadora del riesgo o limitativa de derechos. En su fundamento segundo razona, es un hecho discutido si la cláusula 4 es delimitadora del riesgo o limitativa de derechos. Que concluye que la discusión carecería de relevancia, porque la cláusula 4 .ª, cumple con los requisitos del artículo 3 de la LCS. Este artículo exige para las cláusulas limitadoras de derechos, que se destaquen de modo especial, y sean específicamente aceptadas por escrito. Seguidamente la jueza quo razona que la cláusula cumple con estos requisitos.

Esto último es lo que se recurre. Las dos partes —recurrentes y oponente— aceptan la valoración que hace la jueza a quo, al decir que la discusión no es trascendente, porque cumple con los requisitos del artículo 3 de la LCS. Lo que aquí se discute es esta cláusula se incorporó al contrato cumpliendo los requisitos del artículo 3 de la LCS.

3.3. Pues bien en este punto del recurso, coincidimos con la valoración que hace la jueza a quo. Entendemos que la cláusula 4 —condiciones generales— se destacó en la contratación y además se aceptó por escrito.

Antes de entrar a valorar la prueba hecha por la jueza, vamos a recordar cómo se interpreta estas condiciones por la jurisprudencia del TS.

Así en la STS de 14 de julio del 2015, de Pleno (St. Núm. 402-2015; Rec. Núm. 1241-2013; LA LEY 124806/2015; ECLI:ES:TS:2015:3754), hace la siguiente interpretación de cómo debe incorporarse las cláusulas limitativas de derecho a la contratación de seguros. Dice:

"En tal supuesto, el asegurador queda liberado de su obligación de indemnizar, si cumple con la doble exigencia del art. 3 LCS, propia de las cláusulas limitativas, que examinamos a continuación (...)".

"4. La exigencia de que las cláusulas limitativas de derechos figuren «destacadas de modo especial», tiene la finalidad de que el asegurado tenga un conocimiento exacto del riesgo cubierto. La jurisprudencia de esta Sala exige que deben aparecer en las condiciones particulares y no en las condiciones generales, por más que, en estas últimas declare conocer aquellas, como advierte la STS de 1 de octubre de 2010, RC 2273/2006, entre otras. La redacción de las cláusulas debe ajustarse a los criterios de transparencia, claridad y sencillez, y deben aparecer destacadas o resaltadas en el texto del contrato.

Especialmente relevante resulta la STS de 19 de julio de 2012 (RC 878/2010) que concluyó que la cláusula limitativa no podía oponerse al asegurado al no cumplir con los requisitos del art. 3 LCS por no ser clara ni aparecer destacada «y por el abigarramiento del párrafo que la contiene, (...) mezcla de exclusiones heterogéneas objeto de una agrupación que consigue entorpecer su comprensión (...) con una redacción 'apiñada y congestionada» que adolece de falta de claridad y dificulta notoriamente una lectura y visualización comprensiva de la cláusula".

En cualquier caso, las cláusulas limitativas de derechos deben permitir al asegurado, comprender el significado y alcance de las mismas y diferenciarlas de las que no tienen esa naturaleza.

5. Respecto a la exigencia de que las cláusulas limitativas deban ser *"especialmente aceptadas por escrito, es un requisito que debe concurrir cumulativamente con el anterior (STS de 15 de julio de 2008, RC 1839/2001), por lo que es imprescindible la firma del tomador. Como se ha señalado anteriormente, la firma no debe aparecer solo en el contrato general, sino en las condiciones particulares que es el documento donde habitualmente deben aparecer las cláusulas limitativas de derechos. La STS de 17 de octubre de 2007 (RC 3398/2000) consideró cumplida esta exigencia cuando la firma del tomador del seguro aparece al final de las condiciones particulares y la de 22 de diciembre de 2008 (RC 1555/2003), admitió su cumplimiento por remisión de la póliza a un documento aparte en el que aparecían, debidamente firmadas, las cláusulas limitativas debidamente destacadas. En ningún caso se ha exigido por esta Sala una firma para cada una de las cláusulas limitativas (...)".*

En el mismo sentido podemos citar la SAP de LAS PALMAS, Secc. 5.ª de 30 de julio del 2021 (St. Núm. 462/2021; Rec. Núm. 649/2020; LA LEY 238088/2021)

3.4. Pues bien en atención a estos criterios entendemos que la valoración de la jueza a quo, desde un punto de vista formal es acertada por los siguientes motivos:

– La jueza *a quo* dijo que la cláusula se había destacado de un modo significativo, y fue expresamente aceptada por la tomadora. Que sobre este punto ni siquiera se planteó debate entre las partes.

Esta valoración es importante, porque en la demanda nada opone a esta cláusula. Es en el recurso de apelación y tras la valoración hecha por la jueza a quo, cuando sostiene que la cláusula no fue incorporada correctamente, que están en el condicionado general no en el particular. Que solo aparece la firma en la última página de condicionado general, que no se destaca de forma particular o especial, que esta cláusula no se aceptó específicamente.

Esta argumentación la introduce el recurrente en la alzada. Como se hace ver en la sentencia, es la parte demandante, ahora recurrente, quien incorpora el condicionado general y particular de la póliza. Así lo incorpora junto con su demanda al documento 10 –folios 70 y siguientes–. En la demanda nada dijo sobre la incorporación de las cláusulas limitativas de derechos. Motivo por el que debemos de rechazar esta argumentación.

– A mayor abundamiento debemos de tener en cuenta lo siguiente, la cláusula 4.ª b), que antes hemos reproducido –en lo que aquí interesa– se encuentra inserta en el condicionado general –páginas 4 a 11 (folios 82 a 95)– y firmada al final de este. Aparece bajo el epígrafe 4 titulado riesgos excluidos redactada en negrita, en la que dice de forma clara quedan excluidos: "*las consecuencias de la enfermedad o accidente originados con anterioridad a la entrada en vigor de este seguro y conocidos por el asegurado*". Seguidamente aparece la firma del demandante.

La recurrente dice que no está en las condiciones particulares. Este extremo no es cierto. En la página 12 (folio 86), aparecen las CONDICIONES ESPECIALES referida a la garantía complementaría de invalidez permanente absoluta, en el último párrafo de destaca en negrita lo siguiente "*Las presentes condiciones especiales consta de dos páginas. El firmante declara conocer y aceptar lo dispuesto en las presentes condiciones especiales y especialmente las exclusiones y limitaciones de los derechos del asegurado, tomador o beneficiario que figuran en las cláusulas, 1, 2, 3, 4, 5 y 6.*". Seguidamente se firma por el demandante.

Vemos que la cláusula discutida aparece en las condiciones generales, en las especiales –es válida la hecha por remisión, según SSTS citadas–, aparece destacada en negrita, y seguidamente firmada por la demandante, sin que en ningún momento –como dice la sentencia de instancia– se hubiese negado o discutido la firma, como si fue negada la declaración de salud.

Por tanto consideramos que la valoración hecha por la jueza *a quo* en este punto es correcta.

Caso 47

Resumen: La única firma del tomador del seguro en la primera página de las condiciones particulares del seguro conlleva la aceptación de todo el clausulado.

Sentencia: AP Córdoba, Sec. 1.ª, 168/2022, de 21 de febrero. Recurso 268/2021 (SP/SENT/1147089).

Argumentación jurídica: En los dos primeros motivos de apelación se plantea la impugnación del fundamento de derecho segundo de la sentencia por error en la valoración de la prueba y por infracción de los artículos 3 y 73 de la Ley del Contrato de Seguro y de la jurisprudencia que los interpreta.

Considera la parte apelante que no aparecen firmadas por el tomador del seguro ni las condiciones generales ni las particulares, ya que la única firma aparece en la domiciliación del recibo. Por otro lado, la definición de tercero recogido en la póliza es una cláusula limitativa de derechos, que debe ser especialmente aceptada por escrito por lo que no puede aceptarse la exclusión del demandante como tercero a los efecto de la cobertura del seguro.

CUARTO. En estos dos motivos de apelación s e cuestiona el pronunciamiento relativo a la estimación de la falta de legitimación activa de la actora.

Ya debemos anticipar el carácter contradictorio del argumento expuesto en el recurso de apelación. Nos encontramos ante una reclamación sobre la base de un contrato de seguro que cubre la responsabilidad civil del asegurado frente a terceros, en el que precisamente el demandante que reclama esta condición de tercero niega que hayan sido aceptadas por el tomador del seguro las condiciones generales que aporta la entidad aseguradora demandada dado que no aparecen firmadas, sin que tampoco aparezca firmadas las que aporta con su escrito de demanda, lo que conduciría de seguir su argumentación, a la desestimación de la demanda.

QUINTO. Es cierto, que la única firma del tomador del seguro aparece en la primera (de las cuatro) página de las condiciones particulares del seguro, justo después de la descripción de la cláusula de domiciliación de recibos, sin que pueda estimarse, como se afirma en el recurso de apelación, que únicamente ha sido aceptada por el asegurado esta cláusula. Nos encontramos ante un supuesto en el que ha existido una cierta dejación por parte del tomador del seguro y especialmente por parte de la entidad aseguradora en orden a la exigencia de la necesaria firma del tomador de seguro en las cuatro páginas.

Ahora bien, esta circunstancia que puede tener trascendencia a la hora de la falta de cumplimiento de la exigencias de aceptación de un modo especial para las cláusula limitativa de los derechos del asegurado tal y como establece el artículo 3 de la Ley del Contrato de Seguro, no puede llevarnos a considerar que no ha sido aceptado el contrato de seguro por parte del tomador, lo que, tal y como hemos indicado, conduciría a la desestimación de la demanda ad limine por inexistencia de aseguramiento.

Por lo tanto, esta firma que aparece en el primer folio de la póliza nos lleva a la consideración de que el contrato ha sido aceptado en su totalidad, es decir, a la aceptación de las condiciones generales si bien no consta que hubieran sido específicamente aceptada las cláusula limitativas de derechos. A mayor abundamiento tenemos que ha sido la propia parte actora quien ha aportado las condiciones generales, si bien de forma parcial, que han sido aportadas en su totalidad por la entidad aseguradora.

Cláusulas oponibles al tercero perjudicado

La franquicia

Caso 48

Resumen: Aplicación de la franquicia que delimita el alcance del riesgo contratado, los límites cuantitativos de la cobertura pactada, y en cuanto tal, como excepción impropia, objetiva o real, es oponible.

Sentencia: AP Granada, Sec. 5.ª, 187/2024, de 5 de junio. Recurso 106/2023 (SP/SENT/1233828).

Argumentación jurídica: En el motivo de casación se plantea el problema de las denominadas excepciones impropias, es decir, las referidas a hechos relacionados con el contenido del contrato de seguro suscrito entre la compañía de seguros y el tomador, que producen daños en un tercero y quedan excluidos en la póliza o no se aseguran con las características con las que se produjo. En una interpretación puramente literal del art. 76 LCS parecería que estas excepciones tampoco serían oponibles al perjudicado, porque solo se podrían oponer las excepciones personales que tenga la compañía de seguros contra el perjudicado y la negligencia del mismo como causa del siniestro, en ninguna de las cuales está este supuesto. No obstante, esta interpretación ha sido matizada por la jurisprudencia de la sala.

La sentencia 40/2009, de 23 de abril, si bien reconoce que la acción directa es inmune a las excepciones personales que el asegurador puede oponer frente al asegurado, también sostiene que se pueden oponer las denominadas en la sentencia "*excepciones impropias*", que define como "*aquellos hechos impeditivos objetivos, que deriven de la ley o de la voluntad de las partes*", es decir, "*(...) aquellas condiciones establecidas en el contrato y relativas a su contenido, que [el asegurador] podría haber opuesto frente a su asegurado en el caso de que este fuera quien hubiese reclamado*". Según la misma sentencia, estas excepciones son admisibles porque "*la acción directa del art. 76 LCS tiene su fundamento en el propio contrato por lo que su contenido puede hacerse valer frente al asegurado y así, en el seguro de responsabilidad civil, la regla general es que la obligación del asegurador viene determinada frente a terceros por la cobertura del asegurado*".

En la sentencia 268/2007, de 8 de marzo, respecto de las condiciones generales del contrato de seguro y las cláusulas delimitadoras del riesgo, se establece que, a pesar de que la compañía de seguros no puede alegar las excepciones personales que tenga frente al asegurado en caso de ejercicio de la acción directa, ello no puede afectar a la delimitación del riesgo asegurado, pues en otro caso se superarían los límites del contrato de seguro y la cobertura sería ilimitada. Y afirma:

"Tal previsión no puede extenderse a la propia definición del riesgo asegurado y a la cobertura del seguro, elementos que por integrar el marco en que se desenvuelve el aseguramiento y, por tanto, resultar determinantes para la fijación de la prima del seguro, lo son también para el establecimiento del límite de la obligación indemnizatoria de la aseguradora, sin que pueda deducirse que dicha obligación respecto del tercero pueda exceder de los propios límites del seguro concertado pues en tal caso se estaría rebasando la propia definición del contrato de seguro contenida en el artículo 1.º de la Ley cuando señala que la obligación de la aseguradora a indemnizar lo será «dentro de los límites pactados» y se llegaría a la conclusión inadmisible de que frente al tercero perjudicado la cobertura sería siempre ilimitada".

La Sentencia 1166/2004, de 25 de noviembre, utiliza el concepto de hecho constitutivo del perjudicado al ejercitar la acción directa, de tal forma que, si este no existe, no podrá prosperar la acción directa. Considera esta sentencia como hecho constitutivo que "*[s]u derecho de crédito a obtener la indemnización esté dentro de la cobertura del seguro. Para que surja el derecho del tercero contra el asegurador es indispensable que tenga su origen en un hecho previsto en el contrato de seguro. Porque es presupuesto de la obligación del asegurador que se verifique el evento dañoso delimitado en el contrato*". De tal forma que, si el hecho que origina el daño no está cubierto por el seguro, no estamos en el campo de las excepciones en sentido estricto, sino en supuestos en los que se debe rechazar la acción porque faltan los presupuestos para que prospere. Se trataría en este caso de excepciones objetivas, que se basan en: (i) la inexistencia del contrato o la extinción de la relación jurídica; (ii) la ausencia del derecho del perjudicado al resarcimiento; y (iii) que el derecho del tercero esté fuera de la cobertura del seguro.

Por fin, la Sentencia 200/2015, de 17 de abril, aclara que pueden oponerse al perjudicado las excepciones relativas a la cobertura del riesgo, pero no aquellas cláusulas de exclusión de riesgos que tengan su fundamento en la especial gravedad de la conducta dañosa del asegurado. En particular, dice:

"El derecho propio del tercero perjudicado para exigir al asegurador la obligación de indemnizar —STS 12 de noviembre 2013—, no es el mismo que el que tiene dicho tercero para exigir la indemnización del asegurado, causante del daño. De forma que el tercero perjudicado, cuando ese causante del daño está asegurado, tiene dos derechos a los que corresponden en el lado pasivo dos obligaciones que no se confunden: la del asegurado causante del daño (que nace del hecho ilícito en el ámbito extracontractual o el contractual) y la del asegurador (que también surge de ese mismo hecho ilícito, pero que presupone la existencia de un contrato de seguro y que está sometida al régimen especial del artículo 76).

Y es que, al establecer el artículo 76 de la LCS que la acción directa es inmune a las excepciones que puedan corresponder al asegurador frente al asegurado, se ha configurado una acción especial, que deriva no solo del contrato sino de la ley, que si bien permite a la aseguradora oponer al perjudicado que el daño sufrido es realización de un riesgo excluido en el contrato, no le autoriza oponer aquellas cláusulas de exclusión de riesgos que tengan su fundamento en la especial gravedad de la conducta dañosa del asegurado, como es la causación dolosa del daño, «sin perjuicio del derecho del asegurador a repetir contra el asegurado»; derecho de repetición que solo tiene sentido si se admite que el asegurador no puede oponer al perjudicado que el daño tuvo su origen en una conducta dolosa precisamente porque es obligación de la aseguradora indemnizar al tercero el daño que deriva del comportamiento doloso del asegurado".

Y es lo cierto que la presencia de una franquicia en el contrato de seguro se constituye como un hecho objetivo que delimita el alcance del riesgo contratado, los límites cuantitativos de la cobertura pactada. Y en cuanto tal, como excepción impropia, objetiva o real, es oponible, de acuerdo con la doctrina expresada, al tercero perjudicado, de no reconocerle mayores derechos que los que corresponden al asegurado con arreglo a la póliza. En este sentido se han pronunciado, entre otras muchas, las sentencias de esta Audiencia de 5 de septiembre de 2013, de la Sección Primera, y la de 2 de septiembre de 2010, de la Sección Quinta, esta última con cita de numerosas resoluciones de otras Audiencias Provinciales que llegan a igual conclusión".

Consecuentemente con lo anterior, una vez acreditada la voluntad concurrente de ambas partes contratantes sobre la aplicabilidad de la indicada franquicia, habrá de prosperar, en este punto, el recurso de la aseguradora apelante, en el sentido de rebajar la condena a su cargo en la suma de 150 €, quedando fijado el importe de la misma en 91.859 €.

Caso 49

Resumen: Debe aplicarse la franquicia frente al perjudicado que ejercita la acción directa frente a la aseguradora del abogado responsable de la negligencia.

Sentencia: AP Barcelona, Sec. 14.ª, 381/2024, de 22 de mayo. Recurso 328/2022 (SP/SENT/1229757).

Argumentación jurídica: Es así que, en nuestro supuesto, la franquicia pactada en el contrato de seguro de responsabilidad civil profesional de litis, en cuanto previsión convencional en la póliza de una cifra mínima indemnizatoria (límite cuantitativo) excluida de la cobertura, esto es, una cantidad que está excluida de la cobertura del asegurador en los siniestros en que la cuantía indemnizatoria sea superior, es una excepción objetiva delimitadora de la cobertura y, por tanto, excluida de la excepciones inoponibles a la acción directa que estipula la previsión legal del art. 76 LCS.

Con base en ello, estimamos que el pacto de franquicia contenido en la póliza de seguro es oponible a la acción directa ejercitada por el tercero perjudicado contra la entidad aseguradora. Por tanto, habiéndose aportado en autos por la compañía aseguradora la póliza del contrato de seguro que contiene la cláusula de franquicia de 900 euros, que no ha sido impugnada ni cuestionada por la parte actora-apelada, y que la sentencia recurrida, tras declarar la responsabilidad del asegurado y tener por acreditados como consecuencia de la misma los perjuicios de la pretensión actora, inadmite la franquicia opuesta por la demandada a la acción ejercitada por la demandante, procede revocar ese pronunciamiento *a quo* y, por ende, estimar en ese extremo el recurso de apelación.

En consecuencia, debe aplicarse la franquicia alegada por la recurrente y reducir en ese importe la cuantía indemnizatoria de condena a la aseguradora demandada, contenida en el pronunciamiento de primera instancia y, en su lugar, condenar a la demandada a abonar a la actora la cantidad de 21.465,72 euros.

8. Por último, deben desestimarse las alegaciones del recurso en relación con la codena a los intereses del art. 20 LCS, por no justificarse la mora de la aseguradora en el cumplimiento de su prestación indemnizatoria de los daños y perjuicios tras la declaración de siniestro y reclamación efectuada por la actora en fecha 16 de mayo de 2017, con posterioridad a la resolución despachando ejecución del auto de 30 de diciembre de 2016, por el que se condena a la aquí actora al pago de los salarios de tramitación y a la indemnización sustitutiva de la readmisión (documento 19 de la demanda) y reiterada, por burofax de fecha 2 de noviembre de 2018, la reclamación a la aseguradora de la cantidad indemnizatoria de 22.366 euros (documento 20 de la demanda).

Caso 50

Resumen: La franquicia es oponible al tercero perjudicado por lo que habrá de descontarse de la indemnización a cargo de la aseguradora.

Sentencia: AP Barcelona, Sec. 17.ª, 650/2023, de 29 de noviembre. Recurso 328/2022 (SP/SENT/1210340).

Argumentación jurídica: En el motivo de casación se plantea el problema de las denominadas excepciones impropias, es decir, las referidas a hechos relacionados con el contenido del contrato de seguro suscrito entre la compañía de seguros y el tomador, que producen daños en un tercero y quedan excluidos en la póliza o no se aseguran con las características con las que se produjo. En una interpretación puramente literal del art. 76 LCS parecería que estas excepciones tampoco serían oponibles al perjudicado, porque solo se podrían oponer las excepciones personales que tenga la compañía de seguros contra el perjudicado y la negligencia del mismo como causa del siniestro, en ninguna de las cuales está este supuesto. No obstante, esta interpretación ha sido matizada por la jurisprudencia de la sala.

La sentencia 40/2009, de 23 de abril, si bien reconoce que la acción directa es inmune a las excepciones personales que el asegurador puede oponer frente al asegurado, también sostiene que se pueden oponer las denominadas en la sentencia "*excepciones impropias*", que define como "*aquellos hechos impeditivos objetivos, que deriven de la ley o de la voluntad de las partes*", es decir, "*(...) aquellas condiciones establecidas en el contrato y relativas a su contenido, que [el asegurador] podría haber opuesto frente a su asegurado en el caso de que este fuera quien hubiese reclamado*". Según la misma sentencia, estas excepciones son admisibles porque "*la acción directa del art. 76 LCS tiene su fundamento en el propio contrato por lo que su contenido puede hacerse valer frente al asegurado y así, en el seguro de responsabilidad civil, la regla general es que la obligación del asegurador viene determinada frente a terceros por la cobertura del asegurado*".

En la sentencia 268/2007, de 8 de marzo, respecto de las condiciones generales del contrato de seguro y las cláusulas delimitadoras del riesgo, se establece que, a pesar de que la compañía de seguros no puede alegar las excepciones personales que tenga frente al asegurado en caso de ejercicio de la acción directa, ello no puede afectar a la delimitación del riesgo asegurado, pues en otro caso se superarían los límites del contrato de seguro y la cobertura sería ilimitada. Y afirma:

"Tal previsión no puede extenderse a la propia definición del riesgo asegurado y a la cobertura del seguro, elementos que por integrar el marco en que se desenvuelve el aseguramiento y, por tanto, resultar determinantes para la fijación de la prima del seguro, lo son también para el establecimiento del límite de la obligación indemnizatoria de la aseguradora, sin que pueda deducirse que dicha obligación respecto del tercero pueda exceder de los propios límites del seguro concertado pues en tal caso se estaría rebasando la propia definición del contrato de seguro contenida en el artículo 1.º de la Ley cuando señala que la obligación de la aseguradora a indemnizar lo será «dentro de los límites pactados» y se llegaría a la conclusión inadmisible de que frente al tercero perjudicado la cobertura sería siempre ilimitada".

La sentencia 1166/2004, de 25 de noviembre, utiliza el concepto de hecho constitutivo del perjudicado al ejercitar la acción directa, de tal forma que, si este no existe, no podrá prosperar la acción directa. Considera esta sentencia como hecho constitutivo que *"[s]u derecho de crédito a obtener la indemnización esté dentro de la cobertura del seguro. Para que surja el derecho del tercero contra el asegurador es indispensable que tenga su origen en un hecho previsto en el contrato de seguro. Porque es presupuesto de la obligación del asegurador que se verifique el evento dañoso delimitado en el contrato"*. De tal forma que, si el hecho que origina el daño no está cubierto por el seguro, no estamos en el campo de las excepciones en sentido estricto, sino en supuestos en los que se debe rechazar la acción porque faltan los presupuestos para que prospere. Se trataría en este caso de excepciones objetivas, que se basan en: (i) la inexistencia del contrato o la extinción de la relación jurídica; (ii) la ausencia del derecho del perjudicado al resarcimiento; y (iii) que el derecho del tercero esté fuera de la cobertura del seguro.

Por fin, la sentencia 200/2015, de 17 de abril, aclara que pueden oponerse al perjudicado las excepciones relativas a la cobertura del riesgo, pero no aquellas cláusulas de exclusión de riesgos que tengan su fundamento en la especial gravedad de la conducta dañosa del asegurado. En particular, dice:

"El derecho propio del tercero perjudicado para exigir al asegurador la obligación de indemnizar –STS 12 de noviembre 2013–, no es el mismo que el que tiene dicho tercero para exigir la indemnización del asegurado, causante del daño. De forma que el tercero perjudicado, cuando ese causante del daño está asegurado, tiene dos derechos a los que corresponden en el lado pasivo dos obligaciones que no se confunden: la del asegurado causante del daño (que nace del hecho ilícito en el ámbito extracontractual o el contractual) y la del asegurador (que también surge de ese mismo hecho ilícito, pero que presupone la existencia de un contrato de seguro y que está sometida al régimen especial del artículo 76).

Y es que, al establecer el artículo 76 de la LCS que la acción directa es inmune a las excepciones que puedan corresponder al asegurador frente al asegurado, se ha configurado una acción especial, que deriva no solo del contrato sino de la ley, que si bien permite a la aseguradora oponer al perjudicado que el daño sufrido es realización de un riesgo excluido en el contrato, no le autoriza oponer aquellas cláusulas de exclusión de riesgos que tengan su fundamento en la especial gravedad de la conducta dañosa del asegurado, como es la causación dolosa del daño, «sin perjuicio del derecho del asegurador a repetir contra el asegurado»; derecho de repetición que solo tiene sentido si se admite que el asegurador no puede oponer al perjudicado que el daño tuvo su origen en una conducta dolosa precisamente porque es obligación de la aseguradora indemnizar al tercero el daño que deriva del comportamiento doloso del asegurado".

Y es lo cierto que la presencia de una franquicia en el contrato de seguro se constituye como un hecho objetivo que delimita el alcance del riesgo contratado, los límites cuantitativos de la cobertura pactada. Y en cuanto tal, como excepción impropia, objetiva o real, es oponible, de acuerdo con la doctrina expresada, al tercero perjudicado, de no reconocerle mayores derechos que los que corresponden al asegurado con arreglo a la póliza. En este sentido se han pronunciado, entre otras muchas, las sentencias de esta Audiencia de 5 de septiembre de 2013, de la Sección Primera, y la de 2 de septiembre de 2010, de la Sección Quinta, esta última con cita de numerosas resoluciones de otras Audiencias Provinciales que llegan a igual conclusión".

En muy parecidos términos se expresa también la sentencia de esta Audiencia Provincial, Sección 4.ª, de 17 de septiembre de 2021.

Por lo tanto, y en aplicación de la expresada doctrina, habrá de descontarse de la indemnización a cargo de "*Mapfre*" la cantidad de mil quinientos setenta y cinco céntimos con veintidós céntimos.

Consecuencia de lo anterior, deberá estimarse el recurso de apelación en el anterior extremo.

Caso 51

Resumen: La franquicia en el seguro es hecho objetivo que delimita el alcance del riesgo contratado y los límites cuantitativos de la cobertura pactada, por lo que, como excepción impropia, objetiva o real, es oponible al tercero perjudicado.

Sentencia: AP Asturias, Oviedo, Sec. 1.ª, 236/2023, de 5 de abril. Recurso 1415/2022 (SP/SENT/1185712).

Argumentación jurídica: Expuesto cuanto antecede, consta en autos acompañado a la contestación a la demanda condiciones particulares de la póliza de aseguramiento de CERRAJERÍA PEDRÓN, en la se fija una franquicia "*Para todo tipo de daños. 10 % mínimo: 150,00 máximo: 1.500,00*". Por la demandada se explica que la franquicia pactada es de 1.5000 euros por siniestro, si bien dicha cantidad sería divisible entre los perjudicados habidos viéndose reducida en este caso a la suma de 300 euros. Franquicia que la apelante indica que nada influye pues vincula solo de forma contractual a los demandados por lo que estima que habiendo sido solicitada la condena solidaria de ambas codemandadas PATRIA HISPANA ha de hacerse cargo de la misma por ser parte de los daños causados. Sin perjuicio de su derecho a repetir contra el asegurado *a posteriori*.

Esta conclusión no es compartida por esta Sala. La sentencia del Tribunal Supremo de 11 de septiembre de 2018, con cita de otras varias, analiza cuales son las excepciones oponibles por la aseguradora frente al tercero que ejercita la acción directa al amparo del art. 76 de la Ley de Contrato de Seguro. Dice esta Sentencia: "*1. El art. 76 LCS establece que la acción directa del perjudicado contra el segurador es inmune a las excepciones que puedan corresponder al asegurador contra el asegurado. No obstante, el asegurador podrá oponer la culpa exclusiva del perjudicado y las excepciones personales que tenga contra este. La sentencia 494/2006, 10 de mayo, matizó que cuando el causante del daño que da lugar a la responsabilidad civil está asegurado, el tercero perjudicado tiene dos derechos a los que corresponden en el lado pasivo dos obligaciones que no se confunden: la del asegurado causante del daño (que nace del hecho ilícito en el ámbito extracontractual o el contractual) y la del asegurador (que también surge de ese mismo hecho ilícito, pero que presupone la existencia de un contrato de seguro y que está sometida al régimen especial del artículo 76 LCS). Como dice la sentencia 40/2009, de 23 de abril, su finalidad es «evitar el circuito de acciones a que llevaría la necesidad de reclamar en primer lugar al causante-asegurado, para que este reclamase a su aseguradora, una vez hubiese pagado la correspondiente indemnización». Se trata, pues, de una acción autónoma e independiente de la que puede tener el perjudicado frente al asegurado y que se configura como un derecho de origen legal que tiene como finalidad la satisfacción del daño producido al tercero perjudicado*".

El motivo que se plantea en el recurso de casación es el relativo a la oponibilidad de las llamadas "*excepciones impropias*". En una interpretación puramente literal del art. 76 LCS parecería que estas excepciones tampoco serían oponibles al perjudicado, porque solo se podrían oponer las excepciones personales que tenga la compañía de seguros contra el perjudicado y la negligencia del mismo como causa del siniestro, en ninguna de las cuales está este supuesto. No obstante, esta interpretación ha sido matizada por la jurisprudencia. La presencia de una franquicia en el contrato de seguro se constituye como un hecho objetivo que delimita el alcance del riesgo contratado, los límites cuantitativos de la cobertura pactada. Y en cuanto tal, como excepción impropia, objetiva o real, es oponible al tercero perjudicado, de no reconocerle mayores derechos que los que corresponden al asegurado con arreglo a la póliza. En este sentido se han pronunciado, entre otras muchas, las sentencias de esta Audiencia de 5 de septiembre de 2013, de la Sección Primera, y la de 2 de septiembre de 2010, de la Sección Quinta, esta última con cita de numerosas resoluciones de otras Audiencias Provinciales que llegan a igual conclusión.

Caso 52

Resumen: Si bien, la acción directa del perjudicado contra el asegurador es inmune a las excepciones que puedan corresponder a este contra el asegurado, si en la póliza existe una franquicia, esta sí que es oponible al tercero perjudicado.

Sentencia: AP Ourense, Sec. 1.ª, 381/2021, de 30 de julio. Recurso 46/2020 (SP/SENT/1121404).

Argumentación jurídica: La acción directa es inmune a las excepciones que puedan corresponder al asegurador contra el asegurado.

No obstante, la jurisprudencia matiza esta afirmación y permite al asegurador oponer las llamadas excepciones impropias, referidas a hechos relacionados con el contenido del contrato de seguro suscrito entre la compañía de seguros y el tomador y que el asegurador podría haber opuesto frente a su asegurado en el caso de que este fuera quien hubiese reclamado.

La acción directa tiene su fundamento en el contrato por lo que su contenido puede hacerse valer frente al asegurado. El artículo 73 al referirse a la obligación del asegurador de la responsabilidad civil señala que se obliga, dentro de los límites establecidos en la Ley y en el contrato (...). La STS 268/2007 señala que: "*(...) a pesar de que la compañía de seguro no puede alegar las excepciones personales que tenga frente al asegurado en caso de ejercicio de la acción directa, ello no puede afectar a la delimitación del riesgo asegurado, pues en otro caso se superarían los límites del contrato de seguro y la cobertura sería ilimitada. La citada sentencia señala: «Tal previsión no puede extenderse a la propia definición del riesgo asegurado y a la cobertura del seguro, elementos que por integrar el marco en que se desenvuelve el aseguramiento y, por tanto, resultar determinantes para la fijación de la prima del seguro, lo son también para el establecimiento del límite de la obligación indemnizatoria de la aseguradora, sin que pueda deducirse que dicha obligación respecto del tercero pueda exceder de los propios límites del seguro concertado pues en tal caso se estaría rebasando la propia definición del contrato de seguro contenida en el artículo 1.º de la Ley cuando señala que la obligación de la aseguradora a indemnizar lo será 'dentro de los límites pactados' y se llegaría a la conclusión inadmisible de que frente al tercero perjudicado la cobertura sería siempre ilimitada»*".

Si en el contrato de seguro de responsabilidad civil se hubiera pactado alguna franquicia, esta es oponible al tercero perjudicado que ejercita la acción directa [1], ya que la franquicia delimita objetivamente, desde el punto cuantitativo, el ámbito del seguro.

En la póliza de automóvil

Por conducción bajo los efectos del alcohol

Caso 53

Resumen: La aseguradora podrá ejercitar la acción de repetición contra su asegurado para reclamar la cantidad indemnizada a los perjudicados, puesto que queda exenta de responsabilidad al incluirse como exclusión, la conducción bajo los efectos del alcohol.

Sentencia: AP A Coruña, Sec. 4.ª, 396/2023, de 1 de junio. Recurso 1301/2021 (SP/SENT/1192606).

Argumentación jurídica: Valoración de la prueba y aplicación de la jurisprudencia al presente caso.

La apelación civil es un nuevo juicio, un recurso de conocimiento pleno o plena jurisdicción en el que tribunal competente para resolverlo puede conocer de todas las cuestiones litigiosas, tanto de hecho como de derecho, sin más limites que los representados por el principio *tantum devolutum quantum apellatum* (se conoce solo de aquello de lo que se apela) y por la prohibición de la reforma peyorativa o perjudicial para el apelante.

La valoración probatoria de los órganos judiciales debe ser respetada mientras no se demuestre que el que juzga en primera instancia incurrió en error de hecho, o que sus valoraciones resultan ilógicas, opuestas a las máximas de la experiencia o a las reglas de la sana crítica. En tal sentido, cabe citar el Auto de la Sala de lo Civil del Tribunal Supremo, de fecha 15 de diciembre de 2021: "*La valoración probatoria solo puede excepcionalmente tener acceso al recurso extraordinario por infracción procesal por la existencia de un error patente o arbitrariedad en la valoración de la prueba al amparo del artículo 469.1.4.º LEC en cuanto, al ser manifiestamente arbitraria o ilógica la valoración de la prueba, no supera conforme a la doctrina constitucional el test de la racionabilidad constitucionalmente exigible para respetar el derecho a la tutela judicial efectiva consagrado en artículo 24 CE (SSTS 28 de noviembre de 2008, RC n.º 1789/03, 30 de junio de 2009, RC n.º 1889/2006, 6 de noviembre de 2009, RCIP n.º 1051/2005).*

La sentencia de instancia efectúa una correcta valoración de la póliza de seguro, en tanto a su condición de seguro voluntario con coberturas extendidas respecto de las exigibles con respecto a las exigencias de la LRCySCVM, propias del seguro obligatorio. No existe error en la invocación de la normativa aplicable, ni de la jurisprudencia, (no son tampoco las causas alegadas por la parte recurrente). La infracción que se invoca es la valoración del documento que contiene esa exclusión, de cara a colmar las exigencias del artículo 3 de la LCS.

Tal y como se indica en la Sentencia N.º 842/2022, de fecha 22 de diciembre, RC 968/2021 de esta misma Sección Cuarta de la Audiencia Provincial de A Coruña, con invocación de la jurisprudencia del Tribunal Supremo: "cuando el condicionado general o particular de un seguro voluntario excluye los daños derivados de accidentes producidos en estado de embriaguez, se han de respetar rigurosamente las garantías que, con relación a las cláusulas limitativas de los derechos del asegurado, establece el artículo 3 LCS, exigencia normativa que, como dijimos en nuestra ST n.º 120/2007, de 8 de marzo, es «perfectamente conocida por las compañías aseguradoras, que deberán ser celosas en la observancia y documentación de tan esencial requisito para la operatividad de tales cláusulas». En esta misma línea, la STS N.º 234/2018, de 23 de abril, con cita de la STS 404/2016, de 15 de junio, declara: «las cláusulas que excluyen en la póliza de seguro voluntario los accidentes producidos en estado de embriaguez deben considerarse como limitativas de los derechos de los asegurados, debiendo ser expresamente aceptadas por los mismos y destacarse de manera clara y precisa (...). Se ha estimado, en consecuencia, por esta Sala que no es aplicable tal derecho de repetición al seguro voluntario porque se encuentra dentro del Capítulo III que la LRCSCVM —en redacción dada por la DA 8.ª de la Ley 50/95 de 26 de noviembre SIC— dedica al seguro obligatorio, salvo que así se haya pactado. Las sentencias núm. 90/2009, de 12 febrero (1137/2004) y 221/2009 de 25 marzo (rec. 173/2004) señalan que cuando se contrata un seguro voluntario de responsabilidad civil, las relaciones entre las partes se rigen por la autonomía de la voluntad por lo que es preciso analizar si el riesgo está o no cubierto por dicho seguro».

Procede examinar y valorar el contenido del denominado «DOCUMENTO ADICIONAL A LAS CONDICIONES GENERALES: ACEPTACIÓN EXPRESA DE LAS EXCLUSIONES Y LIMITACIONES DEL SEGURO DE AUTOMÓVIL», documento n.º 1 de la demanda. Este documento, tras la denominación anterior, en el encabezamiento contine el siguiente tenor literal: «En cumplimiento de lo dispuesto en el artículo 3 de la Ley 50/1980 de 8 de octubre y doctrina del Tribunal Supremo, el Tomador de esta póliza declara conocer y acepta expresamente los términos establecidos en sus Condiciones Generales, que recibe en este acto, las exclusiones y cláusulas limitativas contenidas en los siguientes artículos extractados». La exclusión de cobertura en el seguro de contratación voluntaria por conducir en estado de embriaguez se contiene en el «ARTÍCULO 24», destacado en negrita y mayúsculas, y con el título «EXCLUSIONES GENERALES PARA LAS GARANTÍAS DE SUSCRIPCIÓN VOLUNTARIA». Su redacción es la siguiente: «Quedan excluidas, en todo caso, de las coberturas de los seguros de contratación voluntaria, las consecuencias derivadas de los hechos siguientes: (...) d) Aquellos que se produzcan hallándose el conductor en estado de embriaguez o bajo la influencia de drogas tóxicas, estupefacientes o sustancias psicotrópicas. Se considerará que existe embriaguez, cuando el grado de alcoholemia en sangre o aire expirado, sea superior a los límites establecidos legal o reglamentariamente o el Conductor sea condenado por el delito contra la seguridad del tráfico, sí en la Sentencia dictada contra él se recoge la circunstancia de embriaguez o la influencia de drogas tóxicas, estupefacientes o sustancias psicotrópicas como causa determinante y/o concurrente del accidente». La citada cláusula no solo se inserta en las condiciones generales del contrato, sino que se incorpora a un documento

adicional, cuya designación en mayúsculas y negrita es clara y precisa. Su redacción es sencilla y comprensible, además de haber sido aceptada por escrito por la tomadora del seguro. Por lo tanto, colma las exigencias del artículo 3 de la LCS, así como la doctrina jurisprudencial dictada en interpretación de tal precepto. La sentencia núm. 402/2015, de 14 de julio, formula doctrina, que ha sido reiterada entre otras por la núm. 76/2017, de 9 febrero, en el siguiente sentido: a) La exigencia de que las cláusulas limitativas de derechos figuren «destacadas de modo especial», tiene la finalidad de que el asegurado tenga un conocimiento exacto del riesgo cubierto. La jurisprudencia de esta Sala exige que deben aparecer en las condiciones particulares y no en las condiciones generales, por más que, en estas últimas declare conocer aquellas, como advierte la STS de 1 de octubre de 2010, RC 2273/2006, entre otras. La redacción de las cláusulas debe ajustarse a los criterios de transparencia, claridad y sencillez, y deben aparecer destacadas o resaltadas en el texto del contrato; y b) En cuanto a la exigencia de que las cláusulas limitativas deban ser «especialmente aceptadas por escrito», es un requisito que debe concurrir cumulativamente con el anterior (STS de 15 de julio de 2008, RC 1839/2001), por lo que es imprescindible la firma del tomador y la firma no debe aparecer solo en el contrato general, sino en las condiciones particulares que es el documento donde habitualmente deben aparecer las cláusulas limitativas de derechos. La STS de 17 de octubre de 2007 (RC 3398/2000) consideró cumplida esta exigencia cuando la firma del tomador del seguro aparece al final de las condiciones particulares y la de 22 de diciembre de 2008 (RC 1555/2003), admitió su cumplimiento por remisión de la póliza a un documento aparte en el que aparecían, debidamente firmadas, las cláusulas limitativas debidamente destacadas. En ningún caso se ha exigido por esta Sala una firma para cada una de las cláusulas limitativas". **En tal sentido, el hecho de que consten otras cláusulas de exclusión en el mismo documento, con idénticos caracteres no supone contravención o incumplimiento de los requisitos de incorporación. El encabezamiento del documento en negrita y mayúscula no deja lugar a duda de su contenido, "*DOCUMENTO ADICIONAL A LAS CONDICIONES GENERALES: ACEPTACIÓN EXPRESA DE LAS EXCLUSIONES Y LIMITACIONES DEL SEGURO DE AUTOMÓVIL*", y a continuación ordenadas por epígrafes consignada las distintas exclusiones, y en el caso concreto de la exclusión por conducción en estado de embriaguez o bajo la influencia de drogas tóxicas, estupefacientes o sustancias psicotrópicas en el correspondiente a las "*III. CONDICIONES APLICABLES A TODAS LAS GARANTIAS*", figurando como título del artículo 24, también en negrita y mayúsculas "*EXCLUSIONES GENERALES PARA LAS GARANTÍAS DE SUSCRIPCIÓN VOLUNTARIA*".**

Por lo tanto, la cláusula de exclusión de la cobertura ha sido debidamente incorporada al contrato de seguro, siendo lo relevante que la haya conocido y aceptado la tomadora. Ni la normativa, ni la jurisprudencia exigen la firma del conductor, como a sensu contrario articula la parte demanda en su escrito de contestación, ahora convertido en escrito de oposición al recurso, al negar la legitimación de la aseguradora sobre el demandado por no haber este firmado la póliza de seguro. Tampoco es relevante la ausencia de condena en vía penal a los efectos de apreciar la falta de legitimación pasiva de D Lázaro, cuando al propio tiempo reconoce que se encontraba bajo los efectos del alcohol. Pero, es más, la cláusula de exclusión se refiere no solo a la condena penal, sino a la superación del grado de alcohol en sangre o aire expirado superior a los límites establecidos legal o reglamentariamente, circunstancia acreditada por el documento n.º 2 de la demanda, atestado de la Policía Local. Tampoco es un hecho controvertido el siniestro, ni el abono por la entidad aseguradora a los perjudicados de las cantidades que ahora reclama a D Lázaro, conductor del vehículo implicado en el accidente de tráfico. Se aprecia la concurrencia de las circunstancias que permiten a la aseguradora ejercitar el derecho de repetición contra D Lázaro por los daños causados por la conducción bajo la influencia de bebidas alcohólicas en el siniestro ocurrido el 6 de junio de 2.017 en la carretera de Pocomaco, a la altura del Centro Comercial Espacio Coruña, *ex* artículo 10 de la LRCySCVM. Procede estimar el recurso de apelación, y, en consecuencias estimar la demanda interpuesta por AMA.

Caso 54

Resumen: La aseguradora podrá ejercer la acción de repetición contra el asegurado, puesto que la exclusión del riesgo en caso de embriaguez es una cláusula limitativa, y cumple debidamente con los preceptivos requisitos de la Ley.

Sentencia: AP Madrid, Sec. 10.ª, 221/2023, de 12 de abril. Recurso 939/2022 (SP/SENT/1190749).

Argumentación jurídica: La parte apelante plantea la distinción entre cláusulas limitadoras del riesgos y limitativas de derechos, habiéndose pronunciado el Tribunal Supremo sobre esta cuestión en sentencia de 25 noviembre 2013, con cita de la sentencia de 13 de julio de 2002 que distingue "*las limitativas de derechos de aquellas que delimitan el riesgo, estando las primeras afectadas por el art. 3 LCS y las segundas no. No siempre han sido pacíficos los perfiles que presentan las cláusulas delimitadoras del riesgo y las limitativas de los derechos del asegurado. Las fronteras entre ambas no son claras. Llegándose incluso al caso de que las cláusulas que limitan sorprendentemente el riesgo se asimilan a las limitativas de los derechos del asegurado. La STS de 11 de septiembre de 2006 (RC 3260/1999) sienta una doctrina, recogida posteriormente en otras muchas, (entre las más recientes la STS núm. 598/2011, de 20 de julio), según la cual son estipulaciones delimitadoras del riesgo aquellas que tienen por finalidad delimitar el objeto del contrato, de modo que concretan (i) qué riesgos constituyen dicho objeto, (ii) en qué cuantía (iii) durante qué plazo y (iv) en que ámbito temporal. Otras SSTS posteriores a la citada, como la de 17 de octubre de 2007, recordada en la más reciente de 5 de marzo de 2012, entiende que debe incluirse en esta categoría, la cobertura de un riesgo, los límites indemnizatorios y la cuantía asegurada. Se trata, pues, de individualizar el riesgo y de establecer su base objetiva, establecer " exclusiones objetivas ", como señala la citada sentencia de 5 de marzo de 2012, eliminar ambigüedades y concretar la naturaleza del riesgo en coherencia con el objeto del contrato o con arreglo al uso establecido, siempre que no delimiten el riesgo en forma contradictoria con las condiciones particulares del contrato o de manera no frecuente o inusual (sorprendentes). Por su parte, las cláusulas limitativas de derechos se dirigen a condicionar o modificar el derecho del asegurado y por tanto la indemnización, cuando el riesgo objeto del seguro se hubiere producido. Estas deben cumplir los requisitos formales previstos en el art. 3 LCS, de modo que deben ser destacadas de un modo especial y han de ser expresamente aceptadas por escrito, formalidades que resultan esenciales para* *comprobar que el asegurado tuvo un exacto conocimiento del riesgo cubierto (SSTS de 20 de abril de 2011, RC 1226/2007 y de 15 de julio de 2009, RC 2653/2004). Estas últimas, determinan, de forma práctica, el concepto de cláusula limitativa, referenciándolo al contenido natural del contrato, derivado, entre otros elementos, de las cláusulas identificadas por su carácter definidor, de las cláusulas particulares del contrato y del alcance típico o usual que corresponde a su objeto con arreglo a lo dispuesto en la ley o en la práctica aseguradora. El principio de transparencia, fundamento del régimen especial de las cláusulas limitativas, opera con especial intensidad respecto de las cláusulas introductorias o particulares".* Posteriormente, en sentencia de 3 de marzo de 2014, el Alto Tribunal indica que las *"estipulaciones delimitadoras del riesgo que tienen por finalidad delimitar el objeto del contrato, determinando los concretos riesgos cubiertos, en qué cuantía dentro de un límite máximo establecido -6.000.000.#-, el límite temporal y el ámbito espacial (STS del Pleno de 11 de septiembre de 2006, RC 3260/1999, invocada por otras muchas). Es doctrina consolidada que a las estipulaciones delimitadoras del riesgo, frente a las limitativas de derechos, no le son de aplicación las exigencias especiales del art. 3 LCS (destacadas con énfasis y expresamente aceptadas por escrito), lo que no se plantea en el presente recurso, pese a los abundantes razonamientos que contiene la sentencia recurrida, como denuncia, por inútiles, la recurrente"* (STS 3 de marzo de 2014).

Las cláusulas limitativas de derechos han de ajustarse a lo previsto en el art. 3 de la Ley de Contrato de Seguro, según el cual *"Las condiciones generales, que en ningún caso podrán tener carácter lesivo para los asegurados, habrán de incluirse por el asegurador en la proposición de seguro si la hubiere y necesariamente en la póliza de contrato o en un documento complementario, que se suscribirá por el asegurado y al que se entregará copia del mismo. Las condiciones generales y particulares se redactarán de forma clara y precisa. Se destacarán de modo especial las cláusulas limitativas de los derechos de los asegurados, que deberán ser específicamente aceptadas por escrito".*

En el supuesto que nos ocupa, considerando que la exclusión del riesgo en el caso de embriaguez es una cláusula limitativa de derechos, hemos de tener en cuenta que se encuentra escrita en negrita, estando destacada dentro del apartado de riesgos excluidos, cumpliendo los requisitos exigidos en el art. 3 de la Ley de Contrato de Seguro, según el cual *"Las condiciones generales, que en ningún caso podrán tener carácter lesivo para los asegurados, habrán de incluirse por el asegurador en la proposición de seguro si la hubiere y necesariamente en la póliza de contrato o en un documento complementario, que se suscribirá por el asegurado y al que se entregará copia del mismo. Las condiciones generales y particulares se redactarán de forma clara y precisa. Se destacarán de modo especial las cláusulas limitativas de los derechos de los asegurados, que deberán ser específicamente aceptadas por escrito".*

Caso 55

Resumen: Es de aplicación la exclusión de cobertura por conducción bajo la influencia del alcohol pues se prueba que la firma es la del asegurado.

Sentencia: AP Lugo, Sec. 1.ª, 143/2023, de 21 de marzo. Recurso 593/2022 (SP/SENT/1183704).

Argumentación jurídica: Comparte la Sala el criterio expuesto por la juzgadora de instancia en el Fundamento de Derecho Tercero en el que analiza, con acierto, el alcance de las cláusulas delimitadoras de riesgo y las limitativas de derechos entre las que ha de encuadrarse la exclusión por embriaguez que nos ocupa.

Expuesto lo anterior por la parte demandada se negó haber firmado las páginas 2, 4 y 6 que aparecen bajo el epígrafe "*Tomador del Seguro*", documento 4 de los aportados con la demanda, siendo doctrina clásica del Tribunal Supremo la que establece que la autenticidad de la firma de un documento implica, con presunción "*iuris tantum*", la de su contenido, salvo prueba en contrario (Sentencia de 24 de octubre de 1959 y 19 de mayo de 1973), y que la suscripción de un documento supone la aceptación de todo su contenido por quien lo firma (Sentencia de 29 de octubre de 1996), para que prospere la causa de falsedad de la firma es necesario que la prueba practicada acredite sin la menor duda que la firma no es del actor, y la carga de probar esa falsedad corresponde a quien la alega.

En el caso de autos existen dos pruebas periciales caligráficas, la primera realizada por el Sr. Felipe a instancias del demandado y la segunda la del Perito Judicial Sra. Encarna, con resultado contradictorio optando la juzgadora a quo por la pericial de parte.

La prueba pericial ha de valorarse teniendo en cuanta la formación de los peritos que elaboran los informes, su exhaustividad, así como las explicaciones de los mismos y la mayor o menor objetividad de estos.

Ambos informantes son peritos calígrafos, sin que se pueda cuestionar la aptitud de ninguno de ellos, sentado esto valora la Sala la existencia de una pericial judicial elaborada además sobre unos documentos en los que la firma del demandado fue realizada de forma espontánea, a diferencia del cuerpo de escritura realizado ante notario de modo específico para el cotejo de la pericia elaborada a su instancia.

Dicho esto, son múltiples las resoluciones del Tribunal Supremo que contemplan como uno de los criterios a valorar en la prueba pericial para apreciar una mayor o menor objetividad su sistema de designación atribuyéndole un mayor valor a la pericial judicial frente a los peritajes de parte como establece en su Auto de 24 de noviembre de 2021 con cita de sus Sentencias de 3 de noviembre de 2016 y de 15 de diciembre de 2015.

O la Sentencia de 10 de octubre de 2016 cuando dice: "*También deben ponderar la competencia profesional de los peritos que hubiesen emitido los dictámenes, así como todas las circunstancias que hagan presumir su objetividad, lo que le puede llevar, en el sistema de la Ley de Enjuiciamiento Civil, a que dé más crédito a los dictámenes de los peritos designados por el Tribunal que a los aportados por las partes (...). Partiendo de ello, hallándonos ante dos dictámenes elaborados por técnicos igualmente cualificados, pues ambos son ingenieros técnicos forestales, frente al criterio que se mantiene en la sentencia apelada se estima procedente acoger las conclusiones contenidas en el informe emitido por el perito de designación judicial, por la objetividad que deriva de la forma de nombramiento del mismo, frente al designado por la parte actora, que obviamente responde a sus postulados".*

Teniendo en cuanta lo anterior hemos valorado la proximidad temporal de las firmas objeto de análisis por la perito designada judicialmente, la espontaneidad en las mismas (como ya hemos dicho), así como el hecho de que el Sr. Felipe a pesar de conocer el contenido del otro informe no analizó las firmas existentes en el procedimiento penal de cuya autoría no se duda. Siendo tajante la Sra. Encarna al manifestar, tanto en las conclusiones de su informe como en su declaración en el acto de la vista, al confirmar la autoría de las firmas que figuran en las páginas 2, 4 y 6 del documento núm. 4 de los aportados con la demanda y ello aun cuando manifiesta que el demandado tiene una firma variable, ya que como explicó los gestos inconscientes clave son siempre los mismos.

Motivos ellos que nos llevan a estimar el presente recurso procediendo a revocar la sentencia de instancia en el sentido de estimar la demanda interpuesta.

Caso 56

Resumen: Las cláusulas limitativas del contrato de seguro voluntario se encuentran advertidas en el contrato y firmadas por el tomador, por ello la aseguradora podrá ejercer la acción de repetición contra el conductor ebrio por los daños ocasionados.

Sentencia: AP A Coruña, Sec. 4.ª, 842/2022, de 22 de diciembre. Recurso 968/2021 (SP/SENT/1173396).

Argumentación jurídica: Seguro voluntario y cláusulas limitativas.

5. Es pertinente advertir que, si por una parte no es admisible introducir por vía de recurso cuestiones nuevas, esto es, excepciones u objeciones –en el caso del demandado– distintas de las que fundaron su escrito de oposición e integraron el debate en primera instancia, bien al contrario de lo que sucede con el recurso extraordinario de casación, en el de apelación "*el juicio de segunda instancia es pleno y en él la comprobación que el órgano superior hace para verificar el acierto o desacierto de lo decidido en primera instancia es una comprobación del resultado alcanzado, en la que no están limitados los poderes del órgano revisor en relación con los del juez* a quo". Así lo ha declarado el Tribunal Constitucional (STC 212/2000, de 18 de septiembre) y la Sala Primera del Tribunal Supremo –de cuya sentencia de 4 de diciembre de 2015 (ROJ: STS 4946/2015) procede el texto entrecomillado anterior– para la que cualquier pretensión de limitar los poderes del tribunal de apelación merece "*una severa crítica*" (sentencias de 15 de octubre de 1991, y núm. 808/2009, de 21 de diciembre). Más recientemente, la STS 59/2017, de 30 de enero, reitera la doctrina anterior y recuerda que no puede admitirse el argumento consistente en que la revisión que la Audiencia puede hacer de las pruebas se limita a ponderar si la valoración hecha por el Juzgado es ilógica, arbitraria, o se aparta de las previsiones del art. 316 de la Ley de Enjuiciamiento Civil.

6. Aunque el texto de la alegación Tercera del escrito de contestación a la demanda no sea un ejemplo de claridad expositiva, no es dudoso que el demandado sí ha invocado la vigencia de una póliza que, además del seguro obligatorio y el de defensa jurídica, comprende un seguro voluntario de responsabilidad civil (responsabilidad civil suplementaria hasta cincuenta millones de euros) y otro de daños personales (asistencia médica hasta treinta mil quinientos euros), cuyas coberturas básicas están descritas en la primera hoja del condicionado general. En todo caso, es la aseguradora demandante la que ha fundado en su demanda su derecho de repetición en el condicionado particular de la póliza, aludiendo a que en la página 4 de la póliza se dice que la aseguradora, una vez efectuado el pago, podrá ejercer el derecho de repetición contra el conductor, propietario y asegurado, si los daños fueren debidos *"a la conducción bajo la influencia del alcohol, drogas estupefacientes o psicotrópicos"*. Negados en la contestación los hechos de la demanda que no hayan sido expresamente reconocidos, la determinación de ese hecho constitutivo de la pretensión de la aseguradora -la válida aceptación por parte del asegurado de una cláusula limitativa de la cobertura contratada- integra el enjuiciamiento y, por lo tanto, no excede tampoco del ámbito de conocimiento que el recurso de apelación asigna a la Audiencia Provincial. No se trata de una cuestión nueva vedada en apelación.

7. En realidad, la página 4 del condicionado particular de la póliza tiene dos apartados. El primero es el relativo al ámbito del seguro obligatorio, al que corresponde el texto entrecomillado anterior que es a su vez reproducción sustancial del actual artículo 10 del TRLRCSCVM. El segundo apartado, titulado *"Coberturas Seguro Voluntario (Resto Coberturas)"*, empieza con la frase *"Excluye las consecuencias de"* y en su apartado c) se refiere a *"accidentes del conductor por tasas de alcohol superiores a las permitidas, consumo de drogas, tóxicos, estupefacientes o psicotrópicos"*. Los dos apartados, tanto el relativo al seguro obligatorio como el que se refiere al voluntario, están encabezados con la frase *"Cláusulas a las que debe prestar especial atención por limitar la cobertura"*.

8. No existe en la póliza exclusión alguna relativa al seguro del conductor, con base en el cual la aseguradora afrontó los gastos de asistencia médica del propio conductor lesionado. Ni el seguro obligatorio ni el voluntario de responsabilidad civil cubren los daños y perjuicios ocasionados por la asistencia médica, las lesiones o el fallecimiento del conductor del vehículo causante del daño (art. 5 TRLRCSCVM). El derecho de repetición que invoca la aseguradora carece, por lo que se refiere a esta clase de daños, de fundamento legal, porque no lo tiene en el alegado artículo 10 TRLRCSCVM, que se ciñe al seguro obligatorio, ni tampoco en el artículo 19 de la LCS, porque la jurisprudencia tiene declarado que los daños ocasionados por la conducción de vehículos de motor bajo la influencia de bebidas alcohólicas no son, por esta sola circunstancia, daños dolosamente causados en el sentido de la expresada disposición general de la Ley (STS 7 de julio de 2006). Tampoco tiene fundamento contractual, porque las exclusiones que la póliza contempla en su condicionado particular se proyectan sobre los seguros obligatorio, voluntario (resto coberturas y responsabilidad civil suplementaria) y de defensa jurídica, pero no sobre el seguro de conductor (accidentes personales) delimitado cuantitativamente en la página primera de la póliza.

9. En cuanto a los daños ocasionados a terceros (reparación de los desperfectos en el cierre de una finca, por importe de 987,74 €;), nada impide, ciertamente, que los daños causados por conducir en dichas condiciones puedan ser objeto de un aseguramiento voluntario, complementario de los riesgos no cubiertos por el seguro obligatorio, porque precisamente la finalidad económica del aseguramiento voluntario es la de completar las coberturas legalmente limitadas del aseguramiento obligatorio. Por eso, cuando el condicionado general o particular de un seguro voluntario excluye los daños derivados de accidentes producidos en estado de embriaguez, se han de respetar rigurosamente las garantías que, con relación a las cláusulas limitativas de los derechos del asegurado, establece el artículo 3 LCS, exigencia normativa que, como dijimos en nuestra ST n.º 120/2007, de 8 de marzo, es "*perfectamente conocida por las compañías aseguradoras, que deberán ser celosas en la observancia y documentación de tan esencial requisito para la operatividad de tales cláusulas*". En esta misma línea, la STS N.º 234/2018, de 23 de abril, con cita de la STS 404/2016, de 15 de junio, declara:

"*(...) las cláusulas que excluyen en la póliza de seguro voluntario los accidentes producidos en estado de embriaguez deben considerarse como limitativas de los derechos de los asegurados, debiendo ser expresamente aceptadas por los mismos y destacarse de manera clara y precisa (...). Se ha estimado, en consecuencia, por esta Sala que no es aplicable tal derecho de repetición al seguro voluntario porque se encuentra dentro del Capítulo III que la LRCSCVM —en redacción dada por la DA 8.ª de la Ley 50/95 de 26 de noviembre SIC— dedica al seguro obligatorio, salvo que así se haya pactado. Las sentencias núm. 90/2009, de 12 febrero (1137/2004) y 221/2009 de 25 marzo (rec. 173/2004) señalan que cuando se contrata un seguro voluntario de responsabilidad civil, las relaciones entre las partes se rigen por la autonomía de la voluntad por lo que es preciso analizar si el riesgo está o no cubierto por dicho seguro*".

10. La misma STS 234/2018 contiene una amplia reseña de la doctrina jurisprudencial acerca de las condiciones de validez de las cláusulas limitativas de los derechos del asegurado, que han de cumplir dos requisitos esenciales: a) ser destacadas de modo especial, y b) ser específicamente aceptadas por escrito (art. 3 LCS). "*La sentencia núm. 402/2015, de 14 de julio, formula doctrina, que ha sido reiterada entre otras por la núm. 76/2017, de 9 febrero, en el siguiente sentido: a) La exigencia de que las cláusulas limitativas de derechos figuren «destacadas de modo especial», tiene la finalidad de que el asegurado tenga un conocimiento exacto del riesgo cubierto. La jurisprudencia de esta Sala exige que deben aparecer en las condiciones particulares y no en las condiciones generales, por más que, en estas últimas declare conocer aquellas, como advierte la STS de 1 de octubre de 2010, RC 2273/2006, entre otras. La redacción de las cláusulas debe ajustarse a los criterios de transparencia, claridad y sencillez, y deben aparecer destacadas o resaltadas en el texto del contrato; y b) En cuanto a la exigencia de que las cláusulas limitativas deban ser «especialmente aceptadas por escrito», es un requisito que debe concurrir cumulativamente con el anterior (STS de 15 de julio de 2008, RC 1839/2001), por lo que es imprescindible la firma del tomador y la firma no debe aparecer solo en el contrato general, sino en las condiciones particulares que es el documento donde habitualmente deben aparecer las cláusulas limitativas de derechos. La STS de 17 de octubre de 2007 (RC 3398/2000) consideró cumplida esta exigencia cuando la firma del tomador del seguro aparece al final de las condiciones*

particulares y la de 22 de diciembre de 2008 (RC 1555/2003), admitió su cumplimiento por remisión de la póliza a un documento aparte en el que aparecían, debidamente firmadas, las cláusulas limitativas debidamente destacadas. En ningún caso se ha exigido por esta Sala una firma para cada una de las cláusulas limitativas".

11. En este caso, las cláusulas que "*limita(n) la cobertura*" están relacionadas en el condicionado particular bajo la expresa advertencia al tomador de que a ellas debe prestar "*especial atención*"; el condicionado particular está, además, firmado en todas sus hojas por el tomador. Se cumplen, por lo tanto, los dos condicionantes de validez y oponibilidad que establece el artículo 3 de la LCS, con lo que nada obsta al derecho de repetición que fundamenta la interposición de la demanda, en cuanto que limitado a los daños causados a terceros y ya indemnizados por la compañía de seguros (reparación de los desperfectos en el cierre de una finca, por importe de 987,74 €).

Caso 57

Resumen: El asegurado al haber firmado y aceptado el pacto adicional a las condiciones generales y particulares, donde se recogen las exclusiones y cláusulas limitativas, deberá restituir el importe satisfecho por la aseguradora, al haber incumplido.

Sentencia: AP Madrid, Sec. 9.ª, 271/2022, de 3 de junio. Recurso 148/2022 (SP/SENT/1158112).

Argumentación jurídica: En el presente supuesto, a diferencia del supuesto analizado por la sentencia del Tribunal Supremo de 19 de julio de 2012, nos encontramos con un específico pacto adicional a las condiciones generales y particulares de la póliza que se inicia haciendo referencia al cumplimiento del mencionado artículo 3 y de la jurisprudencia, recogiendo las exclusiones y cláusulas limitativas que el asegurado declara conocer y aceptar por partida doble con su firma tanto al final de la póliza como con la suscripción de ese pacto adicional. Dedicando su artículo 24 a los riesgos excluidos entre los que se encuentra, al inicio de su redacción, los referidos a esa conducción bajo los efectos del alcohol y qué supuestos legales son los que se entienden realizados bajo esa influencia.

Redacción clara y explicativa del supuesto excluido perfectamente apreciable en un documento dedicado exclusivamente a enumerar las causas de exclusión de los riesgos suscrito por el asegurado, por lo que este debe restituir la cantidad ahora reclamada, más los intereses legales desde la interposición de la demanda, al estar excluida la cobertura del seguro.

Caso 58

Resumen: La aseguradora podrá ejercitar acción de repetición contra el asegurado, pues analizado el contrato, ha quedado probado que las cláusulas limitativas se encontraban debidamente resaltadas y claras, habiendo sido firmas y aceptadas por este.

Sentencia: AP Barcelona, Sec. 1.ª, 440/2021, de 21 de junio. Recurso 587/2020 (SP/SENT/1110557).

Argumentación jurídica: Conducción bajo influencia de bebidas alcohólicas. Cláusula limitativa. Mala fe del asegurado. Daños.

1. La sentencia del Tribunal Supremo, de fecha 5/11/10, y otras muchas posteriores (SSTS 16/2/11, 15/12/11, 18/5/16 y 23/4/18, entre otras muchas) establecen que en los supuestos en que se contrata un seguro voluntario de responsabilidad civil, dado que las relaciones asegurador-asegurado se rigen por la autonomía de la voluntad, es preciso analizar si el riesgo está o no cubierto por dicho seguro, sin que sea posible considerar que la conducción bajo la influencia de bebidas alcohólicas o drogas no pueda ser objeto de aseguramiento, ni correcto circunscribir el conflicto al ámbito del seguro obligatorio, ni mucho menos imputar a este las cantidades pagadas por la aseguradora, ya que no cabe desconocer la existencia de un acuerdo entre las partes que cubriría el suceso acaecido, mientras que no conste su expresa exclusión. Por tanto, lo relevante, a la hora de dilucidar si la conducción bajo la influencia del alcohol o las drogas otorga a la aseguradora el derecho a repetir lo pagado, es si se pactó expresamente esta facultad como clausula limitativa de los derechos del asegurado; cláusula que actuaría para restringir, condicionar o modificar el derecho del asegurado a la indemnización una vez que el riesgo objeto del seguro se hubiere producido, siendo requisito la doble firma del artículo 3 de la Ley 50/1.980, de 8 de octubre, de Contrato de Seguro.

Es también jurisprudencia reiterada del Tribunal Supremo la que sienta que, en el ámbito del aseguramiento voluntario, para que la cláusula de exclusión de la cobertura del riesgo en supuesto de conducción bajo influencia de bebidas alcohólicas tenga virtualidad, tratándose de cláusulas limitativas de derechos del asegurado, deben cumplirse los requisitos previstos en el artículo 3 de la Ley de Contrato de Seguro.

En relación con la acción de repetición ejercitada por la aseguradora en supuestos de daños causados por conducción bajo influencia de alcohol o drogas dicha sentencia (5/11/10) dijo lo siguiente:

"*A) Según Jurisprudencia afirmada por esta Sala en SSTS de 12 de febrero de 2009, RC n.º 1137/2004 y de 25 de marzo de 2009, RC n.º 173/2004, en los supuestos en que se contrata un seguro voluntario de responsabilidad civil, dado que las relaciones asegurador-asegurado se rigen por la autonomía de la voluntad, es preciso analizar si el riesgo está o no cubierto por dicho seguro, sin que sea dable considerar que la conducción bajo la influencia de bebidas alcohólicas o drogas no puede ser objeto de aseguramiento (SSTS de 7 de julio de 2006 y 13 de noviembre de 2008) ni correcto circunscribir el conflicto al ámbito del seguro obligatorio, ni mucho menos imputar a este las cantidades pagadas por la aseguradora, ya que no cabe desconocer la existencia de un acuerdo entre las partes que cubriría el evento acaecido, mientras que no conste su expresa exclusión.*

Esta doctrina resalta que el seguro voluntario se configura como un complemento para todo aquello que el obligatorio no cubra, de conformidad con el artículo 2.3 LRCSCVM, que establece que «Además, la póliza en que se formalice el contrato de seguro de responsabilidad civil de suscripción obligatoria podrá incluir, con carácter potestativo, las coberturas que libremente se pacten entre el tomador y la entidad aseguradora con arreglo a la legislación vigente», debiéndose entender esta ampliación de cobertura no solo desde el punto de vista cuantitativo, sino también desde el punto de vista cualitativo, tal y como expresa más claramente el actual artículo 2.5 del Real Decreto Legislativo 8/2004, de 29 octubre

2004 que aprueba el texto refundido de la LRCSCVM, que deroga el anterior al establecer que: «Además de la cobertura indicada en el apartado 1, la póliza en que se formalice el contrato de seguro de responsabilidad civil de suscripción obligatoria podrá incluir, con carácter potestativo, las coberturas que libremente se pacten entre el tomador y la entidad aseguradora con arreglo a la legislación vigente», haciendo referencia el apartado 1 a la cobertura de los riesgos cubiertos por la responsabilidad civil y hasta los límites cuantitativos fijados por el anexo de la Ley.

La solución, por tanto, no está tanto en el seguro obligatorio, en el que la aseguradora tendría facultad de repetición en supuestos de daños ocasionados por embriaguez o influencia de drogas, sino en el análisis del seguro voluntario concertado que complementa el anterior, de tal forma que, si las partes no pactaron su exclusión, la aseguradora no tendrá facultad de repetición contra el asegurado pues no habría pago indebido de la primera y, por tanto, enriquecimiento injusto del asegurado, sino pago justificado en virtud del principio de autonomía de la voluntad que rige el seguro voluntario. Entender otra cosa haría de la misma condición al asegurado que se limita a contratar el seguro obligatorio y al asegurado que de forma previsora y pagando por ello su correspondiente prima, contrata por encima del seguro obligatorio uno voluntario, confiando en la creencia de haber contratado todo tipo de riesgos salvo los expresamente excluidos.

Situado el conflicto en el ámbito del aseguramiento voluntario, lo verdaderamente relevante a la hora de dilucidar si la conducción bajo la influencia del alcohol o las drogas otorga a la aseguradora el derecho a repetir lo pagado es si se pactó expresamente esta facultad como cláusula limitativa de los derechos del asegurado, para lo que ha de estarse a la doctrina fijada por esta Sala en SSTS de 7 de julio de 2006, 26 de diciembre de 2006, 18 de octubre de 2007 y 13 de noviembre de 2.008, que, en aplicación de la Sentencia de Pleno de 11 de septiembre de 2006, considera limitativas –por oposición a las cláusulas delimitadoras del riesgo– aquellas estipulaciones del contrato que actúan –para restringir, condicionar o modificar el derecho del asegurado a la indemnización una vez que el riesgo objeto del seguro se ha producido–, tratándose de un tipo de cláusulas cuya eficacia y oposición al asegurado depende del requisito de la doble firma del artículo 3 LCS.

El artículo 3 de la LCS expresamente dice que Las condiciones generales y particulares se redactarán de forma clara y precisa. Se destacarán de modo especial las cláusulas limitativas de los derechos de los asegurados, que deberán ser específicamente aceptadas por escrito".

El artículo 3 mencionado, dice la sentencia del Alto Tribunal de 3/6/16, dispone, entre otras cosas, que "*«se destacarán de modo especial las cláusulas limitativas de los derechos de los asegurados, que deberán ser específicamente aceptadas por escrito». Se trata de una previsión legal que requiere una aceptación especial de dichas cláusulas por el tomador del seguro y no solo mediante la aceptación por escrito, sino además a través de la exigencia de que dichas cláusulas se destaquen de modo especial (mediante otro tipo de letra, mayor tamaño de la misma, subrayado o procedimiento equivalente), dando así garantía de que el tomador del seguro ha tenido la posibilidad de conocer la limitación sin empleo de una especial atención y diligencia en el examen del contenido de la póliza (...)*".

La sentencia del Tribunal Supremo de 19/7/16 abunda en la necesidad de que la aseguradora se ocupe de cumplir con rigor su deber de cerciorarse de que el asegurado conoce y acepta la totalidad del clausulado contractual cumpliendo la aseguradora las exigencias de transparencia, fundamento del régimen especial aplicable a las cláusulas limitativas, cláusulas cuyas dudas interpretativas, derivadas de una redacción del contrato o de sus cláusulas oscura o confusa, deberán resolverse a favor del asegurado. Las cláusulas limitativas de derechos son las que operan para *"restringir, condicionar o modificar el derecho del asegurado a la indemnización una vez que el riesgo objeto del seguro se ha producido"*, y tales cláusulas están sujetas, en orden a su validez y como expresión de un principio de transparencia legalmente impuesto, a los requisitos de: (a) ser destacadas de modo especial; y (b) ser específicamente aceptadas por escrito (art. 3 LCS).

En el caso de autos, la cláusula que analizamos, de exclusión de la cobertura por conducción bajo la influencia de bebidas alcohólicas, aparece en el documento de renovación acompañado a la demanda como documento n.º 1, que es el documento de actualización de las condiciones particulares de la póliza suscrito por el asegurado. Por tanto, es ese documento el que hay que analizar y no el que refiere la parte demandada recurrente, suscrito, según alega, al inicio del contrato en el año 2002, porque, en cualquier caso, y aun cuando se pudiera tener por la póliza original (lo que niega la aseguradora) aquel sería renovación de este.

En cuanto a la cláusula concreta de exclusión de la cobertura por conducción bajo la influencia de bebidas alcohólicas, es una cláusula limitativa de los derechos del asegurado como así aparece definida en el documento, que excluye la cobertura de responsabilidad civil en una serie de casos de daños sufridos en el vehículo asegurado y por el vehículo asegurado, entre ellos, *"Los producidos con ocasión de ser conducido el vehículo asegurado por una persona que se halle en estado de embriaguez o bajo los efectos de drogas, tóxicos o estupefacientes (...)"*. Las exclusiones aparecen destacadas en letra negrita y termina la cláusula con indicación, también destacado en negrita, de que *"La firma del presente documento supone la aceptación expresa de cada una de las cláusulas contenidas en el mismo, en especial de las cláusulas limitativas y de aquellas otras que también limitan sus derechos que, de acuerdo con el artículo 3 de la Ley de Contrato de Seguro, se destacan en las Condiciones Generales que recibe junto con este documento y que declara conocer"*. La cláusula termina con la firma del tomador, el Sr. Elías, en cada una de las hojas del documento.

Se cumplen, por ello, las exigencias sobre transparencia a que hemos aludido pues consta la aceptación por escrito del asegurado y la cláusula ha sido destacada de forma especial, como garantía de que el tomador del seguro ha tenido la posibilidad de conocer la limitación.

Por conductor novel o sin autorización

Caso 59

Resumen: Es de aplicación la disminución de la indemnización en caso de accidente cuando el vehículo asegurado sea conducido por una persona de menos de 27 años o menos de 2 años de antigüedad al ser cláusula delimitadora del riesgo, que está vigente.

Sentencia: AP A Coruña, Sec. 4.ª, 66/2024, de 31 de enero. Recurso 864/2022 (SP/SENT/1220911).

Argumentación jurídica: En la sentencia se reduce la indemnización de la prestación por parte de la aseguradora por falta de conocimiento de la verdadera entidad del riesgo objeto de cobertura (conducción del vehículo por persona joven –18 años– en lugar de la designada en la póliza como conductor con fecha de obtención del permiso de conducir de 17 de noviembre de 2015 –con 20 días naturales de vigencia al siniestro–).

Por tanto, el siguiente motivo de impugnación sobre la cláusula relativa a la disminución de la indemnización en caso de accidente cuando el vehículo asegurado sea conducido por una persona de menos de 27 años o menos de 2 años de antigüedad en el permiso de conducir, constituye criterio mayoritario en la jurisprudencia menor no su consideración como cláusula limitativa de los derechos del asegurado sino como cláusula delimitadora del ámbito del contrato, limitadora del riesgo objeto de cobertura y como tal no necesitada de la expresa y particular aceptación que recoge el art. 3 LCS.

En tal sentido, la SAP Valencia, Sección 8.ª, de fecha 28/7/2010, señala que "*De la interpretación de dicha cláusula se concluye que tiene la condición de delimitadora del riesgo, que no limitativa de los derechos del asegurado, pues en ella únicamente se perfila el riesgo cubierto por la póliza, sin afectar derecho alguno del asegurado de los que este es acreedor. Mediante la cláusula delimitadora del riesgo se trata de determinar, definir y concretar el riesgo cubierto, es decir, delimitar objetivamente el riesgo asumido en el contrato, su contenido y el ámbito a que se extiende, circunstancia que es necesaria tanto para determinar cuando la aseguradora ha de indemnizar, es decir, el contenido y alcance de la obligación que asume, como para concretar el importe de la prima que ha de abonar al actor*".

Indicando asimismo, con cita de la SAP Sevilla, Sección 5.ª, de fecha 17/1/2005, que se trata de una cláusula que perfectamente se puede calificar como delimitadora del riesgo y que en todo caso no es más que mera transcripción de lo dispuesto en los artículos 10, 11 y 12 de la Ley de Contrato de Seguro, sobre la obligación del tomador del seguro de atenerse a la verdad en todo lo relativo a las circunstancias que puedan influir en el riesgo, en el momento inicial del contrato, y durante la vigencia del contrato de comunicar a la aseguradora todas las circunstancia que puedan suponer una agravación del riesgo, y entre ellos, se encuentra la necesidad de comunicar a la entidad aseguradora quién es el conductor habitual del vehículo.

Por su parte, en la SAP Palma de Mallorca, Sección 3.ª, de fecha 17/3/2015, se viene a señalar que:

"*La cláusula litigiosa se trata de una cláusula usual y frecuente en los contratos de seguro, que perfectamente se puede calificar como delimitadora del riesgo. No es indiferente la edad del conductor del vehículo, cuando la estadística de la siniestralidad hace que se penalice más a los conductores noveles que a los de más edad y con mayor tiempo de posesión del permiso de conducir. No puede considerarse que se trate de una cláusula abusiva o sorpresiva para el asegurado.*

Estas condiciones han de ser consideradas como delimitadoras del riesgo, de ahí la configuración subjetiva que se menciona, que no tiene la naturaleza de restrictiva de los derechos que se fijan, sino que cumple un papel delimitador de la amplitud de la cobertura vinculada a la prima que como contraprestación se establece. Siendo así no es aplicable el artículo 3 de la Ley de Contrato de Seguro".

En la misma línea, sentencias AP Barcelona, Sección 17, de fecha 15/10/2002, AP Almería, Sección 3.ª, de fecha 20/2/2009, y AP Girona, Sección 1.ª, de fecha 27/6/2018.

En último término, la cláusula litigiosa encuentra acomodo dentro de la conceptuación general que el TS establece para las estipulaciones delimitadoras del riesgo, como aquellas que tienen por finalidad delimitar el objeto del contrato, de modo que vengan a concretar qué riesgos constituyen dicho objeto, en qué cuantía, durante qué plazo y en qué ámbito temporal o especial (entre otras, SSTS 853/2006, de 11 de septiembre, 676/2008, de 15 de julio, 598/2011, de 20 de julio, 541/2016, de 14 de septiembre, 590/2017, de 7 de noviembre, y 661/19, de 12 de diciembre). A diferencia de las cláusulas limitativas de derechos, tendentes a limitar, condicionar o modificar el derecho del asegurado cuando el riesgo objeto del seguro se hubiera producido, y que deben cumplir los requisitos formales del art. 3 LCS.

Sobre la relevancia de la distinción entre ambos tipos de cláusulas, la STS 661/2019, de 12 de diciembre, viene a señalar:

"Las consecuencias de dicha diferenciación devienen fundamentales, dado que las cláusulas delimitadoras, susceptibles de incluirse en las condiciones generales para formar parte del contrato, quedan sometidas al régimen de aceptación genérica sin la necesidad de la observancia de los requisitos de incorporación que se exigen a las limitativas (SSTS 366/2001, de 17 de abril; 303/2003, de 20 de marzo; 14 de mayo 2004, en recurso 1734/1998; 1033/2005, de 30 de diciembre): mientras que estas últimas deben cumplir los requisitos previstos en el art. 3 LCS; esto es, estar destacadas de un modo especial y ser expresamente aceptadas por escrito, formalidades que resultan esenciales para comprobar que el asegurado tuvo un exacto conocimiento del riesgo cubierto (SSTS 516/2009, de 15 de julio; 268/2011, de 20 de abril; 541/2016, de 14 de septiembre; 234/2018, de 23 de abril; 58/2019, de 29 de enero; 418/2019, de 15 de julio), y que además han de concurrir conjuntamente (SSTS 676/2008, de 15 de julio; 402/2015, de 14 de julio y 76/2017, de 9 de febrero)".

El motivo de impugnación ha de ser desestimado al ser una cláusula delimitadora de riesgo y no ser de aplicación el art. 3 LCS. El hecho de que el demandante haya podido ser un conductor ocasional o que no tuviera culpa en el siniestro, no merma la aplicación de la cláusula delimitadora del riesgo, que está vigente.

Caso 60

Resumen: El contrato de seguro de responsabilidad civil del perjudicado tiene coberturas específicas y el riesgo reclamado no se encuentra cubierto por la póliza, ya que el conductor no aparece en las condiciones particulares.

Sentencia: AP Pontevedra, Vigo, Sec. 6.ª, 439/2022, de 25 de octubre. Recurso 959/2021 (SP/SENT/1168260).

Argumentación jurídica: 8. Tipo de seguro concertado: Seguro de flota. La transmisibilidad por subrogación en el seguro.

En la tesis de la SS de instancia (según se deduce de la remisión a los artículos de la Ley especial) y de la parte apelada, la póliza suscrita por CASER SA. contiene un seguro obligatorio en favor de terceros, además de un seguro de responsabilidad civil que cubra todos los daños ocasionados por el vehículo con independencia de quien lo conduzca, con cobertura de todas aquellas indemnizaciones de las que el conductor debe responder, por los daños causados a las personas o bienes de un tercero, derivados de los hechos de la circulación de los que resulte civilmente responsable, según recoge el art. 1, 4, 5, 6 y 7 de la LRCSVM, no puede oponer al tercero perjudicado ninguna cláusula de exclusión de responsabilidad pactada o no, salvo las contempladas en el art. 5. En consecuencia, según las alegaciones del apelado, existiendo un seguro que ampara la responsabilidad de civil del accidente de circulación, la aseguradora CASER SA debe responder frente a terceros perjudicados y en su caso repetir contra su asegurado-tomador del seguro, por incumplimiento de las condiciones pactadas en el contrato que les vincula.

9. En esta línea, los argumentos de algunas AP que sostienen este criterio estiman que la realidad es que una de las coberturas que brinda esta póliza es la de seguro obligatorio, que es imperativo para todo propietario de un vehículo a motor según el artículo 2 de la LRCSCVM. El hecho de que el tomador sea propietario de una multiplicidad de vehículos para su venta y que, consecuentemente, haga un uso limitado de los mismos puede dar razón de una disminución del riesgo (y consecuentemente de un aseguramiento ajustado a tal uso limitado de los automóviles —en prueba de venta, conduciendo un empleado y en horario comercial—), pero que ello no modifica la naturaleza del interés asegurado, que sigue siendo el obligatorio para todo propietario de un vehículo a motor de cubrir su responsabilidad civil, en virtud del riesgo creado por la conducción, por los daños causados a las personas o en los bienes con motivo de la circulación. Por lo tanto, con la transmisión por venta del vehículo sí se transmite ese interés asegurado, pues no se trata de evaluar si el adquirente puede o no continuar en un contrato de seguro de flota de vehículos en atención a sus condiciones particulares y económicas, sino que lo contemplado por el art. 34 LCS es la transmisión del objeto asegurado y así la continuación en los derechos y obligaciones del anterior titular en el contrato de seguro.

10. La Sala no comparte este criterio, al que parece que se adhiere la sentencia recurrida, sino el indicado por la apelante. En realidad, lo que se entiende, es que con la venta del automóvil se había transmitido el seguro estableciendo la responsabilidad de la aseguradora en virtud de lo dispuesto en el artículo 34 y 35 LCS dada la universalidad del seguro obli-

gatorio y la inoponibilidad de otras objeciones al pago que no sean las legalmente previstas, y ello es lo que compete examinar, y es lo que no valora la sentencia apelada, en relación con el tipo de póliza suscrita con el transmitente. Por el contrario, consideramos que la póliza no era susceptible de transmisión en este caso porque la subrogación legal que establece el artículo 34 LCS no se impone necesariamente por la norma, pues las partes pueden transmitir el objeto sin que a dicha transmisión acompañe el aseguramiento del mismo, STS de 14 de febrero de 2019, n.º 91/2019, rec. 2980/2016: "*El art. 34 LCS, siguiendo la orientación de otros ordenamientos jurídicos, admite que la enajenación de la cosa asegurada no interrumpa la relación aseguradora, de forma que el adquirente entre a formar parte de esa relación.*

La transmisión es ex lege, *con la finalidad de conseguir, en principio, unos resultados exigidos por la realidad social.*

Pero sin que ello suponga necesariamente una imposición, pues se concede tanto al adquirente como el asegurador la facultad de resolver el contrato, si bien sujeta a una serie de exigencias previstas en la norma".

11. Es verdad que no contamos con la intervención en el juicio del adquirente del vehículo, sin embargo, lo cierto es que en el atestado se menciona otro propietario distinto del concesionario y un único seguro a cargo de la apelante. A propósito de la extensión del seguro por la mera transmisión del vehículo se establece con claridad meridiana en la Sentencia, AP Coruña, Sección 4 de 5 de julio de 2012, Ponente: Sr. Seoane Spiegelberg, estableciendo que:

"*No puede operar el art. 34 de la LCS, pues la subrogación solo sería válida cuando se trata de un contrato de la misma naturaleza, lo que no es factible en el presente caso, en el que el demandado no puede continuar un iter contractual con respecto a un seguro de responsabilidad civil de flota de vehículos de ocasión para cubrir la responsabilidad civil obligatoria de un turismo de propiedad y uso particular, con condiciones económicas y de cobertura realmente antagónicas, que exigían concertar un contrato de seguro nuevo. El art. 34 de la LCS está pensado para supuestos de transmisión del interés asegurado, en los que la relación económica existente entre la compañía y el transmitente sea susceptible de ser transferida al nuevo adquirente, y siempre que el interés asegurado siga siendo de la misma clase, pues de no ser así no nos encontramos en el supuesto específico contemplado en el referido precepto*". Y, la Sección 3.ª, de 30 de mayo de 2017, de la misma AP lo retoma: "*la intrasmisibilidad del seguro con el vehículo es la característica más acusada, y se debe a que, cuando se transmite a un particular, las condiciones no son ya las mismas para las que se había inicialmente asegurado, el cual se refiere a una flota de vehículos destinados a la compraventa con las limitaciones señaladas, se trata de un seguro de responsabilidad civil con coberturas específicas delimitando el riesgo*".

12. En los mismos términos, la SAP, Salamanca sección 1 de 15 de marzo de 2017, establece: "*No puede operar el art. 34 de la LCS, pues la subrogación solo sería válida cuando se trata de un contrato de la misma naturaleza, lo que no es factible en el presente caso, en el que el demandado no puede continuar un iter contractual con respecto a un seguro de responsabilidad civil de flota de vehículos de ocasión para cubrir la responsabilidad civil obligatoria*

de un turismo de propiedad y uso particular, con condiciones económicas y de cobertura realmente antagónicas, que exigían concertar un contrato de seguro nuevo. El art. 34 de la LCS está pensado para supuestos de transmisión del interés asegurado, en los que la relación económica existente entre la compañía y el transmitente sea susceptible de ser transferida al nuevo adquirente, y siempre que el interés asegurado siga siendo de la misma clase, pues de no ser así no nos encontramos en el supuesto específico contemplado en el referido precepto".

13. De igual modo, la SAP, Valencia, Sección 11 de 22 de febrero de 2018, dice:

"4.º) No opera la previsión del artículo 34 de la LCS, aunque no se comunicase la rescisión del seguro conforme el artículo 35, pues la subrogación solo sería válida cuando se trata de un contrato de la misma naturaleza, lo que no es factible en el presente caso, en el que no se ha probado que el comprador continuó con el mismo iter contractual con respecto al seguro de responsabilidad civil de flota de vehículos de ocasión para cubrir la responsabilidad civil obligatoria del turismo. El art. 34 de la LCS está pensado para supuestos de transmisión del interés asegurado, en los que la relación económica existente entre la compañía y el transmitente sea susceptible de ser transferida al nuevo adquirente, y siempre que el interés asegurado siga siendo de la misma clase, pues de no ser así no nos encontramos en el supuesto específico contemplado en el referido precepto. Obsérvese que esta circunstancia no ha sido acreditada, es más la interpretación del contrato de compraventa (artículo 1281 del CC) nos lleva a una conclusión contraria, pues en el mismo expresamente se pactó que «el comprador se hará cargo de todo tipo de deuda o reclamación que genere el vehículo», en la idea de la extinción de cualquier aseguramiento proveniente del comprador".

14. En la misma línea la SAP Madrid, Sección 12.ª, del 2 de febrero de 2018, SAP de Cádiz, Sección 2.ª, de 18 de diciembre de 2018 y Granada de 28 de octubre de 2021.

15. **Por tanto, en nuestro caso cabe considerar, que no nos hallamos en presencia de un seguro obligatorio tipo y sí ante un seguro de responsabilidad civil con coberturas específicas que delimitan el riesgo, lo que es posible desde la caracterización propia del Contrato de Seguro, y tras el examen de los hechos respecto de las condiciones en que se produjo el siniestro y la comparación con el contenido y objeto de las coberturas del seguro, por él se paga una prima semestral de 10 €, precisamente por sus condiciones. Siendo ello así, cabe concluir con que el riesgo objeto de reclamación está fuera de la cobertura del contrato, máxime cuando se prevé expresamente que cualquier otra circunstancia en que pueda producirse el siniestro distintas a las mencionadas anteriormente se entenderá como no cubierta por la póliza. La falta de cobertura en este y en todos los seguros, excluye que proceda la indemnización. En efecto, ni el conductor asegurado es alguno de los previstos en las condiciones particulares (Sres. Artemio y Dimas), ni el siniestro tuvo lugar en la franja horaria prevista (entre 8:00 y 21:00), o bien la concurrencia de otros datos como vínculos contractuales o bien el eventual comprador esté acompañado por uno de los vendedores de la empresa**.

16. **En consecuencia, y partiendo del art.1 de la LCS que establece que "*el contrato de seguro es aquel por el que el asegurador se obliga, mediante el cobro de una prima y***

***para el caso de que se produzca el evento cuyo riesgo es objeto de cobertura, a indemnizar, dentro de los limites pactados, el daño producido al asegurado o a satisfacer un capital/una renta u otras prestaciones convenidas*" y que en nuestro caso el riesgo no era objeto de cobertura y no está amparada también en la propia póliza, que constituye la delimitación del riesgo asegurado, no siendo una cláusula limitativa de los derechos del asegurado las exclusiones allí previstas, y de ahí que fuera procedente la absolución de la demandada.**

Caso 61

Resumen: La aseguradora está exenta de indemnizar el daño producido, puesto que concurre una de las causas de exclusión firmada por el tomador del seguro, debiendo haber otorgado autorización para la conducción de su motocicleta a quien hizo uso de ella.

Sentencia: AP Alicante, Elche, Sec. 9.ª, 100/2022, de 3 de marzo. Recurso 698/2021 (SP/SENT/1156426).

Argumentación jurídica: Exclusión de la póliza de una conductora menor de 26 años.

La sentencia de primera instancia concluye su fundamento jurídico segundo, tras el análisis de la prueba practicada, exponiendo que "*la demanda no pueda acogerse en tanto que siendo la conductora (...) en el momento de los hechos menor de 26 años, la póliza vigente entre las partes no la cubría. La cuestión no es tanto de aceptación por la aseguradora de la agravación o no del riesgo comunicado el siniestro (art 12 LCS), sino de existencia o no de cobertura, y la cobertura a menores de 26 años no consta operativa a 11.1.17, sino a partir del día siguiente, como comunicó la Cía demandada, siendo cláusulas delimitadoras del riesgo aquellas que tienen por finalidad delimitar el objeto del contrato, de modo que concretan: qué riesgos constituyen dicho objeto; en qué cuantía; durante qué plazo y en qué ámbito temporal, de ahí la desestimación de la demanda*".

Comparte la Sala dicho razonamiento jurídico al haber quedado acreditado con los medios de prueba practicados que en las condiciones particulares de la póliza suscrita por "*Idasa Sistemas, S.L.*" con "*Línea Directa Aseguradora*", con inicio el día 25 de febrero de 2010 y fin el día 25 de febrero de 2011, con duración anual renovable automáticamente por anualidades salvo oposición escrita a la prórroga de una de las parres notificada a la otra con dos meses de antelación, así como en la actualización de dichas condiciones particulares suscritas en fecha 12 de febrero de 2016, consta claramente destacado en letras mayúsculas que "*queda excluida la cobertura de esta póliza para conductores menores de 26 años o bien con menos de 2 años de antigüedad de carné de conducir, salvo que aparezcan expresamente incluidos en las condiciones particulares*"; y en el apartado correspondiente a conductor habitual figura D. Manuel (copia para el asegurado aportada como documento n.º 1 de la demanda, en cuyo reverso aparece la firma del legal representante de la tomadora).

Igualmente, en las condiciones limitativas de dicha póliza, tanto las de fecha 25 de febrero de 2010 como la actualización de 12 de septiembre de 2014, se incluye la siguiente redacción: "*Exclusiones comunes a todas las pólizas: Queda excluido de la cobertura: — Los conductores menores de 26 años o con menos de 2 años de antigüedad de carné de conducir, salvo que aparezcan expresamente incluidos en las condiciones particulares"*. La misma redacción se observa en la "*Actualización de las condiciones limitativas*" y en la "*Actualización de las condiciones particulares*", documentos todos ellos aportados con la demanda.

Asimismo, ha resultado probado, por el propio reconocimiento de la parte actora, que el día 11 de enero de 2017, fecha en que sucedió el siniestro analizado, el vehículo asegurado era conducido por la hija de D. Manuel, D.ª Justa, nacida el NÚM. 000 de 1997, por tanto, de 20 años de edad en ese momento.

En realidad, tales hechos no son discutidos por la parte demandante, ya que su pretensión está fundamentada en la aceptación por la aseguradora de la inclusión en la cobertura de la póliza de D.ª Justa a partir del día siguiente al del siniestro (desde las 00,00 horas del 12 de enero de 2017), pese a conocer que el día anterior era ella la que conducía el automóvil, ampliando la prima en la cantidad de 191,73 €; y emitiendo un recibo adicional para el período del 25 de febrero de 2016 al 25 de febrero de 2017 (documentos n.º 7 y 8 de la demanda).

Consecuentemente con dichos antecedentes fácticos, solicita la demandante que se aplique lo dispuesto en el art. 7 de las condiciones generales, según el cual "*Línea Directa podría rescindir la Póliza mediante comunicación escrita dirigida al tomador en el plazo de un mes, a contar desde el conocimiento de la reserva o inexactitud en las declaraciones efectuadas por el mismo (...). Si el siniestro sobreviniese antes de que Línea Directa hubiese hecho la declaración a la que se refiere el párrafo anterior, la prestación de esta se reducirá en la misma proporción existente entre la prima convenida en la Póliza y la que corresponda de acuerdo con la verdadera entidad del riesgo*", y ello salvo que "*la reserva o inexactitud se hubiese producido mediante dolo o culpa grave del tomador*", en cuyo caso "*Línea Directa quedará liberada del pago de la prestación, salvo las correspondientes a la cobertura de Responsabilidad Civil de Suscripción Obligatoria*", respecto de la cual Línea Directa podrá repetir del tomador los pagos realizados.

A su vez, este artículo de las condiciones generales concuerda con lo dispuesto en los arts. 10, 11 y 12 de la Ley del Contrato de Seguros, los cuales solo permiten la exclusión del siniestro por parte de la aseguradora cuando el tomador del seguro haya actuado con dolo o mala fe en la declaración del riesgo y que, de haber conocido la aseguradora la agravación del riesgo, no hubiera contratado la póliza o lo habría hecho en condiciones más gravosas, circunstancias que, a criterio del apelante, no concurren en este caso puesto que cuando se contrató la póliza D.ª Justa tenía 13 años, condujo el vehículo el día del siniestro de forma puntual, no siendo conductora habitual, el Sr. Manuel comunicó a la aseguradora el mismo día del accidente que la conductora había sido D.ª Justa, así como su fecha de nacimiento (NÚM. 000 de 1997) y, finalmente, la compañía aceptó la inclusión en la póliza de la conductora menor de 26 años, con ampliación de la prima, cuando tuvo conocimiento del siniestro.

Sin embargo, tales argumentos no se consideran ajustados a derecho por las razones que se exponen a continuación.

En primer lugar, aunque existen resoluciones judiciales discrepantes sobre la naturaleza limitativa de derechos del asegurado o delimitadora del riesgo de la cláusula que libera o reduce la responsabilidad de la aseguradora en caso de conducción del vehículo por una persona menor de determinada edad (25, 26 o 27 años, normalmente) o con una antigüedad del permiso de conducir inferior a dos años (así, a título de ejemplo, la SAP Barcelona –Sección 1.ª– de 7 de octubre de 2013 y la SAP Murcia –Sección 5.ª– de 14 de noviembre de 2008, la consideran cláusula limitativa, tal y como es calificada en este caso por la propia compañía de seguros; y la SAP. Valencia –Sección 8.ª– de 28 de julio de 2010 y la SAP Pontevedra –Sección 1.ª– de 8 de mayo de 2020 la catalogan como cláusula delimitadora), esta distinción no es determinante en el supuesto analizado.

En este sentido, según la STS 661/2019, de 12 de diciembre, "*las cláusulas delimitadoras, susceptibles de incluirse en las condiciones generales para formar parte del contrato, quedan sometidas al régimen de aceptación genérica sin la necesidad de la observancia de los requisitos de incorporación que se exigen a las limitativas (...); mientras que estas últimas deben cumplir los requisitos previstos en el art. 3 LCS; esto es, estar destacadas de un modo especial y ser expresamente aceptadas por escrito, formalidades que resultan esenciales para comprobar que el asegurado tuvo un exacto conocimiento del riesgo cubierto... Al punto de bastar para la virtualidad de las cláusulas delimitadoras del riesgo que su redacción sea clara y precisa, así como que las mismas sean conocidas y aceptadas por el asegurado*".

No obstante, en este caso, la cláusula en cuestión no solamente está destacada suficientemente en letra mayúscula tanto en las condiciones particulares como en las denominadas "*condiciones limitativas*" y "*actualización de condiciones limitativas*" de la póliza, sino que su conocimiento por el tomador del seguro es admitido por el demandante, resultando además de la comunicación remitida a la aseguradora tras el siniestro con la finalidad de que se ampliaran las coberturas de la póliza, incluyendo en la misma a su hija Justa, de 20 años de edad.

En segundo lugar, debemos recordar las resoluciones dictadas sobre esta materia por el Tribunal Supremo.

Así, la STS n.º 636/2014, de 20 de noviembre, tras estimar el recurso extraordinario por infracción procesal y, como consecuencia, asumir la instancia y resolver sobre el fondo de la cuestión planteada, declara en su fundamento jurídico cuarto:

"*Esta Sala, al asumir la instancia, ha de abordar el tema referido a la legalidad de la cláusula contractual que excluye de cobertura los daños y perjuicios causados por conductor no autorizado expresamente, que sea además menor de veintiséis años; por lo que en tal caso queda abierta a la aseguradora la acción de repetición una vez que ha satisfecho las indemnizaciones oportunas a los perjudicados. La acción de repetición o de regreso, en el derecho de seguros, es aquella por la cual se faculta a la aseguradora a recuperar las cantidades abonadas por razón del cumplimiento del contrato de seguro y por el principio de indemnidad de las víctimas, cuando le asista el derecho a hacerlo frente al tomador o el asegurado.*

Hasta la reforma operada por la Ley 21/2007, el artículo 10 de la Ley sobre Responsabilidad Civil y Seguro en la Circulación de Vehículos a Motor disponía que el asegurador, una vez efectuado el pago de la indemnización, podrá repetir, según su apartado c) «contra el tomador del seguro o asegurado por causas previstas en la Ley 50/1980, de 8 de octubre, de Contrato de Seguro, y en el propio contrato de seguro (...)».

Pero tal posibilidad de exclusión de cobertura, en el ámbito del aseguramiento obligatorio, por causas previstas «en el propio contrato de seguro» desaparece con ocasión de dicha reforma. Resulta clarificadora al respecto la frase incorporada por el legislador en el párrafo segundo del apartado III de la Exposición de Motivos de la Ley 21/2007, que modifica el texto refundido de la Ley sobre responsabilidad civil y seguro en la circulación de vehículos a motor, aprobado por el Real Decreto Legislativo 8/2004, de 29 octubre, y el texto refundido de la Ley de ordenación y supervisión de los seguros privados, aprobado por el Real Decreto Legislativo 6/2004, de 29 octubre. Dice el legislador lo siguiente: «Con el objetivo de reforzar el carácter de protección patrimonial para el tomador o asegurado, se limitan las posibilidades de repetición por el asegurador sobre ellos a las causas previstas en la Ley, con eliminación de la posibilidad de que el asegurador repita contra el tomador o asegurado por causas previstas en el contrato».

Pues bien, como consecuencia, el artículo 10 en su apartado c) autoriza la repetición «contra el tomador del seguro o asegurado, por las causas previstas en la Ley 50/1980, de 8 de octubre, de Contrato de Seguro, y, conforme a lo previsto en el contrato, en el caso de conducción del vehículo por quien carezca del permiso de conducir».

Es decir que, legalmente se limita la posibilidad de pacto sobre repetición al supuesto de conducción del vehículo por quien carezca de permiso de conducir, de modo que fuera de tal caso solo cabe la repetición en los supuestos previstos por la ley, no alcanzando los supuestos legalmente previstos al caso de conducción por persona no autorizada según el contrato que sea menor de veintiséis años, como aquí sucede.

En definitiva, dicha exclusión de cobertura —que claramente era conocida y aceptada por el tomador del seguro— únicamente podrá desplegar sus efectos fuera del ámbito del seguro obligatorio, alcanzando por ello en el caso presente a la indemnización por los daños causados al propio vehículo asegurado, cuyo importe consta satisfecho por la aseguradora.

Por todo ello, de conformidad con la interpretación realizada por esta resolución del Alto Tribunal, la exclusión de la cobertura de la póliza de seguros, siendo conocida y aceptada por el tomador, es válida fuera de la cobertura del ámbito del seguro obligatorio, alcanzando, tanto en el supuesto analizado en la sentencia del Tribunal Supremo como en el nuestro, «a la indemnización por los daños causados al propio vehículo asegurado»".

En aquel caso, la STS de 26 de noviembre de 2014 confirmó la de la AP de Madrid (Sección 9.ª) de 21 de mayo de 2012, en la que se había estimado la pretensión de la aseguradora (también "*Línea Directa Aseguradora*") consistente en una acción de repetición contra el tomador del seguro, puesto que ya había satisfecho el importe de la reparación del vehículo asegurado en una póliza que cubría los daños propios.

Y, por el mismo motivo, procede desestimar la pretensión ejercitada en este procedimiento por el tomador del seguro en reclamación a la aseguradora de una parte proporcional del importe de dicha reparación.

Una solución distinta sería procedente en caso de que la indemnización reclamada estuviera dentro del ámbito del seguro obligatorio, pero, como hemos visto, no es el caso.

En el mismo sentido, la sentencia de esta Sala n.º 65/17, de 17 de febrero, en relación con otra causa de exclusión expresamente prevista en la póliza, declara: "*Tratamiento distinto hemos de dar a la cláusula de exclusión expresa y debidamente firmada por el tomador de seguro y asegurado, consistente en la «sustracción ilegítima del vehículo»*".

(...) **Ante estas contundentes declaraciones, no cabe oponer un eventual permiso por terceros que no son el propietario y no pueden arrogarse facultades que no les competen, sin que pueda presumirse una autorización tácita pues ni siquiera eran amigos, nunca había usado antes la motocicleta y las llaves no estaban puestas sino colgadas en el tablón correspondiente.**

Como antes hemos visto, la propia definición de conductor que en beneficio de la parte recurrente antes hemos aplicado, como "*cualquier persona que, con la debida autorización del asegurado, propietario o poseedor de la moto, y con la suficiente habilitación legal la conducta en el momento del siniestro*", confirma la necesidad de autorización por parte del titular del vehículo que conforme a lo antes expuesto hemos de descartar de modo absoluto.

En consecuencia, concurre una de las causas de exclusión contractualmente estipuladas y debidamente firmadas, lo que exime a la compañía de seguros de pagar cantidad alguna por el siniestro producido.

Por ello procede la estimación del recurso, la revocación de la sentencia apelada y la consecuente desestimación de la demanda.

Por daños intencionados

Caso 62

Resumen: La póliza suscrita por la aseguradora excluye expresamente la responsabilidad por hechos y daños que se hayan llevado a cabo de forma intencionada con el vehículo por el propio tomador del seguro, por los daños solo responderá el causante.

Sentencia: AP Valencia, Sec. 6.ª, 23/2023, de 24 de enero. Recurso 174/2022 (SP/SENT/1189509).

Argumentación jurídica: La parte demandante no impugna la conclusión de la sentencia que no se está ante un supuesto de negligencia o culpa, y la conclusión de que fueron causados los daños que sufrió de manera intencional, empleando para ello el vehículo a motor, y centra su recurso en la responsabilidad de la Compañía aseguradora, que entiende solidaria con el conductor demandado debido a la existencia de un seguro de accidentes voluntario suscrito por el codemandado. Varía así la parte apelante, de manera sustancial los postulados de su inicial demanda, que presentaba el accidente, siendo conocedor de las anteriores actuaciones penales, como un accidente de circulación a diferencia de lo que concluyó la sentencia, y en esta alzada no discute, ello constituye una variación sustancial de las alegaciones vertidas en primera instancia, y como tal no podría ser invocada como hecho novedoso en esta alzada, aunque **podemos concluir no sirven para**

desvirtuar las conclusiones de la sentencia recurrida, ya que la regla 24 de la póliza suscrita por Mutua Madrileña que excluye precisamente para cualquier modalidad de seguro, la responsabilidad por hechos y daños cometidos intencionadamente con el vehículo por el tomador del seguro, exclusión que aparece debidamente destacada en la póliza obrante en el expediente digital. Ello excluye la interpretación que sostiene y la aplicación de la jurisprudencia que cita en apoyo de su tesis, de aquí que entendamos que no se han desvirtuado los razonamientos de la sentencia recurrida, y que por tanto que el recurso debe ser desestimado.

Caso 63

Resumen: La cláusula incluida en el seguro voluntario es delimitadora del riesgo, y, por tanto, excluye aquellos daños que se produzcan como consecuencia de las actividades industriales y fuera de los casos en los que el vehículo no se encuentre circulando.

Sentencia: AP Girona, Sec. 2.ª, 110/2022, de 10 de marzo. Recurso 26/2022 (SP/SENT/1147999).

Argumentación jurídica: En relación con el error invocado por la parte recurrente en cuanto a la valoración de la póliza de seguro voluntario, al interpretar que la misma comprende supuestos de circulación de los vehículos asegurados más allá del concepto de circulación o de hecho de la circulación que resulta de la LRCySCVM y de la normativa reglamentaria que la desarrolla.

No puede compartirse la alegación de la parte, La Garantía contratada del seguro voluntario la denominada *"Daños del Vehículo"* que se halla definida y delimitada en el apartado 3.1.15 del Condicionado General Específico de la Póliza, cubriéndose en la misma, entre otros daños, el riesgo de vuelco o caída a zanjas o terraplenes [3.1.15.1 d)] que pudiera sufrir el vehículo asegurado dentro del marco del objeto de aseguramiento definido en el propio Condicionado de la póliza.

Dado que nos hallamos ante una póliza que tiene como objetivo esencial cubrir la responsabilidad civil derivada de los hechos de la circulación, se recoge expresamente como objeto de cobertura aquellos riesgos que el artículo 2 del Reglamento del Seguro Obligatorio de Circulación (RD 1507/2008) no son hechos de la circulación, salvo pacto en contrario que pudiera existir entre las partes.

Así se establece expresamente en el artículo 3.3.5, página 52 de la póliza: "*Salvo que expresamente se haga constar lo contrario en las Condiciones Particulares de la Póliza, se excluyen:*

a) Los siniestros derivados de la participación del vehículo asegurado en espectáculos, apuestas, desafíos, carreras, concursos, manifestaciones o pruebas deportivas, así como los derivados de ensayos o entrenamientos para dichos eventos.

b) Los siniestros derivados de la realización de tareas industriales o agrícolas por parte del asegurado.

c) Los siniestros derivados de la circulación del vehículo asegurado en recintos portuarios o aeroportuarios, tanto si este circula de forma exclusiva como de forma ocasional en dichos recintos".

Como la misma parte apelada opone, se establece la no cobertura objetiva y/o material –excepto que en las Condiciones Particulares de la misma, se hubiere hecho constar lo contrario– de todos aquellos riesgos acaecidos que no tengan su origen en un hecho de la circulación, tal como lo viene considerando el artículo 2 del RD 1507/2008 al que se remite la póliza.

Y en base a ello la parte recurrente amplio la cobertura (Cláusula Particular 03), tanto en el marco del seguro obligatorio como del voluntario, y para la garantía de Responsabilidad Civil Voluntaria Limitada, a aquellos hechos –inicialmente no cubiertos– que pudieran acaecer territorialmente en las instalaciones portuarios.

Pero, como mantiene la parte apelada, en ningún caso se pactó entre las partes la cobertura de siniestros derivados de la realización de tareas industriales o agrícolas por parte del asegurado. No constituyendo lo acaecido (actividad industrial de descarga de café) un hecho de la circulación.

Por lo tanto en la póliza del seguro voluntario, en el art. 5.1 que se refiere al "*alcance de la garantía*", no puede considerarse una cláusula de exclusión o limitativa de derechos conforme a la jurisprudencia en la materia, que ya recoge la sentencia de Instancia y a la cual nos remitimos.

En este sentido, como recoge la sentencia Roj: SAP PO 1397/2020 - ECLI:ES:APPO:2020:1397:

"*6. Como hemos recordado en resoluciones anteriores, el seguro voluntario de accidentes presupone la existencia del seguro obligatorio, y complementa su cobertura con el fundamento de la autonomía de la voluntad negocial, con el fin de lograr una reparación integral de los daños causados, con base en el art. 73 LCS. El seguro obligatorio y el seguro voluntario, –que amparan los riesgos derivados de la circulación de vehículos de motor–, operan como contratos conexos o coligados, pues con ellos el asegurado lo que pretende es cubrirse íntegramente frente a cualquier pérdida patrimonial que tenga origen en la actualización de los riesgos cubiertos, desplazando sobre el patrimonio del asegurador la responsabilidad civil derivada del siniestro. El seguro voluntario alcanza, desde el punto de vista cualitativo, a los daños que no quedan cubiertos por el seguro de suscripción obligatoria, y desde el punto de vista cuantitativo complementa su cobertura, superando los límites estrictos fijados por la norma jurídica imperativa, tal como establece el art. 2.5 del Real Decreto Legislativo 8/2004, de 29 de octubre, por el que se aprueba el texto refundido de la Ley sobre responsabilidad civil y seguro en la circulación de vehículos a motor, a cuyo tenor: «[a]demás de la cobertura indicada en el apartado 1, la póliza en que se formalice el contrato de seguro de responsabilidad civil de suscripción obligatoria podrá incluir, con carácter potestativo, las coberturas que libremente se pacten entre el tomador y la entidad aseguradora con arreglo a la legislación vigente»*".

Que es lo acaecido en el caso presente, en que la parte actora amplio la cobertura a daños no cubiertos en el seguro obligatorio pero siempre respecto de hechos con motivo de la circulación.

No estamos en presencia de una cláusula limitativa sino delimitadora del riesgo.

El riesgo se produce como consecuencia de la actividad de descarga ya que el siniestro fue debido a un vuelco de la unidad tractora-remolque, durante los trabajos de descarga de café en el marco de la actividad industrial que se estaba llevando a término, hallándose al momento de los hechos el vehículo detenido y la causa de dicho vuelco lo fue, según consta en las conclusiones del informe pericial de la parte demandada que la misma parte actora admite como cierto según el informe pericial:

"***Por lo anteriormente indicado, quedaría acreditado que:***

A) El siniestro deriva exclusivamente de una acción industrial concreta, consistente en basculado del semirremolque para depositar en el suelo una carga de café.

B) En el momento del siniestro, el conjunto cabeza tractora + semirremolque se encontraban en CONFIGURACIÓN DE TRABAJO O DESEMPEÑO INDUSTRIAL PROFESIONAL (elevando el basculante para descargar). Queda acreditado que NO se encontraba en configuración de circulación.

C) Para iniciar la activación de la toma de fuerza para la bomba hidráulica del basculante, el vehículo tiene que estar necesariamente detenido.

D) El incidente se produce en un recinto vallado y de acceso restringido y controlado (no de uso común)".

Estas conclusiones periciales vienen en establecer técnicamente la falsedad de la mecánica de los hechos declarada, no habiéndose producido el vuelco del semirremolque como consecuencia de un hecho de la circulación, sino como resultado de la desestabilización del conjunto tractora-remolque en estado de parado y como consecuencia de la tarea industrial de descarga de café que se estaba llevando a término con el volquete levantado.

No estamos en presencia de un hecho de la circulación y en consecuencia no siendo una cláusula limitativa sino delimitadora del riesgo la que excluye, los daños a consecuencia de actuaciones industriales del vehículo asegurado, los daños no están cubiertos por la póliza ni podría estar incluido dentro del apartado d) que consta caída o vuelco a terraplén, dado que no se ha producido la caída ni con motivo de la circulación ni consta lo fuera a zanja o terraplén, como ya lo resuelve la sentencia de Instancia.

En definitiva, incluso en el supuesto que se estimara que efectivamente, el siniestro estaría dentro de la cobertura del seguro de daños al margen de que los hechos se produjeran con motivo de la circulación, tampoco estarían incluidos los daños dentro de dicha cobertura, ya que el supuesto en el que la parte recurrente los incluye el apartado d), tampoco el siniestro se produjo como consecuencia del vuelco y no consta lo fuera a zanja o terraplén ni que este existiera en el lugar del siniestro. En consecuencia tampoco estaría cubierto por el seguro de daños.

Procediendo en consecuencia desestimar el recurso y confirmar la sentencia recurrida.

Por defensa jurídica

Caso 64

Resumen: Es delimitadora y válida la cláusula que fija un límite a la suma por gastos de asistencia jurídica y la remisión a los Criterios orientadores de Honorarios del Colegio de Abogados de Barcelona.

Sentencia: AP Barcelona, Sec. 13.ª, 715/2021, de 16 de diciembre. Recurso 823/2020 (SP/SENT/1140245).

Argumentación jurídica: Póliza de Seguro de Ocaso Hogar Plus suscrita. Cobertura.

En la Póliza de Seguro de Ocaso Hogar Plus, Condiciones particulares se hace constar: Ocaso S.A. garantiza la cobertura de los riesgos y capitales que se detallan: Garantías aseguradas: Defensa Jurídica, Asistencia jurídica y legal: 6.000 euros.

En las Condiciones Generales del Seguro Ocaso Hogar, apartado relativo a las Condiciones específicas del seguro de defensa jurídica, Asistencia jurídica y legal, se indica:

"*Apartado 7. Elección de Abogado y Procurador:*

El asegurado tendrá derecho a elegir libremente el procurador y abogado que hayan de representarle y defenderle en cualquier clase de procedimiento.

Antes de proceder a su nombramiento, el asegurado comunicará al asegurador el nombre del abogado y procurador elegidos. El asegurador, podrá recusar justificadamente al profesional designado y de subsistir la controversia, se someterá al arbitraje previsto en el apartado 10…/…

No obstante, se hace constar que la defensa en el ámbito civil viene automáticamente garantizada en los seguros de responsabilidad civil, en base al artículo 74 de la Ley 50/1980, de 8 de octubre, del contrato de seguro.

Apartado 8, Pago de Honorarios:

El asegurador satisfará los honorarios del abogado que actúe en defensa del asegurado, con sujeción a las normas fijadas al efecto por el Consejo General de la Abogacía Española, y de no existir estas normas, se estará a lo dispuesto por las de los respectivos Colegios. Las normas orientadoras de honorarios serán consideradas como límite máximo de la obligación del asegurador. Las discrepancias sobre la interpretación de dichas normas, serán sometidas a la comisión competente del Colegio de Abogados correspondiente".

TERCERO. Legislación y jurisprudencia aplicable.

Dice el artículo 76 A) LCS: "*Por el seguro de defensa jurídica, el asegurador se obliga, dentro de los límites establecidos en la ley y en el contrato, a hacerse cargo de los gastos en que pueda incurrir el asegurado como consecuencia de su intervención en un procedimiento administrativo, judicial o arbitral, y a prestarle los servicios de asistencia jurídica judicial y extrajudicial derivados de la cobertura del seguro*".

En aras a mantener un criterio uniforme y de procurar el reforzamiento de los principios de seguridad jurídica e igualdad en la aplicación de la Ley, la sentencia del Pleno de la Sala 1.ª del Tribunal Supremo de 11 de septiembre de 2006, n.º 853/2006, recurso 3260/1999 distingue entre cláusulas delimitadoras del riesgo y las limitativas de derechos y señala que las primeras "*son aquellas mediante las cuales se concreta el objeto del contrato, fijando los riesgos que, de producirse, hacen que nazca en el asegurado el derecho a la prestación y, en la aseguradora, la recíproca obligación de atenderla, pertenecen al ámbito de la autonomía de la voluntad y constituyen la causa del contrato; de otro lado, cláusulas limitativas, serían aquellas otras que operan para restringir, condicionar o modificar el derecho del asegurado a la indemnización una vez que el riesgo objeto del seguro se ha producido*".

Esta misma sentencia señala que las segundas estarán sujetas al régimen del artículo 3, aceptación específica por escrito, mientras que para las primeras es suficiente su aceptación genérica, al ser susceptibles de incluirse en las condiciones generales, de las que basta con la constancia de su aceptación por el asegurado, y a estos efectos es suficiente que en las condiciones particulares, se exprese, también de forma clara y precisa —pero genérica—, que se han recibido, conocido y comprobado dichas condiciones generales.

La sentencia del Tribunal Supremo 401/2010, de 1 de julio de 2010, declaró la validez de la cláusula que limita la cobertura en el seguro de defensa jurídica (se fija un tope para la cobertura de gastos de defensa) en una demanda relativa a consumidores y en el marco del seguro de defensa jurídica, previsto en el artículo 76 a) y siguientes de la LCS.

La sentencia del Tribunal Supremo de 14 de julio de 2020 número 421/2020, número de recurso: 4922/2017, reconoce la validez del límite de cobertura con referencia a un índice como, a título de ejemplo, el importe orientativo del baremo de los colegios profesionales.

Declara que la fijación en la póliza de dicho límite puede calificarse, en principio, como cláusula delimitadora del riesgo, pero que si bien en principio puede tener esa naturaleza, en tanto cláusula que delimita cuantitativamente el objeto asegurado, no obstante, las circunstancias del caso pueden determinar su consideración como limitativa de los derechos del asegurado, e incluso lesiva, cuando se fijan unos límites notoriamente insuficientes en relación con la cuantía cubierta por el seguro de responsabilidad civil. En este caso considera podría considerarse que dichas cláusulas son implícitamente limitativas del derecho del asegurado a la libre elección de abogado, pues se estaría restringiendo la cobertura esperada por el asegurado, y quedaría desnaturalizada la defensa jurídica accesoria al seguro de responsabilidad civil.

(...) Y continúa: "*De ahí, que razones de seguridad jurídica harían deseable, siempre con respeto a la autonomía de la voluntad, acudir a un índice de referencia para calificar el límite como delimitador de la cobertura y evitar litigios como el presente.*

Uno de ellos podría ser, a título de ejemplo, fijar como límite el importe orientativo del baremo de los colegios profesionales.

Evidentemente el índice lo será en función del límite de la cobertura del seguro de responsabilidad civil contratado.

Esta cláusula, aunque relativa a consumidores y en el marco del seguro de defensa jurídica, previsto en el artículo 76 a) y siguientes de la LCS, fue declarada válida por la STS 401/2010, de 1 de julio".

Finalmente, la sentencia de 24 de febrero de 2021 contiene los siguientes pronunciamientos:

"En el ámbito del seguro de defensa jurídica, conforme al art. 76.a) LCS, el asegurador queda obligado a hacerse cargo de los gastos de la defensa jurídica libremente elegida «dentro de los límites establecidos en la ley y en el contrato»".

vi) Para las cláusulas que fijan la cuantía máxima de la cobertura de defensa jurídica en el ámbito del art. 74 LCS, ante el silencio del legislador, corresponde a los tribunales calificar su naturaleza delimitadora o limitativa (tal y como recientemente ha dicho la sala en la sentencia 421/2020, de 4 de julio, en un caso en el que el asegurado por un seguro de responsabilidad civil, para su defensa frente a la demanda de responsabilidad que se dirigió contra él, y dada la existencia de conflicto de intereses, designó abogado de su libre elección). Según la citada sentencia 421/2020, aunque en principio la cláusula puede calificarse como delimitadora del riesgo, en atención a las circunstancias del caso será limitativa de los derechos del asegurado, incluso lesiva, si fija unos límites notoriamente insuficientes en relación con la cuantía cubierta por el seguro de responsabilidad civil.

vii) Para los seguros de defensa jurídica, además de la doctrina jurisprudencial de esta sala sobre las cláusulas de delimitación, las cláusulas limitativas y las cláusulas lesivas, es preciso atender a la doctrina del Tribunal de Justicia sobre la Directiva 87/344/CEE, de 22 de junio, sobre coordinación de las disposiciones legales, reglamentarias y administrativas relativas al seguro de defensa jurídica, cuya incorporación a la ley española del contrato de seguro tuvo lugar por medio de la Ley 21/1990, de 19 de diciembre (...).

2. Aplicación al caso. Estimación del recurso de casación.

En el caso que da lugar a este recurso nos encontramos con un contrato de seguro del automóvil que no se limita a incorporar el contenido propio de defensa que incumbe al asegurador de la responsabilidad civil frente a las reclamaciones del perjudicado contra el asegurado (art. 74 LCS) sino que incluye, además, de manera voluntaria, una cobertura adicional de defensa jurídica.

La condición particular V de la póliza, firmada por el asegurado, es del siguiente tenor: *"Libre elección de abogado (art. 63 de las condiciones generales). El asegurador garantiza a su cargo, sin límite alguno, todos los gastos necesarios para la defensa y/o reclamación de los intereses del asegurado, según las coberturas a que se refiere el presente artículo, cuando los servicios sean prestados por el mismo asegurador. Si el asegurado ejerciera su derecho a la libre elección de abogado y/o procurador que lo represente, el asegurador abonará hasta el límite máximo de 600 euros, los gastos de dichos profesionales, con sujeción a las normas orientadoras de los colegios profesionales a los que aquellos pertenecieran".*

Aunque no se han aportado las condiciones generales a este procedimiento, se desprende del tenor de la condición particular que se incluía la cobertura de defensa jurídica tanto para las reclamaciones de responsabilidad civil que pudieran dirigirse contra el asegurado (art. 74 LCS) como para la reclamación de sus intereses en una posición activa, es decir en caso de reclamaciones frente a terceros con ocasión de los daños sufridos en un accidente de circulación. Por lo demás, la cláusula particular no limita la *"libre elección de abogado"* a los casos de conflicto de intereses de la aseguradora, pero incluye como posibles limitaciones dos: el límite máximo de 600 euros y la sujeción a las normas orientadoras de los colegios profesionales a los que pertenecieran los profesionales libremente designados.

En el caso, lo que se reclama a la aseguradora demandada son los honorarios de abogado y derechos de procurador abonados por la esposa e hijo del asegurado fallecido y en su condición de herederos del mismo por la reclamación frente a la aseguradora de quien provocó la muerte del asegurado. La demandada no niega que la póliza cubriera los gastos ocasionados por estos profesionales por ser una reclamación frente a terceros, pero entiende que la cuantía que debe abonar se limita a la suma de 600 euros prevista en la póliza. Este es el punto de controversia que se somete a esta sala.

La cláusula que fija los límites de cobertura se incluyó entre las cláusulas particulares y fue firmada por el asegurado. En este sentido, la limitación de la cobertura conforme a los criterios orientadores de los Colegios Profesionales habría quedado aceptada e incorporada a la póliza, pues cumple las exigencias del art. 3 LCS. Los propios demandantes, aunque abonaron una suma mayor a los profesionales designados, limitan su reclamación al límite de lo que resulta de esos criterios orientadores.

En definitiva, en base a la doctrina expuesta, la cláusula que fija la cuantía máxima de la cobertura de defensa jurídica puede calificarse como delimitadora del riesgo y es válida, siendo válida, asimismo, la remisión que contenga a los criterios orientadores de los Colegios de Abogados, si bien, en atención a las circunstancias será limitativa, incluso lesiva, si fija unos límites notoriamente insuficientes.

CUARTO. Aplicación al caso concreto.

En el presente caso, la Póliza de Seguro de Ocaso Hogar Plus contiene una limitación de la cobertura a 6.000 euros, si bien, en las Condiciones Generales del Seguro Ocaso Hogar, el apartado 8, Pago de Honorarios, dispone que las normas orientadoras de honorarios fijadas por el Consejo General de la Abogacía Española, y en su defecto, por el Colegio de Abogados respectivo, serán consideradas como límite máximo de la obligación del asegurador.

Se discute en el recurso si la cobertura debe estar limitada a 6.000 euros, como considera la juzgadora de primera instancia, o bien, si el límite máximo de la obligación del asegurador será el que resulte de la aplicación de los Criterios de Honorarios del Colegio de Abogados de Barcelona (Criterios del ICAB aprobados por su Junta de Gobierno el 3 de marzo de 2020, conforme a la Resolución de la CNMC de 27 de febrero de 2020 (Expediente VS/0587/16).

Aplicando los criterios recogidos en la sentencia del Tribunal Supremo n.º 101/2021, de 24 de febrero de 2021, la cláusula examinada que fija un límite a la suma a abonar al asegurado en cualquier clase de procedimiento, se ha de considerar delimitadora

del riesgo y es válida la remisión que contiene a los Criterios orientadores de Honorarios del Colegio de Abogados de Barcelona.

Pero ni en la demanda ni en la contestación se han cuantificado los honorarios de los profesionales con arreglo a las normas orientadoras del Colegio de Abogados de Barcelona, por lo que no se han podido comparar con el límite cuantitativo de la póliza de 6.000 euros.

La parte demandada, que opone que deben aplicarse las Normas Orientadoras de Honorarios Profesionales del Colegio de Abogados de Barcelona, no ha probado que el importe máximo de 6.000 euros de cobertura sea excesivo conforme a las normas del Colegio, puesto que ninguna prueba ha articulado la parte demandada –a quien incumbía la carga de la prueba de este hecho conforme al artículo 217.3.º de la Ley de Enjuiciamiento Civil– para demostrar lo contrario.

Tampoco ha justificado la compañía OCASO S.A. motivo alguno que justifique la reducción a 3.000 euros como solicita en el recurso.

Por ello, se comparte el criterio de la resolución apelada de declarar el derecho al reembolso de gastos de defensa con el límite de cobertura previsto en la póliza, de 6.000 euros.

Por lucro cesante por paralización del vehículo

Caso 65

Resumen: La cláusula de daños propios delimita el riesgo a los daños causados al vehículo sin que se incluya el lucro cesante por la paralización del camión pudiendo reclamar a la conductora del vehículo que colisionó con la cabeza tractora y a su asegurador.

Sentencia: TS, Sala Primera, de lo Civil, 563/2021, de 26 de julio. Recurso 4890/2018 (SP/SENT/1108138).

Argumentación jurídica: (IV) Estimación del recurso.

La Audiencia considera que las condiciones generales de la póliza son limitativas de los derechos de la actora, lo que le lleva a estimar comprendidos los riesgos reclamados dentro de la cobertura *"daños a vehículo (Art. 5 CG)"* de las condiciones particulares, en los que consta comprendidos: daños externos, operaciones de carga y descarga, desplazamiento accidental del cargamento, riesgos climatológicos y riesgos extraordinarios.

Pues bien, la propia parte actora aplica, a su reclamación, el artículo 12 de las condiciones generales de la póliza, relativo a *"Límites de garantías"*, y, en consecuencia, restringe el importe de los daños sufridos *"al valor venal del vehículo en el momento del siniestro en opinión de los expertos"*, en tanto en cuanto reclama, por tal concepto, la suma de 42.380 euros, teniendo en cuenta las correspondientes tablas de depreciación que figuran en la póliza. Incluso la propia sentencia recurrida aplica dicha condición 12, deduciendo del valor venal el importe de los restos del vehículo, menos la franquicia de 1.500 euros, pronunciamiento firme, por lo que nada se discute sobre la naturaleza de dicha condición 12 y su aplicación al caso.

La cuestión litigiosa se reconduce a si, en la cobertura de daños propios, que se define en el art. 5 de las condiciones generales de la póliza, al que remite expresamente las condiciones particulares indicativas del riesgo asegurado [*"daños a vehículos (art. 5 CG)"*], se extiende al lucro cesante por la paralización del vehículo, al depósito del mismo en un taller y a los gastos de tasación.

Pues bien, la precitada condición general 5 señala, literalmente, bajo el epígrafe "*Garantía A - Daños Accidentales*", que:

"La Compañía indemnizará al Asegurado los daños causados al vehículo asegurado como consecuencia de impacto con un objeto fijo o móvil o el vuelco del vehículo.

La garantía comprende además:

Los daños causados a repuestos, accesorios y a equipos profesionales instalados en el vehículo tales como grupos frigoríficos, mecanismos de izar, elevadores o similares en la medida en que estén expresamente descritos en las condiciones particulares.

Los daños causados a neumáticos, teniendo en cuenta su estado y antigüedad siempre que tales daños vayan acompañados de otros daños cubiertos bajo esta garantía (...)".

Esta cláusula delimita el riesgo a los daños causados al vehículo, como resulta no solo de la redacción literal de la precitada cláusula, que así expresamente lo establece, sino también de la especificación de los límites de la cobertura a otros elementos relativos a accesorios y equipos industriales del propio vehículo, sin que, por el contrario, se extienda a otros riesgos, no contemplados por las partes, como una cobertura de lucro cesante por los daños y perjuicios sufridos, no en el vehículo asegurado, sino ocasionados a la empresa titular del mismo por su paralización como elemento productivo, o los de depósito en taller o elaboración de un presupuesto de reparación, que discurren al margen de la cobertura descrita, que ostenta la condición de delimitadora del riesgo.

Todo ello, sin perjuicio de las acciones que correspondan a la demandante contra la persona que conducía el vehículo, que colisionó con la cabeza tractora, y su contra su compañía aseguradora que, al amparo del seguro de responsabilidad civil derivada de la circulación de vehículos de motor, deberá resarcir, en su caso, la totalidad de los daños y perjuicios sufridos por la actora, siempre que le sean jurídicamente imputables.

No apreciamos contradicción alguna entre las condiciones particulares que remiten expresamente a las generales, ni se puede considerar sorpresiva la exclusión de los otros gastos reclamados.

(V) Asunción de la instancia.

Procede estimar el recurso de apelación interpuesto, en el sentido de acoger la demanda en la suma de 42.380 euros, valor venal de la cabeza tractora, reclamados, menos los 6.500 euros deducidos por la Audiencia, en pronunciamiento no cuestionado, por valor de restos y franquicia de 1.500 euros, lo que hace un total de 35.880 euros.

En la póliza multirriesgo de daños

Por asistencia jurídica

Caso 66

Resumen: El seguro de defensa jurídica no cubre los gastos procesales por la reclamación contra la propia aseguradora al no estar de acuerdo con lo indemnizado por el siniestro total del automóvil.

Sentencia: TS, Sala Primera, de lo Civil, 636/2021, de 27 de septiembre. Recurso 5177/2018 (SP/SENT/1115870).

Argumentación jurídica: Procede por ello que abordemos el estudio del motivo primero del recurso, que razona que el seguro de defensa jurídica, contra lo decidido por la sentencia recurrida, sí cubre los gastos de reclamaciones dirigidas contra la aseguradora porque no es necesaria la implicación de un tercero para que se dé un conflicto de intereses. Justifica el interés casacional con la cita de las sentencias 1221/2001, de 19 de diciembre, y 426/2006, de 9 de mayo.

Por lo que decimos a continuación el motivo va a ser desestimado.

3. Decisión de la Sala. Desestimación del primer motivo. En el caso que juzgamos, el objeto del anterior pleito seguido entre las partes, y en relación con el cual la tomadora solicita el reembolso de los gastos de abogado y procurador, versaba sobre el cumplimiento del propio contrato de seguro, en particular como consecuencia de las discrepancias acerca de la cuantía de la indemnización que debía pagar la aseguradora por razón del siniestro total del vehículo. No estamos ante un riesgo cubierto por el seguro de defensa jurídica.

Por el seguro de defensa jurídica, "*el asegurador se obliga, dentro de los límites establecidos en la Ley y en el contrato, a hacerse cargo de los gastos en que pueda incurrir el asegurado como consecuencia de su intervención en un procedimiento administrativo, judicial o arbitral, y a prestarle los servicios de asistencia jurídica judicial y extrajudicial derivados de la cobertura del seguro*" [art. 76 a) LCS]. El seguro de defensa jurídica requiere alteridad en el litigio cuya defensa o cuyos gastos deben ser asumidos por el asegurador. El seguro de defensa jurídica no tiene por objeto cubrir los gastos de los profesionales a los que recurra el asegurado con el fin de exigir el cumplimiento

de las prestaciones pactadas por las partes en el contrato de seguro. La asignación de los gastos generados por un procedimiento seguido contra la aseguradora y en el que se discute el ámbito del contrato de seguro o su cumplimiento vendrá fijada en cada caso por el resultado del procedimiento seguido y, en particular, por el criterio que se adopte en la sentencia en materia de costas.

La interpretación contraria sostenida por la recurrente no se puede sostener. No solo carece de sentido que la aseguradora pudiera asumir la defensa jurídica de una reclamación entablada por el asegurado contra ella para exigir el cumplimiento de otros capítulos de la póliza (como sucede en el caso con el siniestro total), sino que tampoco sería razonable concluir que, por estar ínsito en tal reclamación un conflicto de intereses entre las partes, la aseguradora siempre debería hacerse cargo de los gastos en que incurriera el asegurado para entablar reclamaciones contra ella. Basta pensar que, de ser así, se llegaría al absurdo de que la aseguradora debería reintegrar al asegurado los gastos incluso cuando, por desestimación íntegra de la demanda, hubiera sido condenado en costas.

Por estas mismas razones, la exclusión del seguro de defensa jurídica de los gastos por las reclamaciones contra la misma aseguradora no restringe los derechos del asegurado ni desnaturaliza la cobertura esperable, sino que acota y define el riesgo de manera coherente con el objeto propio de este seguro, que se refiere a la protección jurídica o la cobertura de los gastos por reclamaciones frente a terceros. Por ello, no puede considerarse limitativa de derechos y basta para su inclusión en el contrato con una aceptación genérica. En el caso, por lo demás, en la póliza que consta en las actuaciones no solo se recoge la mencionada exclusión, sino que en la descripción que se contiene de la cobertura de protección jurídica consistente en la reclamación de daños causados al vehículo asegurado se hace expresa referencia a la reclamación frente a los terceros responsables como consecuencia de un accidente de circulación, lo que no tiene nada que ver con el objeto del litigio precedente cuyas costas se reclaman ahora.

Finalmente, cumple observar que las sentencias citadas por la recurrente no son en absoluto semejantes al caso presente y que la sentencia recurrida no contraviene la doctrina de esta sala. En la sentencia 1221/2001, de 19 de diciembre, el asegurado designó abogado para defenderse en un proceso penal en el que su propia aseguradora, para excluir su responsabilidad por los daños causados a terceros, atribuía al asegurado la conducción en estado de embriaguez. En el caso de la sentencia 426/2006, de 9 de mayo, se reclaman las costas de un proceso en el que la aseguradora de la comunidad demandada por un tercero no asumió su defensa jurídica porque negaba la cobertura de la póliza. En ambas, por tanto, los gastos reclamados a la aseguradora proceden de procedimientos en los que los asegurados se han visto enfrentados a terceros y los intereses contrapuestos de la aseguradora y asegurada eran respecto de la postura mantenida en el procedimiento seguido con ese tercero (aunque no estuviera asegurado por la misma compañía).

Por todo ello, el motivo primero se desestima.

4. Desestimación del recurso. Por lo dicho, se desestima el recurso en su integridad y se confirma la sentencia de apelación, puesto que la desestimación del primer motivo hace

innecesario entrar a analizar los motivos segundo y tercero, que presuponen la cobertura por el seguro de defensa de la pretensión ejercitada lo que, como ha quedado expuesto, se rechaza.

Caso 67

Resumen: Desestimación pues la garantía de protección jurídica se configura en dos apartados, básica y ampliada, en la que claramente se pactaron los límites cuantitativos, que no resultan insuficientes o que no vacían el contenido de la garantía

Sentencia: AP Zaragoza, Sec. 4.ª, 204/2024, de 9 de mayo. Recurso 364/2023 (SP/SENT/1231722)

Argumentación jurídica: La póliza contratada, un seguro de daños, no incluía la responsabilidad civil (pág. 7 de la póliza), pero sí incluía *"protección jurídica"* en la modalidad básica y modalidad ampliada. No se especificó para esa garantía una prima correspondiente (art 76 c LCS). Ahora bien, la falta de esa especificación es imputable a la aseguradora como indica la st. TS de 24-2-2021 n.º 101, invocada por la parte apelante.

Por tanto, la póliza incluía la garantía de defensa jurídica y, en ese caso, conforme al art. 76 d) LCS, el asegurado tiene derecho a elegir libremente el procurador y abogado que hayan de representarle y defenderle en cualquier clase de procedimiento, pero "*dentro de los límites establecidos en la Ley y en los pactados*".

Conforme a dicho precepto, ese derecho puede estar sujeto a limitaciones, tal como resulta también de la mencionada st. TS de 24-2-2021. En el mismo sentido, la st. TS 11-4-2023 n.º 477 que indica " *no se excluye que puedan fijarse límites a la cuantía cubierta por el asegurador en función de la prima pagada, pero siempre que ello no comporte vaciar de contenido la libertad de elección por el asegurado de la persona facultada para representarlo y siempre que la indemnización efectivamente abonada por este asegurador sea suficiente*", cuestión a comprobar en cada caso concreto.

Se trata de que no se vacíe de contenido el derecho a la libre elección de abogado y procurador, en cuyo caso la cláusula que fija la cuantía, que en principio es delimitadora del riesgo (st. TS de 11-2-2009 n.º 77), devendría en limitativa del derecho. Y un supuesto en el que puede vaciarse de contenido es aquel en el que la cuantía de la garantía de defensa jurídica no sea suficiente para hacer efectivo el derecho del asegurado (supuesto de la st. TS 24-2-2021 en el que la cuantía fijada en póliza es insuficiente. Al contrario, en el caso de la st. TS de 11-4-2023 la cuantía es suficiente).

La parte demandante formuló su pretensión al amparo de las condiciones contractuales (pág. 19 de la póliza), por lo que eran conocidas. En dichas condiciones, la libre elección de procurador y abogado se incluyó dentro de las normas de actuación de las partes una vez surgido un conflicto o litigio, con mención hasta en cuatro apartados a límites de indemnización.

El límite consta de la pág. 18 de la póliza (2.000 euros para los gastos de procurador y abogado y 1.000 euros para perito). En la pág. 19, dentro del apartado de normas de

actuación consta límites de indemnización en dos ocasiones y en la pág. 20 consta el alcance cobertura y límites de indemnización (en tres ocasiones, en letra negrita).

En el recurso se alega que la mención de las págs. 19 y 20 se viene a remitir a la pág. 6 en la que no se fija capital concreto para la garantía de protección jurídica. Esta alegación no se efectuó en la demanda ni posteriormente. Con ello parece indicarse que la cobertura cuantitativa era confusa o desconocida. No es admisible esta alegación, atendiendo a las dos comunicaciones dirigidas a la aseguradora sobre la libre elección en base a la garantía de protección jurídica, al igual que en la demanda, lo cual pone de manifiesto un conocimiento de la cláusula y su aceptación. La garantía de protección jurídica se configura en dos apartados, básica y ampliada, es decir, esta última incluye la anterior en la que claramente se pactaron los límites cuantitativos, respecto a lo que nada se alegó ni resulta razón por la que se pueda considerar insuficiente o que, de hecho, pueda vaciar el contenido de la garantía.

Por daños anteriores o excluidos expresamente

Caso 68

Resumen: Sin cobertura por el seguro combinado del hogar del colapso final de la solería de la vivienda, pues, se prueba la preexistencia de los defectos de ejecución de la instalación o red de desagüe.

Sentencia: AP Ciudad Real, Sec. 2.ª, 499/2022, de 14 de noviembre. Recurso 80/2021 (SP/SENT/1167969).

Argumentación jurídica: El recurso aludido viene a vertebrarse asimismo en denuncia de comisión por el Juzgador *a quo* de error en la valoración de la actividad probatoria practicada en la primera instancia, especialmente en lo que respecta al resultado de la prueba pericial practicada a ruego de los demandantes; todo ello en relación a los requisitos necesarios para la prosperabilidad de la acción articulada en el escrito rector de demanda. El presente motivo ha de ser desestimado por los propios y acertados fundamentos jurídicos de la resolución de la sentencia recurrida, que la Sala comparte y da por reproducidos, que no han sido desvirtuados por las argumentaciones de la parte apelante. Siendo reiterada doctrina jurisprudencial la que tiene dicho, que es motivación suficiente de las sentencias la remisión hecha por el Tribunal Superior a la sentencia de instancia que era impugnada (SSTC 17/4 y 23/1/97, 2/6/98), pues "*si la resolución de primera instancia es acertada, la apelación, que la confirma, no tiene por qué repetir o reproducir los argumentos de aquella, pues basta, en aras de la economía procesal, la corrección por la Sala de lo que, en su caso, fuera necesario (...)*" (STS 5/10/98).

En cualquier caso y descendiendo al presente supuesto ha de declararse el hecho de no constatarse error alguno en la valoración de la prueba practicada, documental, testifical y pericial, por el juzgador de instancia, como dice la parte apelante, pues es facultad discrecional de los jueces y tribunales la de apreciar libremente las pruebas periciales practicadas en la instancia; existiendo una reiterada doctrina jurisprudencial muy consolidada (SSTS de 8-3-02, 26-2-99, 16-10-98, 11-4-98 y 12-5-2006, entre otras), que dice que por principio general la prueba de peritos es de apreciación libre, no tasada, valorada por el Juez según su prudente arbitrio, sin que existan reglas preestablecidas que rijan su estimación, pues ni los anteriores preceptos que regulaban la materia, ni el actual art. 348 de la Ley de Ritos Civiles, tienen carácter de preceptos valorativos de la prueba, pues la prueba en general es, repetimos, de libre apreciación por el Juez. Y es que las reglas de la sana critica no están codificadas, han de ser atendidas como las más elementales directrices de la lógica, pues el Juez ni siquiera está obligado a sujetarse al dictamen pericial, pudiendo solo impugnarse en el recurso la valoración realizada, si la misma es contraria en sus conclusiones a la racionalidad o conculca las más elementales directrices de la lógica, que no es el caso.

En efecto y entrando ya en el análisis de la censura proyectada sobre la valoración de la prueba pericial practicada ha de realzarse, como se dijo en el fundamento de derecho segundo de la combatida sentencia, el fundamental dato de haber partido el dictamen pericial aportado por la actora y realizado por D. Rafael de unos elementos endebles, al no haber venido a apreciar la zona de concreción del siniestro con la adecuada profundidad y detalle, habida cuenta la posterior limpieza y excavación de la misma con la intervención de la mercantil Instalaciones Coronel, S.L., estableciéndose un estado de cosas muy favorable a la apreciación de las reales causas del siniestro, que fue la situación material que vino a motivar la segunda inspección de la zona por el perito de la parte demandada y la emisión de su informe definitivo, cosa que no aconteció con el perito de la demandante señalado, ni con la intervención pseudopericial del arquitecto técnico D. Román, en la que se basó D. Rafael, el cual carece de la mínima cualificación profesional para dictaminar en siniestros como el presente.

Así las cosas, la cualificación profesional de arquitecto superior del perito de la demandada Sr. Sergio, unida a su efectiva inspección de la zona hundida tras las labores de limpieza y desescombro llevada a cabo por la mercantil Instalaciones Coronel, S. L., unida a su toma en consideración del informe emitido por la misma tras dicha actividad, todo ello ratificado en el acto del juicio junto con el refuerzo argumental que implicaba el análisis del contenido del informe de Tinsa de fecha 30 de enero de 2008, conllevan a la calificación de racional y acertada de la valoración de la prueba practicada por el Juzgador de instancia, acreditándose de ese modo tanto la preexistencia a la contratación del seguro en 2015, de los defectos de ejecución de la instalación o red de desagüe de la vivienda (ver pericial e informe de Tinsa), como la inexistencia de una arqueta o codos en las conexiones de tal instalación de fibrocemento que hubieran podido evitar el deterioro progresivo de la misma y la continua salida y pérdida de las aguas pluviales y fecales conducidas (habida cuenta de la técnica de injerto realizada con claras deficiencias de estanqueidad), con arrastre continuo de los materiales que sustentaban dicha instalación horizontal, provocándose finalmente la rotura total de dicho sistema y el colapso final de la solería de la vivienda ante la inexistencia de soporte estructural portante. Acreditada fue, por tanto, una situación fáctica claramente determinante de la consideración aplicativa de la situación material delimitativa del objeto de cobertura, en sentido negativo, analizada en el anterior fundamento de derecho.

En definitiva, el juzgador a quo ha analizado la prueba practicada de forma conjunta, de forma objetiva y razonada, llegando a una decisión absolutamente correcta que objetivamente se corresponde con los resultados de las pruebas practicadas y con las reglas generales que, sobre la carga de la prueba, establece el artículo 217 de la LEC. De esta manera, insistir en el análisis de dichas pruebas no supondría más que redundar innecesariamente sobre las mismas cuestiones para llegar indefectiblemente a conclusiones idénticas a aquellas que recoge la Sentencia recurrida. No pudiendo prosperar pues dicho motivo de apelación, pues os recurrentes se limitan a valorar la prueba practicada de manera subjetiva y comprensiblemente parcial sin desvirtuar los argumentos fácticos y jurídicos de la sentencia apelada, pretendiendo sustituir las conclusiones más ponderadas y objetivas del juzgador de instancia.

Caso 69

Resumen: La exclusión de los daños con ocasión o a consecuencia de asentamientos, hundimientos, desprendimientos o corrimientos de tierra, es una cláusula delimitadora del riesgo.

Sentencia: AP Alicante, Sec. 6.ª, 205/2022, de 22 de julio. Recurso 758/2021 (SP/SENT/1162950).

Argumentación jurídica: Dice el artículo 1 de la Ley de Contrato de Seguros, de 8 de octubre de 1980, que el contrato de seguro es aquel por el que el asegurador se obliga, mediante el cobro de una prima y para el caso de que se produzca el evento cuyo riesgo es objeto de cobertura, a indemnizar, dentro de los límites pactados, el daño producido al asegurado o a satisfacer un capital, una renta u otras prestaciones convenidas.

En la sentencia de esta Sala de 12 de febrero de 1997 ya se indicaba que el artículo 1 de la Ley de Contrato de Seguro ofrece una definición del contrato de seguro con el fin de delimitar esta modalidad contractual, procurando comprender bajo una única definición las diversas modalidades de esta relación jurídica. Pero se trata de una definición descriptiva, amplia y unitaria y quizá deba entenderse como el reconocimiento a la libertad que tienen las partes para convenir en el contrato el objeto de la prestación del asegurador, siendo precisamente su objeto al que mayor atención presta su concepto. Y del referido precepto pueden desprenderse ya dos elementos, el primero el riesgo que es objeto de la cobertura, y el segundo, los pactos establecidos, siendo estos pactos tanto las condiciones generales de la contratación como las condiciones particulares, más teniendo en cuenta que nos enfrentamos ante el denominado contrato de adhesión, ya que es un contrato realizado en masa o en serie, y la Ley presupone que el contrato de seguro es un contrato efectuado en serie y que las condiciones generales son preparadas por el asegurador y a ellas se adhiere el asegurado.

Pero el artículo 3 de la citada Ley nos habla de las *"condiciones generales"*, que son, propiamente, la normativa legal del contrato y que van a constituir el derecho vivo que disciplina la relación jurídica. Forman el conjunto de cláusulas que el empresario, en este caso el asegurador, predispone para que rija los futuros contratos que realice. Se trata, en cualquier caso, de declaraciones negociales que tienen la finalidad de disciplinar uniformemente los contratos que van a realizarse en masa, insertándose normalmente en los contratos a cuya disciplina se adhiere el contratante, preocupándose el precepto de que este las conozca desde el momento en que el asegurador hace la proposición del contrato de seguro. Y frente a ellas, nos encontramos con las llamadas *"condiciones particulares"*, las que no están preparadas con carácter general, sino que se redactan para el caso concreto de que se trate. Y existen otras condiciones que llamamos *"cláusulas limitativas"*. Y respecto de estas últimas se ha de indicar que la aprobación general de todas las cláusulas contractuales no es suficiente para la manifestación de la aceptación, sino que es preciso que el tomador declare, por escrito, que acepta específicamente las cláusulas limitativas.

En línea interpretativa de lo que son las cláusulas limitativas, hemos de contraponerlas con aquellas otras que se denominan delimitadoras del riego. Como dice la sentencia del Tribunal Supremo de 7 de julio de 2006, esta Sala, en la jurisprudencia más reciente, viene distinguiendo las cláusulas limitativas de los derechos del asegurado, las cuales están sujetas al requisito de la específica aceptación por escrito por parte del asegurado que impone el artículo 3 de la Ley de Contrato de Seguro, de aquellas otras que tienen por objeto delimitar el riesgo, susceptibles de ser incluidas en las condiciones generales y respecto de las cuales basta con que conste su aceptación por parte de dicho asegurado. Según las sentencias de 16 de mayo y 16 de octubre de 2000, las cláusulas limitativas operan para restringir, condicionar o modificar el derecho del asegurado a la indemnización una vez que el riesgo objeto del seguro se ha producido, mientras que la cláusula de exclusión del riesgo es la que especifica qué clase de ellos se han constituido en objeto del contrato. Estas segundas, las cláusulas delimitadoras del riesgo son, pues, aquellas mediante las cuales se individualiza el riesgo y se establece su base objetiva; tienen esta naturaleza las que establecen exclusiones objetivas (Sentencia de 9 de noviembre de 1990) de la póliza en relación con determinados eventos o circunstancias, siempre que respondan a un propósito de eliminar ambigüedades y concretar la naturaleza del riesgo en coherencia con el objeto del contrato o con arreglo al uso establecido y no se trate de cláusulas que delimiten el riesgo en forma contradictoria con las condiciones particulares del contrato, o de manera no frecuente o inusual (Sentencias de 10 de febrero de 1998, 17 de abril de 2001, 29 de octubre de 2004, 11 de noviembre de 2004, y 23 de noviembre de 2004).

En el presente caso enjuiciado considera la Sala, como ya lo hizo el juzgador de instancia, que nos hallamos ante una cláusula delimitadora del riesgo, y no ante una cláusula limitativa. Es cierto cómo en las condiciones particulares se mencionan, sin mayor concreción, los muros de contención sobre las parcelas donde se ubica la vivienda asegurada del demandado, más en las condiciones generales queda claro que no se incluyen todos los daños que pueden acaecer sobre los muros, sino que están excluidos los producidos por asentamiento, hundimiento, desprendimientos o corrimientos de tierras. En el informe emitido por el Consorcio de Compensación de Seguros en fecha 10 de julio de 2020 se evidencia que los daños se originaron por un deslizamiento de tierras ocasionado por la filtración de agua de lluvia, lo que origina el desprendimiento del muro, pero sin que se produjera una inundación del terreno.

Opera en el caso de que se trata la causa de exclusión del riesgo y por ello fue desestimada la reclamación efectuada, desestimación que debe llevar ahora consigo el rechazo del presente recurso de apelación.

Por daños por agua

Caso 70

Resumen: La cláusula tiene por objeto delimitar el objeto de la cobertura sin que se incluya el perjuicio al forjado de la vivienda por daños por agua.

Sentencia: AP Baleares, Sec. 5.ª, 333/2024, de 17 de junio. Recurso 165/2024 (SP/SENT/1233494).

Argumentación jurídica: En el supuesto de autos, el examen del documento suscrito lleva a la Sala a mantener el pronunciamiento desestimatorio. Las condiciones particulares de la póliza comprenden entre las coberturas básicas los daños al continente en un capital de 90.000 euros. En la página 3 de esas condiciones particulares el tomador declara recibir las condiciones generales de la póliza que acepta y conoce, lo que resulta suficiente conforme a la doctrina jurisprudencial expuesta, una vez comprobada que su identificación corresponde con las aportadas por la parte demandada. Las condiciones generales cumplen los presupuestos de incorporación. No es controvertido que el siniestro de autos afecta al forjado de la vivienda, coincidiendo los peritos intervinientes en que se trata de un proceso de deterioro progresivo no provocado por una sola filtración de agua. El siniestro afecta al continente en los términos que se definen en la condición 2. En el cuadro resumen de las garantías se recoge entre las garantías básicas contratadas daños por agua (100 %), gastos de fontanería y/o albañilería para localizar y reparar la avería. En la condición A.2. se describen los daños por agua objeto de cobertura comprendiendo:

1. Escapes y desbordamientos.

2. Localización y reparación de la avería.

3. Daños por agua procedente de otras viviendas.

4. Olvidos u omisiones.

5. Fallos en las instalaciones de extinción de incendios.

El siniestro en la vivienda del actor no es subsumible en ninguna de las coberturas descritas. La condición tiene por objeto delimitar el objeto de la cobertura, que no limitar los derechos del asegurado, por lo que la firma del tomador en los términos antes expuestos cumple con las exigencias legales. Otro tanto habría de considerarse en relación a la condición cuya aplicación se postula por la demandada para la exclusión de la cobertura y que ha quedado transcrita en el fundamento jurídico segundo de la presente al quedar configurada como delimitadora del riesgo. Por ello, no puede prosperar el recurso.

Caso 71

Resumen: La inundación que afectó al inmueble del asegurado está excluida de la cobertura del seguro contratado al ser causa la corrosión por la falta de adecuado mantenimiento o defecto propio de la instalación.

Sentencia: AP Valladolid, Sec. 3.ª, 1/2023, de 9 de enero. Recurso 1311/2021 (SP/SENT/1173175).

Argumentación jurídica: La sentencia impugnada considera que no existe deficiencia informativa en el asegurado en cuanto al contenido de la póliza y la oponibilidad de las causas de exclusión que se prevén en condicionado, del que dispuso la parte con observancia de las exigencias previstas en la Ley de contrato de seguro y la doctrina interpretativa.

Tras un detallado análisis de la prueba practicada en autos, sustancialmente el informe pericial del Sr. Cornelio (que examinó personalmente el aparato acumulador origen de siniestro), así como las testificales del representante de Orcave y los técnicos Srs. Dimas y Edmundo (que confirmaron que la causa del sinestro fue el estado de oxidación y que se encontraba "*picado*"), accedió a la pretensión indemnizatoria rechazando que se pudiera imputar al asegurado bien la flat de un adecuado mantenimiento, bien el defecto propio de fabricación del acumulador, que no se ha acreditado debidamente.

Lo relevante es determinar si cabe oponer como causa de exclusión de responsabilidad por la aseguradora, cuando, como afirma la recurrente, aparece expresamente contemplada dentro del condicionado particular firmado por el asegurado y formulada de manera objetiva, esto es, sin que se vincule a ninguna de las circunstancias tenidas en cuenta por la juzgadora "*a quo*", que se refieren a otras casusas de exclusión reguladas en el contrato.

A criterio de esta Sala, y discrepando de la valoración ofrecida en la sentencia impugnada, la exclusión relativa a la corrosión, cuando figura inserta en el condicionado particular del documento principal de la póliza y destacada en color rojo junto al resto de previsiones con el mismo alcance limitativo de la cobertura, cuando ha sido aportado por el propio asegurado y suscrita por este (lo que impone considerar acreditado su conocimiento por el asegurado, tal y como se afirma en la propia resolución judicial), ha de conllevar la desestimación de la pretensión indemnizatoria.

Debe recordarse, en primer lugar, la doctrina del Tribunal Supremo que se refleja, entre otras muchas, en la reciente sentencia de fecha 21 de octubre de 2022, cuando se refiere a los requisitos que han de cumplir las condiciones limitativas del riesgo en los contratos de seguro. Así se expresaba:

"Como sintetizó la sentencia 1029/2008, de 22 de diciembre, las cláusulas limitativas de los derechos de los asegurados deben cumplir, en orden a su validez, como expresión de un principio de transparencia legalmente impuesto, los requisitos de: a) ser destacadas de modo especial; y b) ser específicamente aceptadas por escrito (art. 3 LCS, que se cita como infringido).

La sentencia 402/2015, de 14 de julio, fijó doctrina, reiterada por otras (v.gr. sentencia 234/2018, de 23 de abril), en la que desgrana los diversos requisitos en que se traducen cada una de esas dos exigencias legales y su finalidad:

(a) En cuanto a la exigencia de que las cláusulas limitativas de derechos figuren «destacadas de modo especial»: (i) tiene la finalidad de que el asegurado tenga un conocimiento exacto del riesgo cubierto; (ii) deben aparecer en las condiciones particulares y no en las condiciones generales, por más que, en estas últimas declare conocer aquellas (sentencia de 1 de octubre de 2010, —rec. 2273/2006—, entre otras); (iii) la redacción de las cláusulas debe

ajustarse a los criterios de transparencia, claridad y sencillez (lo que proscribe "la mezcla de exclusiones heterogéneas objeto de una agrupación que consigue entorpecer su comprensión", sentencia de 19 de julio de 2012 –rec. 878/2010–); (iv) deben aparecer destacadas o resaltadas en el texto del contrato; y (v) deben permitir al asegurado, comprender el significado y alcance de las mismas y diferenciarlas de las que no tienen esa naturaleza.

(b) Respecto a la exigencia de que las cláusulas limitativas deban ser «especialmente aceptadas por escrito»: (i) es un requisito que debe concurrir cumulativamente con el anterior (sentencia de 15 de julio de 2008, rec. 1839/2001); (ii) es imprescindible la firma del tomador; (iii) la firma no debe aparecer solo en el contrato general, sino en las condiciones particulares que es el documento donde habitualmente deben aparecer las cláusulas limitativas de derechos; (iv) esta exigencia se cumple cuando la firma del tomador del seguro aparece al final de las condiciones particulares (sentencia de 17 de octubre de 2007 –rec. 3398/2000–); también se ha admitido su cumplimiento por remisión de la póliza a un documento aparte en el que aparecían, debidamente firmadas, las cláusulas limitativas debidamente destacadas (sentencia 22 de diciembre de 2008 –rec. 1555/2003–); (v) como criterio de delimitación negativa de esta exigencia, hay que destacar que en ningún caso se ha exigido por esta sala una firma para cada una de las cláusulas limitativas.

2.4. En todo caso, y con carácter general, conviene recordar que el control de transparencia, tal y como ha quedado configurado por esta sala (SSTS de 9 de mayo de 2013 y 8 de septiembre de 2014), resulta aplicable a la contratación seriada que acompaña al seguro, particularmente de la accesibilidad y comprensibilidad real por el asegurado de las causas limitativas del seguro que respondan a su propia conducta o actividad, que deben ser especialmente reflejadas y diferenciadas en la póliza (sentencia 452/2015, de 14 de julio)".

En el supuesto sometido a consideración de esta Sala, la exclusión contractual se configura de manera objetiva e incondicionada, expresando con carácter general que se prevé como causa de exclusión de la cobertura la contaminación y la corrosión, sin que sea necesario complementarlo con otras causas que sí aparecen dentro del condicionado general dentro de las previsiones sobre límites de la póliza, tales como la falta de adecuado mantenimiento o defecto propio de la instalación.

Tales son las circunstancias tenidas en cuenta en la sentencia de instancia, que, como afirma la recurrente, eludió el alcance de la exclusión general incluida dentro del condicionado particular, que constituye el núcleo del contrato, y que, como se ha dicho, se refiere a la corrosión.

Del acervo probatorio aportado a autos se ha acreditado que tal fue la causa de la inundación que afectó al inmueble del asegurado, como se reflejó en el informe pericial emitido tras el siniestro, y así se consta en el reportaje fotográfico que aparece unido al documento técnico, de modo que, concurriendo la causa de exclusión prevista en el condicionado particular de la póliza de la que disponía el asegurado y suscrita por este (documento 2 de la contestación) no cabe otra conclusión que su oponibilidad frente a la pretensión de condena indemnizatoria, lo que ha de conllevar la estimación del recurso y la revocación de la resolución impugnada, desestimándose la demanda ejercitada frente a la aseguradora Línea Directa Aseguradora.

Por desempleo

Caso 72

Resumen: No es cláusula limitativa que solo se asegure por despido improcedente o por despido por causas objetivas, de modo que se excluye la situación de desempleo imputable al trabajador.

Sentencia: AP Sevilla, Sec. 5.ª, 541/2022, de 30 de noviembre. Recurso 950/2021 (SP/SENT/1179521).

Argumentación jurídica: La parte actora pretende que se declare nula la definición que de desempleo se da en la póliza, por considerar la misma restrictiva en perjuicio del consumidor sin cumplir los requisitos establecidos en la Ley. Igualmente recurre el que no se abonen más de 6 mensualidades consecutivas, ni se liquiden más de 18 mensualidades por todos los siniestros en caso de ocurrencia de varios siniestros. Finalmente impugna el plazo de carencia entre siniestros de 6 meses.

El artículo 6 de la Ley de Contrato de Seguro establece que las condiciones generales, que en ningún caso podrán tener carácter lesivo para los asegurados, habrán de incluirse por el asegurador en la proposición de seguro si la hubiere y necesariamente en la póliza de contrato o en un documento complementario, que se suscribirá por el asegurado y al que se entregará copia del mismo. Las condiciones generales y particulares se redactarán de forma clara y precisa. Se destacarán de modo especial las cláusulas limitativas de los derechos de los asegurados, que deberán ser específicamente aceptadas por escrito.

El documento entregado por la aseguradora al actor cumple estos requisitos puesto que las condiciones que se cuestionan se contienen en un documento entregado al asegurado y suscrito por el mismo en ambas caras y tienen una redacción clara y precisa. Por otro lado, las condiciones que impugna el actor no pueden considerarse limitativas de derechos en cuanto que lo que hacen es delimitar lo que es objeto del contrato de seguro. Es decir, en primer lugar, realizan una definición de lo que ha de entenderse por desempleo que de ningún modo puede considerarse como muy restrictiva de lo que habitualmente puede entenderse como tal. Es completamente razonable que el asegurador limite el concepto al despido improcedente o al despido por causas objetivas, de modo que se excluye la situación de desempleo imputable al trabajador. Lo contrario supondría dejar la ocurrencia del siniestro a la voluntad del asegurado, lo que prohíbe el artículo 1.256 del Código Civil.

El resto de las disposiciones impugnadas delimitan la prestación que ofrece el asegurador, lo que es perfectamente legítimo puesto que nadie está obligado a dar más de lo que está dispuesto a ofrecer a cambio de la contraprestación que exige en función precisamente de lo que se obliga a dar. Delimitado el objeto del contrato de este modo, si el asegurado entiende que no fue correctamente informado del objeto del seguro y de las prestaciones a que tenía derecho por ser ilegible el documento, puede solicitar la nulidad del contrato por vicio del consentimiento. Lo que no puede es exigir una prestación distinta a aquella a la que se comprometió el asegurador, dado que los contratos solo obligan al cumplimiento de lo pactado y de las consecuencias que sean conformes a la buena fe, al uso y a la ley.

Caso 73

Resumen: Es cláusula delimitadora que el riesgo asegurado debe contraerse a la efectiva situación de desempleo del tomador y con el límite de las mensualidades que de modo claro fueron establecidas en el condicionado particular.

Sentencia: AP Ciudad Real, Sec. 2.ª, 403/2022, de 19 de septiembre. Recurso 614/2020 (SP/SENT/1162556).

Argumentación jurídica: El recurso aludido viene a vertebrarse fundamentalmente en denuncia de infracción de la doctrina jurisprudencial interpretativa del artículo 3 de la LCS, artículo 80 de la LGDCU, todo ello en relación a la alegada errónea valoración de la prueba practicada en la instancia.

Para una adecuada resolución del meritado motivo impugnativo ha de traerse a colación la doctrina emanada de la STS del Pleno de 11 de septiembre de 2006 que sienta una doctrina, recogida posteriormente en otras muchas sentencias (SSTS de 26 de diciembre de 2006, 18 de octubre de 2007, 13 de noviembre de 2008, 12 de noviembre de 2009, 16 de febrero de 2011 y 20 de abril de 2011) que, en resumen, considera que las estipulaciones delimitadoras del riesgo son las cláusulas que tienen por finalidad delimitar el objeto del contrato, de modo que se concreten qué riesgos son objeto del contrato de seguro, en qué cuantía, durante qué plazo y en qué ámbito espacial. Por su parte, las cláusulas limitativas de derechos, válidamente constituidas van a permitir limitar, condicionar o modificar el derecho del asegurado, y por tanto la indemnización, cuando el riesgo objeto del seguro se hubiera producido. Estas deben cumplir los requisitos formales previstos en el artículo 3 LCS, lo que supone que deben ser destacadas de un modo especial y deben ser expresamente aceptadas por escrito. La solución expuesta por el Tribunal Supremo parte de considerar que al contrato se llega desde el conocimiento que el asegurado tiene del riesgo cubierto y de la prima, según la delimitación causal del riesgo y la suma asegurada con el que se da satisfacción al interés objetivo perseguido en el contrato, por lo que resulta esencial para entender la distinción anterior comprobar si el asegurado tuvo un exacto conocimiento del riesgo cubierto.

Asimismo en desarrollo de tal Doctrina, varias sentencias descartan que la delimitación del objeto del seguro sea función exclusiva de las condiciones particulares, pues también cabe que las generales contengan cláusulas delimitadoras del riesgo, que, consecuentemente, serán válidas y oponibles frente al tomador aun cuando no se hayan respetado las formalidades del artículo 3 LCS. Así, la STS de 8 de noviembre de 2007, tras calificar como delimitadora del riesgo una condición adicional en virtud de la cual era posible extender la cobertura del seguro a la situación de invalidez parcial, no contemplada en las condiciones particulares, extiende esa calificación (como delimitadoras del riesgo) a las generales que, por vía de la remisión efectuada en las adicionales, procedían a completar el objeto del seguro en algo (Invalidez Permanente Parcial) en que las particulares guardaron silencio, siendo con relación a esta garantía adicional como se explicaba la baremación de las cuantías indemnizatorias efectuada en las referidas condiciones generales. Y siguiendo esa misma orientación, de no excluir de aplicación las cláusulas contenidas en las condiciones generales, cuando sirven para integrar el objeto del seguro de modo o forma no sorpresiva respecto de la cobertura que podía esperar el tomador, la STS de 11 de febrero de 2009 señala que la circunstancia de que en las particulares se consignara como cubierta la invalidez permanente total, no podía entenderse en el sentido de que no resultara posible limitar las cantidades que deben ser satisfechas mediante una baremación contenida en las condiciones generales, pues el término "incluido" no equivalía ni cabía entenderse como una cobertura ilimitada (toda esta doctrina jurisprudencial vino a motivar el cambio del criterio anterior de esta Sala, ya expresado en nuestra sentencia de 30 de abril de 2010).

TERCERO. **Partiendo de la anterior caracterización jurisprudencial ha de afirmarse la posibilidad de establecer la delimitación del riesgo asegurado no solo a través del condicionado particular de la póliza, sino mediante el contenido del condicionado general e incluso mediante una información como la contenida en el documento n.º 3 del escrito de demanda en el que al describirse como riesgo asegurado la situación de desempleo en relación al pago de un préstamo identificado con devengo mensual de cuotas, se alertaba perfectamente al tomador del seguro que el capital límite asegurado de 27.500 euros habría de ser puesto en relación con el propio riesgo asegurado, es decir, el efectivo desempleo del actor en relación al pago de cuotas de amortización de un préstamo cuyo devengo era sobradamente conocido por el apelante como mensual (497,90 euros), de ahí que ya en la fecha de concertación contractual el 29 de agosto de 2014 era bien conocido por el tomador que, dada la finalidad económica del aseguramiento suscrito, el riesgo asegurado debería contraerse a la efectiva situación de desempleo del tomador y con el lógico límite de las mensualidades que de modo claro fueron establecidas en el condicionado particular de la póliza concertada. Pretender una distinta interpretación de tales documentos sería faltar a las más mínimas reglas de la lógica básica respecto a la adecuada interpretación del riesgo objeto de cobertura antes señalado, el que, obviamente, resultaba perfilado por la efectiva situación de desempleo del tomador y con los límites temporales establecidos en el condicionado particular, no pudiéndose hablar de cláusulas limitativas de los derechos del asegurado cuando nos encontramos ante condiciones básicas delimitadoras del objeto del contrato conforme al artículo 1 LCS. El recurso, en definitiva, ha de correr suerte desestimatoria**.

Por falta de conservación o mantenimiento

Caso 74

Resumen: La exclusión en el seguro comunitario de los daños originados por falta de mantenimiento o reparación no es una cláusula limitativa de derechos y, por tanto, no procede la condena a la aseguradora a indemnizar al comunero afectado.

Sentencia: AP Ciudad Real, Sec. 2.ª, 427/2022, de 26 de septiembre. Recurso 13/2021 (SP/SENT/1166468).

Argumentación jurídica: Pues bien, en el caso que nos ocupa debemos de estar a la naturaleza del contrato de seguro que se trata. No nos encontramos ante un contrato de seguro de responsabilidad civil, sino de daños, es decir, que trata de proporcionar al asegurado, una indemnización en caso de que un bien asegurado sufra su desaparición o deterioro como resultado de siniestros provocados, según la póliza, por incendios, rayos, acción del agua, accidentes eléctricos accidentes vandálicos, entre otros. Es decir, accidentes producidos por casos fortuitos o intencionados, pero que, en todo caso, obedecen a una causa externa. En este sentido, el hecho de que se prevea como causa de exclusión que se deba el daño a un defecto o vicio de construcción originado por falta de mantenimiento o reparación, según cláusula contenida de forma visible dentro del clausulado general al describir el riesgo, no puede considerarse como una cláusula limitativa de derechos, en cuanto no es sorprendentes, sino que delimita el riesgo de conformidad con la propia naturaleza y coherencia del seguro, que tiene por objeto indemnizar por el daño producido por un agente externo, fortuito y sobrevenido, pero en este caso, se trata de excluir los daños debidos a defectos constructivos y su falta de mantenimiento o reparación, es decir, derivados del edificio en sí mismo, y su necesidad de mantenimiento. Es lógico que se excluya, puesto que de lo contrario podría llevar a que el seguro debiera hacerse cargo del mantenimiento del edificio, lo que es una finalidad ajena al propio contrato de seguro. No existe por tanto vulneración en la sentencia de instancia del artículo 3 LCS, ya que la cláusula al no ser limitativa de derechos, no exige su aceptación en particular por escrito por el tomador.

Sin embargo, el fundamento en la sentencia de instancia no es la consideración de un supuesto de responsabilidad extracontractual, sino que se condena a la comunidad de propietarios en base a la obligación del artículo 10 LPH, de realizar las obras para el mantenimiento y conservación del inmueble y mantenerlo en condiciones de habitabilidad. Se le condena por tanto en base a una obligación impuesta con carácter general a la comunidad de propietarios, pero no por la existencia de un siniestro que haya generado en la misma responsabilidad extracontractual y surja obligación de indemnizar. Lo que evidencia, que en ningún caso puede existir responsabilidad ni obligación de indemnizar por parte de la entidad aseguradora. Por ello, procede desestimar íntegramente este motivo del recurso.

Caso 75

Resumen: Hubo ocultación de datos sobre la antigüedad de la vivienda asegurada y su estado de abandono, aplicándose la cláusula limitativa aceptada expresamente que excluye la cobertura por mala conservación.

Sentencia: AP Las Palmas, Sec. 5.ª, 419/2021, de 9 de julio. Recurso 1131/2019 (SP/SENT/1125786).

Argumentación jurídica: El recurso de apelación interpuesto por la demandante contra la sentencia de primera instancia no puede prosperar puesto que conforme a las condiciones particulares de la póliza firmada por ella misma, los daños por los que reclama carecen de cobertura, pues estaban excluidos: "*los daños consecuencia de la*

***mala conservación, por falta de mantenimiento o por defecto de construcción o derivados de la negligencia del asegurado*" tal y como se acreditó con el informe pericial aportado a los autos por la parte apelada en el que se indica que los daños tienen su origen en filtraciones de agua desde la cubierta del edificio, como consecuencia de su falta de impermeabilización así como filtraciones de agua por capilaridad desde el subsuelo del edificio, esto es a defectos constructivos del edificio y falta de conservación y mantenimiento adecuado hasta el punto que hace referencia el perito a filtraciones de orines en paramentos interiores de la vivienda consecuencia de la cantidad de perros que habitan el interior del inmueble.**

Vicios y defectos generalizados de la vivienda con avanzado estado de corrosión de las armaduras del forjado que la hacen insalubre e inhabitable concluyendo el perito que la vivienda carecía de mantenimiento alguno desde décadas anteriores y por tanto existían con anterioridad a la suscripción de la póliza de seguro por la recurrente.

Y siendo este el origen de los daños, de las humedades generalizadas, y no a inundaciones y daños líquidos o por lluvias copiosas carecen de cobertura al encontrarse expresamente excluidos de la póliza suscrita por el tomador del seguro.

Alega la recurrente que no ocultó las circunstancias y el estado en que se encontraba la vivienda objeto de aseguramiento al tiempo de suscribir la póliza de seguro, sin embargo, consta que lo declarado en la póliza no se ajustaba ni a su superficie habitable, 40 m^2 en lugar de 135 m^2 de superficie real, ni a la antigüedad de la vivienda (más de 100 años) figurando en la póliza que fue construida en 2008, circunstancias que influye en la delimitación o concreción y valoración del riesgo asegurado presumiéndose el buen estado de conservación de la vivienda si realmente no fuese centenaria y hubiera sido construida o reformada tan solo seis años antes de la suscripción de la póliza de seguro. Y desde luego no consta que la entidad aseguradora apelada conociera la antigüedad de la vivienda asegurada ni su estado de abandono.

No obstante la cuestión litigiosa ha de resolverse no tanto en el deber de veracidad en la declaración del riesgo *ex* art.10 LCS en el que de manera especial incide la recurrente, sino en la correcta interpretación de la cláusula de exclusión de la responsabilidad mencionada anteriormente por tratarse de daños originados a causa de la mala conservación del inmueble, por falta de mínimo mantenimiento o por defectos de construcción o derivados de la negligencia del asegurado.

Y en este ámbito la STS de 13/11/2008 refiere que "*esta Sala, ante la problemática surgida a la hora de diferenciar entre las cláusulas limitativas de derechos y las delimitadoras del riesgo se pronunció mediante Sentencia de Pleno de 11 de septiembre de 2006 en el siguiente sentido: Esta Sala, en la jurisprudencia más reciente, que recoge la sentencia de 30 de diciembre de 2005 viene distinguiendo las cláusulas limitativas de los derechos del asegurado —las cuales están sujetas al requisito de la específica aceptación por escrito por parte del asegurado que impone el artículo 3 LCS—, de aquellas otras que tienen por objeto delimitar el riesgo, susceptibles de ser incluidas en las condiciones generales y respecto de las cuales basta con que conste su aceptación por parte de dicho asegurado. Según la STS de 6 de octubre de 2000, la cláusula limitativa opera para restringir, condicionar o modificar el derecho del asegurado a la indemnización una vez que el riesgo objeto de seguro se ha producido, y la cláusula de exclusión de riesgo es la que especifica qué clase de ellos se ha constituido en objeto del contrato. Esta distinción ha sido aceptada por la jurisprudencia de esta Sala (sentencia de 16 de mayo de 2000 y las que cita)".*

El Tribunal Supremo Sala Primera, constituida en pleno en Sentencia de fecha 11 de septiembre de 2006, ponente Excmo. Sr. D. José Antonio Seijas Quintana, (Sentencia a la que hace referencia la Juzgadora) se pronuncia sobre las cláusulas limitativas de los derechos de los asegurados, distinguiendo las cláusulas limitativas de los derechos del asegurado de aquellas otras que tienen por objeto delimitar el riesgo, susceptibles de ser incluidas en las condiciones generales y respecto de las cuales basta con que conste su aceptación por parte de dicho asegurado.

En nuestro caso consta la póliza, debidamente firmada y aceptada por la recurrente, contiene una delimitación de los riesgos incluidos y excluidos, habiéndose firmado por la asegurada la aceptación de las cláusulas limitativas, siendo de reseñar que la cláusula en cuestión viene destacada en negrita para cumplir, con los requisitos de las condiciones limitativas de derecho, a pesar de tratarse de una norma descriptiva o delimitadora de la cobertura.

No obstante, insistimos, se cumplirían los mandatos más exigentes del artículo 3 LCS en el caso de que se interpretase como cláusula limitativa de derechos, al haber sido expresamente aceptada y destacada.

En efecto, la cláusula de exclusión del riesgo analizada cumple las exigencias referidas incluso cuando se catalogase la cláusula como limitativa, dado que en la póliza firmada se hace constar expresamente la aceptación de las mismas.

El clausulado se integra en el contenido regulador de las relaciones contractuales con las cláusulas delimitadoras del riesgo asegurado y acepta expresamente las limitativas.

En su consecuencia, el recurso de apelación interpuesto por la demandante se desestima.

Caso 76

Resumen: Son clausulas delimitadoras la exclusión de la reparación de la "*causa*" del daño habido en el inmueble asegurado, como la de que se produjera por falta de mantenimiento.

Sentencia: AP Cádiz, Sec. 2.ª, 308/2021, de 19 de octubre. Recurso 76/2021 (SP/SENT/1131857).

Argumentación jurídica: La calificación de la exclusión de la "*causa*" y de la falta de mantenimiento como cláusulas delimitadoras o limitativas de los derechos de los asegurados. Con carácter más general, debe recordarse que, en aplicación de la Sentencia de Pleno del Tribunal Supremo de 11/septiembre/2006, son limitativas –por oposición a las cláusulas delimitadoras del riesgo– aquellas estipulaciones del contrato que actúan para restringir, condicionar o modificar el derecho del asegurado a la indemnización una vez que el riesgo objeto del seguro se ha producido, tratándose de un tipo de cláusulas cuya eficacia y oposición al asegurado depende del cumplimiento de los requisitos previstos en los arts. 3 y 8.3 de la Ley del Contrato de Seguro. Conforme a ella: *"Esta Sala, en la jurisprudencia más* *reciente, que recoge la sentencia de 30 de diciembre de 2005, viene distinguiendo las cláusulas limitativas de los derechos del asegurado –las cuales están sujetas al requisito de la específica aceptación por escrito por parte del asegurado que impone el artículo 3 LCS–, de aquellas otras que tienen por objeto delimitar el riesgo, susceptibles de ser incluidas en las condiciones generales y respecto de las cuales basta con que conste su aceptación por parte de dicho asegurado".*

Sigue indicando el Tribunal Supremo que "*la cláusula limitativa opera para restringir, condicionar o modificar el derecho del asegurado a la indemnización una vez que el riesgo objeto del seguro se ha producido, y la cláusula de exclusión de riesgo es la que especifica qué clase de ellos se ha constituido en objeto del contrato*", de tal forma que "*las cláusulas delimitadoras del riesgo son, pues, aquellas mediante las cuales se concreta el objeto del contrato, fijando que riesgos, en caso de producirse, por constituir el objeto del seguro, hacen surgir en el asegurado el derecho a la prestación, y en la aseguradora el recíproco deber de atenderla. La jurisprudencia mayoritaria declara que son cláusulas delimitativas aquellas que determinan qué riesgo se cubre, en qué cuantía, durante qué plazo y en qué ámbito espacial (SSTS 2 de febrero 2001; 14 mayo 2004; 17 marzo 2006)*".

Más en concreto, tras la modificación de la Ley de Contrato de Seguro por la Disposición Final 1.ª de la Ley 20/2015, cabe distinguir con la doctrina la existencia de dos categorías de cláusulas delimitadoras, al margen de las propiamente limitativas. De una parte, las cláusulas delimitadoras simples de los riesgos cubiertos que son aquellas condiciones que describen "*las garantías y coberturas otorgadas en el contrato*" y para las cuales la Ley exige que estén redactadas de forma clara y comprensible (arts. 3 y 8.3), y de otro las denominadas cláusulas delimitadoras cualificadas que son aquellas condiciones que describen las "*exclusiones y limitaciones*" de cobertura, así como las que establecen "*las condiciones y plazos de la oposición a la prórroga de cada parte o su inoponibilidad*"; para ellas la Ley reclama no solo una redacción clara y comprensible sino que, además, deben destacarse tipográficamente (arts. 8.3 y 22.4).

Al margen de las anteriores, quedarían las cláusulas limitativas de los derechos de los asegurados que son aquellas condiciones que establezcan limitaciones o exclusiones que restrinjan los derechos de los asegurados y que precisaran no solo una redacción clara y que estén destacadas tipográficamente, sino estar específicamente aceptadas por escrito, mediante lo que se conoce como requisito de la "*doble firma*" (art. 3 LCS). Finalmente las condiciones lesivas de los derechos de los asegurados que pueden asimilarse con la categoría de las cláusulas abusivas de la legislación del consumidor, son radicalmente nulas y, por lo tanto, deben tenerse por no puestas, sin producir efecto alguno (art. 3 LCS).

Pues bien, a partir de la entrada en vigor de la Ley 20/2015 y no siendo baladí la reforma del art. 8.3 con la incorporación de su nuevo texto, parece obligada la asunción de esa nueva categoría de cláusulas delimitadoras cualificadas, entre las que sin duda alguna militarían las que han sido litigiosas. Efectivamente, tanto la exclusión de la reparación de la "*causa*" del daño habido en el inmueble asegurado, como la del que se produjera por falta de mantenimiento, no pueden calificarse cláusulas limitativas las previstas en el art. 3 de la Ley del Contrato de Seguro, sino que servían para configurar

el riesgo asegurado, delimitándolo a través de la expresa mención de exclusiones (la reparación de la "*causa*") y limitaciones (la de los daños debidos a falta de mantenimiento) a los efectos del art. 8.3, respecto de las cuales la Ley solo exige que sean claras y comprensibles y que se destaquen tipográficamente. Así ocurre esto último en autos como es de ver en el texto de las tan citadas condiciones generales. Y en cuanto a la comprensibilidad, tampoco parece que ofrezca duda el entendimiento de la mención a la falta de mantenimiento. Por su parte, en el contexto de la estipulación, excluir la reparación de la causa de las filtraciones o goteras no constituye un arcano indescifrable ni la introducción de una cláusula oscura susceptible de ser interpretada a través de la regla *contra proferentem*, sino una referencia quizás poco afortunada al hecho de no quedar aseguradas las reparaciones a realizar en el inmueble para evitar aquellas goteras y filtraciones. Nótese que en este ámbito, y desde luego nunca con la prima satisfecha, no suele haber seguros que procuren la indemnidad total del asegurado frente a cualquier circunstancia, al modo de seguro "*a todo riesgo*" que implicará, como pretenden los actores en el supuesto litigioso, la reposición *ex novo* de una parte importante de la estructura del inmueble, la cubierta, que se deteriora con el tiempo por filtraciones de agua de lluvia que se deben además a una evidente falta de mantenimiento, pues, tal es la impresión que sugiere la significativa presencia de vegetación en la cubierta que había echado raíces a través de la cubierta impermeable.

Por protección de pagos y de amortización del préstamo

Caso 77

Resumen: La duración temporal del seguro suscrito no conforma una condición general limitativa de la cobertura, sino delimitadora del riesgo, por lo que es válido que la garantía cese en la octava anualidad completa desde la fecha de efecto del préstamo.

Sentencia: AP Sevilla, Sec. 6.ª, 44/2023, de 26 de enero. Recurso 8078/2020 (SP/SENT/1187538).

Argumentación jurídica: En cuanto al segundo motivo invocado, considera la sala que la sentencia no infringe la doctrina Jurisprudencial existente sobre las cláusulas limitativas y delimitadoras, que se aplica correctamente. Nos encontramos ante una cláusula que fija la duración del contrato y que por tanto es claramente delimitadora del riesgo como resulta de lo establecido en la sentencia 679/2021 de 17 de Febrero de la Sala 1.ª del T.S., que contempla un supuesto que guarda cierta similitud al de autos en el que se discute sobre si un seguro colectivo de vida era de "*vida entera*" o de duración temporal y en el que se denunciaba también la falta de transparencia en la información precontractual. Dice el T.S. en dicha resolución: "*4. Naturaleza delimitadora de la cláusula definidora de la clase de contrato de seguro celebrado.*

Hemos de dejar claro también que la determinación, en este caso, de la duración temporal del contrato de seguro suscrito no conforma una condición general limitativa de la cobertura, sino delimitadora del riesgo, en tanto en cuanto determina el ámbito temporal del aseguramiento y la modalidad de seguro de vida concertado.

En este sentido, hemos declarado en las sentencias 853/2006, de 11 de septiembre; 1051/2007 de 17 de octubre; 676/2008, de 15 de julio; 738/2009, de 12 de noviembre; 598/2011, de 20 de julio; 402/2015, de 14 de julio, 541/2016, de 14 de septiembre; 147/2017, de 2 de marzo; 590/2017, de 7 de noviembre; 661/2019, de 12 de diciembre, que son estipulaciones delimitadoras del riesgo aquellas que tienen por finalidad delimitar el objeto del contrato, de modo que concretan: (i) qué riesgos constituyen dicho objeto; (ii) en qué cuantía; (iii) durante qué plazo; y (iv) en que ámbito temporal o espacial".

Así las cosas, el motivo en cuestión ha de ser también desestimado.

CUARTO. Tampoco considera la sala asumibles los argumentos relativos a la falta de transparencia y la oscuridad de las cláusulas del contrato de seguro. De la propia documental aportada con la demanda resulta acreditado que el día 10 de marzo de 2009 el actor firmó el boletín de adhesión al seguro protección de pagos, reconociendo que en cumplimiento de lo establecido en el art. 107 del reglamento de Ordenación y Supervisión de Seguros Privados había recibido ese día con antelación una nota informativa redactada de forma clara y precisa con idéntico contenido a la incorporada al reverso del documento, reverso también firmado por él y que él como asegurado se adhería a la póliza, declarando haber sido informado de los productos a prima periódica y aceptar el seguro tras haber tenido conocimiento de sus condiciones, así como de sus cláusula limitativas y exclusiones.

Pues bien, en el reverso del contrato se prevé expresamente en la estipulación quinta, relativa a la duración del contrato, como se subraya en su epígrafe, que las garantías tomarían efecto a la fecha de la firma del boletín de adhesión siempre y cuando el asegurado hubiera abonado el importe de la prima única y que las garantía cesarían, entre otros supuestos, el día en que se cumpliera la octava anualidad completa desde la fecha de efecto de contrato de préstamo.

La estipulación es clara y no induce en modo alguno a confusión, resultando plenamente válida al no apreciarse ninguna de las infracciones denunciadas en la demanda y, como quiera que la prima única se abonó el día de otorgamiento del préstamo, el 23 de marzo de 2009, fecha en la que conforme a lo pactado entraba en vigor la misma, habiendo fallecido D. Alfonso el 23 de mayo de 2017, transcurridos más de ocho años, resulta incontestable que al tiempo del siniestro la póliza no se encontraba vigente, razón por la cual el recurso va a ser desestimado y confirmada la sentencia por sus propios y acertados razonamientos jurídicos.

Caso 78

Resumen: El asegurado sufrió una única lesión, prolongada en el tiempo y crónica, que le produjo la incapacidad temporal cubierta por el seguro aplicando la limitación, que no el baremo, establecida en las condiciones particulares.

Sentencia: AP Álava, Sec. 1.ª, 479/2021, de 7 de junio. Recurso 325/2021 (SP/SENT/1118715).

Argumentación jurídica: Sobre las cláusulas limitativas y delimitadoras. Error en la valoración de la prueba.

Comenzaremos por el análisis de la póliza que lleva por título "*Protección Autónomos Vida. Póliza de seguro de vida. Condiciones particulares*" (anexo n.º 1 de la demanda). La primera página se remite al Anexo I para identificar al asegurado (folio n.º 22).

La cláusula quinta trata la cobertura de incapacidad temporal, objeto de litigio. El apartado primero indica: "*Cuando se haya contratado esta cobertura, el asegurador indemnizará al asegurado dentro de los límites establecidos en la póliza, con un capital diario —cuyo importe se establece en estas condiciones particulares— en caso de incapacidad temporal, producida una vez transcurrido el período de carencia, por cada uno de los días estipulados en el baremo de indemnización establecido en las Condiciones Especiales, conforme a la causa declarada*".

La cláusula 5.2.1 determina el alcance de la prestación de incapacidad temporal, no se devengará el derecho a la prestación si:

"*d) En caso de siniestros sucesivos debidos o relacionados a la misma patología/lesión con idéntico o equivalente diagnóstico, si no ha transcurrido un período de noventa días desde el inicio del proceso de incapacidad temporal que devengó el primer pago*".

El apartado 2.2. en su primer párrafo limita el máximo de la indemnización a 365 días, lo que no se discute por la parte actora que adaptó su reclamación a esta cláusula en la audiencia previa.

Además, la póliza se refiere en varios de sus párrafos (también en el apartado 1 de la cláusula 5) al baremo de indemnización, que se aporta junto a la contestación a la demanda (anexo n.º 2), describe las lesiones por categorías, y determina los días de baja en los distintos supuestos.

Las cuestiones a analizar son si el apartado d) de la cláusula 5.2 transcrito es limitativo de la cláusula 5.1 sobre la indemnización por incapacidad temporal que corresponde al asegurado, tal y como plantea el recurrente en su escrito. Y si el baremo de indemnización se conocía por la tomadora y el asegurado y resultan de aplicación.

Al respecto la STS de 12 de diciembre de 2.019, con cita en otras como la de 2 de marzo de 2017, y la de 14 de septiembre de 2016 indica:

"*1. Desde un punto de vista teórico, la distinción entre cláusulas de delimitación de cobertura y cláusulas limitativas parece, a primera vista, sencilla, de manera que las primeras concretan el objeto del contrato y fijan los riesgos que, en caso de producirse, hacen surgir en el asegurado el derecho a la prestación por constituir el objeto del seguro. Mientras que las cláusulas limitativas restringen, condicionan o modifican el derecho del asegurado a la indemnización o a la prestación garantizada en el contrato, una vez que el riesgo objeto del seguro se ha producido.*

No obstante, como expresa la sentencia de esta Sala núm. 715/2013, de 25 de noviembre, en la práctica, no siempre han sido pacíficos los perfiles que presentan las cláusulas delimitadoras del riesgo y las limitativas de los derechos del asegurado. Las fronteras entre ambas no son claras, e incluso hay supuestos en que las cláusulas que delimitan sorprendentemente el riesgo se asimilan a las limitativas de los derechos del asegurado.

La sentencia 853/2006, de 11 de septiembre, sienta una doctrina, recogida posteriormente en otras muchas resoluciones de esta Sala 1.ª, (verbigracia sentencias núm. 1051/2007, de 17 de octubre; y 598/2011, de 20 de julio), según la cual son estipulaciones delimitadoras del riesgo aquellas que tienen por finalidad delimitar el objeto del contrato, de modo que concretan: (i) qué riesgos constituyen dicho objeto; (ii) en qué cuantía; (iii) durante qué plazo; y (iv) en que ámbito temporal.

Otras sentencias posteriores, como la núm. 82/2012, de 5 de marzo, entienden que debe incluirse en esta categoría la cobertura de un riesgo, los límites indemnizatorios y la cuantía asegurada. Se trata, pues, como dijimos en la sentencia núm. 273/2016, de 22 de abril, de individualizar el riesgo y de establecer su base objetiva, eliminar ambigüedades y concretar la naturaleza del riesgo en coherencia con el objeto del contrato o con arreglo al uso establecido, siempre que no delimiten el riesgo en forma contradictoria con las condiciones particulares del contrato o de manera infrecuente o inusual (cláusulas sorprendentes).

A su vez, la diferenciación entre cláusulas delimitadoras del riesgo y cláusulas limitativas de derechos, cuando el asegurado es un consumidor, ya viene establecida en la exposición de motivos de la Directiva 93/13/CEE, del Consejo, de 5 de abril de 1993, sobre las cláusulas abusivas en los contratos celebrados con consumidores, al decir que «en los casos de contratos de seguros las cláusulas que definen o delimitan claramente el riesgo asegurado y el compromiso del asegurador no son objeto de dicha apreciación (de abusividad), ya que dichas limitaciones se tienen en cuenta en el cálculo de la prima abonada por el consumidor».

2. Por su parte, las cláusulas limitativas de derechos se dirigen a condicionar o modificar el derecho del asegurado y por tanto la indemnización, cuando el riesgo objeto del seguro se hubiere producido. Deben cumplir los requisitos formales previstos en el art. 3 LCS, de manera que deben ser destacadas de un modo especial y han de ser expresamente aceptadas por escrito; formalidades que resultan esenciales para comprobar que el asegurado tuvo un exacto conocimiento del riesgo cubierto (sentencias 268/2011, de 20 de abril; y 516/2009, de 15 de julio).

La jurisprudencia ha determinado, de forma práctica, el concepto de cláusula limitativa, referenciándolo al contenido natural del contrato, derivado, entre otros elementos, de las cláusulas identificadas por su carácter definidor, de las cláusulas particulares del contrato y del alcance típico o usual que corresponde a su objeto con arreglo a lo dispuesto en la ley o en la práctica aseguradora (sentencia núm. 273/2016, de 22 de abril). El principio de transparencia, fundamento del régimen especial de las cláusulas limitativas, opera con especial intensidad respecto de las cláusulas introductorias o particulares".

Descendiendo a nuestro caso ha de tenerse en cuenta que la cláusula 5.1 determina la cobertura de incapacidad temporal, el asegurado que esté en situación de baja tendrá derecho a ser indemnizado en el capital determinado y conforme al baremo. Se trata de una cláusula delimitadora. No se discute por las partes que el capital asegurado asciende a cincuenta euros por día.

En el preámbulo de la póliza (condiciones particulares) se indica que a las coberturas descritas les serán de aplicación las exclusiones indicadas en el mismo apartado.

Y una de las exclusiones en el caso de incapacidad temporal se determina en el apartado 5.2.1 d), que excluye la prestación en caso de siniestros sucesivos. La exclusión debe interpretarse junto con la cobertura (cláusula 5.1), y lo dispuesto en el preámbulo que, desde un principio habla de las coberturas y sus exclusiones.

Al ser una cláusula delimitadora del riesgo no es necesario destacarla con otro tipo de letra ni exigir la firma del asegurado o la tomadora. En cuanto a la interpretación que realiza la compañía de seguros de este apartado, no la compartimos.

La demandada interpreta que el parte médico del día 5 de abril de 2019 otorga 30 días de incapacidad temporal, lo que coincide con el baremo de indemnización. Esta interpretación se realiza en su propio beneficio, no tiene en cuenta los informes médicos ni los partes de baja.

Los informes anexos (anexo n.º 2 y ss.) acreditan la dolencia descrita en el escrito de demanda. En el primero, emitido el 14 de marzo de 2.019 describe insuficiencia cardiaca aguda. Miocardiopatía dilatada no isquémica con disfunción sistólica severa de VI. FEVI 26 %. En fecha 10 de mayo de 2019 se produce nuevo ingreso por disnea y descompensación de insuficiencia cardiaca. En este informe se explica que ingresó hace dos meses por primera vez, se realizó cateterismo que mostraba arterias coronarias sin lesiones angiográficamente significativas; se realizó ETT que mostraba disfunción sostólica severa. Se decide hacer ablación de ICT el 4 de junio de 2019, con ingreso hospitalario, y posteriormente valorar la evolución de cara a plantearse otras medidas como implante de TRC+DAI). El 23 de agosto de 2019 ingresa de forma programada para implante de marcapasos. El informe concluye que después del implante resincronizador, el paciente sufre miocardiopatía dilatada no isquémica con disfunción ventricular severa posible componente de taquimiocardiopatia y trastorno de la conducción. También se le realizó ablación del istmo cavotricuspideo por flutter auricular común.

De la documentación descrita deducimos que sufre una cardiopatía crónica, no ha sufrido varias lesiones sino una con evolución, primero se le realizó cateterismo, después ablación de istmo cotricuspideo y, por último, colocación de marcapasos.

La lesión queda reflejada en los partes médicos de baja emitidos (anexos 3 y ss.), que va desde el 11 de marzo de 2019 (folio 30), hasta el último presentado el 14 de abril de 2.020. El actor afirma que sigue de baja, suponemos que no se han presentado nuevos partes porque en fecha 12 de junio de 2020 presentó la demanda.

En suma, el actor sufrió una única lesión, prolongada en el tiempo y crónica, que le produjo la incapacidad temporal desde el 10 de marzo de 2019 hasta, al menos, el 14 de abril de 2020. No puede interpretarse que existan siniestros sucesivos, no concurre la causa de exclusión de la cláusula 5.2.1 d).

El contrato se presenta por el asegurado, de lo que deducimos se entregó en el momento de la firma y existió la posibilidad de conocer sus cláusulas. También se aporta el Anexo I referido al capital que corresponde por día de baja (cincuenta euros), y el Anexo II donde aparecen los datos de la tomadora y asegurado.

El recurrente alega que no conocía el baremo de indemnizaciones al que se refiere el apartado primero de la cláusula quinta y que se aporta por la compañía (anexo n.º 2 de la contestación). Este apartado hace referencia a las Condiciones Especiales en las que incluye el baremo, pero omite cualquier relación.

El baremo determina los días de baja por cada una de las patologías o dolencias, para el caso de insuficiencia cardíaca treinta días, de lo que deducimos que se trata de una limitación a la prestación descrita en la cláusula quinta. Cláusula limitativa que debió ser destacada de forma especial en las condiciones particulares o especiales, e incluso debió ser firmada por el asegurado de forma individual.

Además, esta limitación entra en contradicción con lo dispuesto en la cláusula 5.2.2 que establece para cada año de vigencia del contrato un límite máximo de indemnización de 365 días, aunque el proceso ocurra en diferentes años, limitación a la que se adapta el asegurado en la audiencia previa, reduciendo la reclamación del primer escrito de demanda.

Al presentar esta limitación en un baremo específico y presentarlo como una Condición Especial puede dar lugar a errores de interpretación, así lo pretende la compañía, es obvio que intenta confundir no solo al cliente, también al tribunal al establecer una limitación tan importante de forma separada, en otro anexo que no se dio a conocer conjuntamente con las condiciones particulares de la póliza.

Corresponde a la compañía aseguradora acreditar que dio al asegurado y a la tomadora toda la información necesaria sobre el riesgo y las coberturas aseguradas, sus prestaciones, sus exclusiones y limitaciones. VidaCaixa no ha practicado prueba al respecto, hubiese bastado con la firma de la tomadora y asegurado en las condiciones especiales y en el baremo. No se cumplen los requisitos exigidos en el art. 3 LCS.

En relación a esta cuestión, la Sentencia de esta Audiencia de 12 de noviembre de 2009 indica: "*El art. 3 LCS cumple la función de proteger al tomador del seguro mediante la exigencia de una serie de requisitos que el legislador considera necesarios para garantizar que, cuando dé su consentimiento a la perfección del contrato de seguro, conoce cumplidamente el contenido del mismo (STS 27 de noviembre de 2003 entre otras). De su literalidad la norma impone una redacción de las condiciones, tanto generales como particulares, que sea «clara y precisa», se trata de que el que se adhiere al contrato de seguro conozca las cláusulas que no ha tenido ocasión de negociar individualmente, y eso solo se logra mediante la redacción clara y precisa y la aceptación específica que requiere el art. 3 LCS (...) el art. 3 LCS exige siempre el expreso conocimiento y aceptación de unas y otras, mediante la firma del asegurado para comprobar que las conoce y que las aceptó libre y voluntariamente*".

Como venimos diciendo, y a modo de conclusión, las condiciones particulares de la póliza analizadas en la presente resolución [cláusula 5.2.1 d)] son cláusulas delimitadoras del contrato, describen la cobertura, la prestación que corresponde, las exclusiones y limitaciones de la que es objeto de litigio. Ahora bien, cuestión diferente es el baremo indemnizatorio al que se refiere la cláusula 5.1, como parte de las Condiciones Especiales. El baremo limita la prestación para cada tipo de patología.

Dada su naturaleza VidaCaixa debió acreditar que dio la información suficiente al asegurado sobre la limitación de la prestación, en su defecto, el baremo debió estar firmado por tomadora y asegurado. No existe prueba al respecto, por lo que no puede aplicarse la limitación pretendida por la compañía aseguradora.

Resuelta la cuestión no es necesario entrar en el análisis de la nulidad de las cláusulas por abusivas.

En consecuencia, aplicando la limitación establecida en las condiciones particulares (cláusula 5.2.2), procede fijar la indemnización a favor del Sr. Raimundo en 365 días a razón de 50 euros/día. A esta cantidad deberá descontarse la suma ya abonada por la compañía (1.500 euros). VidaCaixa SAU de Seguros y Reaseguros deberá indemnizar al actor en la suma de 16.750 euros.

Por responsabilidad civil

Caso 79

Resumen: Es delimitar que no es tercero ni el tomador del seguro ni el asegurado, ni el beneficiario, y la exclusión de las personas que no sean terceros o de los bienes muebles o inmuebles que se hallen en poder del asegurado.

Sentencia: AP Santa Cruz de Tenerife, Sec. 4.ª, 171/2024, de 17 de abril. Recurso 1051/2023 (SP/SENT/1235829).

Argumentación jurídica: Tal y como se desprende del artículo 1902 del CC y 73 de la LCS, preceptos en los que se basa la acción ejercitada, ambos exigen como requisito para que prospere la acción que se haya producido un daño a tercero. La actora contrató una póliza de seguro de responsabilidad civil (no de daños), por lo que es aplicable el art. 73 de la LCS.

Como consecuencia de ello, la condición general de la póliza, según la cual, no se considera tercero perjudicado a los efectos de la responsabilidad civil ni al tomador del seguro, ni al asegurado, ni al beneficiario, así como la exclusión de las personas que no sean terceros o de los bienes muebles o inmuebles que se hallen en poder del asegurado (doc. tres de la contestación a la demanda), se trata de cláusulas que derivan del propio contenido de la Ley y, por tanto, delimitadoras del riesgo, y no limitativas de derechos, como pretende la apelada, por lo que no hay necesidad de resaltarlas (art.3 LCS), ni de aceptarlas expresamente, como pretende derivar la parte apelada de la interpretación del artículo 34 de dicha Ley, que regula la subrogación (que opera *ope legis*) cuando se produce la transmisión del objeto asegurado. Y esta condición de "objeto asegurado" la resaltamos ante la tesis expuesta en el escrito de oposición al recurso pretendiendo otorgar la condición de sujeto de derecho a un inmueble.

Caso 80

Resumen: Siendo delimitadora la cláusula resulta de aplicación el límite cuantitativo de 300.000 €; por siniestro en la cobertura del seguro referida a la responsabilidad civil.

Sentencia: AP Ourense, Sec. 1.ª, 241/2024, de 3 de abril. Recurso 576/2023 (SP/SENT/1226922).

Argumentación jurídica: Sobre la responsabilidad civil cubierta por el seguro y el límite cuantitativo pactado.

El seguro multirriesgos del hogar examinado incluye en su cobertura básica definida en el artículo 1 la responsabilidad civil, que se define el apartado 8 primer párrafo diciendo: *"Caser garantiza las indemnizaciones que deba satisfacer el Asegurado como civilmente responsable de los daños causados accidentalmente a terceras personas hasta 300.000 €; por siniestro, excepto las garantías específicamente limitadas"*.

La demandante recurrente pretende dar a esta disposición sobre el límite cuantitativo de la cobertura por responsabilidad civil, el carácter de cláusula limitativa de sus derechos, con el argumento de que en las condiciones particulares no se establecía límite ninguno.

Efectivamente, en las condiciones particulares no se establecía ni límite ni siquiera se mencionaba la cobertura de la responsabilidad civil, porque solamente se hace una mención genérica a la cobertura básica sin especificar los distintos riesgos que en ella se incluían, con clara remisión a las condiciones generales. Para averiguar el contenido de la cobertura básica es necesario, por tanto, acudir al clausulado general en el que consta definido el riesgo por responsabilidad civil con la cuantía máxima garantizada por siniestro.

Cuando el riesgo asegurado es la responsabilidad civil, aquel viene definido por los hechos que originen dicha responsabilidad y por la cuantía contratada. Así, el párrafo primero del art. 73 LCS dispone que *"Por el seguro de responsabilidad civil el asegurador se obliga, dentro de los límites establecidos en la Ley y en el contrato, a cubrir el riesgo del nacimiento a cargo del asegurado de la obligación de indemnizar a un tercero los daños y perjuicios causados por un hecho previsto en el contrato de cuyas consecuencias sea civilmente responsable el asegurado, conforme a derecho"*.

Hay que tener en cuenta, además, que los límites pactados en el contrato condicionan la contraprestación de la aseguradora (art. 1 LCS) y la suma asegurada o alcance de la cobertura es uno de los elementos que se ha de hacer constar en la póliza (art. 8.5 LCS).

El Tribunal Supremo tiene declarado reiteradamente que una cláusula delimitadora del riesgo es la que define el objeto del contrato, perfila el compromiso que asume la compañía aseguradora, de manera tal que, si el siniestro acaece fuera de dicha delimitación, positiva o negativamente explicitada en el contrato, no nace la obligación de la compañía aseguradora de hacerse cargo de su cobertura. Mientras que las cláusulas limitativas, por el contrario, desempeñan distinto papel, en tanto en cuanto producido el riesgo actúan para restringir, condicionar o modificar el derecho de resarcimiento del asegurado (STS 661/2019, de 12 de diciembre).

Para facilitar la distinción ha ido estableciendo una serie de pautas o criterios, entre los que destacamos:

a) Son estipulaciones delimitadoras del riesgo aquellas que tienen la finalidad de delimitar el objeto del contrato, de modo que concretan: (i) qué riesgos constituyen dicho objeto; (ii) en qué cuantía; (iii) durante qué plazo; y (iv) en qué ámbito temporal o espacial (STS 853/2006, de 11 de septiembre, citada por muchas otras posteriores).

b) Son cláusulas limitativas las que empeoran la situación negocial del asegurado (STS 953/2006, de 9 de octubre).

En el ámbito del seguro de responsabilidad civil, la cláusula que se está analizando responde a la definición de estipulación delimitadora del riesgo, porque viene a concretar el objeto de esa cobertura. El hecho de que tal cuantía no figure en las condiciones particulares de la póliza, como tampoco consta la propia cobertura de la responsabilidad civil, no es criterio para configurarla como cláusula limitativa de los derechos del asegurado.

No puede sostenerse el argumento del demandante según el cual interpreta que en las condiciones particulares se establece una cobertura de la responsabilidad civil por cuantía ilimitada, cuando no consta ninguna referencia a tal riesgo. Ni tampoco que, en consecuencia, en la cláusula contenida en el apartado 8 del art. 1.º de las condiciones generales se incluye, de manera ladina y sorpresiva, una limitación en contra de sus intereses.

Por consiguiente, esta Sala coincide con la decisión de la jueza de instancia de calificar la cláusula en cuestión como delimitadora del objeto del contrato y eximida de cumplir con los requisitos previstos en el art. 3 LCS. Y en consecuencia resulta de aplicación el límite cuantitativo de 300.000 €; por siniestro en la cobertura del seguro referida a la responsabilidad civil.

Caso 81

Resumen: El cuñado del asegurado no estaría incluido en el concepto de tercero de conformidad con las condiciones generales del contrato, siendo además una cláusula delimitadora la que lo establece.

Sentencia: AP Córdoba, Sec. 1.ª, 168/2022, de 21 de febrero. Recurso 268/2021 (SP/SENT/1147089).

Argumentación jurídica: La conclusión anterior nos lleva a la cuestión planteada por la parte apelante en cuanto a si la definición de la condición de tercero constituye una delimitación del riesgo o es una cláusula limitativa de derechos con las consiguientes y conocidas consecuencias en cuanto a la especial exigencia de aceptación de estas últimas.

SÉPTIMO. El condicionado general establece la definición de tercero como " *cualquier persona, física o jurídica, distinta del asegurado o del tomador del seguro; no obstante, tampoco se consideran tercero, a efecto de este contrato, las personas que convivan con el tomador, ni los familiares hasta tercer grado de consanguinidad o afinidad de este o del asegurado*".

OCTAVO. Tal y como ha señalado la Sentencia del Tribunal Supremo de 14 de septiembre de 2016:

"Desde un punto de vista teórico, la distinción entre cláusulas de delimitación de cobertura y cláusulas limitativas parece, a primera vista, sencilla, de manera que las primeras concretan el objeto del contrato y fijan los riesgos que, en caso de producirse, hacen surgir en el asegurado el derecho a la prestación por constituir el objeto del seguro. Mientras que las cláusulas limitativas restringen, condicionan o modifican el derecho del asegurado a la indemnización o a la prestación garantizada en el contrato, una vez que el riesgo objeto del seguro se ha producido.

No obstante, como expresa la sentencia de esta Sala núm. 715/2013, de 25 de noviembre, en la práctica, no siempre han sido pacíficos los perfiles que presentan las cláusulas delimitadoras del riesgo y las limitativas de los derechos del asegurado. Las fronteras entre ambas no son claras, e incluso hay supuestos en que las cláusulas que delimitan sorprendentemente el riesgo se asimilan a las limitativas de los derechos del asegurado.

La sentencia 853/2006, de 11 de septiembre, sienta una doctrina, recogida posteriormente en otras muchas resoluciones de esta Sala 1.ª, (verbigracia sentencias núm. 1051/2007, de 17 de octubre; y 598/2011, de 20 de julio), según la cual son estipulaciones delimitadoras del riesgo aquellas que tienen por finalidad delimitar el objeto del contrato, de modo que concretan: (i) qué riesgos constituyen dicho objeto; (ii) en qué cuantía; (iii) durante qué plazo; y (iv) en que ámbito temporal.

Por su parte, las cláusulas limitativas de derechos se dirigen a condicionar o modificar el derecho del asegurado y por tanto la indemnización, cuando el riesgo objeto del seguro se hubiere producido. Deben cumplir los requisitos formales previstos en el art. 3 LCS, de manera que deben ser destacadas de un modo especial y han de ser expresamente aceptadas por escrito; formalidades que resultan esenciales para comprobar que el asegurado tuvo un exacto conocimiento del riesgo cubierto (sentencias 268/2011, de 20 de abril; y 516/2009, de 15 de julio).

La jurisprudencia ha determinado, de forma práctica, el concepto de cláusula limitativa, referenciándolo al contenido natural del contrato, derivado, entre otros elementos, de las cláusulas identificadas por su carácter definidor, de las cláusulas particulares del contrato y del alcance típico o usual que corresponde a su objeto con arreglo a lo dispuesto en la ley o en la práctica aseguradora (sentencia núm. 273/2016, de 22 de abril). El principio de transparencia, fundamento del régimen especial de las cláusulas limitativas, opera con especial intensidad respecto de las cláusulas introductorias o particulares)".

NOVENO. La reciente sentencia del Tribunal Supremo de 1 de febrero de 2022 nos aclara la distinción entre cláusulas delimitadores del riesgo y cláusulas limitativas y así:

"2. La definición del riesgo viene establecida en la póliza, bajo el epígrafe «¿Qué le cubre y qué no le cubre este seguro?», en los términos literales transcritos en los apartados 2 y 3 del fundamento jurídico primero.

(...)

3. Con ese contenido, esas cláusulas son delimitadoras del riesgo, en cuanto que concretan el objeto del contrato, fijando qué riesgos, en caso de producirse, hacen surgir en el asegurado el derecho a la prestación por constituir el objeto del seguro (sentencias 853/2006, de 11 de septiembre; 1051/2007, de 17 de octubre; 598/2011, de 20 de julio; 273/2016, de 22 de abril; y 498/2016, de 19 de julio). Y no pueden calificarse como limitativas, porque no condicionan o modifican el derecho del asegurado y por tanto la indemnización, cuando el riesgo objeto del seguro se hubiere producido (sentencia 58/2019, de 29 de enero). Por lo que no cabe apreciar infracción del art. 3 LCS, ni de la jurisprudencia que lo interpreta".

DÉCIMO. **A tenor de lo expuesto, en el caso que nos ocupa, la cláusula en cuestión delimita el ámbito subjetivo del hecho objeto de cobertura, lo que nos lleva a su consideración como cláusula delimitadora del riesgo tal y como afirma la sentencia del Tribunal Supremo de 26 de septiembre de 2008 que considera como tal la definición de tercero, por lo que solo se necesita el conocimiento y aceptación por el tomador, circunstancia que ha sido reconocida en el fundamento jurídico quinto de esta sentencia.**

Por lo tanto, dado que no es controvertido la relación familiar entre el asegurado y el hoy demandante, que determinaría, que el actor no estaría incluido en el concepto de tercero de conformidad con las condiciones generales del contrato, procede desestimar estos motivos del recurso de apelación con la consiguiente confirmación de la sentencia de instancia y resultando innecesario el examen del resto de las cuestiones planteadas en el recurso en cuanto que se ha apreciado la falta de legitimación activa de la parte actora.

Caso 82

Resumen: La excepción de la cobertura de responsabilidad civil entre copropietarios es cláusula delimitadora.

Sentencia: AP A Coruña, Sec. 5.ª, 336/2021, de 28 de octubre. Recurso 369/2020 (SP/SENT/1131846).

Argumentación jurídica: En la garantía de responsabilidad civil entre copropietarios, suscrita en la póliza concertada por la aseguradora demandada y la comunidad de propietarios, es de aplicación la cláusula CE-02, en la que se establece que "*siempre que se haya pactado su inclusión en las condiciones particulares, la compañía por esta cobertura no se obliga a cubrir el riesgo del nacimiento –a cargo de cualquier copropietario, o, en su caso, poseedor de las viviendas o locales componentes del edificio asegurado– de la obligación a indemnizar a los demás copropietarios u ocupantes de las viviendas o locales del edificio los daños materiales o corporales y los perjuicios que de estos se deriven, de cuyas consecuencias resulte civilmente responsable conforme a Derecho, en su condición de poseedor por cualquier título de la vivienda o local del inmueble origen de los daños, «añadiéndose» riesgos no cubiertos. Esta póliza no cubre el pago de las indemnizaciones que puede resultar de: Daños materiales causados al edificio asegurado, ya sea en zonas comunes o privativas y los daños causados a la propia vivienda o local habitado*".

Toda vez en la póliza de seguros concertada entre las partes, en relación con la responsabilidad civil de copropietarios, se realiza la descripción de la cobertura y a continuación se fijan las restricciones de la cobertura, consideramos que dicha excepción de la cobertura no puede considerarse como una cláusula limitativa sino como una cláusula delimitadora del riesgo o definitoria del contenido contractual, que no exige el respeto de las exigencias del artículo 3 LCS.

Por los motivos expuestos procede la desestimación de la impugnación de sentencia formulada por la parte actora.

En el seguro de comercio o de industria

Por actos de los empleados

Caso 83

Resumen: La exclusión de daños causados por negligencia de los operarios propios en materiales empleados y perjudicando a quien no es tercero, el contratista, está destacada en negrita, y específicamente firmada por el asegurado.

Sentencia: AP Navarra, Sec. 3.ª, 620/2021, de 24 de mayo. Recurso 80/2021 (SP/SENT/1112359).

Argumentación jurídica: Cláusula delimitadora de la cobertura a la responsabilidad civil frente a terceros

La demanda ejerce acción indemnizatoria por incumplimiento de un contrato de seguro de responsabilidad civil, que puede fundarse en la obligación de cumplimiento de Mapfre frente al Sr. Casiano, empresario que realiza montaje de carpintería metálica de cubierta de edificios, fundada en arts. 1, 2, 3, 18 y 76. LCS, y en general en el bloque legal del Derecho de obligaciones.

Sin que se discuta que el siniestro comunicado por el demandante es la indemnización de 4.000 euros, descontada del precio de una obra subcontratada, por el daño ocasionado al contratista —CADA S.L.— en materiales para la ejecución (paneles prefabricados de cobertura), atribuible a los operarios del Sr. Casiano, la aseguradora niega cobertura, por cuanto no se garantizaba en la póliza suscrita los daños causados al promotor o contratista, o a subcontratista, ni los daños causados a los bienes poseídos por el asegurado, o aparatos, equipos o materiales utilizados, propios o de terceros.

Y puesto que es así la delimitación negativa de la cobertura, conforme a Apartado V de las condiciones particulares, que precisamente expone de aplicación las "*condiciones especiales adjuntas en las cuales queda definida la extensión de las coberturas de la presente póliza*", la sentencia desestima íntegramente la demanda.

El recurso de apelación, a fin de denunciar una indebida aplicación normativa, por la exégesis de la póliza, compara las condiciones especiales, en lo que diseña lo que el seguro cubre, y en lo que especifica lo que no se cubre, para alcanzar la conclusión de que es contradictorio con lo primero y lo segundo, de tal manera que se genera una confusión en perjuicio del adherente, y lo excluido resulta ser sorprendente en el régimen de condiciones generales de la contratación. Para ello, verifica una glosa extensa de numerosas sentencias de la Sala I TS, a propósito de la distinción entre cláusulas delimitadoras del riesgo, y cláusulas limitativas y restrictivas.

Primeramente, es del todo regular que el riesgo protegido se describa en sentido positivo y negativo, y resulta lógico que el ámbito de cobertura sea más comprensivo, y abarcaría lo que se excluye, si no fuera excluido.

La sentencia apelada reseña las condiciones especiales de exclusión:

"No quedan garantizados por esta cobertura los daños materiales de cualquier naturaleza, causados al propietario- promotor de la obra, al contratista del Asegurado o a los subcontratistas de este.

Esta póliza no cubre:

Daños causados a bienes muebles o inmuebles que, para su uso o disfrute, manipulación, transformación, reparación, custodia, depósito o transporte hayan sido confiados, cedidos o arrendados al Asegurado o bien se encuentren bajo su posesión.

Los daños sufridos por las obras y trabajos ejecutados por el Asegurado o sus subcontratistas, así como los causados a los aparatos, equipos y materiales utilizados (propios o de terceros)".

El contrato del caso es una póliza de responsabilidad civil semejante a la que ha sido objeto de consideración por la doctrina casacional en SSTS 741/2011, de 25 de octubre, y 730/2018, de 20 de diciembre, sentencias a las que alude la juzgadora a quo, y consigna ampliamente.

Las fronteras que presentan las cláusulas delimitadoras del riesgo y las limitativas de los derechos del asegurado no son siempre claras. Llegándose incluso al caso de que las cláusulas que delimitan sorprendentemente el riesgo se asimilan a las limitativas de los derechos del asegurado, pero la doctrina de la Sala I TS ya se ha pronunciado acerca de la condición delimitadora de estas cláusulas que excluyen la responsabilidad civil de empresa, relativa a quienes no son terceros, por daños ocasionados en el mismo objeto sobre el que el profesional asegurado realiza su actividad.

Se suele acudir a la STS de 11 de septiembre de 2006 que expresó una doctrina, recogida posteriormente en otras muchas, según la cual son estipulaciones delimitadoras del riesgo aquellas que tienen por finalidad delimitar el objeto del contrato, de modo que concretan (i) qué riesgos constituyen dicho objeto, (ii) en qué cuantía, (iii) durante qué plazo y (iv) en que ámbito temporal. Otras SSTS posteriores a la citada, como la de 17 de octubre de 2007, entendió que debe incluirse en esta categoría, la cobertura de un riesgo, los límites indemnizatorios y la cuantía asegurada. Se trata, pues, de individualizar el riesgo y de establecer su base objetiva, establecer "*exclusiones objetivas*", como señala la citada STS de 5 de marzo de 2012, eliminar ambigüedades y concretar la naturaleza del riesgo en coherencia con el objeto del contrato o con arreglo al uso establecido, siempre que no delimiten el riesgo en forma contradictoria con las condiciones particulares del contrato, o de manera no frecuente o inusual (sorprendentes).

Por su parte, las cláusulas limitativas de derechos se dirigen a condicionar o modificar el derecho del asegurado y por tanto la indemnización, cuando el riesgo objeto del seguro se hubiere producido. Estas deben cumplir los requisitos formales previstos en el art. 3 LCS, de modo que deben ser destacadas de un modo especial y han de ser expresamente aceptadas por escrito, formalidades que resultan esenciales para comprobar que el asegurado tuvo un exacto conocimiento del riesgo cubierto (SSTS de 15 de julio de 2009, y 20 de abril de 2011). Estas últimas, determinan, de forma práctica, el concepto de cláusula limitativa, referenciándolo al contenido natural del contrato, derivado, entre otros elementos, de las cláusulas identificadas por su carácter definidor, de las cláusulas particulares del contrato y del alcance típico o usual que corresponde a su objeto con arreglo a lo dispuesto en la ley o en la práctica aseguradora. El principio de transparencia, fundamento del régimen especial de las cláusulas limitativas, opera con especial intensidad respecto de las cláusulas introductorias o particulares.

La complejidad del distingo, porque en buena medida la jurisprudencia y la doctrina no han superado aún la casuística impuesta por la abigarrada realidad de los más variopintos seguros de responsabilidad civil, está disipada en este caso por la citada jurisprudencia reciente.

La exclusión de daño a los contratantes por la imprudencia propia —de las personas por las que se debe responder de art. 1903 CCiv— es una cláusula definidora del riesgo en este tipo de seguro de responsabilidad civil, que asegura a un empresario individual. Este contrato cubre los daños producidos en elementos ajenos al que se está trabajando y su objeto no es asegurar la impericia contractual ni el resultado de la obra, o trabajo. Cuando se pone que es obligación no asegurada, los daños y perjuicios sufridos por bienes que sean objeto de trabajo directo del asegurado, bien para su custodia, manipulación, transformación, elaboración, reparación, instalación, transporte o cualquier otra manifestación de la actividad empresarial, se está delimitando el riesgo o cobertura contratada. No limitándolo.

Ciertamente, la más actualizada captación de la delimitación del riesgo respecto de la limitación de derecho, supone que la cláusula delimitadora trueca en limitativa cuando describe el riesgo en forma contradictoria con el objeto del contrato, o con las condiciones particulares de la póliza, o de manera no frecuente o inusual.

Así menciona el recurso de apelación las sentencias de esta Sección, SSAP Navarra —3.ª— de 12 de marzo y 25 de octubre de 2019, y en las mismas se dice que la cláusula inusual o sorpresiva, es aquella cuya presencia en el contrato puede considerarse razonablemente como una sorpresa para el cliente, cuya regla puede enunciarse en el sentido de que no se consideran incorporadas al contrato aquellas que, de acuerdo con las circunstancias y, en especial, con la propia naturaleza del contrato, resulten tan insólitas que el adherente no hubiera podido contar racionalmente con su existencia.

Y no se percibe por qué es insólito para un empresario medianamente informado una tipología de seguro de responsabilidad civil en que se garantiza la reparación del daño atípico a tercero, que es lo propio de la responsabilidad extracontractual, y no el daño típico en la propia actividad, por culpa propia, relativo a quienes se relacionan mediante contrato, en la cadena de contratación de la ejecución de obra.

Hay que concluir, como hace la sentencia apelada, que si la exclusión de daños causados por negligencia de los operarios propios en materiales empleados, y perjudicando a quien no es tercero, el contratista, se concibiera como cláusula limitativa, tampoco estaría proscrita, siendo la estipulación clara y precisa, como condición general de la contratación, al cumplir los requisitos de art. 3 LCS, esto es, que se han significado de modo especial, y que han sido específicamente aceptadas por escrito.

Las exclusiones del caso, en las condiciones especiales del condicionado particular, están destacadas en negrita, y específicamente firmadas por el asegurado, hasta en cuatro ocasiones, aunque no con firma en todas y cada una de las hojas.

Por consiguiente, no cabe extenderse más en la confirmación que merece la sentencia apelada, con desestimación del recurso de apelación.

Por daños por incendio

Caso 84

Resumen: La cláusula es delimitadora. pues queda claro qué daños por incendio están cubiertos y cuáles no, atendiendo a la causa de los mismos, estando expresamente excluida la fermentación.

Sentencia: AP Córdoba, Sec. 1.ª, 3/2022, de 4 de enero. Recurso 1565/2021 (SP/SENT/1137014).

Argumentación jurídica: RECURSO DE LA PARTE DEMANDADA. CLÁUSULA DE DELIMITACIÓN DE DERECHOS O DELIMITADORA DEL RIESGO ASEGURADO. La póliza en cuestión en su página 12 y bajo la rúbrica de "Qué le cubre cada garantía y qué no le cubre" define, entre otros, como riesgo cubierto: "*Incendio. Entendiéndose por tal, la combustión y abrasamiento con llama capaz de propagarse de un objeto u objetos que no estaban destinados a ser quemados en el lugar y momento en que se produce, siempre que se origine fortuitamente, por malquerencia de extraños o por negligencia del Tomador/Asegurado o de las personas de quien responda civilmente*". A continuación con la rúbrica de "El seguro no ampara" y en la misma página 12 de la póliza recoge y para caso de incendio "*[l] os daños producidos por fermentación u oxidación, vicio propio o defecto de fabricación de los bienes asegurados*". También la página 36 en lo que puede considerarse como una recapitulación vuelve a decir que "*[n] o quedan amparados por el seguro, entre otros, los daños producidos por fermentación, oxidación, contaminación, polución o corrosión*".

La sentencia en su fundamento jurídico segundo alude a que las cláusulas de exclusión contenidas en la póliza son de limitación de derechos con su especial régimen, que en este caso no se han cumplido. Igualmente reconoce que el lugar donde tuvo su origen el foco del incendio, resultó ser en la explanada que hay detrás de la nave, dentro del recinto y que el origen fue "*la fermentación y autocombustión del trigo almacenado*".

La póliza en su página 2 recoge un índice de diversas cuestiones relacionadas con la póliza y en el apartado "*Qué la cubre y qué no le cubre este seguro*?" incluye el incendio, con indicación de una página (la 12). Esta relación no puede tener otro significado que el de un índice para facilitar la consulta de la póliza ["*(...) acceder fácilmente a toda la información relacionada con el seguro (...)*", dice su encabezamiento], y de ahí que diga qué cubre y qué no cubre, lo que, para el caso de autos, ha de entenderse como relacionado el incendio y que permite excluir que se haya podido dar la apariencia de cobertura del riesgo de incendio sin más precisiones, y que pudiera llegar a afirmarse que la exclusión posterior, entre otros, del riesgo de incendio por fermentación sea una cláusula sorprendente, que, como recuerda nuestra jurisprudencia, tendría el tratamiento de cláusula de limitación de derechos sometida a las exigencias del artículo 3 de la Ley de Contrato de Seguro, que, aquí no se discute, no se habrían cumplido, repetimos, de dársele esa consideración. Lo mismo cabe decir de la mención de "*Incendio*" en el apartado de "*Coberturas*" (página 10).

Con estas previsiones contenidas en la póliza en poder del asegurado y a propósito de lo afirmado en la demanda (hecho tercero) de falta de claridad o confusión creada por la aseguradora (STS 160/2021 de 22.3), se puede decir que se colman las exigencias de transparencia que, conforme señala la STS 263/2021 de 6.5, se impone a la aseguradora "*con la finalidad de que el asegurado tome constancia plena de los riesgos objeto de cobertura, y, de esta forma, no sea vea sorprendido por cláusulas limitativas o lesivas para sus intereses*", *imponiendo* "*la redacción clara y precisa de sus condiciones contractuales tanto particulares como generales, así como que las condiciones calificables como limitativas gocen de la garantía de hallarse debidamente destacadas en las pólizas, así como específicamente amparadas por las firmas de los tomadores*", *aludiendo a también a que* "*el tomador debe tomar constancia real y efectiva no solo del riesgo, constituido en verdadera alma y nervio del contrato, sino de los límites en los que opera la cobertura de la compañía aseguradora, en tanto en cuanto si la finalidad del seguro es diluir, neutralizar o anular el riesgo, el asegurado ha de conocer, desde el primer momento, el concreto marco dentro del cual se encuentra amparado en el supuesto de que dicho riesgo se convierta en siniestro*".

Se ha considerado cláusula limitativa también "*en cuanto restringe o modifica el derecho del asegurado, generando confusión en el mismo, hasta el punto de que razonablemente podría creer que estaba acogido a la cobertura del riesgo por lluvia, cuando de forma poco transparente se incluía una condición especial en la póliza, que alteraba el contenido usual de este tipo de contratos, alterando las expectativas razonables del asegurado, confiado en el texto de las condiciones particulares de la póliza*" (STS 160/2021 de 22.3). En el mismo sentido la 590/2017, remitiéndose a la 273/2016 de 22.4, y reproducida por la 548/2020 de 22.10, se dice que es limitativa del riesgo y no delimitadora del mismo, por restringir los riesgos más allá del contenido natural del contrato de seguro, en ese caso de transporte.

Con estos antecedentes en primer lugar podemos afirmar que no puede decirse que se restrinja el "*contenido natural*" del contrato que no identificó sin más el riesgo de incendio como cubierto sin mayores precisiones, en contradicción con posterior cláusula de exclusión, y quedaba claro la exclusión del riesgo de incendio por fermentación para el asegurado a tenor del condicionado de la póliza en su poder, sin que en ningún momento se haya afirmado aquí que no le fue entregada hasta después de su firma, o que no se corresponde con la información precontractual previamente recibida sobre lo que se le ofrecía de cobertura por la aseguradora. Esto nos lleva a afirmar que no estamos en presencia de una cláusula de exclusión sorprendente para la asegurada, y que, caso contrario, autorizaría su calificación como limitativa de derechos.

Dicho lo anterior, y remitiéndonos a la profusa cita jurisprudencial que han utilizado las partes en sus respectivos escritos, hemos de indicar que la diferencia entre cláusula de limitación de derechos y delimitadora del riesgo se ha de ver en que la primera afectaría a los derechos del asegurado una vez producido el riesgo cubierto conforme indica la STS 601/2010 de 1.10 o como dice la STS 853/2006 de 11.9, "*una vez ya se ha concretado el objeto del seguro*", ambas reproducidas por la citada 160/2021; y en la segunda, lo que se hace es determinar los eventos dañosos que se aseguran, sus circunstancias espacio, temporal y cuantitativas, esto es, los riesgos objeto de cobertura, que vendrían delimitado de forma negativa por las exclusiones que sobre cada uno de ellos se expresen claramente en la póliza.

Por lo tanto, lo realmente relevante aquí es el riesgo cubierto en la póliza que ha de estar claramente definido, fuera de dudas o confusión y antes del siniestro, y esto, como hemos dicho con anterioridad, se da en la póliza de autos, pues la definición del riesgo va acompañada inmediatamente de los casos de exclusión, con lo que queda meridianamente claro qué daños por incendio están cubiertos y cuáles no, atendiendo, como hemos visto a la causa de los mismos, y lo que sucede aquí es la que aquí se estima acreditada está, fermentación, está expresamente excluida.

Por lo tanto, no se comparte la calificación de esa exclusión como cláusula de limitación de derechos contenida en la sentencia, con estimación del primer motivo de impugnación y que hace innecesario dar respuesta a los otros motivos dirigidos a la reducción de la indemnización o a la no aplicación de los intereses del artículo 20 de la Ley de Contrato de Seguro, y que, aunque expresamente no se indica así, son planteados con carácter subsidiario al primero, cuya aceptación, como hemos visto, determina sin más la estimación del recurso de la parte demandada.

Por responsabilidad civil de la explotación

Caso 85

Resumen: En el seguro de responsabilidad civil de explotación la delimitación del riesgo efectuada en el contrato resulta oponible al tercero perjudicado, por lo que no cabe la acción directa por una prestación defectuosa o dañina.

Sentencia: TS, Sala Primera, de lo Civil, 541/2021, de 15 de julio. Recurso 5458/2018 (SP/SENT/1108376).

Argumentación jurídica: Segundo motivo de casación. La delimitación del riesgo en el seguro de responsabilidad civil de explotación.

Planteamiento:

1. El segundo motivo de casación denuncia la infracción del art. 3 LCS, en relación con los arts. 1, 73 y 76 de la misma LCS, y con las sentencias de esta sala 1244/2006, de 12 diciembre,

473/2012, de 9 de julio, 679/2007, de 19 de junio, 202/2008, de 13 de marzo, y 327/2016, de 18 de mayo.

2. En el desarrollo del motivo, la parte recurrente considera, resumidamente, que la sentencia recurrida infringe los preceptos legales citados y la jurisprudencia de esta sala al concluir que las cláusulas litigiosas son limitativas de derechos y no delimitadoras del riesgo.

Decisión de la Sala:

1. A diferencia de lo que sucede en la regulación legal de algunos tipos de seguro que contienen una precisa delimitación del riesgo objeto de cobertura, en el seguro de responsabilidad civil la definición legal del riesgo (art. 73 LCS) remite a la disciplina convencional, de manera que la regulación que sobre el particular se contenga en el propio contrato resulta imprescindible para la determinación del contenido de la obligación del asegurador (sentencia 58/2019, de 29 de enero).

Es decir, dado que el riesgo cubierto en el seguro de responsabilidad civil es el nacimiento de la obligación de indemnizar derivada del acaecimiento de un hecho previsto en el contrato, será precisa la definición convencional —positiva y negativa— del mencionado evento, a fin de concretar el contenido de la obligación asumida por el asegurador.

2. Según reseña la sentencia 730/2018, de 20 de diciembre, la jurisprudencia ha tratado el seguro de responsabilidad civil de explotación al abordar la delimitación del riesgo en los seguros de responsabilidad civil, para mantener que únicamente se cubren los daños causados a terceros, pero no los ocasionados en el mismo objeto sobre el que el profesional asegurado realiza su actividad u otros objetos relacionados con dicho desempeño empresarial. Es decir, que no se asegura la correcta ejecución de la prestación objeto de un contrato entre el asegurado y un tercero en el ámbito de la actividad empresarial o profesional del asegurado.

Así, la sentencia 741/2011, de 25 de octubre, al interpretar un clausulado contractual, reconoció como seguro de responsabilidad civil de explotación aquel que cubre la responsabilidad civil que el asegurado deba afrontar como consecuencia directa del desarrollo de su actividad empresarial, en concreto, la realización, fuera del recinto empresarial, de trabajos o servicios encargados por terceras personas, pero sin que queden asegurados los daños y perjuicios sufridos por bienes de cualquier género que sean objeto del trabajo directo del asegurado o los posea temporalmente para su custodia, manipulación, transformación, elaboración, reparación, instalación, transporte o cualquier otra manifestación de la actividad empresarial.

Y añadió:

"Es conocido que los daños causados en el ejercicio de la actividad empresarial o profesional, sobre el objeto a reparar, tienen su cobertura más directa en el seguro de responsabilidad civil profesional, pues no es de recibo que el seguro de explotación asegure la mala praxis desarrollada sobre el bien manipulado, salvo que así se pacte expresamente.

El seguro de explotación pese a esa limitación, como razona la parte recurrida, sigue cubriendo los daños producidos en elementos ajenos al que se está trabajando, y su objeto no es asegurar la impericia contractual, ni el resultado del trabajo".

Esta misma sentencia, con cita de las sentencias 679/2007, de 19 de junio, y 853/2006, de 11 de septiembre, consideró que este tipo de cláusulas no eran limitativas de los derechos del asegurado, sino delimitadoras del riesgo. Y negó que desnaturalizaran el contrato de seguro de responsabilidad civil, porque ni dejan sin contenido asegurable al contrato, ni lo limitan de forma esencial e inesperada.

Doctrina que se reiteró, punto por punto, en las sentencias 779/2011, de 4 de noviembre, y 810/2011, de 23 de noviembre, y que hace suya la sentencia 730/2018, de 20 de diciembre.

3. Habida cuenta de que el seguro de responsabilidad civil de explotación se configura a través de la delimitación del riesgo, la última de las sentencias citadas aclara que dicha delimitación del riesgo efectuada en el contrato resulta oponible al tercero perjudicado (el contratante con el asegurado, que sufre su prestación defectuosa o dañina), no como una excepción en sentido propio, sino como consecuencia de la ausencia de un hecho constitutivo del derecho de aquel sujeto frente al asegurador. Ese derecho podrá haber nacido frente al asegurado en cuanto causante del daño, pero el asegurador no será responsable, porque su cobertura respecto al asegurado contra el nacimiento de la obligación de indemnizar solo se extiende a los hechos previstos en el contrato.

En consecuencia, queda excluida la acción directa, pues como hemos visto, el perjudicado no puede alegar un derecho al margen del propio contrato (sentencias 1166/2004, de 25 de noviembre; 268/2007, de 8 de marzo; 40/2009, de 23 de abril; 200/2015, de 17 de abril; y 484/2018, de 11 de septiembre).

Caso 86

Resumen: Falta de cobertura de los daños causados por una empresa subcontratada por un defectuoso montaje de las bandas ya que la cláusula especial del seguro de responsabilidad civil es delimitadora.

Sentencia: TS, Sala Primera, de lo Civil, Pleno, 661/2019, de 12 de diciembre. Recurso 3634/2016 (SP/SENT/1028449).

Argumentación jurídica: En este caso, nos encontramos ante un contrato de seguro de responsabilidad civil, definido por el art. 73 de la LCS, como aquel en virtud del cual:

"[...] el asegurador se obliga, dentro de los límites establecidos en la Ley y en el contrato, a cubrir el riesgo del nacimiento a cargo del asegurado de la obligación de indemnizar a un tercero los daños y perjuicios causados por un hecho previsto en el contrato de cuyas consecuencias sea civilmente responsable el asegurado, conforme a derecho".

La finalidad de esta clase de seguros consiste pues en la protección del asegurado, ante la eventualidad de la responsabilidad en que pueda incurrir frente a terceros. La correlativa obligación de resarcimiento del asegurador, para dejar patrimonialmente indemne al asegurado, se encuentra condicionada a la producción del siniestro que, durante la vigencia del contrato, sea consecuencia de la realización de un riesgo, que no se encuentre debidamente excluido de cobertura, sino abarcado por la misma, bajo los requisitos legalmente exigibles; es decir *"dentro de los límites establecidos en la Ley y en el contrato"*.

En el supuesto litigioso, objeto de recurso de casación, nos hallamos ante un seguro de responsabilidad civil, que cubre distintas modalidades de cobertura, como la responsabilidad civil de la explotación, responsabilidad civil patronal, responsabilidad de productos, responsabilidad civil subsidiaria de subcontratistas, entre otras.

Según consta, en las condiciones particulares de la póliza, la actividad objeto del seguro es: "*Manufacturas del caucho, fabricación de bandas transportadoras y pavimentos de goma. Planta de cogeneración*". No se plantea el recurso sobre la extensión del seguro de la responsabilidad civil de la explotación, sino exclusivamente sobre el seguro de responsabilidad civil subsidiaria.

La sentencia de la Audiencia, en pronunciamiento no cuestionado, considera que el contrato suscrito, en la modalidad responsabilidad civil de productos (mundo entero, salvo USA/Canadá y Méjico), según cláusula especial n.º 216, con una indemnización por siniestro y período de 1.200.000 euros, cubriría los daños causados por productos, sobrevenidos después de la entrega, que tengan "*(...) por hecho generador un vicio propio del producto o un error cometido durante (...) su montaje*".

Ahora bien, en el caso que nos ocupa, los daños causados por un defectuoso montaje de las bandas no proceden de trabajos directamente ejecutados por la actora a través de sus propios trabajadores, sino de una tercera empresa autónoma, que efectuó su instalación por encargo de la demandante. La actora, una vez abonado voluntariamente el perjuicio sufrido por la entidad compradora, considera, en su condición de asegurada y tomadora del seguro, que el siniestro acaecido se encontraba cubierto dentro de la modalidad de responsabilidad civil subsidiaria pactada, al considerar limitativos los requisitos exigidos, en la condición especial 204, para que nazca la obligación de la compañía de seguros de hacerse cargo de los daños previamente indemnizados.

En las condiciones particulares de la póliza consta que serán aplicadas a este contrato las condiciones generales modelo 301022, las condiciones especiales modelo C3100108 y entre otras la cláusula especial número 204, en la que se explicita la garantía litigiosa.

Igualmente, en las propias condiciones particulares, con respecto a dicho riesgo asegurado, figura consignado en negrilla: "*responsabilidad civil subsidiaria de subcontratistas: según cláusula 204*", por siniestro, 1.200.000 euros.

La condición especial 204, a la que expresamente remiten las condiciones particulares, aparece redactada en los términos antes transcritos, en el fundamento de derecho primero de esta sentencia, y su interpretación no ofrece dudas que determinen la aplicación de la doctrina de las cláusulas oscuras del art. 1.288 del CC (interpretación *contra proferentem*, STS 373/2019, de 27 de junio, entre otras).

Pues bien, si tenemos en cuenta que la cobertura pactada ha sido la responsabilidad civil subsidiaria de subcontratista, definida contractualmente, en la condición especial 204 como aquella que, en derogación de lo indicado en las condiciones de la póliza, "*[...] pueda atribuírsele al Asegurado, por los daños personales, materiales y perjuicios consecutivos ocasionados a terceras personas, por los subcontratistas del Asegurado, durante el desarrollo de actividades propias al servicio del mismo*", supeditada a la

concurrencia de los requisitos, que dicha condición establece acto seguido, sin solución de continuidad ni fractura convencional, relativos a que la empresa subcontratista sea declarada civilmente responsable por sentencia judicial, insolvente y que no tenga suscrita ninguna póliza que la ampare o que, si la tuviera, el capital máximo garantizado fuera insuficiente para cubrir la indemnización derivada del siniestro, debe ser calificada como delimitadora del riesgo, en tanto en cuanto lo define e individualiza, coherentemente y no de forma contradictoria con el objeto del seguro, sin entrar en contradicción con las condiciones particulares, pues en estas expresamente se señala "*responsabilidad civil subsidiaria de subcontratistas: según cláusula 204*".

Por otra parte, los requisitos requeridos para el nacimiento de la cobertura no pueden reputarse como cláusulas sorpresivas, sino naturales al tipo de cobertura pactada, que no es una responsabilidad directa, que obligue a responder de actos de otros como los dependientes o empleados (art. 1.903 CC) o solidaria, indistintamente con otros sujetos (arts. 1.137 y 1.144 CC); sino de naturaleza subsidiaria, que opera, por lo tanto, para el supuesto de que se deba responder por cuenta del autor material del daño, verdadero responsable del siniestro, de manera no principal, sino en defecto del causante, y siempre además que el subcontratista no pueda hacerse cargo de los daños por falta de capacidad económica para ello. No se responde pues por el hecho de otro, sino por la responsabilidad del otro, en el caso de imposibilidad de este.

Por lo tanto, no podemos calificar la cláusula 204 de limitativa de derechos, sino delimitadora de la cobertura, ya que establece los riesgos asumidos por la aseguradora. No los limita o restringe, sino que los determina, fijando su ámbito de aplicación. En tan esencial función delimitadora no se aparta del contenido natural o usual de un seguro de tal clase, ni entra en abierta contradicción con la práctica del sector. En definitiva, no podemos estimar frustradas las expectativas razonables del asegurado, de manera que quedara vacío de contenido el objeto del contrato. No cabe concluir, por ende, que la cláusula especial 204 sea sorpresiva, de forma que merezca el tratamiento jurídico de las limitativas, con los requisitos acumulativos de resultar especialmente destacada en la póliza y amparada por la firma del asegurado para desenvolver su eficacia contractual.

La STS 244/2005, de 14 de abril, señaló que:

"[...] por lo que hace referencia al examen directo de la cláusula, procede resaltar que las expresiones de «subsidiariedad» (que se aplica a la responsabilidad dispuesta para sustituir a otra principal, o anterior, en caso de fallar esta), existencia de «otros seguros que amparen los mismos riesgos» y operatividad una vez «agotadas las garantías que corresponda de dichos seguros citados en primer lugar» son jurídicamente claras y dotadas de la suficiente inteligibilidad para excluir la tacha de oscuridad".

"Finalmente debe señalarse, por un lado, que la cláusula de que se trata no tiene la naturaleza de las limitativas de los derechos de los asegurados, sino que es claramente delimitadora del alcance del riesgo, y por consiguiente con el régimen jurídico de las que ostentan este carácter (SS., entre otras, 9 febrero 1994, 10 febrero 1998, 18 septiembre 1999, 16 mayo y 16 octubre 2000, 2 febrero 2001, 5 marzo 2003, 2 marzo 2005)".

Por todo ello, el recurso interpuesto ha de ser desestimado.

Caso 87

Resumen: La cláusula que señala como límite "*el tope del triplo del precio anual actualizado del contrato*", en caso de que la responsabilidad de la empresa de seguridad fuese declarada legalmente cumple con los requisitos legales para ser aplicada.

Sentencia: AP Murcia, Sec. 4.ª, 127/2023, de 2 de febrero. Recurso 861/2021 (SP/SENT/1184078).

Argumentación jurídica: Concretada en los indicados términos la cuestión impugnatoria suscitada en esta apelación, entiende este Tribunal, tras la revisión de lo actuado en los presentes autos, que no asiste razón a la parte recurrente en la pretensión que plantea, por lo que procede, como seguidamente se argumentará, la íntegra confirmación de la sentencia de instancia.

Como hemos señalado con anterioridad la cuestión jurídica controvertida en esta fase de apelación se concreta exclusivamente en la determinación de la validez o ineficacia de la cuestionada cláusula decimocuarta sobre "*exención o limitación de responsabilidad*". Dicha cláusula señala como límite "*el tope del triplo del precio anual actualizado del contrato, en caso de que dicha responsabilidad fuese declarada legalmente*".

Sobre esta cuestión y por tanto sobre la validez de este tipo de cláusulas existen en el ámbito de las Audiencias Provinciales criterios diferentes.

Así por un lado destacamos en sentido favorable a la validez de dicha cláusula, la sentencia de la AP de Madrid de 24 febrero 2017. En ella se dice:

"*Como señala la STS de 30 de abril de 2015 (red. 929/2013), el régimen aplicable a las condiciones generales es diferente según que el contrato en el que se integren se haya celebrado o no con un consumidor, pues en el caso de que el adherente no merezca la calificación legal de consumidor o usuario, solo es aplicable la regla contenida en el artículo 8.1 de dicha ley, que se limita en la práctica a reproducir el régimen de la nulidad contractual por contrariedad a norma imperativa o prohibitiva del Código Civil y, en nuestro ordenamiento jurídico las condiciones generales insertas en contratos en los que el adherente no tiene la condición legal de consumidor o usuario, cuando reúnen los requisitos de incorporación, tienen, en cuanto al control de contenido, el mismo régimen legal que las cláusulas negociadas, por lo que solo operan como límites externos de las condiciones generales los mismos que operan para las cláusulas negociadas, fundamentalmente los previstos en el art. 1255 del Código civil, y en especial las normas imperativas, como recuerda el art. 8.1 de la Ley de Condiciones Generales de la Contratación. Por último, el art.1258 del Código Civil, contiene reglas de integración del contrato, en concreto la relativa a la buena fe, de modo que en el cumplimiento y ejecución del contrato pueda determinarse lo que se ha denominado el «contenido natural del contrato». Pero con base en este precepto no puede pretenderse que se declare la nulidad de determinadas condiciones generales que deban ser expulsadas de la reglamentación contractual y tenidas por no puestas, y que, en su caso, puedan determinar la nulidad total del contrato. En sentencias como las núm. 149/2014 de 10 de marzo, 166/2014, de 7 de abril y 246/201, de 28 de mayo, esta Sala ha considerado que un contrato, aun integrado por condiciones generales, en el que el adherente no ostenta la condición de consumidor, queda excluido del ámbito de aplicación de la legislación especial de defensa de los consumidores, sin que resulte sujeta al control de contenido o de abusividad, y se debe aplicar el régimen general del contrato por negociación".*

En sentido contrario, negando eficacia a este tipo de cláusulas cabe citar la SAP de Madrid secc. 14 n.º 155/2015 de 25/5/2015 al señalar: *"A tales efectos, esta Sala hace suyos, por identidad de razón y respecto de idéntica estipulación, los argumentos de la Sentencia Audiencia Provincial de Asturias Sección 7.ª 29 de noviembre de 2013 recurso 653/2012 «Deben considerarse inaplicables dichas estipulaciones, así se analiza por esta Audiencia Provincial en la reciente Sentencia, Sección 1.ª de 16 de septiembre de 2013, resultando la inaplicación al supuesto de la Ley General de Defensa de Consumidores y Usuarios, sino de la Ley de Condiciones Generales de la Contratación y es manifiesto que las cláusulas en cuestión no pueden desempeñar su eficacia dado que se trata de una renuncia anticipada a la responsabilidad del predisponerte, y una limitación cuantitativa de la misma sin contraprestación a favor del otro contratante»".*

En este caso, aunque la parte actora no hace referencia alguna en su demanda, ni solicita tampoco la nulidad de la cuestionada cláusula, entendemos que el pronunciamiento judicial al respecto declarando la eficacia y validez de dicha cláusula, comporta su análisis ahora en esta fase de apelación. Y aún en mayor medida porque la misma consta recogida en los documentos aportados a los autos por una y otra parte.

Como declara la sentencia apelada la mencionada cláusula supera de manera clara y palpable el control de incorporación, resultando carente de ambigüedad e imprecisión. Obsérvese que el tratamiento de dicha cláusula en el contrato es idéntica que el resto de las demás cláusulas. Consta que la cláusula no se encuentra en el reverso del contrato enmascarada u oculta con otras estipulaciones accesorias, y además como indica el juzgador de instancia se utiliza idéntica letra en cuanto a su tamaño que la correspondiente al resto del clausulado. Entendemos en consecuencia que dicha cláusula que limita en los términos que declara, la responsabilidad de la empresa de seguridad en el ejercicio de sus cometidos contractuales, cumple con los requisitos previstos en los artículos 5 y 7 de la Ley sobre Condiciones Generales de la Contratación, por cuanto esos documentos donde se contiene la cuestionada cláusula le fueron entregados a la mercantil aseguradora en el momento de la suscripción del contrato, constando así su aceptación y conformidad.

En definitiva por tanto debemos ratificar el pronunciamiento de la sentencia de instancia que declara la validez y eficacia de la cláusula de referencia.

Procede la desestimación del presente recurso.

Caso 88

Resumen: Atendiendo al contenido y no al título de la cláusula de exclusión, debe confirmarse que se incluye en dicha cláusula como riesgo excluido *"la realización de las obras y trabajos de túneles"*.

Sentencia: AP Madrid, Sec. 18.ª, 315/2021, de 27 de septiembre. Recurso 321/2021 (SP/SENT/1128334).

Argumentación jurídica: Frente a las alegaciones de la parte apelante ELSAMEX SA, debe comenzarse por fijar como hechos claves para la resolución del presente litigio, en primer lugar que ELSAMEX SA suscribió Póliza con ZURIC en régimen de coaseguro en fecha de 29 de noviembre de 1994, y fue renovada por anualidades consecutivas hasta el día 31 de diciembre de 1998 en la que se canceló. En la Póliza se contrataron dos garantías, la de Responsabilidad Civil de Explotación y la de Responsabilidad Civil Profesional y en las Cláusulas Especiales se pactaron una serie de exclusiones aplicables a ambas "*como aclaración y ampliación*" de las exclusiones relacionadas en la Condición General Segunda. Además consta que ELSAMEX SA aceptó expresa y específicamente las cláusulas de carácter limitativo de la Póliza, constando su firma en todas las páginas que integran las Condiciones Particulares y las Cláusulas Especiales. Por último ha de señalarse que es también una cuestión indubitada que la Póliza es un seguro de Grandes Riesgos y que en esta clase de seguro según lo dispuesto en el artículo 44.2 de la LCS, las partes tienen la posibilidad de elegir la ley aplicable al contrato, aplicándose el principio de autonomía de la voluntad, por lo que la Ley de Contrato de Seguro no se aplicará con carácter imperativo y sus preceptos tendrán carácter dispositivo.

Sentadas las anteriores bases, y pasando al examen de la falta de cobertura de la Póliza en el orden material, que reconoce la Sentencia de Instancia y es objeto de impugnación en el recurso de apelación que se examina, aparece que ciertamente el siniestro ha de analizarse bajo la garantía de "*Responsabilidad civil profesional*". Y en esta referencia habría de apreciarse que según la cláusula 350060, los Riesgos cubiertos son: "*Queda incluida en la póliza la responsabilidad civil del Asegurado por daños personales y daños materiales causados a terceros, derivados de su actuación profesional en las actividades de consultoría, transferencia de tecnología sobre sistemas de pavimentación, así como redacción de proyectos, dirección técnica-facultativa y control de ejecución de obra realizada por otras empresas (fundamentalmente carreteras)*". Figurando como Exclusión 500755 DERRIBOS Y ESTRUCTURAS DE CARGA: "*LA REALIZACIÓN DE OBRAS Y TRABAJOS: -DE DERRIBOS Y DEMOLICIONES.QUE AFECTEN A ESTRUCTURAS DE CARGA. - DE APUNTALAMIENTOS. -DE TUNELES, PUENTES, PRESAS Y PASOS A NIVEL. -DE MODIFICACIÓN DE ESTRUCTURAS. -DE CONSTRUCCIÓN REPARACIÓN Y AMPLICACIÓN DE AEROPUERTOS. -DE FERROCARRILES METROPOLITANOS*". La Sentencia de instancia aprecia como efectivamente la exclusión contenida en dicha cláusula 500755 relativa a "*la realización de obras y trabajos de túneles*", es plenamente de aplicación, puesto que ELSAMEX fue contratada para realizar los trabajos de Asistencia Técnica a la dirección de la obra de construcción del Túnel que incluyen entre otros el control y la vigilancia de la obra y el asesoramiento a la dirección de la obra. Dicha cláusula de exclusión no exige que nos encontremos ante una obra de túneles ejecutada por el propio asegurado, como alegaba la recurrente, sino que contempla "*la realización de obras y trabajos de túnele*s" en general, con independencia de la concreta participación que el asegurado, en este caso ELSAMEX SA tuviera en las mismas. Al excluir la cláusula no solo las "*las obras de túneles*", sino también "*los trabajos de Túneles*", incluye de forma indubitada los trabajos de asistencia técnica a la dirección de la obra de construcción del túnel, por lo que incluye el control y seguimiento de su ejecución,

control de convergencias, etc., para los que fue contratada la actora y hoy recurrente ELSAMEX y por cuyo incorrecto desarrollo se declaró su responsabilidad. En consecuencia ha de ratificarse la conclusión de la Sentencia de instancia relativa a que las partes querían excluir de cobertura cualquier riesgo derivado de la realización de obras y trabajos relacionados con túneles y por tanto con independencia de la concreta participación que el asegurado hubiera tenido en los mismos. Y ello al tratarse de obras y trabajos que conllevan riesgos importantes, como se deriva del elenco de obras y trabajos que excluye la cláusula, así, de túneles, puentes, presas, construcción de aeropuertos, etc.

De igual forma, ha de estimarse que ha de rechazarse la alegación de la recurrente relativa a que la Sentencia no ha tenido en cuenta que hasta la fecha de contratación de la póliza con ZURICH estuvo vigente la póliza con PLUS ULTRA que nunca alegó esta exclusión. Dado, que no consta siquiera aportada la póliza que dice ELSAMEX tener suscrita con la Cía. PLUS ULTRA, por lo que no puede tenerse como cierto si en dicha póliza se pactó o no dicha exclusión. Además, habría de estimarse que con independencia del contenido de dicha póliza con PLUS ULTRA, la hoy apelante, hubiera podido pactar con ZURICH la nueva póliza con un contenido distinto.

Por último, y sobre el título de la cláusula de exclusión "*500755 DERRIBOS Y ESTRUCTURAS DE CARGA*", ha de estimarse que este título "*derribos y estructuras de carga*", es un título de la cláusula de exclusión meramente, y que la cláusula especial 1400150 INTRODUCCIÓN, señala que: "*los títulos de las cláusulas especiales de la póliza, se insertan como referencia y no se considerará bajo ningún concepto que limiten o afecten a las disposiciones a las que se refieren*". En consecuencia debe atenderse al contenido y no al título de la cláusula de exclusión, en lo que a su interpretación se refiere, confirmándose que se incluye en dicha cláusula como riesgo excluido, "*la realización de las obras y trabajos de túneles*".

En consecuencia con lo expuesto, procede la desestimación en su integridad del recurso interpuesto, y con ello la confirmación en todos sus pronunciamientos de la Sentencia dictada en la instancia.

Caso 89

Resumen: Es de aplicación el sublímite incluido para los casos de robo a bienes objeto de protección, pues constaba de forma clara y destacada en el cuestionario para la formalización de la póliza de seguro.

Sentencia: AP Barcelona, Sec. 11.ª, 256/2022, de 21 de abril. Recurso 150/2021 (SP/SENT/1153496)

Argumentación jurídica: En el presente procedimiento la actora pretende que se declare la nulidad de la cláusula 14.ª de las Condiciones especiales, que se incluye en el apartado relativo al "*Objeto del seguro*", la cual se refiere a "*Objetos confiados*" en los siguientes términos: "*Robos a bienes u objetos del cliente custodiados o vigilados por el Asegurado, como consecuencia de las acciones u omisiones culposas o negligentes de los empleados* *de los asegurados en su cometido laboral, siempre que conste expresamente en las condiciones especiales como contratada expresamente pagando la correspondiente sobreprima, quedarán garantizados con un límite del 10 % de la suma asegurada hasta un máximo de 90.000 €"*. Se dispone también que, además de las exclusiones generales, se excluyen el transporte de fondos, valores caudales, joyas y otros bienes valiosos, y el hurto o desaparición de los bienes que sean objeto de prevención, vigilancia y custodia. En las Condiciones particulares se incluye el referido sublímite de 90.000 €; para el "*Robo de bienes objeto de vigilancia*".

La parte actora entiende, por una parte, que dicha cláusula no es aplicable al referido robo por cuanto el contrato concertado con su cliente (Olympus España) era de prestación de servicios, no de resultado; y, por otra parte, que en todo caso dicha cláusula sería limitativa y al no estar expresamente aceptada, por cuanto no se firmaron ni las condiciones particulares ni las especiales, sería nula al no concurrir los requisitos del art. 3 LCS. Consecuentemente pretende que se declare la obligación de la demandada de cubrir las consecuencias indemnizatorias derivadas del robo en la empresa Olympus España al estar amparadas en la póliza de seguro objeto del presente procedimiento. Subsidiariamente reitera que el importe mínimo cubierto por siniestro y año debe ser de 300.506,10 €, en cumplimiento de lo dispuesto en el RD 2364/1994 que aprueba el Reglamento de Seguridad privada.

Por el contrario, la parte demandada considera que la asegurada conocía el contenido del condicionado particular y especial en el que se pactaba el sublímite por robo, por lo que es de aplicación dicho límite y su obligación alcanzaría solo la indemnización en el 10 % del valor de los bienes sustraídos. Defiende también la existencia de una cláusula de exclusión de robos y hurtos de los bienes objeto de custodia o para cuya seguridad, vigilancia o control se hayan instalado equipos de seguridad o se haya contratado el servicio de alarma, salvo que se contratare expresamente y constara en las condiciones particulares (condición especial 2.11.ª), y que en este caso se pactó con el límite antes referido.

CUARTO. Consta en autos como documento n.º 4 de la demanda el Cuestionario-Solicitud de fecha 10 de noviembre de 2011 el cual está firmado por el legal representante de la actora. En dicha solicitud se incluye en el apartado "*Garantías*" la de explotación, patronal y profesional, todos ellas aseguradas por un capital máximo de 1.000.000 €; por año, sin bien no se hace referencia a sublímite alguno; y el apartado correspondiente a la descripción del riesgo se remite a "*hoja anexa*", acompañando la parte actora recurrente como parte integrante de la referida solicitud el Proyecto de Seguro de responsabilidad civil, en el cual se hace constar que la validez de la oferta queda supeditada a la cumplimentación del cuestionario que le será remitido en el caso de solicitarlo. Ambos documentos constituyen, por ello, un todo que consta firmado por la parte actora.

En tal proyecto se establece en el apartado de sumas aseguradas un capital máximo por año y por siniestro de 1.200.000 €, y en el apartado de Garantías se prevé un sublímite por "*robo a bienes objeto de protección de 90.000 €*". Asimismo se destaca como objeto del seguro el garantizar el pago de las indemnizaciones previstas en el RD 2364/1994: "*Garantizar el pago de las indemnizaciones pecuniarias de que pudiera resultar civilmente responsable el asegurado por daños personales y/o materiales, así como los perjuicios que de ellos se deriven, que ocasione a terceras personas y que le pudieran ser imputables, de acuerdo a lo establecido en el Art. 5, apartado 6.º del Real Decreto 2364 de 9 de Diciembre de 1994, por el que se aprueba el reglamento de Seguridad Privada, y en la ley 23/1992 de 30 de julio, de Seguridad Privada, en su actividad de empresa dedicada a la realización de trabajos".*

De lo expuesto resulta que la parte actora conocía la existencia del sublímite incluido para los casos de robo a bienes objeto de protección, pues dicho límite constaba de forma clara y destacada en el proyecto que se le entregó con la solicitud o cuestionario para la formalización de la póliza de seguro, y cuyas condiciones fueron las que se recogieron en las condiciones particulares de la póliza n.º 000 de fecha 10 de noviembre de 2011.

La cláusula 14.ª cuya nulidad se pretende, única que es objeto de controversia en este procedimiento, debe considerarse como una cláusula delimitadora del riesgo y no limitativa, por cuanto su finalidad es delimitar el objeto del contrato al concretar qué riesgos lo constituyen y en qué cuantía, sin que restrinja el derecho indemnizatorio del asegurado una vez que el riesgo se ha producido. En este sentido la STS del 26 de julio de 2021 (ROJ: STS 3167/2021- ECLI:ES:TS:2021:3167) declara que: "*En la sentencia del Tribunal Supremo 661/2019, de 12 de diciembre, del Pleno, cuya doctrina reproduce la más reciente sentencia 399/2020, de 6 de julio, se expuso la doctrina de este tribunal en los términos siguientes: «En principio, una condición delimitadora define el objeto del contrato, perfila el compromiso que asume la compañía aseguradora, de manera tal que, si el siniestro acaece fuera de dicha delimitación, positiva o negativamente explicitada en el contrato, no nace la obligación de la compañía aseguradora de hacerse cargo de su cobertura. Las cláusulas limitativas, por el contrario, desempeñan distinto papel, en tanto en cuanto producido el riesgo actúan para restringir, condicionar o modificar el derecho de resarcimiento del asegurado (...). El papel que, por el contrario, se reserva a las cláusulas limitativas radica en restringir, condicionar o modificar el derecho del asegurado a la indemnización, una vez que el riesgo objeto del seguro se ha producido (STS de 16 de mayo y 16 octubre de 2000, 273/2016, de 22 de abril, 520/2017, de 27 de septiembre, 590/2017, de 7 de noviembre). En palabras de la STS 953/2006, de 9 de octubre, serían «las que empeoran la situación negocial del asegurado»*".

La recurrente invoca la sentencia del Tribunal Supremo de 21 de febrero de 2011 en cuanto declara que: "*Carente de regulación específica en nuestro ordenamiento, el arrendamiento de servicios de vigilancia y alarma debe calificarse como contrato de medios que exige del prestador del servicio desplegar la actividad estipulada con la diligencia propia de un profesional del sector (...) –lex artis ad hoc–, pero no garantiza el resultado o fin perseguido por aquella prestación, pudiendo afirmarse en línea de principios que deviene imposible garantizar la seguridad absoluta de los bienes protegidos ante el posible despliegue de medios sofisticados y la constante evolución del estado de la técnica para la superación de las medidas de vigilancia y control". Ahora bien, el que el servicio se de vigilancia mediante un sistema de alarma constituya una prestación de servicios de medios y no de resultado, no es óbice para entender que la expresión "bienes objeto de protección" pueda incluir los bienes protegidos por el sistema de alarma, cuyo buen funcionamiento garantizaba la actora, pues la finalidad de la instalación de un sistema de alarma es precisamente la protección de los bienes existentes en el interior del inmueble. Y en este caso, ha quedado probado que la parte actora conocía la existencia del sublímite para el caso de robo de bienes objeto de protección, por cuanto se encontraba especialmente incluido y destacado en el Proyecto o Solicitud de seguro de responsabilidad civil que acompañaba al Cuestionario que rellenó y firmó su legal representante.*

QUINTO. **Por otra parte, no es razonable ni lógico que dicha póliza no cumpliera con las exigencias del RD 2364/1994. El art. 2 de dicho cuerpo legal establece la obligatoriedad de la inscripción en el Registro de Empresas de Seguridad existente en el Ministerio del Interior y de la autorización o reconocimiento para la prestación de los servicios y el ejercicio de las actividades de tales empresas, estableciendo el procedimiento a seguir a tal efecto entre cuyos requisitos está la de aportar la "*documentación acreditativa de las suscripción de un contrato de seguro de responsabilidad civil, aval u otra garantía financiera contratada con entidad debidamente autorizada de cualquiera de los Estados miembros de la Unión Europea o de Estados parte en el Acuerdo sobre el Espacio Económico Europeo, con el objeto de cubrir, hasta la cuantía de los límites establecidos en el anexo del presente reglamento, la responsabilidad civil que por los daños en las personas o los bienes pudieran derivarse de la explotación de la actividad o actividades para las que la empresa esté autorizada*" (art. 5, apartado 6.º). A la fecha de la formalización de la póliza la cuantía de la garantía debía ser, como mínimo, de 300.506,10 €.**

Como resulta del documento n.º 3 de la demanda, en el que se recoge la autorización de la Dirección General de la Policía para que la actora ampliara sus actividades en el año 2015, la entidad actora estaba inscrita en el Registro Nacional de Seguridad Privada del Ministerio del Interior, como no podía ser de otro modo por cuanto en caso contrario estaría operando fuera del marco legal, por lo que necesariamente debía contar con una póliza de seguro de responsabilidad civil que cumpliera las exigencias normativas, sin que las mismas resultaran, en consecuencia, afectadas por el sublímite previsto en el contrato de seguro de autos ya que sino no hubiera obtenido la correspondiente autorización.

Todo lo expuesto conlleva la desestimación del recurso y la confirmación de la resolución apelada al no prosperar ni la acción principal ni la subsidiaria ejercitadas por la recurrente en su demanda.

Caso 90

Resumen: La cláusula que determina la indemnización del contenido a valor real figura en las condiciones particulares, al identificar los bienes y capitales asegurados, es delimitadora y no limitativa.

Sentencia: AP Ciudad Real, Sec. 1.ª, 309/2022, de 2 de junio. Recurso 576/2020 (SP/SENT/1156643).

Argumentación jurídica: CLÁUSULA LIMITATIVA. Para resolver el fondo del asunto, debemos de partir de la legislación aplicable. Así, el artículo tercero de la Ley 50/1980, de 8 de octubre de Contrato de Seguro, establece:

L as condiciones generales, que en ningún caso podrán tener carácter lesivo para los asegurados, habrán de incluirse por el asegurador en la proposición de seguro si la hubiere y necesariamente en la póliza de contrato o en un documento complementario, que se suscribirá por el asegurado y al que se entregará copia del mismo. Las condiciones generales y particulares se redactarán de forma clara y precisa. Se destacarán de modo especial las cláusulas limitativas de los derechos de los asegurados, que deberán ser específicamente aceptadas por escrito.

A partir de este artículo, el Tribunal Supremo ha elaborado la doctrina dirigida a distinguir entre las cláusulas delimitadoras del riesgo y limitativas de derechos. La STS, del Pleno, de 11 de septiembre de 2006 [RC n.º 3260/1999], sienta una doctrina, recogida posteriormente en otras muchas sentencias (SSTS de 26 de diciembre de 2006, 18 de octubre de 2007, 13 de noviembre de 2008, 12 de noviembre de 2009 [RC n.º 1212/2005], 1 de octubre de 2010 [RC n.º 2273/2006], 16 de febrero de 2011 [RC n.º 1299/2006] y 20 de abril de 2011 [RC n.º 1226/2007]) que, en resumen, considera que las estipulaciones delimitadoras del riesgo son las cláusulas que tienen por finalidad delimitar el objeto del contrato, de modo que se concreten qué riesgos son objeto del contrato de seguro, en qué cuantía, durante qué plazo y en qué ámbito espacial. Por su parte, las cláusulas limitativas de derechos, válidamente constituidas van a permitir limitar, condicionar o modificar el derecho del asegurado, y por tanto la indemnización, cuando el riesgo objeto del seguro se hubiera producido. Estas deben cumplir los requisitos formales previstos en el artículo 3 LCS, lo que supone que deben ser destacadas de un modo especial y deben ser expresamente aceptadas por escrito. La solución expuesta por esta Sala parte de considerar que al contrato se llega desde el conocimiento que el asegurado tiene del riesgo cubierto y de la prima, según la delimitación causal del riesgo y la suma asegurada con el que se da satisfacción al interés objetivo perseguido en el contrato por lo que resulta esencial para entender la distinción anterior comprobar si el asegurado tuvo un exacto conocimiento del riesgo cubierto.

Además esta Sala ha declarado (STS de 15 de julio de 2009 [RC n.º 2653/2004] y 20 de abril de 2011 [RC n.º 1226/2007]) que "*Determinado negativamente el concepto de cláusulas limitativa, su determinación positiva, con arreglo a los distintos ejemplos que suministra la jurisprudencia, debe hacerse por referencia al contenido natural del contrato derivado, entre otros elementos, de las cláusulas identificadas por su carácter definidor, de las cláusulas particulares del contrato y del alcance típico o usual que corresponde a su objeto con arreglo a lo dispuesto en la ley o en la práctica aseguradora. De estos criterios se sigue que el carácter limitativo de una cláusula puede resultar, asimismo, de que se establezca una reglamentación del contrato que se oponga, con carácter negativo para el asegurado, a la que puede considerarse usual o derivada de las cláusulas introductorias o particulares. El principio de transparencia, que constituye el fundamento del régimen especial de las cláusulas limitativas, opera, en efecto, con especial intensidad respecto de las cláusulas que afectan a la reglamentación del contrato*".

El criterio diferenciador entre cláusulas delimitadoras y limitativas consistente en atender a que se oponga o no a la que puede considerarse como usual o derivada de las cláusulas introductorias o particulares, se desarrolla en la más reciente STS 273/16, que aplica la teoría de las expectativas razonables del asegurado, partiendo de que el concepto de cláusula limitativa debe partir del contenido natural del contrato, derivado, entre otros elementos, de las cláusulas particulares del contrato y alcance típico o usual que corresponde a su objeto con arreglo a lo dispuesto en la ley o en la práctica aseguradora.

Pues bien, en el caso que nos ocupa, la indemnización del contenido a valor real, figura en las condiciones particulares, al identificar los bienes y capitales asegurados, en la segunda parte del contrato. Está por tanto definiendo la cobertura, en una cláusula claramente identificable y que no se opone a ninguna otra cláusula que indique una cobertura de forma más general, puesto que esta ya es una cláusula general, indicando como es la cobertura. De las dos formas que se suele establecer la indemnización, que es valor a nuevo o de reposición y valor real, se opta por el contrato por el segundo, siendo una cobertura típica o usual, y acorde con el contenido natural del contrato, por lo que no puede existir sorpresa en el asegurado o desconocimiento, ya que, como decimos, se describe o indica cual es la delimitación de la cobertura, con un contenido típico de la práctica aseguradora. No se trata por tanto de una cláusula limitativa de derechos, sino definitoria, y por tanto, resulta proceden su aplicación, sin que la parte demandante pueda esgrimir la falta de presentación de un ejemplar firmado, ya que ello podría llevar a la consideración de la falta de validez del contrato, lo que no se sostiene por ninguna de las partes, pero sosteniéndose la existencia del contrato, debe de estarse a las cláusulas que definen la cobertura, sin que exista ninguna cláusula o precepto del contrato o legal que exija que la valoración debe realizarse conforme el valor a nuevo. Y sin que se indique otra cláusula que pueda ser limitativa y que haya resultado aplicable al caso, por lo que el motivo debe decaer.

Caso 91

Resumen: Ni el trabajador ni sus familiares quedan cubiertos por la póliza de responsabilidad en el seguro de explotación; no procede condenar a la aseguradora al pago de la responsabilidad civil *ex* arts. 117 CP y 3 LCS.

Sentencia: AP Cáceres, Sec. 2.ª, 132/2021, de 13 de mayo. Recurso 427/2021 (SP/SENT/1110921).

Argumentación jurídica: Ha interpuesto recurso de apelación la representación de PLUS ULTRA, SEGUROS Y REASEGUROS frente a la Sentencia de 14 de septiembre de 2020, del Juzgado de lo Penal núm. 1 de Plasencia (Juicio Oral 84/2020), que, habiendo condenado a Alfonso como responsable de un delito de homicidio causado por imprudencia grave, condenaba a su vez a dicho acusado y a la entidad aseguradora PLUS ULTRA a indemnizar, "*conjunta y solidariamente por el concepto de responsabilidad civil derivada del hecho punible, y como responsables civiles directos*", a la madre de la víctima, en 9586,26 euros por sí misma y en otros 9586,26 euros como heredera de su difunto esposo, y a la viuda del finado, en la cantidad de 115.035,21 euros, con los correspondientes intereses legales computados en la forma prevista en el art. 20 de la Ley de Contrato de Seguro respecto de la aseguradora y en forma ordinaria frente al criminalmente responsable.

No han sido objeto de controversia los hechos en sí, por cuanto el acusado los reconoció como ciertos en el acto del juicio, habiendo quedado circunscrito, como veremos, el objeto del recurso, a la cuestión de la responsabilidad civil declarada en la Sentencia respecto de la aseguradora, constando en autos la correspondiente póliza suscrita con aquel, de la que se llama la atención que constituye *"un seguro de responsabilidad civil de explotación, o lo que es lo mismo, un seguro frente a terceros ajenos a la misma actividad"*.

Resuelto lo anterior, la cuestión central del recurso es la que se refiere a la alegación de error de hecho en la apreciación de la prueba e infracción por aplicación indebida del art. 117 del Código Penal, error en la aplicación del art. 3 de la Ley de Contrato de Seguro y error en la aplicación de la Jurisprudencia existente. Inexistencia de cláusula limitativa. Como anticipábamos, la recurrente sostiene que el seguro concertado con Alfonso era de los conocidos como *"de explotación"* y que por tanto *"solo cubre los riesgos derivados frente a terceros"*, no quedando cubiertos los que pudieran sufrir los trabajadores empleados, solamente los de las terceras personas ajenas a la actividad. Se indica pues en el recurso que de conformidad con el contenido de la póliza y las condiciones pactadas, el Juzgador a quo habría incurrido en error, por cuanto en aquella *"viene perfectamente establecido cuál es el objeto de aseguramiento, el cual no es otro que cubrir los daños que pudieran ocasionarse a terceros a consecuencia de la atracción de feria asegurada, esto es, a usuarios de la misma o personas o bienes que resultaren lesionados o dañados por esta, estando expresamente excluidos los trabajadores del asegurado"*. Añade la aseguradora que no se trata de una cláusula oscura, sino en todo caso, de una cláusula delimitadora del riesgo, no limitativa de los derechos del asegurado, *"por lo que no debe cumplir con los requisitos específicos establecidos en el art. 3 de la Ley de Contrato de Seguro, siendo susceptibles de incluirse en las condiciones generales para formar parte del contrato"*.

Pues bien, lo que no ofrece duda es que de acuerdo con lo consignado en la póliza, el objeto del seguro es precisamente la cobertura de *"la responsabilidad civil extracontractual, como consecuencia de los daños y perjuicios causados involuntariamente a terceros, por hechos que deriven del riesgo especificado en el presente contrato"*, el cual aparece concretado en las condiciones especiales indicando que *"el asegurador tomará a su cargo el pago de las indemnizaciones de que pueda resultar responsable el asegurado, conforme a derecho, por los daños corporales, materiales y perjuicios que de los anteriores se deriven, ocasionados a terceros en el ejercicio de la actividad definida en las condiciones particulares"*, especificando cuáles son los riesgos cubiertos, entre los que efectivamente se encuentran aquellas actividades consistentes en el montaje y desmontaje de la atracción. Clarificado lo anterior, se erige en cuestión capital del debate la de resolver si el trabajador accidentado tendría cabida en el concepto de tercero a que se refiere la dicción de la póliza, y así, vemos que la recurrente basa su tesis proclive a la exclusión en base a lo dispuesto en el apartado II.2 Definiciones, de las Condiciones Generales, donde se excluyen expresamente de tal condición de terceros, a los *"socios, directivos, asalariados y personas, que de hecho o de derecho, dependan del tomador del seguro o del asegurado, mientras actúen en el ámbito de dicha dependencia"*.

Por consiguiente, ni el trabajador ni sus familiares tendrían la condición de terceros perjudicados a efectos del seguro de responsabilidad civil de explotación. Y en cuanto

al seguro de responsabilidad civil patronal, no se discute que el acusado no tenía contratado dicho seguro, el cual cubre, como dice la sentencia del TS, Sala 4.ª, de 4 de mayo de 2015, la responsabilidad civil "*que para el asegurado resulte de lesiones o muerte sufridas por sus empleados a su servicio como consecuencia de un accidente de trabajo que reúna las características que en la póliza se detallan (...). El seguro de responsabilidad civil patronal garantiza, por consiguiente, a la empresa asegurada, dentro del límite indemnizatorio establecido, el pago de las indemnizaciones derivadas de su responsabilidad civil como patrono o empresario. Dicho seguro era el que, de haber sido concertado, podía haber cubierto, en su caso, la responsabilidad civil del Sr. Alfonso. Puede comprobarse además que el propio acusado era perfectamente conocedor de tal circunstancia por cuanto ya reconoció en el plenario que el seguro no cubría al trabajador siniestrado, por lo que no podría tampoco alegar ignorancia del contenido de sus cláusulas y la delimitación del riesgo asegurado. No comparte pues, la Sala, las conclusiones del Juzgador a quo y la interpretación que realiza del contrato de seguro, debiendo insistirse en que, como señala la Audiencia Provincial de Sevilla, Sección 1.ª, en Sentencia de 27 de marzo de 2009: con arreglo a dichos apartados, el perjudicado no puede tener la condición de tercero. Y la responsabilidad que asume el asegurador es la responsabilidad civil extracontractual, mientras que las lesiones sufridas por el perjudicado tienen su origen en una responsabilidad civil contractual (relación laboral), y no extracontractual*".

Acogido el recurso formulado por PLUS ULTRA, SEGUROS Y REASEGUROS en el sentido de excluir la cobertura respecto del trabajador fallecido, procederá absolver a dicha entidad de los pronunciamientos contenidos en la Sentencia, y por consiguiente, también del pago de los intereses moratorios que se le habían impuesto.

Por lucro cesante o pérdida de beneficios

Caso 92

Resumen: La cláusula de pérdida de beneficios es delimitadora del riesgo, por lo que no está sujeta a los requisitos de especial aceptación del art. 3 de la LCS y no se incluye la paralización por el Covid.

Sentencia: TS, Sala Primera, de lo Civil, Pleno, 603/2025, de 21 de abril. Recurso 7831/2022 (SP/SENT/1254177).

Argumentación jurídica: El caso que es objeto de este recurso presenta características sustancialmente iguales al ya resuelto por la sentencia anterior. La asegurada pretende que la aseguradora le pague la indemnización prevista en el contrato de seguro concertado para el caso de pérdida de beneficios al haber permanecido el local asegurado —en el que estaba instalado un restaurante— sin actividad a consecuencia del cierre que se produjo a causa de la pandemia de COVID-19. **En dicho contrato, denominado SegurNegocio, se incluyen, entre las coberturas básicas, los daños en el contenido y el continente producidos por incendio, explosión caída del rayo y otros fenómenos atmosféricos,**

agua, roturas, etc. y figuran, entre las coberturas opcionales, la pérdida de beneficios con una indemnización diaria de hasta 300 euros, con un límite de tres meses y una franquicia de 24 horas. Además, en la página 26 del contrato se precisa lo que se cubre por pérdida de beneficios: la indemnización en caso de paralización total o parcial de la actividad en el local asegurado a consecuencia de las siguientes coberturas, y siempre que estas hayan sido contratadas: incendio y complementarios, riesgos extensivos, daños por agua y robo.

Siendo así, y al tratarse de una situación equiparable, el presente caso debe resolverse en el mismo sentido que el anterior, aplicando la misma doctrina jurisprudencial, en aras del principio de igualdad en la aplicación judicial del Derecho (art. 14 CE). En consecuencia, debe concluirse que la cláusula discutida no es limitativa del derecho del asegurado en el sentido del art. 3 de la LCS, sino delimitadora del riesgo, por lo que no está sujeta a los requisitos de especial aceptación del art. 3 de la LCS, procediendo la desestimación del recurso.

Caso 93

Resumen: Es cláusula delimitadora del riesgo del seguro multirriesgo de comercio por lo que no pueden entenderse comprendidos supuestos como la adopción de medidas administrativas, legales o judiciales por la pandemia.

Sentencia: AP Valladolid, Sec. 3.ª, 804/2023, de 6 de julio. Recurso 172/2023 (SP/SENT/1195095).

Argumentación jurídica: Aplicados estos criterios al caso que nos ocupa debemos señalar que en el Contrato de Seguro multirriesgo de comercio suscrito por las partes con fecha 23 de marzo de 2018, dentro de las coberturas pactadas, se incluye en el apartado "*LUCRO CESANTE*" la siguiente garantía:

"Se garantiza: el pago de una indemnización diaria o la pérdida de beneficio bruto, según la modalidad contratada e indicada en el cuadro resumen de garantías, cuando se produzca la paralización temporal, total o parcial de la actividad del establecimiento asegurado por daños directos como consecuencia de:

– Un siniestro de daños propios cubierto por las garantías contratadas,

– Obras, zanjas y socavones producidos en la vía pública, originados por escapes de agua, explosión, fugas de gas o en general sucesos accidentales, súbitos e independientes de la voluntad del Asegurado que, al impedir el acceso al establecimiento asegurado, obliguen a su cierre.

Esta garantía en cualquiera de sus modalidades se condiciona a la reanudación efectiva de la actividad asegurada después del siniestro. No obstante, si el Asegurado, a consecuencia de algún hecho independiente a su voluntad, se viere en la imposibilidad de seguir la explotación del negocio, tendrá derecho a la indemnización hasta el momento en que pudo tener conocimiento de que la explotación del negocio le sería imposible.

INDEMNIZACIÓN DIARIA

Se garantiza: La cantidad pactada para esta modalidad por cada día laborable de cierre total del establecimiento asegurado. En el caso de que la paralización no fuese total, la indemnización diaria se verá reducida proporcionalmente en función del grado de paralización.

El importe pactado se considera a Primer Riesgo, y pagadero siempre que exista demostración del perjuicio como consecuencia del siniestro (...).

Exclusiones comunes a todas las garantías de LUCRO CESANTE:

– Los daños consecuenciales o indirectos que se deriven de un siniestro, tales como pérdida de mercado o clientes, retrasos, demoras en los retrasos, demoras en los servicios y otros daños de la misma naturaleza.

– Los retrasos excesivos en la vuelta a la actividad normal de la explotación respecto al plazo que sería necesario en condiciones normales de ejecución, no considerándose, por tanto, a estos efectos, las obras de mejora del establecimiento.

– Los derivados de un siniestro cubierto por la garantía de Responsabilidad Civil.

La lectura del propio contenido de la cláusula cuestionada nos lleva a considerar que el juzgador de instancia, no solo no incurre en ninguna de las desviaciones, omisiones o errores a los que alude la actora, por lo que no existe la falta de motivación o la existencia de incongruencia en las razones y argumentación que le llevan a desestimar la demanda, pues estas responden y dan respuesta a las alegaciones o pretensiones de las partes, sino que además ofrecen una adecuada y razonable respuesta en derecho respecto a la consideración de cláusula delimitadora del riesgo y no de cláusula limitativa de derechos la que contempla la cobertura de lucro cesante objeto de controversia.

Hacemos esta afirmación en base que aunque en principio, desde el punto de vista teórico, como dice la Sentencia del Tribunal Supremo de 22 de abril de 2016 «la distinción entre cláusulas de delimitación de cobertura y cláusulas limitativas es sencilla, de manera que las primeras concretan el objeto del contrato y fijan los riesgos que, en caso de producirse, hace surgir en el asegurado el derecho a la prestación por constituir el objeto del seguro; mientras que las cláusulas limitativas restringen, condicional o modifican el Derecho del asegurado a la indemnización o la prestación garantizada en el contrato, una vez que el riesgo objeto del seguro se ha producido» sin embargo, como se indica en la sentencia de 25 de noviembre de 2013, en la práctica no siempre han sido pacíficos los perfiles que presentan las cláusulas delimitadoras del riesgo y las limitativas de los derechos del asegurado pues las fronteras entre ambas no siempre son claras, y con frecuencia existe cierta discusión en orden a determinar aquellas cláusulas que son limitativas de derechos del asegurado y aquellas otras exclusivamente delimitadoras del riesgo; y en este sentido la jurisprudencia del Tribunal Supremo ha elaborado una doctrina que distingue aquellas cláusulas destinadas a delimitar el riesgo de aquellas otras que restringen los derechos del asegurado, precisando que la exigencia de que deberán ser aceptadas por escrito que impone el artículo 3.º de la Ley de Contrato de Seguro, no se refiere a cualquier condición general del seguro o a sus cláusulas excluyentes de responsabilidad para la aseguradora, sino en concreto a aquellas cláusulas que son limitativas de los derechos de los asegurados, por lo que no les alcanza esa exigencia

–de aceptación expresa mediante suscripción– a aquellas cláusulas que define y delimita la cobertura del riesgo; en el mismo sentido se pronuncian las Sentencias de 16 de mayo y 16 de octubre de 2000, afirmando esta última que «la cláusula limitativa opera para exigir, condicionar o modificar el derecho del asegurado a la indemnización una vez que el riesgo objeto del seguro se ha producido, y la cláusula de exclusión del riesgo es la que especifica qué clase de ellos se ha constituido en objeto el contrato»".

CUARTO. **Partiendo de estos criterios, en el caso que nos ocupa compartimos las consideraciones del juzgador en cuanto a que referida cláusula es delimitadora del riesgo, pues se refiere claramente, como se razona en la sentencia, a la paralización por daños directos derivados de un siniestro de daños asegurado o de obras o sucesos accidentales, también físicos, que impiden la entrada material en el local, por lo que, aunque en los supuestos de duda en materia de interpretación de las pólizas de seguros es doctrina reiterada la de que ha de estarse a la interpretación más favorable para el asegurado, de conformidad con lo dispuesto en el artículo 1.280 del Código Civil (sentencia de 12 de mayo de 1983), por muy extensiva que quisiera hacerse la cobertura que pretende la actora, no puede entenderse comprendidos supuestos como la adopción de medidas administrativas, legales o judiciales, tendentes a paliar problemas de salud Orden Público, siendo a este respecto claro el artículo 1.283 del Código Civil cuando indica que cualquiera que sea la generalidad de un contrato, no deberán entenderse comprendidos en él cosas distintas y casos diferentes de aquellos sobre los que los interesados se propusieron contratar.**

En este sentido, como indica la demandada, ya se ha pronunciado la Sección Primera de esta Audiencia Provincial en un supuesto prácticamente idéntico, es decir misma póliza y misma causa de cierre del negocio, en la Sentencia 15/2023, de 24 de enero que señala, entre otros extremos, que estamos ante una cláusula claramente delimitadora o definidora del riesgo asegurado, así como que "*ni la pandemia, ni la interrupción derivada de un acuerdo gubernativo, y por ello la interrupción temporal de la actividad de negocio del establecimiento asegurado por motivo del Estado de Alarma decretado por la pandemia del COVID-19 es objeto de cobertura ni origina el derecho a percibir una indemnización*", y concluye afirmando que "*las cláusulas que nos ocupan son delimitadoras del riesgo, están redactadas de forma clara y precisa y no pueden ser consideradas lesivas para el asegurado, pues atendiendo a la naturaleza y finalidad del contrato no le privan de contenido, haciendo ilusorios los derechos del asegurado, pues es obvio que este puede percibir la indemnización por lucro cesante derivada de la interrupción temporal de la actividad del establecimiento asegurado en múltiples supuestos, como por ejemplo los casos de inundación, incendio, escapes de agua, etc.; y por otra parte no estamos ante cláusulas sorpresivas o inusuales, en el sentido que pueda decirse que el asegurado se ha visto sorprendido y frustrado en sus expectativas contractuales por falta de cobertura del cierre de su negocio debido al Estado de Alarma decretado por la pandemia del COVID 19, dado que estamos ante un hecho excepcional que cuando se contrató el seguro no se presentaba como probable y que sin duda no fue contemplado cuando se concertó la póliza*". Finalmente debemos reseñar que dicha sentencia condena a la parte demandante al pago de las costas procesales de la primera instancia.

Por todo ello, en definitiva, procede confirmar la sentencia de instancia por sus propios Fundamentos y en consecuencia desestimar el recurso.

Caso 94

Resumen: No hay cobertura de la pérdida beneficios por la paralización de la actividad empresarial por el Covid-19 en el seguro de negocios.

Sentencia: AP A Coruña, Sec. 5.ª, 146/2023, de 4 de mayo. Recurso 605/2021 (SP/SENT/1192611).

Argumentación jurídica: El examen del contrato de seguro y el carácter delimitativo de la condición general.

1. En las condiciones particulares de la póliza del contrato de seguro surcito por las partes, cuando se refiere a las garantías, contempla entre los riesgos la "*pérdida de beneficios*", sin más concreción que el número de días a indemnizar (30 días) y su cuantía diaria (300 euros).

2. Como señala la SAP de Pontevedra de 18 de julio de 2022 respecto de un supuesto similar el contrato concertado entre las partes, en cuanto cubre la paralización de la actividad "*es un contrato de seguro de lucro cesante, regulado en los arts. 63 y ss. LCS, como una modalidad de seguro de daños, como se deriva de su ubicación sistemática y así lo declaró la STS núm. 157/1990, de 8 de marzo.*

Tratándose de un seguro de daños, su concepto nos lo da el art. 63 LCS, según el cual, por el seguro de lucro cesante el asegurador se obliga, dentro de los límites establecidos en la Ley y en el contrato, a indemnizar al asegurado la pérdida del rendimiento económico, que hubiera podido alcanzarse en un acto o actividad de no haberse producido el siniestro descrito en el contrato. Contrato que podrá celebrarse como contrato autónomo o añadirse como un pacto a otro de distinta naturaleza, como señala el art. 63.2 LCS, estando en el caso que nos ocupa en el segundo supuesto, dado que el seguro de lucro cesante se incluye en el marco más amplio de un seguro multirriesgo.

De acuerdo con la mencionada regulación, los elementos básicos del contrato de seguro de lucro cesante son, por un lado, el acaecimiento de un siniestro previsto en la póliza que afecte a la actividad o acto que genera un rendimiento económico y, por otro lado, que ello dé lugar a la pérdida de ese rendimiento.

En consecuencia, el contrato de seguro de lucro cesante exige como elemento esencial que la pérdida de beneficios tenga su origen causal en el acaecimiento de un siniestro descrito en el contrato. Por lo tanto, se ajusta a tal configuración la exigencia de que, para que la interrupción de negocio por una decisión de la autoridad estuviera cubierta, tendría que haberse contemplado una cláusula de cobertura por estas circunstancias en el propio condicionado de la póliza. No es el caso".

3. Sigue diciendo la citada sentencia que "*la mera inclusión como riesgo opcional de la pérdida de beneficios es totalmente incompleta ante la ausencia de un elemento esencial del contrato que es la descripción del siniestro causante de la pérdida del rendimiento económico. De forma que su descripción en las condiciones generales no solo no es*

contradictoria con las condiciones particulares, sino plenamente complementaria para recoger todos los elementos esenciales del contrato, al describir el objeto del contrato, el objeto de cobertura, conforme al concepto de contrato de seguro de lucro cesante establecido en la propia Ley de Contrato de Seguro".

4. En las condiciones generales aportadas por la entidad demandada al describir la cobertura por paralización temporal se indica que *"el asegurador cubre en función de la modalidad de indemnización convenida, y hasta el límite económico y temporal indicado en las Condiciones Particulares, las pérdidas económicas que ocasione la paralización temporal, total o parcial, de la actividad empresarial asegurada cuando sea consecuencia directa de un sinestro amparado por la póliza comprendido en las coberturas del capítulo III de estas Condiciones Generales «Cobertura de Daños» que hayan sido expresamente contratadas"*.

Es en esa condición general donde se describe el sinestro causante de la perdida que es imprescindible para delimitar el objeto del contrato respecto de esa cobertura. Sin esa condición general la descripción del riesgo objeto del contrato, en lo que a las pérdidas por paralización se refiere, resultaría incompleta e indeterminada, por falta de mención del siniestro que desencadena la cobertura. La STS 853/2006 de 11 de septiembre (ROJ: STS 6597/2006), y otras muchas posteriores (verbigracia SSTS 1051/2007, de 17 de octubre, ROJ: STS 6434/2007; 598/2011, de 20 de julio, ROJ: STS 5535/2011; 273/2016, de 22 de abril, ROJ: STS 1662/2016); y 498/2016, de 19 de julio, ROJ: STS 3629/2016), han establecido que son estipulaciones delimitadoras del riesgo aquellas que tienen por finalidad delimitar el objeto del contrato.

El Tribunal Supremo en sentencia del Pleno 66/2019, de 12 de diciembre, con un criterio que ha reiterado en sentencia 399/2020, de 6 de julio, establece la doctrina del tribunal en los siguientes términos: "*En principio, una condición delimitadora define el objeto del contrato, perfila el compromiso que asume la compañía aseguradora, de manera tal que, si el siniestro acaece fuera de dicha delimitación, positiva o negativamente explicitada en el contrato, no nace la obligación de la compañía aseguradora de hacerse cargo de su cobertura. Las cláusulas limitativas, por el contrario, desempeñan distinto papel, en tanto en cuanto producido el riesgo actúan para restringir, condicionar o modificar el derecho de resarcimiento del asegurado*".

No puede entenderse que la cláusula inserta en la condición general, cuando no incluye el riesgo reclamado por la apelante, suponga una restricción, condición o modificación del derecho de resarcimiento del asegurado, sino que trata de delimitar cuál es el objeto de la cobertura.

5. No son aplicables a las condiciones generales delimitadoras del riesgo las exigencias del artículo 3 de la Ley de Contrato de Seguro, previstas para las cláusulas limitativas. El tomador del seguro reconoció haber recibido en el momento de la firma las condiciones generales que juntamente con las particulares integran el contrato de seguro. Se han cumplido los requisitos de incorporación exigidos en el artículo 5 de la Ley 7/1998, de 13 de abril, sobre condiciones generales de la contratación. La cláusula delimitadora del riesgo es transparente, algo que no ha sido cuestionado. Su aplicación es procedente y justifica la desestimación de la demanda.

De la sentencia de la Audiencia Provincial (1.ª) Valladolid de 24 de enero de 2023 recogemos el siguiente razonamiento:

"No estamos ante una cláusula limitativa de los derechos del asegurado, sino claramente delimitadora o definidora del riesgo asegurado, y en todo contrato de seguro la aseguradora queda obligada en los términos de la ley y lo pactado en el contrato, es decir conforme la definición del riesgo que se hace en la póliza, y ya hemos dicho que entre los riesgos que contempla la póliza como objeto de la cobertura del seguro, y a cuya producción se liga la garantía por pérdida de beneficios derivados de la interrupción temporal de la actividad del establecimiento asegurado, dado que tal interrupción debe ser consecuencia del hecho definido como riesgo en la póliza, no se encuentra la pandemia ni la interrupción por acuerdo de la autoridad gubernativa".

Y en efecto, la jurisprudencia de modo pacifico viene distinguiendo entre cláusulas limitativas de derechos del asegurado y cláusulas delimitadoras del riesgo, siendo las primeras que las precisan para su validez que resulten destacadas y estén aceptadas por el tomador de forma específica, mientras que las delimitadoras solo precisan una redacción clara y precisa y que no sean lesivas en el sentido que priven de contenido al seguro. Y tal sentido la Sentencia del Tribunal Supremo 835/2008, de 17 de septiembre señala: *"(...) Las cláusulas que nos ocupan son delimitadoras del riesgo, están redactadas de forma clara y precisa y no pueden ser consideradas lesivas para el asegurado, pues atendiendo a la naturaleza y finalidad del contrato no le privan de contenido, haciendo ilusorio los derechos del asegurado, pues es obvio que este puede percibir la indemnización por lucro cesante derivada de la interrupción temporal de la actividad del establecimiento asegurado en múltiples supuestos, como por ejemplo los casos de inundación, incendio, escape de agua, etc., y por otra parte no estamos ante cláusulas sorpresivas o inusuales, en el sentido que pueda decirse que el asegurado se ha visto sorprendido y frustrado en sus expectativas contractuales por la falta de cobertura del cierre de su negocio debido al Estado de Alarma decretado por la pandemia del Covid-19, dado que estamos ante un hecho excepcional que cuando se contrató el seguro no se presentaba como probable y que sin duda no fue contemplado cuando se concertó la póliza".*

En la misma linea de lo que estamos diciendo, añadimos lo siguiente de la sentencia de la Audiencia Provincial (1.ª) de Girona de 19 de diciembre de 2022:

"Como se desprende de ambos preceptos [63 y 66 LCS], lo relevante para determinar el alcance de la cobertura de la pérdida de beneficios por paralización de la actividad es examinar cuales son aquellos acontecimientos expresados en el contrato.

Ante ello, es claro que cuando en las condiciones generales se indica lo que debe entenderse por siniestro indemnizable aquel daño material directo cubierto por la póliza que origine pérdidas económicas al asegurado, se está delimitando el riesgo, conforme disponen los artículos mencionados y, por lo tanto, no se trataría de una cláusula limitativa de derechos, sino de una cláusula delimitadora del riesgo.

[...] no cabe duda de que la cláusula relativa a la cobertura por paralización de actividad, recogida en las páginas 51 y 52 de las condiciones generales, es delimitadora del riesgo, es

decir, configura el objeto del seguro, no pudiendo defenderse seriamente que sea limitativa por el hecho de que contenga exclusiones y hay que entender que lo no incluido expresamente en dicho objeto está fuera de cobertura sin necesidad de que el contrato mencione expresamente todo el universo de supuestos no comprendidos en ese objeto, como la paralización del negocio por la pandemia del Covid, y sin que esta omisión pueda tomarse como una restricción de los derechos del asegurado que necesite de un especial consentimiento o aceptación.

[...] debe interpretarse que la paralización de la actividad debe derivar de alguno de los acontecimientos delimitados en el contrato como exige el artículo 66 de la LCS, que no pueden ser otros que los riesgos asegurados (incendio, robo, agua, etc.), no encontrándose en ningún caso la paralización por decisión administrativa o legal, como ocurre con la prohibición de apertura por el Real Decreto Ley del estado de alarma (En este sentido sentencia de la AP de Murcia de 28 de febrero del 2022, sentencia de la AP de Palencia de 16 de mayo del 2022, sentencia de la AP de 22 de julio del 2022, sentencia de la AP de Granada de 21 de septiembre del 2022 y dos sentencia de 25 de mayo del 2022 de esta Audiencia Provincial, que siguen el acuerdo no jurisdiccional de ambas secciones).

En conclusión, no se trata de una pérdida de beneficios con cobertura autónoma que cubra toda pérdida de beneficios producida por cualquier causa o siniestro, sino solo y exclusivamente por aquellos siniestros que gozan de cobertura en el contrato de seguro suscrito entre las partes, siendo pues imprescindible que el siniestro que provoca las pérdidas en la parte apelante, esté cubierto y descrito en la póliza, lo que no ocurre en el caso enjuiciado".

Caso 95

Resumen: Sin cobertura por paralización temporal de la actividad de un negocio de hostelería por el covid, pues el tomador reconoció haber recibido en el momento de la firma las condiciones generales juntamente con las particulares.

Sentencia: AP A Coruña, Santiago de Compostela, Sec. 6.ª, 15/2023, de 25 de enero. Recurso 265/2022. (SP/SENT/1178426).

Argumentación jurídica: El examen del contrato de seguro y el carácter delimitativo de la condición general.

1. En las condiciones particulares de la póliza del contrato de seguro surcito por las partes, cuando se refiere a las garantías, contempla entre los riesgos la "*pérdida de beneficios*", sin más concreción que el número de días a indemnizar (30 días) y su cuantía diaria (300 euros).

2. Como señala la SAP de Pontevedra de 18 de julio de 2022 respecto de un supuesto similar el contrato concertado entre las partes, en cuanto cubre la paralización de la actividad "*es un contrato de seguro de lucro cesante, regulado en los arts. 63 y ss. LCS, como una modalidad de seguro de daños, como se deriva de su ubicación sistemática y así lo declaró la STS núm. 157/1990, de 8 de marzo.*

Tratándose de un seguro de daños, su concepto nos lo da el art. 63 LCS, según el cual, por el seguro de lucro cesante el asegurador se obliga, dentro de los límites establecidos en la

Ley y en el contrato, a indemnizar al asegurado la pérdida del rendimiento económico, que hubiera podido alcanzarse en un acto o actividad de no haberse producido el siniestro descrito en el contrato. Contrato que podrá celebrarse como contrato autónomo o añadirse como un pacto a otro de distinta naturaleza, como señala el art. 63.2 LCS, estando en el caso que nos ocupa en el segundo supuesto, dado que el seguro de lucro cesante se incluye en el marco más amplio de un seguro multirriesgo.

De acuerdo con la mencionada regulación, los elementos básicos del contrato de seguro de lucro cesante son, por un lado, el acaecimiento de un siniestro previsto en la póliza que afecte a la actividad o acto que genera un rendimiento económico y, por otro lado, que ello dé lugar a la pérdida de ese rendimiento.

En consecuencia, el contrato de seguro de lucro cesante exige como elemento esencial que la pérdida de beneficios tenga su origen causal en el acaecimiento de un siniestro descrito en el contrato. Por lo tanto, se ajusta a tal configuración la exigencia de que, para que la interrupción de negocio por una decisión de la autoridad estuviera cubierta, tendría que haberse contemplado una cláusula de cobertura por estas circunstancias en el propio condicionado de la póliza. No es el caso".

3. Sigue diciendo la citada sentencia que *"la mera inclusión como riesgo opcional de la pérdida de beneficios es totalmente incompleta ante la ausencia de un elemento esencial del contrato que es la descripción del siniestro causante de la pérdida del rendimiento económico. De forma que su descripción en las condiciones generales no solo no es contradictoria con las condiciones particulares, sino plenamente complementaria para recoger todos los elementos esenciales del contrato, al describir el objeto del contrato, el objeto de cobertura, conforme al concepto de contrato de seguro de lucro cesante establecido en la propia Ley de Contrato de Seguro".*

4. En las condiciones generales aportadas por la entidad demandada al describir la cobertura por paralización temporal se indica que *"el asegurador cubre en función de la modalidad de indemnización convenida, y hasta el límite económico y temporal indicado en las Condiciones Particulares, las pérdidas económicas que ocasione la paralización temporal, total o parcial, de la actividad empresarial asegurada cuando sea consecuencia directa de un sinestro amparado por la póliza comprendido en las coberturas del capítulo III de estas Condiciones Generales «Cobertura de Daños» que hayan sido expresamente contratadas".*

Es en esa condición general donde se describe el sinestro causante de la pérdida que es imprescindible para delimitar el objeto del contrato respecto de esa cobertura. Sin esa condición general la descripción del riesgo objeto del contrato, en lo que a las pérdidas por paralización se refiere, resultaría incompleta e indeterminada, por falta de mención del siniestro que desencadena la cobertura. La STS 853/2006 de 11 de septiembre (ROJ: STS 6597/2006), y otras muchas posteriores (*verbigracia* SSTS 1051/2007, de 17 de octubre, ROJ: STS 6434/2007; 598/2011, de 20 de julio, ROJ: STS 5535/2011; 273/2016, de 22 de abril, ROJ: STS 1662/2016); y 498/2016, de 19 de julio, ROJ: STS 3629/2016), han establecido que son estipulaciones delimitadoras del riesgo aquellas que tienen por finalidad delimitar el objeto del contrato.

El Tribunal Supremo en sentencia del Pleno 66/2019, de 12 de diciembre, con un criterio que ha reiterado en sentencia 399/2020, de 6 de julio o 563/2021, de 26 de julio, establece la doctrina del tribunal en los siguientes términos: "*En principio, una condición delimitadora define el objeto del contrato, perfila el compromiso que asume la compañía aseguradora, de manera tal que, si el siniestro acaece fuera de dicha delimitación, positiva o negativamente explicitada en el contrato, no nace la obligación de la compañía aseguradora de hacerse cargo de su cobertura. Las cláusulas limitativas, por el contrario, desempeñan distinto papel, en tanto en cuanto producido el riesgo actúan para restringir, condicionar o modificar el derecho de resarcimiento del asegurado*".

No puede entenderse que la cláusula inserta en la condición general, cuando no incluye el riesgo reclamado por la apelante, suponga una restricción, condición o modificación del derecho de resarcimiento del asegurado, sino que trata de delimitar cuál es el objeto de la cobertura.

5. No son aplicables a las condiciones generales delimitadoras del riesgo las exigencias del artículo 3 de la Ley de Contrato de Seguro, previstas para las cláusulas limitativas. El tomador del seguro reconoció haber recibido en el momento de la firma las condiciones generales que juntamente con las particulares integran el contrato de seguro. Se han cumplido los requisitos de incorporación exigidos en el artículo 5 de la Ley 7/1998, de 13 de abril, sobre condiciones generales de la contratación. La cláusula delimitadora del riesgo es transparente, algo que no ha sido cuestionado. Su aplicación es procedente y justifica la desestimación de la demanda.

Caso 96

Resumen: Desestimación de la reclamación del lucro cesante por Covid, pues definidos los límites hasta donde alcanza el objeto del seguro de pérdida de beneficios, si no está incluido expresamente está fuera de cobertura.

Sentencia: AP Asturias, Oviedo, Sec. 4.ª, 357/2022, de 13 de octubre. Recurso 295/2022 (SP/SENT/1165809).

Argumentación jurídica: Sentados así los términos del debate, vemos que la demandante ha aportado la póliza litigiosa, que ella firmó —hecho no discutido—, con todo su condicionado particular y general, por lo que ha de presumirse que conoce sus coberturas y sus exclusiones, y que la prima que abona es acorde con la cantidad y extensión de esas coberturas. No se ha alegado que el texto del contrato presente problemas de claridad o comprensión, y no hay prueba en autos de que, desde el otorgamiento, la asegurada le haya planteado a "*MGS*" alguna aclaración sobre el alcance o interpretación de alguna de las estipulaciones. La redacción que presenta el condicionado no le ha de generar a ningún empresario, como es el caso, ninguna dificultad para poder entender hasta donde alcanza la cobertura de lucro cesante. En este sentido es irrelevante que el personal de la correduría de seguros con el que se haya concertado la póliza no le haya explicado a la sociedad tomadora que estaba fuera de cobertura la paralización de la actividad por efecto de una pandemia mundial u otros sucesos extremos semejantes. Es contrario al sentido común que, por el hecho de que esta clase de acontecimientos no se mencionen en el contrato dentro de las exclusiones, una persona pueda representarse que su seguro cubre riesgos tan excepcionales como los aludidos, es decir, que tiene un seguro de pérdida de beneficios de cobertura universal. Por tanto, para saber lo que ambas partes convinieron, debe estarse a los límites que la Ley y el contrato disponen, porque así lo establecen los arts. 1 y 63 LCS.

CUARTO. Ha de aceptarse que estamos enjuiciando un seguro de lucro cesante, al que le es aplicable el art. 66 LCS, que dispone: "*El titular de una empresa puede asegurar la pérdida de beneficios y los gastos generales que haya de seguir soportando cuando la empresa quede paralizada total o parcialmente a consecuencia de los acontecimientos delimitados en el contrato*". Por consiguiente, no es viable una cobertura universal y siempre ha de quedar acotada por esos acontecimientos delimitadores. Nuestra póliza señala, entre las garantías aseguradas, la pérdida de beneficios con una indemnización de 150 €; por día laborable hasta un máximo de 30 días, según vemos en la página 2 de las condiciones particulares, pero en la página 23 de las condiciones generales se concreta el alcance de lo anterior de la siguiente manera: "*Pérdida de beneficios. Riesgos cubiertos. Quedan garantizados los perjuicios económicos sufridos por el asegurado debidos a la interrupción temporal, total o parcial, de la actividad del establecimiento asegurado, hasta el importe diario y período de tiempo pactado, por cada día laborable en que se vea interrumpida la actividad como consecuencia de un hecho indicado en las condiciones generales específicas, garantías principales, en su punto 4, «riesgos cubiertos» (referidos a incendio, explosión, caída de rayo, extensivos y escape de agua) y 8, «riesgos extraordinarios», de esa misma naturaleza, o por la garantía de robo cuando esté expresamente incluida en las garantías contratadas de las condiciones particulares, siempre y cuando concurran las siguientes circunstancias: Que la interrupción como consecuencia del siniestro sea superior al 20 % del rendimiento normal del establecimiento asegurado y que se reanude la actividad después del siniestro. Riesgos excluidos: Se excluye pérdida de beneficios por demoras en la reanudación de la actividad imputables al asegurado, por la ampliación de las instalaciones u otras innovaciones realizadas después del siniestro, desde el momento en que el negocio se halle en liquidación o fuese declarado en suspensión de pagos, quiebra, embargo o intervenido en concurso de acreedores, judicialmente o no, y en el supuesto de que el negocio se reanude con distinta actividad a la asegurada*". Para saber si esta cláusula es delimitadora de la cobertura o limitadora de los derechos del asegurado, como se sostiene en la demanda, hay que acudir a la conceptuación que hace la jurisprudencia.

QUINTO. La STS de 12.12.19 –n.º 661–, con cita de las sentencias de 14.9.16, 2.3.17 y 7.11.17, entre otras muchas, define las estipulaciones delimitadoras del riesgo como aquellas que tienen por finalidad delimitar el objeto del contrato, de modo que concretan qué riesgos constituyen dicho objeto, en qué cuantía, durante qué plazo y en qué ámbito temporal o espacial, mientras que el papel que, por el contrario, se reserva a la cláusulas limitativas radica en restringir, condicionar o modificar el derecho del asegurado a la indemnización una vez que el riesgo objeto del seguro se ha producido, pronunciándose en parecidos términos la sentencia de 7 de febrero de 2022. A la vista de esta diferencia, no cabe duda de que la cláusula antes transcrita que aquí se discute, recogida en la página 23 del condicionado general, es delimitativa del riesgo, es decir, diseña y configura el objeto del seguro, no pudiendo defenderse seriamente que sea limitativa por el hecho de que contenga exclusiones y entre ellas no se mencione expresamente la pandemia del *"Covid-19"*. Definidos los límites hasta donde alcanza el objeto del seguro de pérdida de beneficios, hay que entender que lo no incluido expresamente en dicho objeto está fuera de cobertura sin necesidad de que el contrato mencione expresamente todo el universo de supuestos no comprendidos en ese objeto, como la paralización del negocio por la pandemia del *"Covid-19"*, y sin que esta omisión pueda tomarse como una restricción de los derechos del asegurado que necesite de un especial consentimiento o aceptación. Siendo esto así, la estipulación controvertida no requiere la específica aceptación por escrito de la compañía asegurada, requisito que se señala el art. 3, pfo. 1.º, LCS y que está reservado para las cláusulas limitativas. Todos los razonamientos que anteceden han de conducir al fracaso de la demanda y del recurso de apelación, habiendo esta misma Sala resuelto supuestos similares en el mismo sentido en nuestras sentencias de 26 de junio de 2022 –n.º 256– y de 1 de julio de 2022 –n.º 267–.

Caso 97

Resumen: La pérdida de beneficios por el cierre del local por la situación de pandemia no cabe considerarse como siniestro, ya que se trata de un acto emitido por el gobierno de España en forma del Real Decreto-Ley.

Sentencia: AP Granada, Sec. 3.ª, 678/2022, de 7 de octubre. Recurso 365/2022 (SP/SENT/1168476).

Argumentación jurídica: En la garantía sexta, bajo la rúbrica *"de pérdidas de explotación"* se cubren los supuestos en los que se produce una pérdida de beneficios como consecuencia de la paralización de la actividad por las siguientes causas:

Existencia de un siniestro cuyos daños materiales estén amparados por la cobertura de la póliza.

Imposibilidad de acceder al local por obras o hundimientos de terreno.

Falta de suministro de agua, gas o electricidad como consecuencia de daños materiales en las instalaciones de los proveedores de servicios.

Por tanto, la pérdida de beneficios sufridas debe poder incardinarse en alguna de las tres causas cubiertas a que aluden las condiciones generales descritas.

En el apartado de dicha condición general, bajo la rúbrica *"¿que no cubre pérdida de explotación"* se establecen entre otras, en su apartado:

H) hechos que no hayan originado daño material directo alguno en los bienes asegurados, Tales como amenazas terroristas, abandono de puestos de trabajo, falta de acceso a los locales, instalaciones aseguradas, temor en las personas o actos similares, salvo lo indicado para las coberturas de imposibilidad total de acceso o daños materiales ocurridos en las instalaciones de proveedores que provoquen la falta de suministros de agua, gas o electricidad.

J) limitaciones, restricciones o requisas impuestas por cualquier organismo o administración pública, o por cualquier otro caso de fuerza mayor en cuanto a la reconstrucción del edificio, o a la reanudación de la actividad en el local de negocio asegurado.

SEXTO: En la póliza se establece la definición de siniestro como todo hecho accidental imprevisto cuyas consecuencias dañosas están total o parcialmente cubiertas por la garantía de la póliza.

Consideramos como siniestro todos los daños materiales y corporales ocasionados que provengan de la misma causa.

Ciertamente la parte actora en su escrito de demanda señala como causa que origina la pérdida de beneficios la paralización de la actividad de restauración impuesta por la declaración del estado de alarma decretado por el gobierno de la nación mediante Real decreto 463/2020 de 14 de marzo.

Sin embargo, debe coincidirse con la parte demandada en el hecho de que no es objeto de cobertura la paralización de la actividad sino la *"pérdida de explotación"*.

SÉPTIMO: Dispone el artículo 1 de la Ley de Contrato de Seguro qué el contrato de seguro es aquel por el que el asegurador se obliga, mediante el cobro de una prima y para el caso de que se produzca el evento cuyo riesgo es objeto de cobertura, a indemnizar, dentro de los límites pactados, el daño producido al asegurado, o a satisfacer un capital, una renta u otras prestaciones convenidas.

Y de otro lado, con base en el artículo 63 De la citada ley, referente al contrato del lucro cesante, el mismo establece, como condición necesaria para que nazca el derecho a ser indemnizado por la pérdida de rendimiento económico, que dicha pérdida sea consecuencia de un siniestro cubierto en la póliza, de ahí que no cabe entender la existencia de siniestro por cuanto no se ha producido un evento que como tal sea así descrito en el contrato.

Como señala la SAP de Granada, Sección 4.ª, 251/2022, de 21 de septiembre (Rec. N.º 566/21) con cita de la SAP de Zaragoza, Sección 5.ª, de 13 de julio de 2022 (Roj: SAP Z 1481/2022 - ECLI: ES:APZ:2022:1481, *"conviene precisar que no nos encontramos, en sentido estricto, ante el seguro de lucro cesante regulado en los artículos 63 y siguientes de la Ley de Contrato de Seguro sino ante uno análogo. La diferencia entre el seguro de pérdida de beneficios y el de lucro cesante reside en el hecho de que, en el segundo, como resulta del artículo 63, el asegurado debe acreditar el rendimiento económico que hubiera podido alcanzar en una actividad de no haberse producido el siniestro, mientras que en el primero, el asegurado no tiene que demostrar rendimiento de ninguna clase pues la cantidad a indemnizar está previamente determinada.*

En este seguro, como en cualquier otro, el asegurador solo resulta obligado cuando se materializa el riesgo asegurado, debiendo entenderse por riesgo la posibilidad de un evento dañoso. El riesgo tiene carácter esencial en el contrato de seguro, hasta el punto de que, según el artículo 4 de la Ley de Contrato de Seguro, «El contrato de seguro será nulo, salvo en los casos previstos por la Ley, si en el momento de su conclusión no existía el riesgo o había ocurrido el siniestro».

Así pues, el riesgo asegurado está constituido por la paralización total o parcial de la actividad desarrollada en el local asegurado, y más concretamente por la paralización que derive de incendio y complementarios, riesgos extensivos, daños por agua o robo, «siempre que estas hayan sido contratadas». Lo cual es lógico porque el riesgo que interesa al régimen del contrato de seguro es el que está determinado en él, ya que el contrato ha de fijar los límites y las modalidades de ese riesgo que asume el asegurador.

El artículo 66 lo expresa con bastante claridad al señalar que «El titular de una Empresa puede asegurar la pérdida de beneficios y los gastos generales que haya de seguir soportando cuando la Empresa quede paralizada total o parcialmente a consecuencia de los acontecimientos delimitados en el contrato».

Como es de ver, en el seguro de lucro cesante, que guarda analogía con el que nos ocupa, no se indemniza cualquier paralización sino aquella que deriva «de los acontecimientos delimitados en el contrato».

De lo dicho resulta que en el contrato no aparee como riesgo cubierto que la paralización de la actividad sea debida a una orden de la administración en general, ni mucho menos a consecuencia de haberse decretado el estado de alarma por la pandemia de Covid 19 en particular".

OCTAVO: Así con base en la definición de siniestro que se contempla en la póliza no cabe considerar como siniestro que sea objeto de cobertura la prohibición legal de ejercer la actividad de restauración impuesta por la declaración del estado de alarma ya que dicha prohibición se trata de un acto emitido por el gobierno de España en forma del Real decreto-ley.

En este sentido la sentencia del Tribunal Constitucional 83/2016 de 26 de abril establece: *"debe entenderse que la declaración del estado de alarma queda configurada en nuestro ordenamiento como una decisión o disposición con rango valor de ley.*

Y en consecuencia queda revestida de un valor normativo equiparable, por su contenido y efectos, al de las leyes y normas asimilables cuya aplicación puede excepcional, suspender o modificar durante el estado de alarma".

Cabe, pues, acoger la tesis de la entidad demandada en el sentido de que la previsión del ejercicio de la actividad económica en el sector de la hostelería viene amparada por una norma con rango de ley y por lo tanto la suspensión de dicha actividad no puede encuadrarse dentro del concepto de siniestro.

Por todo ello el recurso debe ser estimado.

Caso 98

Resumen: El seguro de lucro cesante no cubre las pérdidas de beneficio derivado del cierre del establecimiento de hostelería por el estado de alarmas provocado por la pandemia.

Sentencia: AP Zaragoza, Sec. 5.ª, 822/2022, de 13 de julio. Recurso 1406/2021 (SP/SENT/1156666).

Argumentación jurídica: Tal como se expresa en la sentencia de instancia, la cuestión que se plantea resulta novedosa, pues se trata de determinar si la póliza suscrita entre las partes denominada *"Reale Restauración"*, cuya existencia y vigencia no se cuestiona, cubría el riesgo de pérdida de beneficio derivado del cierre del establecimiento de hostelería regentado por la actora-recurrente a causa de la declaración del Estado de Alarma por efecto de la Pandemia de Covid-19.

Como también se dice en la sentencia recurrida, el punto de partida ha de ser forzosamente el contenido de la referida póliza que, cubre diversas contingencias, entre ellas, "*pérdida de beneficios*".

Conviene precisar que no nos encontramos, en sentido estricto, ante el seguro de lucro cesante regulado en los arts. 63 y ss. LCS sino ante uno análogo. La diferencia entre el seguro de pérdida de beneficios y el de lucro cesante reside en el hecho de que, en el segundo, como resulta del art. 63, el asegurado debe acreditar el rendimiento económico que hubiera podido alcanzar en una actividad de no haberse producido el siniestro, mientras que en el primero, el asegurado no tiene que demostrar rendimiento de ninguna clase pues la cantidad a indemnizar está previamente determinada, en el caso que nos ocupa, 450,00 euros diarios, con el límite de 1 mes, franquicia de 24 horas y límite de cuantía en 13.500 euros.

En este seguro, como en cualquier otro, el asegurador solo resulta obligado cuando se materializa el riesgo asegurado, debiendo entenderse por riesgo la posibilidad de un evento dañoso. El riesgo tiene carácter esencial en el contrato de seguro, hasta el punto de que, según el art. 4 LCS, "*El contrato de seguro será nulo, salvo en los casos previstos por la Ley, si en el momento de su conclusión no existía el riesgo o había ocurrido el siniestro*".

Las páginas 16 y 17 de las condiciones generales se refieren al riesgo asegurado en los siguientes términos:

"*PÉRDIDA DE BENEFICIOS*

¿Qué se cubre?

La indemnización en caso de paralización total o parcial de la actividad en el local asegurado a consecuencias de las siguientes coberturas, y siempre que estas hayan sido contratadas:

- Incendio y complementarios.

- Riesgos extensivos.

- Daños por agua.

– Robo.

En el caso de que la paralización no fuese total, la indemnización será proporcional a la parte de la actividad que se viese afectada.

¿Qué NO se cubre?

– El retraso del inicio de la actividad debido a condiciones impuestas por la Administración Pública en cuanto a la reconstrucción del edificio o a la reanudación de la explotación industrial del Asegurado.

– Los retrasos en la reanudación de la actividad como consecuencia de que el asegurado no disponga de capital para la reparación o reposición de los bienes dañados.

– Siniestros tras los que la empresa asegurada no reanude su actividad.

– El retraso del inicio de la actividad por cualquier anomalía o deficiencia en el suministro de electricidad, agua o gas y/o de materias por parte de proveedores" (en negrita en el original).

Así pues, el riesgo asegurado está constituido por la paralización total o parcial de la actividad desarrollada en el local asegurado, y más concretamente por la paralización que derive de incendio y complementarios, riesgos extensivos, daños por agua o robo, "*siempre que estas hayan sido contratadas*". Lo cual es lógico porque el riesgo que interesa al régimen del contrato de seguro es el que está determinado en él, ya que el contrato ha de fijar los límites y las modalidades de ese riesgo que asume el asegurador.

El artículo 66 lo expresa con bastante claridad al señalar que "*El titular de una Empresa puede asegurar la pérdida de beneficios y los gastos generales que haya de seguir soportando cuando la Empresa quede paralizada total o parcialmente a consecuencia de los acontecimientos delimitados en el contrato*".

Como es de ver, en el seguro de lucro cesante, que guarda analogía con el que nos ocupa, no se indemniza cualquier paralización sino aquella que deriva "*de los acontecimientos delimitados en el contrato*".

De lo dicho resulta que en el contrato no aparee como riesgo cubierto que la paralización de la actividad sea debida a una orden de la administración en general, ni mucho menos a consecuencia de haberse decretado el estado de alarma por la pandemia de Covid 19 en particular.

Una interpretación literal del clausulado nos lleva a las mismas conclusiones plasmadas en la sentencia de instancia.

En los seguros de personas

Por accidentes

Caso 99

Resumen: Es aplicable la franquicia por no ser cláusula limitativa sino delimitadora.

Sentencia: AP Lugo, Sec. 1.ª, 28/2023, de 17 de enero. Recurso 170/2022 (SP/SENT/1174355).

Argumentación jurídica: Por lo que se refiere a la vigencia y aplicación de la franquicia, considera la sentencia de instancia que se trata de una cláusula limitativa y como tal no cumple las exigencias del art. 3 de la LCS por lo que la considera inoponible.

Como explica la jurisprudencia (SSTS 402/2015, de 14 de julio, 76/2017, de 9 febrero o 234/2018, de 23 de abril) la exigencia de que las cláusulas limitativas de derechos figuren "*destacadas de modo especial*", tiene la finalidad de que el asegurado tenga un conocimiento exacto del riesgo cubierto. La redacción de las cláusulas debe ajustarse a los criterios de transparencia, claridad y sencillez, y deben aparecer destacadas o resaltadas en el texto del contrato de una manera especial, lo que implica, ciertamente, un cierto casuismo en la interpretación del cumplimiento en cada caso de las exigencias de la ley.

Son cláusulas delimitativas, en su distinción con las limitativas, las que indican qué riesgo se cubre, en qué cuantía, durante qué plazo y en qué ámbito espacial (STS, Pleno, de 11 de septiembre de 2006).

Expresa, por ejemplo, la STS de 19 de julio de 2016 que las fronteras entre ambas clases de cláusulas no son siempre claras, e incluso que existen supuestos en los que las cláusulas que delimitan sorprendentemente el riesgo se asimilan a las limitativas de los derechos del asegurado. Pero invocando la SSTS de 20 de julio y 30 de noviembre de 2011, vuelve a recordar que considera delimitadoras del riesgo las cláusulas que tienen por finalidad concretar el riesgo, esto es, el objeto del contrato, fijando que riesgos, en caso de producirse, por constituir el objeto del seguro, hacen surgir en el asegurado el derecho a la prestación, y en la aseguradora el recíproco deber de atenderla, determinando pues qué riesgo se cubre, en qué cuantía, durante qué plazo y en qué ámbito espacial, tratándose de cláusulas susceptibles de ser incluidas en las condiciones generales y respecto de las cuales basta con que conste su aceptación por parte de dicho asegurado.

En consecuencia, la franquicia permite delimitar desde cuándo se asume el riesgo, excluyendo en este caso los tres primeros días. Además está especialmente destacada

en las condiciones particulares en el recuadro inicial y forma parte de los conceptos habituales de los contratos de seguro que además permiten al asegurado recudir el coste del seguro.

Por todo ello, procede la estimación del recurso considerándose aplicable en este caso la franquicia fijada en la póliza.

Caso 100

Resumen: No pueden oponerse a la acción directa las cláusulas de exclusión de riesgos que sean limitativas, mientras que sí se permite con las delimitativas.

Sentencia: AP Málaga, Sec. 4.ª, 706/2022, de 2 de diciembre. Recurso 886/2021 (SP/SENT/1183980).

Argumentación jurídica: Respecto de la primera de las cuestiones, tan solo cabe reiterar que en el condicionado particular se establece de forma clara y terminante quién es el beneficiario en la póliza de seguro suscrita, y en este sentido, la jurisprudencia es reiterada en el sentido de que prevalecen las condiciones particulares sobre las generales (por todas, STS n.º 279/2007, de 5 de marzo y las que en ella se citan).

Y en todo caso, hacemos nuestros los acertados razonamientos que se contienen en la sentencia impugnada al analizar la posible contradicción entre el condicionado general y particular, señalando la sentencia de instancia que, en primer término, acreditado de que la propia condición general indica que la indemnización "*se abonará conforme a lo pactado en las condiciones particulares*", es decir, remite a estas para concretar cómo se hará el pago. Y de existir dicha obscuridad no podría solventarse a favor del actor porque no es el adherente al contrato, sino que lo fue el empresario como tomador del seguro.

Añade en segundo lugar que en orden a la determinación de qué personas pueden intervenir en un contrato de seguro, distingue entre el tomador (la empresa) era quien contrataba la póliza a su nombre y se obligaba al pago de la prima. El asegurado es la persona a quien protege el seguro o respecto de cuya vida o invalidez se responde. Y el beneficiario es la persona que recibe la indemnización. Y dicho beneficiario quedó claramente determinado en las condiciones particulares, no siendo el actor, sino el tomador, Medina Castillo S. L.

Y por último que las partes contratantes (tomador y aseguradora) decidieron que el beneficiario en caso de IT de un trabajador asegurado, sería la empresa, tal y como las condiciones generales ya preveían que podía ser en su apartado 2 (documento 8 de la demanda), al regular el objeto del seguro (artículos 1255 y 1257 del Código Civil).

SEXTO: Y respecto de la segunda cuestión a qué alude el apelante, cabe señalar que, en el presente caso, el actor no sufre quebranto económico alguno, por cuanto como se analiza en la sentencia, el mismo percibió el total del salario que le correspondía durante el tiempo que estuvo en situación de invalidez temporal (docs. n.º 1 y 7 de la contestación a la demanda).

Insiste en la incorrecta interpretación que da la sentencia impugnada al artículo 3 de la Ley de Contrato de Seguro según el cual deberán destacarse de modo especial las cláusulas limitativas de los derechos de los asegurados, que deberán ser específicamente aceptadas por escrito.

E insiste igualmente qué cuando se utiliza la expresión asegurado se refiere al trabajador que es a quien corresponde recibir la indemnización derivada de la enfermedad común, y con base en el citado artículo tres de la ley de contrato, de seguro, no basta con la tenencia por el asegurado de la póliza o documento en el que conste la cláusula limitativa, siendo necesario la firma de la misma por el asegurado para estimar que dicha cláusula fue aceptada.

Confunde el actor, ahora apelante, varios conceptos, y ello por cuanto el asegurado no tiene que coincidir con el beneficiario ni con el tomador de la póliza, y en el presente caso la póliza la firma el tomador, Medina Castillo S. L., y tratándose de un seguro colectivo, es quien deberá asumir las posibles cláusulas limitativas que pudiera haber en la póliza, pero no el asegurado.

Así, la STS 1058/2007, de 18 de octubre señala: "*En las pólizas de seguro colectivo no es preciso que las cláusulas limitativas sean suscritas y aceptadas por el asegurado para que sean válidas, puesto que quien debe tener dicho conocimiento es el tomador, verdadero contratante y obligado con la aseguradora, mientras que el asegurado se introduce en el contrato en virtud del consentimiento que manifiesta en la ficha de adhesión, sin que sea admisible la alegación de desconocimiento de las cláusulas exoneradoras, que acepta en su totalidad solo por el hecho de adherirse al seguro*".

Y en el presente caso, las condiciones particulares del seguro fueron suscritas por el tomador del seguro, al que no consta haya ofrecido la menor duda su interpretación, ni tampoco las condiciones generales.

SÉPTIMO: Y cabe reiterar, como ya hiciera la sentencia impugnada, que la cláusula por la que se designa al beneficiario de la póliza en modo alguno puede considerarse como limitativa de derechos del asegurado.

Como reiteradamente viene señalando la doctrina del Tribunal Supremo, la cláusula limitativa opera para restringir, condicionar o modificar el derecho del asegurado a la indemnización una vez que el riesgo objeto del seguro se ha producido, y la cláusula de exclusión de riesgo es la que especifica qué clase de ellos se ha constituido en objeto del contrato (entre otras muchas, sentencia de 16 de mayo de 2000 y las que cita).

Las cláusulas delimitadoras del riesgo son, pues, aquellas mediante las cuales se concreta el objeto del contrato, fijando qué riesgos, en caso de producirse, por constituir el objeto del seguro, hacen surgir en el asegurado el derecho a la prestación, y en la aseguradora el recíproco deber de atenderla.

Y, por tanto, como ya advirtiese la sentencia impugnada, con cita de la STS 82/2012, 5 de "*No son cláusulas limitativas de los derechos del asegurado las que determinan qué riesgo se cubre, en qué cuantía, durante qué plazo y en qué ámbito espacial, incluyendo en estas categorías la cobertura de un riesgo, los límites indemnizatorios y la cuantía asegurada o contratada*".

Caso 101

Resumen: El seguro de accidentes debe indemnizar según la tabla incluida en la póliza sin que puede entenderse que deba estarse al grado de invalidez reconocido en una Resolución de la Seguridad Social

Sentencia: AP Santa Cruz de Tenerife, Sec. 1.ª, 355/2021, de 16 de septiembre. Recurso 338/2021 (SP/SENT/1125747).

Argumentación jurídica: Que la presente reclamación trae causa de la póliza de seguros suscrita entre las partes en fecha 30 de enero de 2012, y en el hecho de que el día 30 de abril de 2012 se produjo un siniestro, a consecuencia del cual, la parte apelante sufrió lesiones en el hombro izquierdo; que tanto el Equipo de Valoración de Incapacidades del Instituto Nacional de la Seguridad Social, como la resolución de fecha 26 de septiembre de 2013 de la Consejería de Cultura, Deportes Políticas Sociales y Vivienda le reconocen un grado de discapacidad del 66 %.

A tenor de lo anterior la parte apelante pretende que se aplique un grado discapacidad del 66 %, y conforme con lo pactado entre las partes en el clausulado de la póliza, se ha de aplicar la siguiente fórmula; capital asegurado (18.000) x 2,25 x 65 (porcentaje de invalidez existente), lo que arroja la cifra de 26.325, euros, y no como interpreta la compañía aseguradora y el juez de instancia de aplicar un 10 % de grado de incapacidad.

Pues bien, para resolver la cuestión debatida hemos de acudir al clausulado de la póliza, y para ello acudimos a la página 10 de la póliza: "*si a consecuencia de un accidente el asegurado queda inválido permanente de forma absoluta o parcial, la Entidad Aseguradora AXA le abona la indemnización resultante de aplicar el porcentaje reflejado en la tabla siguiente sobre el capital asegurado*". Las partes están de acuerdo en la aplicación de este cláusula, pero difieren en el grado de incapacidad que se ha de aplicar.

En la póliza hay una tabla para efectuar el cálculo, por lo que el objeto del contrato es indemnizar, según el porcentaje de invalidez reflejado en la tabla incluida sobre el capital a asegurar, sin que puede entenderse que deba estarse al grado de invalidez reconocido en una Resolución de la Seguridad Social y en una Resolución del Gobierno de Canarias respecto a la fijación del Grado de Discapacidad; en la póliza de seguro del automóvil suscrita entre las partes ninguna referencia se realiza al grado de incapacidad de la Seguridad Social para determinar el importe de la prestación ni al grado de discapacidad reconocido por una Comunidad Autónoma, ya que la doctrina de la Sala 1.ª del Tribunal Supremo establece que "*para la calificación de la invalidez se ha de estar en lo previsto en el contrato de seguro privado suscrito y no a lo que pueda prever la Ley de Seguridad Social (Sentencia de 12 de diciembre de 2001)*".

Estamos ante un seguro privado voluntario regido por la Ley de Contrato de Seguro y por las estipulaciones pactadas, sin que le sea aplicable la normativa de la Seguridad Social. El artículo 100 de la Ley de Contrato de Seguro da una definición o descripción de accidente a los efectos de esta clase de seguros, diciendo que "*se entiende por accidente la lesión corporal que deriva de una causa violenta, súbita, externa y ajena a la intencionalidad del asegurado, que produzca invalidez temporal o permanente o muerte*", ello, como dice el artículo en su inicio, "*sin perjuicio de la delimitación del riesgo que las partes efectúen en el contrato*". Esta remisión a la autonomía de la voluntad de las partes para la determinación del riesgo asegurado obliga a acudir al clausulado del contrato con exclusión de cualquier normativa ajena a la regulación del seguro privado.

En este caso, según se desprende de los informes médicos forenses emitidos en su día y que obran en el Juicio de Faltas seguido ante el Juzgado de Instrucción núm. 3 del Puerto de la Cruz, así como informe pericial médico emitido por D. Florencio, las secuelas que le quedan al demandante suponen un menoscabo valorado en un 10 %, y por lo tanto el grado de invalidez es inferior al 25 %, por lo que el capital a indemnizar será el importe resultante de aplicar la fórmula prevista contractualmente, con un grado de invalidez de un 10 %.

Caso 102

Resumen: No es limitativa la cláusula que excluye de cobertura las patologías preexistentes en el seguro de accidentes.

Sentencia: AP Asturias, Oviedo, Sec. 6.ª, 195/2021, de 17 de mayo. Recurso 63/2021 (SP/SENT/1112141).

Argumentación jurídica: El recurso trata de abortar la eficacia de la condición general que excluye la cobertura de las patologías preexistentes argumentando que la misma era limitativa de los derechos de la asegurada y que por tanto no podía ser aplicada por no haber sido aceptada por aquella en los términos indicados en el artículo 3 de la LCS.

La cláusula en cuestión excluye la cobertura de "*toda alteración del estado de salud originada con anterioridad a la fecha de inclusión del asegurado en la póliza, así como cualquier enfermedad, defecto, deformidad o situación médico- quirúrgica que pueda derivarse de aquella alteración y siempre que no fuera declarada en el momento de cumplimentar el cuestionario del seguro*".

En nuestra reciente sentencia de 22 de febrero de 2021, Rollo 484/20, decíamos que la distinción entre cláusulas limitativas y delimitadoras del riesgo tiene indudable relevancia en cuanto unas y otras están sometidas a distinto régimen jurídico, pues mientras a las primeras les es aplicable el requisito de la doble firma a que hace referencia el citado art. 3, de forma que esa necesidad de destacarlas de modo especial y expresa suscripción condiciona, determinándolo, su valor normativo y eficacia vinculante para el tomador, por el contrario las citadas condiciones no son aplicables a las delimitadoras, dado que al contener las mismas una simple delimitación del objeto del seguro, están sometidas en la propia Ley del Contrato de Seguro al principio de autonomía de la voluntad, no exigiéndose el requisito formal de la firma al poder acreditarse el consentimiento por cualquiera de los medios de prueba hábiles en derecho.

Esa diferencia de régimen jurídico ha sido destacada la jurisprudencia del TS con absoluta reiteración y es recogida, con cita de precedentes, desde la sentencia de pleno del Alto Tribunal de fecha 11 de septiembre de 2006, a cuya doctrina se remite esta Sala.

Según la misma, las cláusulas limitativas son las que recortan la posición jurídica que tendría el asegurado de no pactarse y aceptarse expresamente por el tomador, es decir, en palabras del TS, en la precitada sentencia, son las que operan para "*restringir, condicionar o modificar el derecho del asegurado a la indemnización una vez que el riesgo objeto del seguro se ha producido y la cláusula de exclusión de riesgo es la que especifica qué clase de ellos se ha constituido en objeto del contrato*", mientras que las delimitadoras del riesgo son aquellas en que se define y concreta el objeto del contrato, fijando el ámbito de cobertura del asegurador, estando plenamente reconocida su validez por la jurisprudencia del TS sin necesidad el requisito de la doble firma. Consisten estas últimas, en pactos que fijan los límites de la prestación del asegurador y en función de los cuales se establece la prima del asegurado; en definitiva, en una economía de mercado, como la que preside la regulación del contrato de seguro, vendrían representadas por todas aquellas que describan el objeto principal del contrato y la relación calidad/precio entre las partes.

La incorporación de estas últimas al contrato en consecuencia no está sometida al requisito de la doble firma del art. 3 "*puesto que la exigencia de este precepto no se refiere a una condición general o a sus cláusulas excluyentes de responsabilidad, sino a aquellas que son limitativas de los derechos de los asegurados*" (STS 5 de marzo de 2003).

Ciertamente no siempre es fácil distinguir unas y otras cláusulas, dado que en algunos casos las que delimitan el riesgo pueden constituir al propio tiempo una limitación de los derechos del asegurado, lo que obliga en cada supuesto a atender a los concretos pactos existentes en la póliza de seguro discutida, bien que con independencia de ello, la precitada sentencia de Pleno del TS 2006, cuya doctrina ha sido reiterada en otras muchas hasta la fecha, ha tratado de establecer criterios distintivos entre unas y otras cláusulas, y en tal esfuerzo de concreción, la más reciente de fecha 12 de diciembre de 2019, recuerda su reiterada doctrina a partir de la precitada sentencia de Pleno de 2006, según la cual. son estipulaciones delimitadoras del riesgo aquellas que tienen por finalidad delimitar el objeto del contrato, de modo que concretan: (i) qué riesgos constituyen dicho objeto; (ii) en qué cuantía; (iii) durante qué plazo; y (iv) en que ámbito temporal o espacial.

En la misma sentencia de 12 de diciembre de 2019, se hace referencia a su precedente representado por la STS 402/2015, de 14 de julio, que perfilando igualmente los contornos de dichas condiciones delimitadoras del riesgo, precisa que: "*[...] responden a un propósito de eliminar ambigüedades y concretar la naturaleza del riesgo en coherencia con el objeto del contrato o en coherencia con el uso establecido, evitando delimitarlo en forma contradictoria con el objeto del contrato o con las condiciones particulares de la póliza (SSTS de 25 de octubre de 2011, 20 de abril de 2011, 18 de mayo de 2009, 26 de septiembre de 2008 y 17 de octubre de 2007)*".

El papel que, por el contrario, se reserva a las cláusulas limitativas radica en restringir, condicionar o modificar el derecho del asegurado a la indemnización, una vez que el riesgo objeto del seguro se ha producido (SSTS de 16 de mayo y 16 octubre de 2000, 273/2016, de 22 de abril, 520/2017, de 27 de septiembre, 590/2017, de 7 de noviembre). En palabras de la STS 953/2006, de 9 de octubre, serían "*las que empeoran la situación negocial del asegurado*".

Un criterio distintivo utilizado para determinar el concepto de cláusula limitativa, es referirlo con el contenido natural del contrato, esto es *"[...] del alcance típico o usual que corresponde a su objeto con arreglo a lo dispuesto en la ley o en la práctica aseguradora"* (SSTS 273/2016, de 22 de abril, 541/2016, de 14 de septiembre y 147/2017, de 2 de marzo). En este sentido, se atribuye la condición de limitativa a la cláusula sorpresiva que se aparta de dicho contenido (STS 58/2019, de 29 de enero). En el mismo sentido, se expresa la STS 715/2013, de 25 de noviembre, cuando precisa que *"[...] incluso hay supuestos en que las cláusulas que delimitan sorprendentemente el riesgo se asimilan a las limitativas de los derechos del asegurado"*.

Muy gráficamente lo explica la STS 273/2016, de 22 de abril, cuando bajo el epígrafe expectativas razonables del asegurado, señala:

"Cuando legislativamente se estableció un régimen específico para que determinadas condiciones generales del contrato de seguro alcanzasen validez, se estaba pensando precisamente en las cláusulas que restringen la cobertura o la indemnización esperada por el asegurado. Estas cláusulas pueden ser válidas, pero para ello se requiere que el asegurado haya conocido las restricciones que introducen —es decir, que no le sorprendan— y que sean razonables, que no vacíen el contrato de contenido y que no frustren su fin económico y, por tanto, que no le priven de su causa [...]. Precisamente cuando hay contradicción entre las cláusulas que definen el riesgo y las que lo acotan es cuando puede producirse una exclusión sorprendente".

En definitiva, cuando una determinada cobertura de un siniestro es objetiva y razonablemente esperada por el asegurado, por constituir prestación natural de la modalidad de seguro concertado, es preciso que la restricción preestablecida cuente con la garantía adicional de conocimiento que implica el régimen de las cláusulas limitativas, por lo que la eficacia contractual de las condiciones sorpresivas queda condicionada a las exigencias del art. 3 LCS.

Pues bien, no puede decirse que la definición contractual del término accidente difiera del significado técnico descrito en el artículo 100 de la LCS, ni tampoco del sentido vulgar de la palabra, y lo propio puede decirse de la cláusula relativa a la preexistencia, que en definitiva enlaza con el carácter aleatorio del contrato y la consiguiente nulidad del negocio sancionada en el artículo 4 de la LCS si en el momento de su conclusión no existía el riesgo o había ocurrido el siniestro.

En resumen el Tribunal comparte la acertada calificación hecha en la sentencia de instancia sobre el carácter delimitador de la condición general controvertida y desestima también este segundo motivo del recurso.

Por enfermedad o asistencia sanitaria

Caso 103

Resumen: Sin cobertura por el nuevo seguro de salud al haberse producido el siniestro en el período de carencia de 10 meses previsto para intervenciones quirúrgicas y hospitalización no urgentes.

Sentencia: AP Barcelona, Sec. 16.ª, 391/2023, de 20 de septiembre. Recurso 749/2021 (SP/SENT/1200568).

Argumentación jurídica: Sobre la oponibilidad del período de carencia.

I. El Juzgado, tras razonar que la discutida cláusula "*define el riesgo cubierto (garantía del seguro), delimitando la extensión temporal –aplicación de la carencia–*", concluyó que no era "*limitativa de derechos que haga entrar en juego lo dispuesto en el artículo 3 de la Ley del Contrato de Seguro*".

Insiste el recurrente en que se trata de una cláusula limitativa incluida en las condiciones generales y carente de eficacia al ser insuficiente la mera remisión genérica contenida en la póliza, conforme a lo dispuesto en el artículo 3 de la LCS ("*Las condiciones generales, que en ningún caso podrán tener carácter lesivo para los asegurados, habrán de incluirse por el asegurador en la proposición de seguro si la hubiere y necesariamente en la póliza de contrato o en un documento complementario, que se suscribirá por el asegurado y al que se entregará copia del mismo. Las condiciones generales y particulares se redactarán de forma clara y precisa. Se destacarán de modo especial las cláusulas limitativas de los derechos de los asegurados, que deberán ser específicamente aceptadas por escrito*").

II. Como, recopilando la doctrina jurisprudencial sobre la materia, declara la STS 563/2021, de 26 de julio:

"*En la sentencia del Tribunal Supremo 661/2019, de 12 de diciembre, del Pleno, cuya doctrina reproduce la más reciente sentencia 399/2020, de 6 de julio, se expuso la doctrina de este tribunal en los términos siguientes:*

En principio, una condición delimitadora define el objeto del contrato, perfila el compromiso que asume la compañía aseguradora, de manera tal que, si el siniestro acaece fuera de dicha delimitación, positiva o negativamente explicitada en el contrato, no nace la obligación de la compañía aseguradora de hacerse cargo de su cobertura. Las cláusulas limitativas, por el contrario, desempeñan distinto papel, en tanto en cuanto producido el riesgo actúan para restringir, condicionar o modificar el derecho de resarcimiento del asegurado".

Insistiendo en ello la STS 402/2015, de 14 de julio, precisa que:

"*(...) responden a un propósito de eliminar ambigüedades y concretar la naturaleza del riesgo en coherencia con el objeto del contrato o en coherencia con el uso establecido, evitando delimitarlo en forma contradictoria con el objeto del contrato o con las condiciones particulares de la póliza (SSTS de 25 de octubre de 2011,* 20 de abril de 2011, 18 de mayo de 2009, 26 de septiembre de 2008 y 17 de octubre de 2007)".

Como obstáculo determinante de su habilidad contractual las condiciones delimitadoras no pueden tratarse de cláusulas que determinen el riesgo en forma contradictoria con el objeto del contrato o con las condiciones particulares de la póliza, o de manera no frecuente o inusual (SSTS de 10 de febrero de 1998, 17 de abril de 2001, 29 de octubre de 2004, núm. 1055/2004, 11 de noviembre de 2004, rec. núm. 3136/1998, y 23 de noviembre de 2004, núm. 1136/2004, 676/2008, de 15 de julio, cuya doctrina reproduce la ulterior STS 82/2012).

La STS 853/2006, de 11 de septiembre, sienta una doctrina, recogida posteriormente en otras muchas resoluciones de este tribunal, como las SSTS 1051/2007 de 17 de octubre; 676/2008, de 15 de julio; 738/2009, de 12 de noviembre; 598/2011, de 20 de julio; 402/2015, de 14 de julio, 541/2016, de 14 de septiembre; 147/2017, de 2 de marzo; 590/2017, de 7 de noviembre, según la cual son estipulaciones delimitadoras del riesgo aquellas que tienen por finalidad delimitar el objeto del contrato, de modo que concretan: (i) qué riesgos constituyen dicho objeto; (ii) en qué cuantía; (iii) durante qué plazo; y (iv) en que ámbito temporal o espacial.

El papel que, por el contrario, se reserva a las cláusulas limitativas radica en restringir, condicionar o modificar el derecho del asegurado a la indemnización, una vez que el riesgo objeto del seguro se ha producido (SSTS de 16 de mayo y 16 octubre de 2000, 273/2016, de 22 de abril, 520/2017, de 27 de septiembre, 590/2017, de 7 de noviembre). En palabras de la STS 953/2006, de 9 de octubre, serían "*las que empeoran la situación negocial del asegurado*".

III. No cabe afirmar, en el caso, que la cuestionada cláusula, en palabras de la STS 402/2015, "*determine el riesgo en forma contradictoria con el objeto del contrato o con las condiciones particulares de la póliza, o de manera no frecuente o inusual*". En definitiva, delimitaba el ámbito temporal de vigencia del seguro, es perfectamente usual en los seguros de salud y, a diferencia del supuesto resuelto por esta misma Sección en la invocada sentencia de 3 de noviembre de 1999, en las condiciones particulares, junto a la fecha de efecto, aparecía la palabra "*carencia*".

IV. Pero es que, aun admitiendo el carácter limitativo y no meramente delimitador de la discutida cláusula, habría que concluir cumplidos los requisitos previstos en el artículo 3 de la LCS. Porque fue expresamente aceptada por el demandante mediante su firma tanto en la solicitud del seguro (aparece sin marcar la casilla "*¿Solicita Exención de Carencias?*"), como en las condiciones particulares, donde junto a la fecha de alta, figura el adverbio "*SÍ*" en la casilla "*Carencia*".

Caso 104

Resumen: La cláusula por la que se fija el límite para el reembolso de cantidades por asistencia de psicología o psiquiatría es delimitadora de derechos.

Sentencia: AP Barcelona, Sec. 14.ª, 515/2023, de 27 de julio. Recurso 755/2021 (SP/SENT/1197078).

Argumentación jurídica: Por su parte, las cláusulas limitativas de derechos se dirigen a condicionar o modificar el derecho del asegurado y por tanto la indemnización, cuando el riesgo objeto del seguro se hubiere producido. Deben cumplir los requisitos formales previstos en el art. 3 LCS, de manera que deben ser destacadas de un modo especial y han de ser expresamente aceptadas por escrito; formalidades que resultan esenciales para comprobar que el asegurado tuvo un exacto conocimiento del riesgo cubierto (sentencias 268/2011, de 20 de abril; y 516/2009, de 15 de julio).

La jurisprudencia ha determinado, de forma práctica, el concepto de cláusula limitativa, referenciándolo al contenido natural del contrato, derivado, entre otros elementos, de las cláusulas identificadas por su carácter definidor, de las cláusulas particulares del contrato y del alcance típico o usual que corresponde a su objeto con arreglo a lo dispuesto en la ley o en la práctica aseguradora. El principio de transparencia, fundamento del régimen especial de las cláusulas limitativas, opera con especial intensidad respecto de las cláusulas introductorias o particulares (*vid.* también las sentencias del Tribunal Supremo 101/2021, de 24 de febrero; 421/2020, de 14 de julio, –que cita las 276/2016, de 22 de abril; 543/2016, de 14 de septiembre; 541/2016, de 14 de septiembre; 58/2019, de 21 de enero–; la 345/2020, de 23 de junio; y la 263/2021, de 6 de mayo).

4. En el presente caso, se plantea si la cláusula por la que se fija el límite para el reembolso de cantidades por asistencia de psicología o psiquiatría es limitativa de derechos y que no reúne los requisitos exigibles por el artículo 3 de la LCS, ya que no se ha destacado y tampoco está firmada por las partes. Por otro lado, el apelante también interpreta de forma distinta los límites cuantitativos fijados ya que considera (motivo tercero del recurso) que la cobertura de 905 €; solo por persona y año se refiere a psicología y psiquiatría en sentido estricto, pero no por consulta extrahospitalaria (incluida la psicología y psiquiatría), pues en tal caso el límite de cobertura es superior (18.000 €). La cláusula referida es una de las incluidas en el apartado Reembolso, en el que se especifican las Garantías contratadas con el correspondiente capital asegurado para cada uno de ellos, así el capital total asegurado es de 90.000 €;; después se describen los límites de la asistencia hospitalaria con un capital de 70.000 €;, si bien se establecen sublímites para distintos supuestos de enfermedades y asistencia, fijándose la cuantía correspondiente cada sublímite. Posteriormente, se enuncia el límite total de asistencia extrahospitalaria, que es de 18.000 €;. Sin embargo, como ocurre en el caso anterior, luego se desglosan una serie de sublímites específicos con sus distintas cuantías; después se enumeran como supuestos también específicos el límite de prótesis y el límite de psicología/psiquiatría, que se fija en 905 €; por persona y años. De la exposición obrante en dichas cláusulas se observa que no se trata de ningún modo de cláusulas limitativas de derechos, sino de cláusulas delimitadoras del riesgo asegurado, por lo que no les es aplicable el artículo 3 de la LCS. Este artículo prevé que las condiciones generales y particulares se redactarán de forma clara y precisa; y que se destacarán de modo especial las cláusulas limitativas de los derechos de los asegurados, que deberán ser específicamente aceptadas por escrito. En este caso ya se ha indicado que las cláusulas establecen de forma nítida los límites de asistencia, si bien también se fijan otros sublímites y límites específicos, que son los que deben prevalecer. Es innegable que las cláusulas son claras, concretas y respetan el principio de transparencia, pues su forma de redacción es mediante un "*cuadro explicativo*" y detallado de cada tipo de consulta según la clase de enfermedad, tratamiento, cirugía o asistencia, determinándose en cada supuesto la cuantía correspondiente.

Por otro lado, en la póliza del contrato también se describen las asistencias psicología y psiquiatría. Así, en el apartado 3-3 se define la cobertura de psiquiatría del siguiendo modo: "*El ingreso psiquiátrico solo se cubre en régimen de hospitalización y solo comprende el tratamiento de brotes agudos. Queda limitado a un período de 50 días por asegurado/año*". En cuanto a la cobertura de psicología en el apartado 4-1-1 se indica: "*Comprende la atención psicológica de carácter individual prescrita por Psiquiatras, Médicos u Oncólogos Médicos y cuya finalidad sea el tratamiento de patologías susceptibles de intervención psicológica. Asimismo, comprende el diagnóstico psicológico simple y los test psicométricos, cuyos formularios serán por cuenta del Asegurado. Comprende hasta un máximo de 4 consultas al mes y con un límite de 15 sesiones por asegurado y anualidad del seguro*". En el contenido de dichos apartados se describe el tipo de asistencia psiquiátrica y psicológica cubierta. Pero es que, con independencia de que se pueda acudir a varios hospitales o clínicas, SANITAS tiene un cuadro de centros asociados, como también de facultativos. En caso de que el asegurado acuda a uno de dichos centros se le asistirá conforme a lo establecido en la póliza, pero cuando se acuda a un centro no adscrito, como es el CENTRO CITA, solo se reembolsa conforme los límites fijados en la póliza.

Respecto a estas cuestiones también debemos examinar el doc. 9 de la demanda y las declaraciones de la testigo Doña Nieves, que fue la redactora de dicho escrito cuando el actor solicitó información sobre la asistencia de psicología y psiquiatría. Este documento es un pequeño escrito, redactado a puño y letra, en el que arriba se subraya la palabra "*hospitalización*", luego se indica "*estancia hospitalaria: 183 €; al día. Psicología/Psiquiatría: 905 €;/persona/*". Por otro lado, bajo las palabras psicología/psiquiatría se escribió una flecha seguida de las palabras "*consulta extrahospitalaria*". Del contenido del escrito ya se deduce que en los supuestos de consulta extrahospitalaria de psicología y psiquiatría la cobertura es de 905 €; al año, aunque este escrito es meramente informativo y solo es relevante en cuanto a su comparación con el contenido de la póliza. Por otro lado, en el acto del juicio Doña Nieves declaró: "*Trabajo en la Delegación de Sanitas en la avenida Diagonal. Reconoce la letra del documento, que se le ha exhibido. Al leer el documento me acuerdo, pero no de todos los detalles. En el año 2018 me encontraba en la sección de Atención al Cliente. Recuerdo haberlo atendido y le ayudé agilizar una autorización. Tenía suscrita una póliza completa, con el cuadro médico y después otros servicios de fuera del cuadro médico de Sanitas. En este caso se le reembolsa un 75 %, pero hay unos límites según el capital. Los servicios cubiertos se encuentran en el condicionado particular. Me preguntó por los apartados de reembolso y por la hospitalización de psicología y psiquiatría; el capital de psicología y psiquiatría siempre va a parte y le preguntó sobre el capital de ambas. Hay un capital de cobertura de 905 €;, siempre ha sido así. No le dije que SANITAS le reembolsaría el 100 %, pues yo tenía el condicionado delante. Creo que le explique la póliza con el condicionado delante*". Pues bien, de un examen aislado del contenido de las cláusulas de la póliza se infieren unas conclusiones, que se complementan por el propio doc. 9 de la demanda y las declaraciones de la testigo, quien explicó la diferencia entre el reembolso en general del 75 % a los supuestos particulares incluidos en las condiciones de la póliza, entre las que se encuentran las relativas a psiquiatría y psicología, desprendiéndose de ello

que el importe máximo que SANITAS cubre por persona y año es de 905 €;, no los 18.000 €; indicados como límite total de asistencia extrahospitalaria. Incluso en el propio doc. 9 se señala con una flecha que la consulta extrahospitalaria de psicología y psiquiatría está cubierta por suma de 905 €;. En conclusión, la cláusula referida es una cláusula delimitadora del riesgo, se ha redactado claramente, es precisa y transparente; y además se explicó al actor por la empleada de la delegación de Sanitas de la Avenida Diagonal de Barcelona. Por lo tanto, las condiciones generales y particulares, que, por otro lado, se pactaron en un seguro colectivo, cuyo el tomador es la empresa EL CORTE INGLÉS —que sería también afectado por el contenido del contrato—, no son nulas y, en consecuencia, tampoco puede estimarse la devolución de la suma de 13.478 €;, solicitada en la demanda. Esta misma conclusión se obtendría acudiendo a la normativa tuitiva de consumidores y a la Ley de Condiciones Generales de Contratación, lo que no es necesario, pues la LCS de 1980 es muy avanzada en esta materia y a través del artículo 3 de la misma y la jurisprudencia interpretativa de dicha Ley se llega a conclusiones similares. Por último, debe indicarse que la circunstancia de que fuera un médico del cuadro de SANITAS quien recomendara al actor dicha clínica, no vincula a dicha entidad, pues esta dispone de otros centros adscritos que podía haber utilizado el apelante. En conclusión, debe desestimarse el recurso de apelación interpuesto por Don Fidel contra la sentencia de 21 de mayo de 2021, dictada por el Ilmo. Magistrado Juez del Juzgado de Primera Instancia núm. 33 de Barcelona, confirmándose dicha sentencia.

Caso 105

Resumen: Las barras y tornillos transpediculares utilizados en la intervención quirúrgica no son una prótesis interna traumatológica, por lo que no están incluidos en la cobertura de la póliza.

Sentencia: AP La Rioja, Sec. 1.ª, 264/2021, de 8 de junio. Recurso 71/2021 (SP/SENT/1112934).

Argumentación jurídica: En la póliza de seguros concertada con la actora, en su condición 2.º se establecen los riesgos excluidos, en concreto 15. Las prótesis de cualquier clase, así como los fijadores externos de las piezas anatómicas ortopédicas, que serán a cargo del asegurado, excepto (...) prótesis internas traumatológicas (prótesis de cadera, rodilla y otras).

Son numerosas las resoluciones sobre la distinción entre cláusulas delimitadoras del riesgo y limitativa de derechos, estas últimas han de ser específicamente aceptadas según el art 3 LCS, y cuya distinción no siempre es fácil ni han sido pacíficos los perfiles que presentan unas y otras ni las fronteras entre ambas son claras, como indica la st .TS 22-4-2016 n.º 273/2016. La sts. TS 14-9-2016 n.º 541/2016 y n.º 543/2016 señalan que las limitativas restringen, condicionan o modifican el derecho del asegurado a la indemnización o a la prestación garantizada en el contrato, una vez que el riesgo objeto del seguro se ha producido. Son delimitadoras del riesgo aquellas que tienen por finalidad delimitar el objeto del contrato, de modo que concretan: qué riesgos constituyen dicho objeto; en qué cuantía; durante qué plazo; y en que ámbito temporal.

Revisando la póliza en relación a la jurisprudencia, se comparte la apreciación de la sentencia apelada respecto a que la condición general 2.ª es delimitadora del riesgo y no exige consentimiento expreso.

Por otro lado de la prueba practicada esencialmente documental (informes médicos del neurocirujano y del Doctor José Enrique), y haciendo uso esta juzgadora de la revisión y valoración de la misma en esta alzada, no podemos sino compartir el criterio alcanzado en la instancia que gozando del principio de inmediación consideró que no estaban los citados elementos incluidos en la cobertura de la póliza.

Por incapacidad

Caso 106

Resumen: Hay exclusión de cobertura del seguro en las cláusulas cuya naturaleza se determinan como delimitadoras del riesgo y no limitativas, por la preexistencia de la situación que ha desembocado en la incapacidad.

Sentencia: AP Pontevedra, Sec. 1.ª, 239/2023, de 12 de mayo. Recurso 976/2022 (SP/SENT/1193599).

Argumentación jurídica: En el supuesto enjuiciado, las cláusulas en cuestión son del siguiente tenor:

Además de las exclusiones generales de la póliza incluidas en el apartado "*Exclusiones generales de la póliza*", en esta póliza no está cubierta: a) la invalidez causada voluntariamente por el asegurado durante el primer año de vigencia del contrato. b) La derivada de la Resolución de Incapacidad del INSS o del organismo que asuma sus funciones dictadas después de fallecer el asegurado.

Entre las exclusiones generales de la póliza a las que se remite el clausulado de las coberturas no cubiertas en la garantía de Invalidez por cualquier causa, antes citada: denominadas en la póliza como "*aquellas situaciones que no están cubiertas bajo ninguna circunstancia en este seguro, se indica en el apartado d) que: «La Entidad Aseguradora no cubre las consecuencias de accidentes o enfermedades originados con anterioridad a la entrada en vigor del contrato»*". Consta la firma de la asegurada y tomadora en las condiciones generales del contrato (folio 15).

Resulta así patente que en ellas se recogen supuestos fácticos en los que el asegurador no asume el riesgo del seguro, es decir, el contrato no los incluye como objetos. No se produce limitación alguna en los derechos del asegurado, sino que en aquellos supuestos precisamente no llegan a nacer frente al asegurador tales derechos.

Debemos convenir así con la juzgadora a quo en que la pretensión de la aquí apelante no puede prosperar. La cláusula en cuestión, además de no ser limitativa de los derechos del asegurado, no puede ser tildada de nula, pues resulta plenamente compatible la con la propia naturaleza del seguro que vincula a las partes, de vida e incapacidad en el que, como es lógico, resulta trascendental el estado del asegurado y el conocimiento por parte de la aseguradora de todas las circunstancias que pueden incidir o agravar el riesgo. La definición que el artículo 1 de la ley de contrato de seguro formula sobre la naturaleza del mismo evidencia que su esencia se fundamenta en la necesidad de que el asegurador tenga un conocimiento pleno del cual sea el riesgo objeto de cobertura y las posibilidades de que el evento que lo determina pueda producirse, lo que da lugar a una correlativa obligación por parte del asegurado, o del tomador del seguro, si no coinciden, de actuar con total buena fe cuando decida su contratación, no debiendo en forma alguna ocultar a aquel datos que este deba conocer al determinar un mayor riesgo que, conocido, le faculta para, o bien no contratar, o bien pactar una suma superior.

Tales premisas tienen su adecuada regulación en el artículo 10 del referido texto legal, así como en su art. 89 referido expresamente a los seguros sobre las personas, a cuya virtud, el tomador del seguro tiene el deber, antes de la conclusión del contrato, de declarar al asegurador, de acuerdo con el cuestionario que este le someta, todas las circunstancias por él conocidas que pudieran influir en la valoración del riesgo, de tal suerte que, cuando el siniestro sobreviniera, si medió dolo o culpa grave por parte de aquel, quedaría el asegurador liberado del pago de su prestación.

En este sentido las declaraciones de salud incompletas o inexactas deben tener la consideración de dolosas civilmente de acuerdo con la doctrina jurisprudencial recogida en la sentencia del Tribunal Supremo de 31-12-98 que precisa que, el concepto de dolo que establece el artículo 1260 del Código Civil, no solo comprende la insidia directa o inductora, sino también la reticencia dolosa del que calla o no advierte deliberadamente, siendo esta forma o modalidad del dolo a la que se refiere el inciso final del párrafo tercero del citado artículo 10 de la LCS.

La reciente sentencia del Tribunal Supremo de 2 de diciembre de 2021 señala: Sobre el deber de declarar el riesgo del art. 10 LCS y su infracción, la citada sentencia 235/2021 (como se dirá, dictada en un caso sustancialmente semejante) recuerda con valor de síntesis jurisprudencial lo siguiente:

De la muy copiosa jurisprudencia de esta sala sobre la interpretación del art. 10 LCS (EDL 1980/4219) (p. ej., sentencias 661/2020, de 10 de diciembre, 647/2020, de 30 de noviembre, y 639/2020 y 638/2020, estas dos últimas de 25 de noviembre, y 611/2020, de 11 de noviembre) resulta especialmente de interés para el presente recurso lo siguiente: (i) el deber de declaración del riesgo ha de ser entendido como un deber de contestación o respuesta a lo que pregunte el asegurador, sobre el que además recaen las consecuencias que derivan de su no presentación o de la presentación de un cuestionario incompleto, demasiado genérico o ambiguo, con preguntas sobre la salud general del asegurado claramente estereotipadas que no permitan al asegurado vincular dichos antecedentes con la enfermedad causante del siniestro; y (ii) lo que esta sala debe examinar es si el tipo de preguntas formuladas al asegurado eran conducentes a que este pudiera representarse a qué antecedentes de salud conocidos por él o que pudiera conocer se referían, es decir, si las preguntas le permitían ser consciente de que, al no mencionar sus patologías, estaba ocultando o silenciando datos relevantes para la exacta valoración del riesgo y causalmente relacionados con el siniestro.

La sentencia 611/2020, con cita de las sentencias 333/2020, de 22 de junio, y 345/2020, de 23 de junio, reitera, en primer lugar, que del art. 10 LCS resulta claramente que lo determinante de la liberación del pago de la prestación a cargo del asegurador no es la mera inexactitud en las respuestas del asegurado sino el dolo o la culpa grave, es decir, "*la inexactitud intencionada o debida a una culpa o negligencia de especial intensidad*", y en segundo lugar, en cuanto a la relevancia de la relación causal entre el dato omitido y el riesgo cubierto, que como resulta de la 345/2020, y de las sentencias 562/2018, de 10 de octubre, 307/2004, de 21 de abril, y 119/2004, de 19 de febrero, el incumplimiento del deber de declaración leal del art. 10 LCS precisa que concurran los requisitos siguientes:

"1) que se haya omitido o comunicado incorrectamente un dato relevante; 2) que dicho dato hubiera sido requerido por la aseguradora mediante el correspondiente cuestionario y de manera clara y expresa; 3) que el riesgo declarado sea distinto del real; 4) que el dato omitido o comunicado con inexactitud fuera conocido o debiera haber sido conocido con un mínimo de diligencia por el solicitante en el momento de realizar la declaración; 5) que el dato sea desconocido para la aseguradora en ese mismo momento; y 6) que exista una relación causal entre la circunstancia omitida y el riesgo cubierto".

En el caso enjuiciado, es cierto que el cuestionario de salud cubierto por la solicitante del seguro, aportado en la audiencia previa al juicio, de fecha 25/3/2010, es de difícil lectura; sin embargo, permite constatar que, a las preguntas sobre su estado de salud, en relación con el padecimiento de alguna enfermedad, la demandante marcó la cruz en el apartado "*No*".

No se trata de un cuestionario exhaustivo, pero contempla de manera expresa una cuestión sobre "*seguimiento de tratamiento médico por alguna enfermedad crónica o grave*", solicitando que se diga qué tratamiento se sigue en su caso, a la que Doña Catalina nada contesta, pese a que ya padecía desde el año 2003 un trastorno de ansiedad con agorafobia, que resultó determinante para la declaración de incapacidad: efectivamente, la sentencia del juzgado de lo social que estima su demanda frente al INSS pone de manifiesto que Catalina esta aquejada, al margen de las dolencias físicas, de una dolencia psíquica cronificada cuya evolución es desfavorable y por la que sufre importantes limitaciones funcionales. Concluye que la actora se encuentra limitada, entre otras, para tareas que impliquen concentración, atención continuada y un ritmo de ejecución planificada mantenido, dejando al margen ya otras limitaciones que se contienen en el dictamen del EVI, como son tareas que requieren relaciones para si o para terceros, que impliquen responsabilidad, carga de stress o carga psíquica.

Con base en dichas circunstancias, la declara en situación de incapacidad permanente absoluta derivada de enfermedad común.

Tal como se infiere de la documental obrante en autos, la aquí apelante había estado de baja laboral y agotado el plazo máximo de la situación de IT a la fecha de suscribir el contrato de seguro, por la enfermedad que padece, habiéndose iniciado un expediente de Incapacidad Permanente por el INSS en fecha 18/03/2010, dando lugar a la resolución del INSS de reconocimiento de la pensión por IP en grado Absoluta para todo trabajo de fecha 8/04/2010, susceptible de revisión por agravación o

mejoría a partir del 29/03/2011. Dicha situación fue revisada al año de la declaración de IPA, en el año 2011, hasta que finalmente se le concedió la incapacidad en la resolución judicial indicada.

En definitiva, debemos convenir con la juzgadora a quo en que concurre la causa de exclusión de la cobertura del seguro por invalidez prevista en la póliza que vincula a las partes, que se concreta en la preexistencia de la situación que ha desembocado en la incapacidad garantizada en las cláusulas cuya naturaleza no nos genera dudas sobre su condición de delimitadoras del riesgo y no limitativas de los derechos de la asegurada.

Se desestima el motivo.

Caso 107

Resumen: La cláusula discutida es delimitadora del ámbito subjetivo y objetivo del hecho objeto de cobertura, al contemplar *"la alteración del estado de salud del asegurado (...) que lleve consigo la interrupción de su actividad profesional"*.

Sentencia: AP Córdoba, Sec. 1.ª, 52/2023, de 23 de enero. Recurso 1237/2022 (SP/SENT/1180197).

Argumentación jurídica: En el segundo motivo de apelación se alega el error en la valoración de la prueba, la cláusula alegada por la aseguradora es una cláusula limitativa de los derechos del asegurado.

Indica la parte apelante que lo que se asegura es el riego de incapacidad y respecto a este riesgo se excluye el período en que el asegurado se encuentre en desempleo, por lo que nos encontramos ante una cláusula limitativa de los derechos del asegurado que debe ser aceptada por separado, lo que no ha ocurrido en el caso que nos ocupa.

SÉPTIMO. Tal y como ha señalado la Sentencia del Tribunal Supremo de 14 de septiembre de 2016:

"Desde un punto de vista teórico, la distinción entre cláusulas de delimitación de cobertura y cláusulas limitativas parece, a primera vista, sencilla, de manera que las primeras concretan el objeto del contrato y fijan los riesgos que, en caso de producirse, hacen surgir en el asegurado el derecho a la prestación por constituir el objeto del seguro. Mientras que las cláusulas limitativas restringen, condicionan o modifican el derecho del asegurado a la indemnización o a la prestación garantizada en el contrato, una vez que el riesgo objeto del seguro se ha producido.

No obstante, como expresa la sentencia de esta Sala núm. 715/2013, de 25 de noviembre, en la práctica, no siempre han sido pacíficos los perfiles que presentan las cláusulas delimitadoras del riesgo y las limitativas de los derechos del asegurado. Las fronteras entre ambas no son claras, e incluso hay supuestos en que las cláusulas que delimitan sorprendentemente el riesgo se asimilan a las limitativas de los derechos del asegurado.

La sentencia 853/2006, de 11 de septiembre, sienta una doctrina, recogida posteriormente en otras muchas resoluciones de esta Sala 1.ª, (verbigracia sentencias núm. 1051/2007, de

17 de octubre; y 598/2011, de 20 de julio), según la cual son estipulaciones delimitadoras del riesgo aquellas que tienen por finalidad delimitar el objeto del contrato, de modo que concretan: (i) qué riesgos constituyen dicho objeto; (ii) en qué cuantía; (iii) durante qué plazo; y (iv) en que ámbito temporal.

Por su parte, las cláusulas limitativas de derechos se dirigen a condicionar o modificar el derecho del asegurado y por tanto la indemnización, cuando el riesgo objeto del seguro se hubiere producido. Deben cumplir los requisitos formales previstos en el art. 3 LCS, de manera que deben ser destacadas de un modo especial y han de ser expresamente aceptadas por escrito; formalidades que resultan esenciales para comprobar que el asegurado tuvo un exacto conocimiento del riesgo cubierto (sentencias 268/2011, de 20 de abril; y 516/2009, de 15 de julio).

La jurisprudencia ha determinado, de forma práctica, el concepto de cláusula limitativa, referenciándolo al contenido natural del contrato, derivado, entre otros elementos, de las cláusulas identificadas por su carácter definidor, de las cláusulas particulares del contrato y del alcance típico o usual que corresponde a su objeto con arreglo a lo dispuesto en la ley o en la práctica aseguradora (sentencia núm. 273/2016, de 22 de abril). El principio de transparencia, fundamento del régimen especial de las cláusulas limitativas, opera con especial intensidad respecto de las cláusulas introductorias o particulares)".

OCTAVO. La reciente sentencia del Tribunal Supremo de 1 de febrero de 2022 nos aclara la distinción entre cláusulas delimitadores del riesgo y cláusulas limitativas y así:

"2. La definición del riesgo viene establecida en la póliza, bajo el epígrafe «¿Qué le cubre y qué no le cubre este seguro?», en los términos literales transcritos en los apartados 2 y 3 del fundamento jurídico primero.

(...)

3. Con ese contenido, esas cláusulas son delimitadoras del riesgo, en cuanto que concretan el objeto del contrato, fijando qué riesgos, en caso de producirse, hacen surgir en el asegurado el derecho a la prestación por constituir el objeto del seguro (sentencias 853/2006, de 11 de septiembre; 1051/2007, de 17 de octubre; 598/2011, de 20 de julio; 273/2016, de 22 de abril; y 498/2016, de 19 de julio). Y no pueden calificarse como limitativas, porque no condicionan o modifican el derecho del asegurado y por tanto la indemnización, cuando el riesgo objeto del seguro se hubiere producido (sentencia 58/2019, de 29 de enero). Por lo que no cabe apreciar infracción del art. 3 LCS, ni de la jurisprudencia que lo interpreta"

NOVENO. **A tenor de lo expuesto, en el caso que nos ocupa, la cláusula en cuestión delimita el ámbito subjetivo y objetivo del hecho objeto de cobertura, en cuanto que contempla la cobertura de "*la alteración del estado de salud del asegurado (...) que lleve consigo la interrupción de su actividad profesional*", ya que la finalidad del seguro no es atender cualquier alteración del estado de salud del asegurado sino únicamente aquel que conlleve el cese temporal de la actividad profesional.**

Por lo tanto, nos encontramos ante una cláusula delimitadora del riesgo que ha sido aceptada por el asegurado tal y como resulta de la página 3 de las condiciones

particulares, apartado OTRAS CLÁUSULAS punto 3 y de su firma como tomador y asegurado en la página 5 de dichas condiciones particulares, por lo que por sede desestimar este motivo de apelación.

Caso 108

Resumen: El contenido del seguro de vida claramente determina que el único riesgo cubierto es la Incapacidad Permanente para todo tipo de trabajo, quedando excluida la invalidez o incapacidad que sea solo para el trabajo habitual.

Sentencia: AP Burgos, Sec. 2.ª, 437/2020, de 30 de diciembre. Recurso 400/2019 (SP/SENT/1093606).

Argumentación jurídica: Partiendo de la doctrina del Tribunal Supremo, examinemos las cláusulas del contrato de autos.

La parte actora en el Seguro concertado con Seguros Santa Lucía, con efecto inicial desde el día 22 de septiembre de 2001, contrata el Seguro Multiplán Vida, que tal y como consta en las Condiciones Particulares aportadas por la actora con su demanda (documento n.º 2 de la demanda), cubría el riesgo de fallecimiento del asegurado como Seguro Principal, Además entre otros seguros complementarios se incluía el " *Seguro Complementario de Invalidez absoluta y permanente del asegurado*".

En el Apartado "*Condiciones Especiales del Seguro Complementario de Invalidez Absoluta y Permanente*" (que forma parte íntegramente de las Condiciones Particulares, Documento n.º 2 de Demanda), en su Artículo 1, titulado: "*Definición*", dice: "*Se entiende por Invalidez Absoluta y Permanente la situación física irreversible provocada por accidente o enfermedad, originados independientemente de la voluntad del Asegurado, determinante de la total incapacidad de este para el mantenimiento permanente de cualquier relación laboral o actividad profesional*".

En el siguiente artículo, el n.º 2, titulado: "*Riesgos Cubiertos*", dice: "Mediante *el presente Seguro Complementario, el Asegurador abonará al Asegurado el capital asegurado si queda inválido de forma absoluta y permanente para todo trabajo remunerado*".

Las cláusulas señaladas tienen el carácter de cláusulas delimitadoras del riesgo asegurado, y no de clausula limitativa, por cuanto se asegura solo una modalidad de Invalidez, que se denomina invalidez absoluta y permanente, que se define con claridad, (al margen de las precisiones para el caso de accidente o accidente de circulación, que carecen de interés para el caso de autos), no existiendo restricción de la única modalidad de invalidez cubierta, que no es otra que la invalidez permanente y absoluta para todo tipo de trabajo.

La definición del riesgo asegurado es claro en el artículo 2 de las Condiciones Especiales, que regula los Riesgos Cubiertos, la Invalidez Absoluta y Permanente para todo tipo de trabajo (la Incapacidad Permanente Absoluta de la Seguridad Social), sin que esté cubierta la Incapacidad Permanente Total, que es la imposibilidad de realizar solo el trabajo habitual.

El empleo en la definición que se hace en el artículo 1 de las Condiciones Especiales de este seguro complementario de la frase determinante de la total incapacidad de este para el *"mantenimiento permanente de cualquier relación laboral o actividad profesional"*, no justifica ignorar el contenido claro y diáfano del riesgo cubierto, definido en el artículo 2 en términos que no dejan lugar a dudas, y que claramente determinan que el único riesgo cubierto es la Incapacidad Permanente para todo tipo de trabajo, quedando excluida la invalidez o incapacidad que sea solo para el trabajo habitual.

El adjetivo indefinido *"Cualquier"*, tiene distintas acepciones, según el diccionario de la Real Academia Española. Así

1. Con el significado de *"Algún, un"*. Usado con valor de indeterminación o indistinción antepuesto a sustantivos contables.

2. Expresa la totalidad del conjunto denotado por el nombre al que modifica. Usado antepuesto a sustantivos contables en contextos genéricos.

También como locación pronominal puede significar *"algún"* o *"todo"*.

Consecuentemente el término *"cualquier"* que se utiliza en la definición de *"Invalidez Absoluta y Permanente"* en el artículo 1.º, se ha de considerar en la acepción más coherente con la clara y rotunda descripción del riesgo cubierto del riesgo que se hace en el artículo siguiente, careciendo de toda lógica una interpretación contraria, que es lo que hace la parte actora.

La cobertura del riesgo denominado Invalidez Absoluta y Permanente no adolece de oscuridad e indefinición, y para que se pueda entender concurrente requiere que el asegurado quede inválido de forma absoluta y permanente (no meramente temporal), para todo tipo de trabajo (no solo para el habitual).

La terminología empleada *"Invalidez Absoluta y Permanente"*, no tiene correspondencia exacta con la terminología sobre incapacidades utilizadas en el Régimen de Protección por Invalidez de la Seguridad Social, Incapacidad Permanente Total para la profesión habitual, Incapacidad Permanente Absoluta para todo tipo de trabajo, que si bien no vinculan en la resolución de las controversias civiles, si se pueden traer a colación para delimitar los contornos del derecho del asegurado., así la STS de 1 de marzo de 2007.

Y, como dijo el Tribunal Supremo en la Sentencia de 8 de Noviembre de 2001, *"En el enunciado del Contrato de Seguro se utiliza una y otra vez la expresión «Invalidez Absoluta», y este es un concepto jurídico que comprende la incapacidad para todo trabajo"*.

El INSS ha reconocido a la actora una pensión por incapacidad permanente en el grado total para la profesión habitual, equivalente a una discapacidad igual o superior a un 33 %.

Sin embargo, la definición que se hace en el seguro del riesgo cubierto exige para que se entienda concurrente *"Que quede inválido de forma absoluta y permanente para todo trabajo remunerado"*. También la terminología empleada *"Invalidez Absoluta y Permanente"*, se corresponde con la Incapacidad Permanente Absoluta para todo tipo de trabajo de la Seguridad Social, *"que inhabilite por completo al trabajador para toda profesión u oficio"*.

Y en el ámbito del contrato de Seguro es preciso atender al principio de tipicidad del riesgo garantizado.

El artículo 1 de la Ley de Contrato de Seguro es categórico al respecto: "*el asegurador se obliga (...) para el caso de que se produzca el evento cuyo riesgo es objeto de cobertura, a indemnizar dentro de los límites pactados*".

Y como dijo la STS 14 de mayo de 1999 "*Los límites los marcan los acontecimientos previstos (y no otros) que son objeto de cobertura, sin que quepa realizar interpretaciones analógicas*".

Como ya declararon las Sentencias de la Audiencia Provincial de Valencia de 5 de diciembre de 2016, la Sentencia de la Audiencia Provincial de las Palmas de fecha 23 de junio de 2014, la Sentencia de la Audiencia Provincial de Tenerife de 4 de marzo de 2016, y la Sentencia de la Audiencia Provincial de Sevilla de 21 de octubre de 2020, analizando esta misma cláusula, no puede considerarse que sea oscura e inespecífica, ya que los artículos 1 y 2 de las Condiciones especiales de la modalidad de Seguro complementario "*Invalidez Absoluta y Permanente*", determinan con claridad cuál es el riesgo que se cubre, quedando perfectamente delimitado el riesgo asegurado, sin necesidad de acudir a la Legislación Laboral, riesgo que no es otro que "*que quede inválido para todo tipo de trabajo remunerado*".

Caso 109

Resumen: Es delimitadora y válida la cláusula de la póliza colectiva que establece que el beneficiario en caso de Incapacidad Temporal de un trabajador asegurado sería la empresa.

Sentencia: AP Granada, Sec. 3.ª, 836/2022, de 23 de diciembre. Recurso 447/2022 (SP/SENT/1175504).

Argumentación jurídica: Respecto de la primera de las cuestiones, tan solo cabe reiterar que en el condicionado particular se establece de forma clara y terminante quién es el beneficiario en la póliza de seguro suscrita, y en este sentido, la jurisprudencia es reiterada en el sentido de que prevalecen las condiciones particulares sobre las generales (por todas, STS n.º 279/2007, de 5 de marzo y las que en ella se citan).

Y en todo caso, hacemos nuestros los acertados razonamientos que se contienen en la sentencia impugnada al analizar la posible contradicción entre el condicionado general y particular, señalando la sentencia de instancia que, en primer término, acreditado de que la propia condición general indica que la indemnización "*se abonará conforme a lo pactado en las condiciones particulares*", es decir, remite a estas para concretar cómo se hará el pago. Y de existir dicha obscuridad no podría solventarse a favor del actor porque no es el adherente al contrato, sino que lo fue el empresario como tomador del seguro.

Añade en segundo lugar que en orden a la determinación de qué personas pueden intervenir en un contrato de seguro, distingue entre el tomador (la empresa) era quien contrataba la póliza a su nombre y se obligaba al pago de la prima. El asegurado es la persona a quien protege el seguro o respecto de cuya vida o invalidez se responde. Y el beneficiario es la persona que recibe la indemnización. Y dicho beneficiario quedó claramente determinado en las condiciones particulares, no siendo el actor, sino el tomador, Medina Castillo S.L.

Y por último que las partes contratantes (tomador y aseguradora) decidieron que el beneficiario en caso de IT de un trabajador asegurado, sería la empresa, tal y como las condiciones generales ya preveían que podía ser en su apartado 2 (documento 8 de la demanda), al regular el objeto del seguro (artículos 1255 y 1257 del Código Civil).

SEXTO: Y respecto de la segunda cuestión a qué alude el apelante, cabe señalar que, en el presente caso, el actor no sufre quebranto económico alguno, por cuanto como se analiza en la sentencia, el mismo percibió el total del salario que le correspondía durante el tiempo que estuvo en situación de invalidez temporal (docs. n.º 1 y 7 de la contestación a la demanda).

Insiste en la incorrecta interpretación que da la sentencia impugnada al artículo 3 de la Ley de Contrato de Seguro según el cual deberán destacarse de modo especial las cláusulas limitativas de los derechos de los asegurados, que deberán ser específicamente aceptadas por escrito.

E insiste igualmente qué cuando se utiliza la expresión asegurado se refiere al trabajador que es a quien corresponde recibir la indemnización derivada de la enfermedad común, y con base en el citado artículo tres de la ley de contrato, de seguro, no basta con la tenencia por el asegurado de la póliza o documento en el que conste la cláusula limitativa, siendo necesario la firma de la misma por el asegurado para estimar que dicha cláusula fue aceptada.

Confunde el actor, ahora apelante, varios conceptos, y ello por cuanto el asegurado no tiene que coincidir con el beneficiario ni con el tomador de la póliza, y en el presente caso la póliza la firma el tomador, Medina Castillo S.L., y tratándose de un seguro colectivo, es quien deberá asumir las posibles cláusulas limitativas que pudiera haber en la póliza, pero no el asegurado.

Así, la STS 1058/2007, de 18 de octubre señala: "*En las pólizas de seguro colectivo no es preciso que las cláusulas limitativas sean suscritas y aceptadas por el asegurado para que sean válidas, puesto que quien debe tener dicho conocimiento es el tomador, verdadero contratante y obligado con la aseguradora, mientras que el asegurado se introduce en el contrato en virtud del consentimiento que manifiesta en la ficha de adhesión, sin que sea admisible la alegación de desconocimiento de las cláusulas exoneradoras, que acepta en su totalidad solo por el hecho de adherirse al seguro*".

Y en el presente caso, las condiciones particulares del seguro fueron suscritas por el tomador del seguro, al que no consta haya ofrecido la menor duda su interpretación, ni tampoco las condiciones generales.

SÉPTIMO: Y cabe reiterar, como ya hiciera la sentencia impugnada, que la cláusula por la que se designa al beneficiario de la póliza en modo alguno puede considerarse como limitativa de derechos del asegurado.

Como reiteradamente viene señalando la doctrina del Tribunal Supremo, la cláusula limitativa opera para restringir, condicionar o modificar el derecho del asegurado a la

indemnización una vez que el riesgo objeto del seguro se ha producido, y la cláusula de exclusión de riesgo es la que especifica qué clase de ellos se ha constituido en objeto del contrato (entre otras muchas, sentencia de 16 de mayo de 2000 y las que cita).

Las cláusulas delimitadoras del riesgo son, pues, aquellas mediante las cuales se concreta el objeto del contrato, fijando qué riesgos, en caso de producirse, por constituir el objeto del seguro, hacen surgir en el asegurado el derecho a la prestación, y en la aseguradora el recíproco deber de atenderla.

Y, por tanto, como ya advirtiese la sentencia impugnada, con cita de la STS 82/2012, 5 de marzo "*No son cláusulas limitativas de los derechos del asegurado las que determinan qué riesgo se cubre, en qué cuantía, durante qué plazo y en qué ámbito espacial, incluyendo en estas categorías la cobertura de un riesgo, los límites indemnizatorios y la cuantía asegurada o contratada*".

Caso 110

Resumen: La cláusula del seguro de accidentes contiene en el riesgo consistente en invalidez permanente por "*baremo póliza*" es delimitadora del riesgo.

Sentencia: AP Toledo, Sec. 1.ª, 268/2022, de 23 de febrero. Recurso 1316/2019 (SP/SENT/1146953).

Argumentación jurídica: No es esto lo que ocurre en el caso presente, pues la determinación de la indemnización por incapacidad permanente mediante un porcentaje sobre el capital garantizado en función del grado de invalidez o secuelas sufridas por el asegurado, que se contiene como veremos en una tabla contenida en la condiciones generales, no entra en absoluto en contradicción con las condiciones particulares, que establecen una cantidad de 60.101,21 €; para los supuestos de fallecimiento accidental, invalidez permanente, invalidez permanente absoluta y gran invalidez, pero apareciendo claramente y solo para el caso del apartado de invalidez permanente, entre paréntesis la expresión "(baremo póliza)", es decir, en las condiciones particulares se está efectuando claramente ya una remisión al baremo de las condiciones generales, en las cuales se limita esa cuantía de 60.101 €;, en función de la gravedad de la lesión o de la secuela del accidente que motiva la invalidez permanente; se advierte así de que la suma de 60.101 €; no lo es para cualquier caso de invalidez permanente a diferencia de la muerte, la gran invalidez o la absoluta. Y así, refriéndose a la pelvis y los miembros inferiores, la reduce desde el 60 % para el caso de la amputación de una pierna por encima de la rodilla, al 5 % para la amputación de un dedo de un pie que no sea el gordo (sic), pasando entre otros por el 20 % para la pérdida total del movimiento de una rodilla, que es el caso en que nos encontramos y que el juez aplica teniendo en cuenta que sobre ese 20 % se ha de considerar que la pérdida del movimiento no ha sido total sino meramente del 40 %.

Como dice la SAP de Ciudad Real de 21 de septiembre de 2020, la expresión "*según baremo*" (en nuestro caso "*baremo póliza*") es inequívoca. Resulta evidente que las propias condiciones particulares se remiten a un baremo a la hora de determinar cuándo y cuánto se indemnizará la invalidez permanente en cada caso. Sin la referencia a dicho baremo, la cláusula resultaría carente de sentido tal y como está redactada, pues su redacción pivota de forma inequívoca sobre el baremo como el elemento que permitirá determinar, según cual haya sido la lesión o secuela sufrida, la cuantía de la indemnización.

Es decir, la expresión "baremo póliza", contenida solo en la invalidez permanente y no en el fallecimiento accidental, invalidez permanente absoluta y gran invalidez, es evidente que tiene un sentido, pues en otro caso, bastaría haber indicado que el asegurado cobraría siempre la misma cantidad. Y no es esto lo que dicen las condiciones particulares. Lo que dicen es que se indemnizará según baremo. Desde esta perspectiva, continúa diciendo la SAP mencionada, el baremo no limita ningún derecho previo que pudiera corresponder al asegurado, sino que concreta el riesgo que es objeto de cobertura: depende de qué lesión se sufra, se tendrá derecho a una indemnización y la indemnización será una u otra conforme a su gravedad y la afección que produzca al perjudicado.

Entendemos, además, que esa remisión al baremo en caso de invalidez permanente no solo es clara, sino que es absolutamente lógica, y prescindir de la misma conduciría al absurdo de indemnizar con la misma cantidad la muerte o la gran invalidez de un tetrapléjico que la amputación del dedo meñique de un pie o como en este caso, la pérdida de un 40 % de la flexibilidad de una rodilla. Esa expresa remisión al baremo que se contiene en las condiciones particulares no está limitando por tanto el riesgo, sino delimitando qué riesgos constituyen la invalidez permanente y en qué cantidad se indemnizará cada uno de ellos en función de su gravedad.

Como ya hemos apuntado, al tratarse de una cláusula no limitativa sino delimitadora del riesgo, como señala la STS de Pleno de 12 de diciembre de 2019, las consecuencias de dicha diferenciación devienen fundamentales, dado que las cláusulas delimitadoras, susceptibles de incluirse en las condiciones generales para formar parte del contrato, quedan sometidas al régimen de aceptación genérica sin la necesidad de la observancia de los requisitos de incorporación que se exigen a las limitativas (SSTS 366/2001, de 17 de abril; 303/2003, de 20 de marzo; 14 de mayo 2004, en recurso 1734/1998; 1033/2005, de 30 de diciembre): mientras que estas últimas deben cumplir los requisitos previstos en el art. 3 LCS; esto es, estar destacadas de un modo especial y ser expresamente aceptadas por escrito, formalidades que resultan esenciales para comprobar que el asegurado tuvo un exacto conocimiento del riesgo cubierto (SSTS 516/2009, de 15 de julio; 268/2011, de 20 de abril; 541/2016, de 14 de septiembre; 234/2018, de 23 de abril; 58/2019, de 29 de enero; 418/2019, de 15 de julio), y que además han de concurrir conjuntamente (SSTS 676/2008, de 15 de julio; 402/2015, de 14 de julio y 76/2017, de 9 de febrero).

En el caso presente la cláusula es delimitadora del riesgo por la expresión "*baremo póliza*" que solo se contiene en el riesgo consistente en invalidez permanente, y por tanto entendemos cumple con los requisitos de la LCS.

Por límite de edad

Caso 111

Resumen: No se aplica la doctrina de las cláusulas sorpresivas a la exclusión de la cobertura al cumplir los 65 años de edad, ya que la redacción es clara y precisa e inherente al tipo de seguro, de vida.

Sentencia: TS, Sala Primera, de lo Civil, 87/2021, de 17 de febrero. Recurso 4283/2017 (SP/SENT/1088825).

Argumentación jurídica: Examen de los otros dos motivos de casación.

Los otros dos motivos de casación tampoco han de correr mejor suerte que el anterior en función de los argumentos que se pasan a exponer en los apartados siguientes.

1. Formulación del segundo motivo de casación

El segundo de los motivos de casación igualmente, por interés casacional, al amparo del art. 477.2.3.º LEC, e infracción del art. 3 de la LCS, se fundamenta en que la cláusula de exclusión de la cobertura, al cumplir los 65 años de edad, es una cláusula sorpresiva que merece el tratamiento de las limitativas.

2. Desestimación del motivo: inaplicación de la doctrina de las cláusulas sorpresivas

Este motivo tampoco debe ser estimado. Como hemos señalado en la sentencia del pleno de esta Sala 661/2019, de 12 de diciembre:

"Un criterio distintivo utilizado para determinar el concepto de cláusula limitativa, es referirlo con el contenido natural del contrato, esto es «[...] del alcance típico o usual que corresponde a su objeto con arreglo a lo dispuesto en la ley o en la práctica aseguradora» (SSTS 273/2016, de 22 de abril, 541/2016, de 14 de septiembre y 147/2017, de 2 de marzo). ***En este sentido, se atribuye la condición de limitativa a la cláusula sorpresiva que se aparta de dicho contenido (STS 58/2019, de 29 de enero). En el mismo sentido, se expresa la STS 715/2013, de 25 de noviembre, cuando precisa que «[...] incluso hay supuestos en que las cláusulas que delimitan sorprendentemente el riesgo se asimilan a las limitativas de los derechos del asegurado»".***

Muy gráficamente lo explica la STS 273/2016, de 22 de abril, cuando bajo el epígrafe expectativas razonables del asegurado, señala:

"Cuando legislativamente se estableció un régimen específico para que determinadas condiciones generales del contrato de seguro alcanzasen validez, se estaba pensando precisamente en las cláusulas que restringen la cobertura o la indemnización esperada por el asegurado. Estas cláusulas pueden ser válidas, pero para ello se requiere que el asegurado haya conocido las restricciones que introducen -es decir, que no le sorprendan- y que sean razonables, que no vacíen el contrato de contenido y que no frustren su fin económico y, por tanto, que no le priven de su causa [...]. Precisamente cuando hay contradicción entre las cláusulas que definen el riesgo y las que lo acotan es cuando puede producirse una exclusión sorprendente".

En definitiva, cuando una determinada cobertura de un siniestro es objetiva y razonablemente esperada por el asegurado, por constituir prestación natural de la modalidad de seguro concertado, es preciso que la restricción preestablecida cuente con la garantía adicional de conocimiento que implica el régimen de las cláusulas limitativas, por lo que la eficacia contractual de las condiciones sorpresivas queda condicionada a las exigencias del art. 3 LCS.

Pues bien, en este caso, no es aplicable la mentada doctrina, en tanto en cuanto es inherente a la modalidad de seguro de vida pactado el establecimiento de un límite temporal de cobertura, que constituye su esencia; por lo que no cabe atribuir el calificativo de sorpresiva a una condición delimitadora ínsita en la propia naturaleza jurídica del contrato suscrito o dicho de otra forma de su alcance típico o usual.

3. Formulación del último de los motivos de casación

Este motivo, igualmente por interés casacional, se fundamenta en la infracción por aplicación indebida del art. 3 de la LCS, en relación con los arts. 1285 y 1288 del CC.

4. Desestimación del motivo

El recurso incurre en el óbice formal de citar una única sentencia, la 1056/2001, de 8 de noviembre, que no es de pleno.

En cualquier caso, determinado el contenido de las condiciones generales de la póliza n.º 000 suscrita por la tomadora, la extinción del seguro a los 65 años de edad, conforma una cláusula de redacción clara y precisa, que no genera dudas interpretativas, que determinen la aplicación de la regla *contra proferentem* del art. 1288 del CC y su interpretación jurisprudencial (sentencias 248/2009, de 2 de abril; 601/2010, de 1 de octubre; 71/2019, de 5 de febrero; 373/2019, de 27 de junio, y 636/2020, de 25 de noviembre, entre otras), ni cabe alcanzar una conclusión distinta fundada en una hermenéutica sistemática de la póliza (art. 1285 CC).

Por período de carencia

Caso 112

Resumen: Es delimitadora la cláusula al quedar perfectamente definido y concretado que el riesgo asegurado es el trasplante autólogo de médula ósea y el trasplante de córnea y quedando fuera de cobertura cualquier otro tipo de trasplante.

Sentencia: AP Navarra, Sec. 3.ª, 1125/2024, de 30 de septiembre. Recurso 1258/2022 (SP/SENT/1238565).

Argumentación jurídica: Dando por ciertos y acreditados los hechos relatados en los escritos de demanda y contestación a la demanda y que han sido expresamente reconocidos por las partes, la primera cuestión objeto de recurso se centra en el examen de la cláusula 9.ª contenida en las Condiciones Particulares del Seguro denominado Adeslas Express suscrito por las partes. Concretamente al regular la Cobertura de asistencia sanitaria, en el apartado III Especialidades, prestaciones sanitarias y servicios cubiertos, concretamente en el punto 9.º se dice:

"*9. Trasplantes de órganos, tejidos y células de origen humano.*

El Seguro incluye las actuaciones médicas y quirúrgicas sobre el propio Asegurado que resulten necesarias para realizarle el trasplante autólogo de médula ósea o un trasplante de córnea, con las gestiones administrativas que ello conlleve.

Quedan excluidos otros trasplantes o auto trasplantes de órganos, tejidos o células no indicadas en el detalle anterior. Asimismo, quedan excluidas en todos los trasplantes de órganos, las actuaciones médicas y quirúrgicas a realizar sobre la persona del donante, sea o no asegurado para la extracción del órgano a trasplantar a otra persona y las actuaciones correspondientes a la conservación y traslado del órgano".

La sentencia dictada en primera instancia califica dicha cláusula como limitativa de derechos y oscura en su redacción siendo dicho pronunciamiento objeto de recurso por Segurcaixa Adeslas quien insiste en su carácter de cláusula delimitadora del riesgo.

Es reiterada y conocida la jurisprudencia del TS en relación con la cuestión planteada, deslindando cuando nos encontramos ante una u otra cláusula, partiendo de la idea de que no siempre han sido pacíficos los perfiles que presentan las cláusulas delimitadoras del riesgo y las limitativas. Así la STS 15/10/2014, ECLI: ES: TS:2014:4785, afirma: "*La STS de 11 de septiembre de 2006 (RC 3260/1999) sienta una doctrina, recogida posteriormente en otras muchas, (entre las más recientes la STS núm. 598/2011, de 20 de julio y 7 de noviembre de 2017), según la cual son estipulaciones delimitadoras del riesgo aquellas que tienen por finalidad delimitar el objeto del contrato, de modo de concretan que riesgos constituyen dicho objeto, (ii) en qué cuantía (iii), durante qué plazo y (iv) en que ámbito temporal. Otras SSTS posteriores a la citada, como la de 17 de octubre de 2007, recordada en la más reciente de 5 de marzo de 2012, entiende que debe incluirse en esta categoría, la cobertura de un riesgo, los límites indemnizatorios y la cuantía asegurada*". Se trata, pues, de individualizar el riesgo y de establecer su base objetiva, establecer "*exclusiones objetivas*", como señala la citada sentencia de 5 de marzo de 2012, eliminar ambigüedades y concretar la naturaleza del riesgo en coherencia con el objeto del contrato o con arreglo al uso establecido, siempre que no delimiten el riesgo en forma contradictoria con las condiciones particulares del contrato o de manera no frecuente o inusual (sorprendentes).

Por su parte, las cláusulas limitativas de derechos se dirigen a condicionar o modificar el derecho del asegurado y, por tanto, la indemnización, cuando el riesgo objeto del seguro se hubiere producido. Estas deben cumplir los requisitos formales previstos en el art. 3 LCS, de modo que deben ser destacadas de un modo especial y han de ser expresamente aceptadas por escrito, formalidades que resultan esenciales para comprobar que el asegurado tuvo un exacto conocimiento del riesgo cubierto (SSTS de 20 de abril de 2011, RC 1226/2007 y de 15 de julio de 2009, RC 2653/2004). Estas últimas, determinan, de forma práctica, el concepto de cláusula limitativa, referenciándolo al contenido natural del contrato, derivado, entre otros elementos, de las cláusulas identificadas por su carácter definidor, de las cláusulas particulares del contrato y del alcance típico o usual que corresponde a su objeto con arreglo a lo dispuesto en la ley o en la práctica aseguradora. El principio de transparencia, fundamento del régimen especial de las cláusulas limitativas, opera con especial intensidad respecto de las cláusulas introductorias o particulares.

La reciente STS 6/02/2017, Recurso n.º 2709/2016, dice: "*La exigencia de que las cláusulas limitativas de derechos figuren destacadas de modo especial, responde a la finalidad de que el asegurado tenga un conocimiento exacto del riesgo cubierto por la póliza. Lo importante es que las cláusulas limitativas deben permitir al asegurado comprender su significado y alcance para diferenciarlas de las que no tienen esa naturaleza (STS de pleno 402/2015 de 14 de julio)*". En igual sentido la sentencia de 7 de noviembre de 2017, Recurso n.º 1116/2015.

Por tanto y conforme a dicha jurisprudencia son cláusulas delimitadoras, aquellas mediante las cuales se concreta el objeto del contrato, fijando qué riesgos, en caso de producirse, por constituir el objeto del seguro, hacen surgir en el asegurado el derecho a la prestación, en qué cuantía durante qué plazo y en que ámbito espacial (SSTS 2 de febrero 2001; 14 mayo 2004; 17 marzo 2006).

Por el contrario son cláusulas limitativas aquellas que una vez definido el riesgo operan para restringir, condicionar o modificar el derecho del asegurado a la indemnización siendo la diferencia fundamental entre ambas que mientras para las primeras basta que estén destacadas y aceptadas de forma genérica, por lo que es suficiente el consentimiento general del tomador en orden a la conclusión del contrato para la validez y consiguiente oponibilidad, en cambio las lesivas de los derechos del asegurado requieren la aceptación específica [SSTS 9 noviembre 1990, 16 octubre y 31 diciembre 1992, 9 febrero 1994, 7 marzo 1997, 10 febrero y 3 marzo 1998, 18 septiembre 1999, 16 mayo y 25 octubre 2000, 2 febrero 2001, 11 de septiembre de 2006, dictada por el Pleno con finalidad unificadora, y otras posteriores [SSTS 1, 5 y 8 marzo 2007].

Tras un nuevo examen del contenido obligación al que se desprende de la cláusula contenida en el contrato que vincula las partes no compartimos la conclusión a la que se llega en la sentencia de instancia. La lectura del punto 9 del apartado III deja claro que el seguro cubre todas las actuaciones necesarias para realizar el trasplante autólogo de médula ósea, para añadir más adelante que quedan expresamente excluido otros trasplantes. Por tanto, debemos calificar dicha cláusula como delimitadora por cuanto lo que pretende es concretar cuál es el riesgo cubierto en el caso de trasplantes quedando perfectamente definido y concretado que el riesgo asegurado es el trasplante autólogo de médula ósea y el trasplante de córnea y quedando fuera de cobertura cualquier otro tipo de trasplante.

Tratándose por tanto una cláusula delimitadora del riesgo y no limitativa de los derechos no está sujeta al cumplimiento de los requisitos del artículo 3 LCS de aceptación expresa por el asegurado.

Procede por ello la estimación del motivo de recurso presentado.

Caso 113

Resumen: La condición que limita a 365 días el período de cobertura es una condición particular resaltada, precisa, comprensible, clara y es por completo válida.

Sentencia: AP Badajoz, Sec. 2.ª, 474/2022, de 6 de junio. Recurso 205/2021 (SP/SENT/1158023).

Argumentación jurídica: Último motivo: error en la valoración de la prueba en orden a la otra póliza.

El apelante, respecto de la segunda póliza, pretende que la indemnización se alargue también hasta el 11 de mayo de 2017. **Dice desconocer que el período máximo indemnizable fuera de 365 días. Entiende que se trata de una cláusula limitativa inaplicable porque no cumple los requisitos del art. 3 LCS. Con carácter subsidiario, interesa que la indemnización se extienda a los 365 días.**

La parte recurrida se opone. Alega de nuevo que la baja solo llegó hasta el 10 de marzo de 2016. Y sobre la condición particular de los 365 días, sostiene que es ajustada a derecho.

Este motivo solo puede prosperar en parte.

La condición que limita a 365 días el período de cobertura es por completo válida. Es una condición particular, resaltada en la póliza como tal, y es precisa, comprensible y clara. Se acomoda perfectamente a las exigencias del art. 3 LCS.

En cuanto al período de baja tenemos que estar a lo ya dicho. Esta otra póliza indemnizaba con 32,77 euros por cada día de invalidez temporal.

En consecuencia, a razón de 365 días menos 7 de franquicia, proceden 358 días que, a razón de 32,77 euros día, hacen un total de 11.731,66 euros. Al haberse abonado ya 7.354,87 euros, restan por pagar 4.376,79 euros.

Agotados con este todos los motivos del recurso, debemos revocar la sentencia de instancia y condenar a la parte demandada al pago de un total de 16.654,19 euros, resultado de sumar las partidas de 4.376,79 y 12.277,40 euros.

Por suicidio

Caso 114

Resumen: No es abusiva la cláusula por la que se excluye la cobertura si el suicidio del asegurado se produce en los tres primeros años de vigencia del seguro por ajustarse a lo dispuesto en el art. 93 LCS.

Sentencia: AP Madrid, Sec. 9.ª, 368/2022, de 6 de septiembre. Recurso 490/2022 (SP/SENT/1175778).

Argumentación jurídica: El segundo de los motivos del recurso de apelación se dedica a denunciar lo que se considera como infracción del artículo 86.7 de la Ley de Consumidores y Usuarios al limitar los derechos del tomador reconocidos por el artículo 93 de la Ley de Contrato de Seguro, así como del último punto del párrafo primero del artículo 3 de la Ley del Contrato de Seguro al no haberse destacado en modo especial en la póliza aportada al procedimiento la cláusula limitativa de los derechos del asegurado que la aseguradora demandada opone para el pago de la cantidad reclamada en este procedimiento al encontrarse redactada con el mismo tipo de letra.

Infracciones que no se advierten al estar claramente destacadas y diferenciadas las exclusiones, empleando un tipo de letra, como se recoge en la sentencia apelada, en negrita en un documento unitario, tal y como se concluyó al analizar el primero de los motivos del recurso de apelación, que se cierra con el reconocimiento por el asegurado de haber leído y consentido tanto las condiciones generales como las particulares, declaración de salud, como el resto de la documentación contractual.

Mientras que la cláusula por la que se excluye la cobertura si el suicidio del asegurado se produce en los tres primeros años de vigencia del seguro no se encuentra dentro de las que el mencionado artículo 87 considera como abusivas en la cláusula de cierre de su número 7 al no limitar ni privar al consumidor y usuario de un derecho reconocido por normas dispositivas o imperativas. Máxime cuando el propio artículo 93 de la Ley de Contrato de Seguro establece la posibilidad de pactar un plazo superior al año en la causación del suicidio como causa de exclusión de la cobertura y se reconoce por la invocada sentencia del Tribunal Supremo de 21 de julio de 2016. Plazo ampliado que, como se reconoce en la sentencia de instancia y no se impugna en la alzada, no puede calificarse de excesivo ni abusivo atendiendo a la posible vigencia del contrato por la edad del asegurado.

En otros seguros

Caza

Caso 115

Resumen: Los gastos médicos y farmacéuticos sufridos por el tercero no entran en la cobertura de asistencia del cazador asegurado sino en la de responsabilidad civil por el accidente de caza.

Sentencia: AP Ciudad Real, Sec. 2.ª, 7/2023, de 23 de enero. Recurso 475/2021 (SP/SENT/1184991).

Argumentación jurídica: Cuestiona la entidad aseguradora el referido primer aspecto refutando el argumentario en que se funda la juzgadora de instancia, esto es, que, por una parte, se trata de unos gastos que, de no tener seguro, habrían sido cubiertos por la Seguridad Social, y por otra, que se encontraban incluidos dentro de la cobertura de Asistencia que contiene la póliza de seguro.

Asiste la razón a la parte apelante en cuanto a que, en modo alguno, los referidos gastos médicos y hospitalarios habrían sido satisfechos por la Seguridad Social por cuanto tratándose de un accidente de caza cubierto por un seguro obligatorio de responsabilidad no gozan de cobertura por el sistema público de la Seguridad Social, tal y como lo establece el artículo 83 de la Ley General de Sanidad.

Es más, la Disposición Adicional Única del Real Decreto 63/1994, de 21 de enero, por el que se aprueba el Reglamento del Seguro de Responsabilidad Civil del Cazador, de suscripción obligatoria, establece el derecho de reclamación de las entidades gestoras del Sistema Nacional de Salud, al disponer "*el Instituto Nacional de la Salud y las demás entidades gestoras del Sistema Nacional de Salud tendrán derecho a reclamar, conforme al citado artículo 83 de la Ley General de Sanidad, el importe de la asistencia sanitaria y farmacéutica que hubieren prestado a los terceros perjudicados hasta el límite de la cobertura voluntaria del seguro de responsabilidad civil del cazador causante del siniestro. Si únicamente ha sido concertado el seguro obligatorio o en caso de inexistencia de seguro, el derecho de reclamación será ejercitable, según los casos, frente a la entidad aseguradora o al Consorcio de Compensación de Seguros y hasta el límite del aseguramiento obligatorio*".

En consecuencia, el primer pilar en que se sustenta la resolución recurrida ha de ser rechazado.

El debate, por tanto, hemos de situarlo en sí nos encontramos ante una cobertura incluida dentro del seguro concertado en la póliza suscrita por las partes, tal y como sostiene la resolución recurrida, o no, como lo afirma la aseguradora.

El examen del Condicionado Particular de la póliza, en lo que aquí interesa, señala "*Situación y Descripción del Riesgo*" Responsabilidad Civil del Asegurado derivada del ejercicio no profesional de la Caza y la Pesca; "*Bienes y Sumas Aseguradas*" Sección A, R.C. suscripción Obligatoria (RD 83-1994, de 21 de Enero), 90,152, 82 euros; Sección B. Re. C. Suscripción Voluntaria, 60.101, 21 euros; Sección C, Accidentes de Cazador, excluida; Sección D, Asistencia, Incluida; Sección E, Reclamación de Daños, 3.000,00 euros.

Por su parte el condicionado general en cuanto a la Sección D, Asistencia, alude a "*1.º Gastos de repatriación o transporte sanitario del asegurado, herido y enfermo, especificando lo que comprende; 2.º Gastos médicos, quirúrgicos, farmacéuticos y de hospitalización*" señalando "*si a consecuencia de un accidente el asegurado necesita asistencia médica, quirúrgica, farmacéutica u hospitalaria, el aseguradora se hará cargo de a) Los gastos y honorarios médicos quirúrgicos; b) los gastos farmacéuticos; c) los gastos de hospitalización. La cantidad cubierta por asegurado, por el conjunto de los citados gastos que se produzcan es de 1.000 euros. 3. Repatriación o Transporte del Asegurado fallecido*".

De ello se colige, a diferencia de lo que sostiene la resolución recurrida, que el abono de los citados gastos médicos no encuentra su sustento en las coberturas que comprende el seguro suscrito, por mucho que se aluda en el Condicionado Particular a Asistencia y se diga Incluida.

En efecto, nos encontramos, tal y como señala la póliza, ante un seguro de responsabilidad civil del asegurado, en este caso cazador con armas derivado del ejercicio no profesional de la caza y la pesca, que comprende la que pueda incurrir "*con ocasión de la acción de cazar*" (art. 1.1.). Se trata de un seguro calificado como obligatorio, sin el cual no se podrá obtener la licencia de caza ni practicar el ejercicio de la misma (art. 1.2). Su ámbito objetivo de cobertura abarca la obligación "*de indemnizar los daños corporales causados a las personas con ocasión de la acción de cazar*" (art. 2.1), siendo objeto expreso de aseguramiento los disparos involuntarios y los ocasionados en tiempo de descanso de la actividad de caza en los términos del art. 2.2. Son supuestos normativos de exclusión, que dispensan al cazador de la obligación de indemnizar, la culpa o negligencia única del perjudicado o la fuerza mayor, si bien no se reputa como tal los defectos, roturas o fallos de las armas de caza, sus mecanismos o de las municiones (art. 2.3.º). El límite cuantitativo asegurado es de 90.151,82 €; por víctima (art. 3). Obviamente, no se excluye que puedan pactarse seguros voluntarios de responsabilidad que excedan los límites legales del seguro obligatorio, incluso otras coberturas adicionales, lo que expresamente advierte el art. 4 del precitado Real Decreto 63/1994, de 21 de enero.

Pues bien, eso es lo que sucede en el presente caso, se pactan, junto al seguro obligatorio, tal y como hemos expuesto una responsabilidad civil de suscripción voluntaria que amplía las sumas aseguradas, y otras coberturas adicionales, entre la que se encuentra, la de asistencia y reclamación de daños cuyas coberturas no se encuentran ínsitas dentro del contenido natural del contrato de responsabilidad civil suscrito.

Por ello, el ámbito objetivo del alcance de las coberturas con los riesgos que incluyen debe quedar delimitado por el condicionado general toda vez que lógicamente los daños que cubre tanto el seguro obligatorio, así como la suscripción voluntaria pactada, al tratarse de un seguro de responsabilidad civil (art. 73 de la LCS), son los sufridos por el tercero, no los padecidos en su propia persona por el asegurado, en este caso, el cazador. A mayor abundamiento obsérvese que la póliza excluye accidentes de cazador.

Y sobre esas bases, habida cuenta los términos antes expuestos en que se suscribió y pactó dicha cobertura adicional, no puede admitirse que dentro de la garantía de asistencia se incluyen los gastos médicos, farmacéuticos sufridos por un tercero, al no figurar dentro de las definiciones que comprende la citada garantía, que se refiere exclusivamente al asegurado, tratándose, por demás, de una cobertura similar a la que existe en el seguro de automóviles que incluye los asistencia en viaje y que solo alcanza al asegurado, no al tercero perjudicado por el siniestro. No nos encontramos, por tanto, ante una cláusula limitativa de derechos sino ante una delimitadora del riesgo objeto de la cobertura sin que sean exigible el cumplimiento de los requisitos del artículo 3 de la LCS, razón por la que decae el argumentario que esgrime la parte actora, al no encontrase el deber de indemnizar dichos gastos dentro de la cobertura pactada, sino dentro de la dimanante de la responsabilidad civil.

Por consiguiente, la cantidad abonada por la entidad aseguradora como consecuencia de los citados gastos debe considerarse incluida dentro del límite de las sumas aseguradoras lo que trae como consecuencia que se minore del importe a abonar por la entidad apelante la citada suma, fijándola en 13.587, 55 euros.

Caso 116

Resumen: No existe cláusula sorpresiva, pues los daños a perros de terceros durante la caza son una cobertura concreta, voluntaria y determinada en una cláusula específica.

Sentencia: AP Palencia, Sec. 1.ª, 288/2021, de 15 de junio. Recurso 302/2021 (SP/SENT/1113183).

Argumentación jurídica: Infracción del art 3 LCS. Pronunciamiento sobre la cláusula 27 del contrato (Impugnación de Mapfre).

En nuestro caso, la cláusula de fijación de la cuantía indemnizable por daños en perro de terceros y que se fija en 300 e (cláusula 27), es delimitativa en la media en la que no limita las coberturas fijadas sino que las delimita. Es decir, la referida cláusula no limita el derecho asegurado, sino que lo delimita y lo fija en su extensión y cuantía y en función de esas variables se fija la prima debida.

Es claro que si el asegurado en el ámbito de la cobertura voluntaria desea fijar una cantidad concreta y una cuantía como objeto del contrato, y como objeto de una específica cobertura, nada se lo impide y, por ello, no se limita el derecho, sino que se delimita. Desde la STS de 11-09-2006, reiterada con insistencia en otras posteriores (SSTS 17-10-2007; 20-07-2011; 20-10-2020), es doctrina constante que el objeto del contrato de seguro se delimita por la concreción de los siguientes extremos: 1.º qué riesgos constituyen el objeto del contrato, 2.º en qué cuantía se asegura cada riesgo y 3.º durante qué tiempo se fija la cobertura.

En nuestro caso, se delimita uno de esos elementos esenciales, y, en concreto, qué cuantía se asegura para cubrir un riesgo concreto, como es por los daños materiales de perros de terceros y es claro que respecto de la cobertura de perros de terceros la cuantía se delimita en 300 €. Por ello más allá de esa cantidad debe de ser atendido el siniestro por el causante del daño y sin cobertura aseguraticia por exceder de la delimitación pactada (art. 1 LCS y art. 1255 CCV).

CUARTO. Cláusula sorpresiva.

No existe clausula sorpresiva alguna, pues la indemnización reclamada no deriva de la cobertura del seguro obligatorio por daños a las personas derivados de la acción de cazar, sino de una cobertura concreta, voluntaria y determinada en una cláusula específica (27-b) del contrato. La determinación de la máxima cantidad exigible, que es otra cláusula delimitativa, no es incompatible con la fijación de una cifra de 300 €; por daños a perros de terceros. La suma asegurada de 219.400 €; es, como se indica, por todo el conjunto de los daños derivados del siniestro, lo que incluye daños personales, materiales y costas; pero ello no implica que cada cobertura concreta (en nuestro caso daños a perros de terceros) si el daño excede de su delimitación fijada (300 e) pueda extenderse hasta la total suma asegurada.

La suma asegurada es la cuantía máxima exigible por todos los daños conjuntos y derivados en su totalidad del siniestro y por la suma de todas las posibles indemnizaciones, pero ello no supone cláusula sorpresiva alguna, pues parece evidente que el asegurado no puede objetivar y razonablemente esperar que el daño a un perro de tercero se la indemnice en más de 9.000 €, pues no es una prestación natural indemnizar un perro hasta el límite de la suma asegurada sino que lo esperable es indemnizar dentro de la delimitación pactada en 300 €.

Crédito

Caso 117

Resumen: El seguro de crédito prevé de forma expresa la posibilidad de modificar la cobertura unilateralmente por la aseguradora y producida a renovación expresa de la póliza, es indiscutible la obligación de la asegurada de pagar la prima.

Sentencia: AP Barcelona, Sec. 17.ª, 523/2024, de 3 de julio. Recurso 942/2022 (SP/SENT/1232156).

Argumentación jurídica: Valoración de la prueba.

– La demandada funda su recurso en la valoración errónea de la prueba y en la infracción del art. 22.3 de la Ley de Contrato de Seguro.

Revisado nuevamente todo el material probatorio y visionada la grabación de la audiencia previa, la conclusión alcanzada por la Sala coincide plenamente con la del Juez a quo, haciendo nuestros sus acertados razonamientos así como su valoración de la prueba. La doctrina jurisprudencial tanto del Tribunal Constitucional como del Tribunal Supremo admite la motivación por remisión a una resolución anterior cuando la misma haya de ser confirmada porque en ella se exponen argumentos correctos y bastantes que fundamenten la decisión adoptada, como es el caso, de forma que en tales supuestos subsiste la motivación de la sentencia de instancia puesto que la asume explícitamente el Tribunal de segundo grado.

La exposición de la sentencia de instancia es exhaustiva y correcta por lo que no es necesario incidir en ella, dándola por reproducida, compartiendo la Sala los fundados argumentos de la resolución impugnada, que no quedan desvirtuados por las alegaciones vertidas por la apelante en su recurso, en respuesta a las cuales únicamente hemos de hacer las consideraciones siguientes.

1) La demandada, en su escrito de contestación, negó la existencia del suplemento n.º 16, que establecía una prórroga de la póliza para el año 2020, y defendió que hubo una tácita reconducción del suplemento n.º 15 relativo a la anualidad de 2019. La sentencia rechazó tal argumentación al estimar acreditada la suscripción del suplemento n.º 16 que consta en autos debidamente firmado por la entidad demandada.

En su recurso, la demandada alega que la actora solo aportó con su demanda el suplemento n.º 15 y que no es hasta la contestación a la reconvención que se aportan los suplementos n.º 16 y 17, señalando que esta omisión provocó la errónea suposición de que la renovación fue por tácita reconducción. Conviene advertir que en el acto de la audiencia previa la parte demandada ni impugnó el suplemento n.º 16, ni tampoco se opuso a su admisión como prueba documental, de modo que quedó plenamente incorporado a las actuaciones.

En realidad, la recurrente no discute la conclusión alcanzada por el Juzgador de instancia en orden a la existencia y realidad del suplemento n.º 16, ni a las consecuencias que de ello se derivan, sino que más bien parece tratar de justificar por qué negó la prórroga de la póliza y alegó la tácita reconducción. En cualquier caso, la documentación obrante en autos evidencia que en fecha 3 de julio de 2014 la demandada SOCIEDAD DE TRANSFORMACIÓN DE PLÁSTICOS, S. A. suscribió un contrato de seguro de crédito con la compañía COFACE, integrado por unas disposiciones generales, unas disposiciones particulares y varios suplementos posteriores, entre ellos el suplemento n.º 16 que tiene por objeto la renovación de la póliza desde el 01 de enero de 2020 hasta el 31 de diciembre de 2020 con las condiciones fijadas en el mismo. Habida cuenta que el citado suplemento se halla firmado por la entidad demandada, debía conocer su existencia y su contenido, no pudiendo esgrimir desconocimiento, ni tampoco alegar una supuesta tácita reconducción o renovación tácita de la póliza anterior.

Acreditada la renovación expresa de la póliza, es indiscutible la obligación de la asegurada de pagar la prima correspondiente y, por tanto, debemos confirmar la sentencia en este punto que así lo establece.

2) La recurrente denuncia que la compañía ha infringido el art. 22.3 de la Ley de Contrato de Seguro, en relación con los artículos 1265 y 1266 CC. La demandada sostiene que en junio de 2020 la compañía modificó unilateralmente las condiciones contractuales aplicadas en el ejercicio anterior, reduciendo el riesgo cubierto en la póliza de modo injustificado y

discrecional. Afirma que dicha novación modificativa es comunicada por la actora en una fecha muy posterior al plazo de dos meses que hubiera precisado la asegurada para estudiar las modificaciones y tomar una decisión adecuadamente informada, por lo que existe un evidente vicio de la voluntad. Y añade que, de habérsele comunicado los nuevos términos de cobertura del seguro, la demandada no habría suscrito la prórroga de la póliza.

Tampoco este argumento puede ser atendido.

Por el seguro de crédito el asegurador se obliga, dentro de los límites establecidos en la Ley y en el contrato, a indemnizar al asegurado las pérdida finales que experimente a consecuencia de la insolvencia definitiva de sus deudores (art. 69 LCS). Se trata de un seguro de grandes riesgos y, como tal, de conformidad con lo dispuesto en el art. 44.2 LCS, no es de aplicación el mandato contenido en el art. 2 de la misma que establece el carácter imperativo de sus preceptos. Así se hace constar expresamente en la póliza en la que las partes disponen que el contrato se regirá por los pactos del mismo (disposiciones generales, particulares y módulos), sin que la Ley 50/1980, de 8 de octubre, le sea aplicable de forma imperativa, sino tan solo con carácter supletorio y en cuanto no se oponga a lo expresamente pactado.

Por lo pronto, debemos señalar que no es de aplicación el art. 22 LCS que se dice infringido. Dicho precepto regula la duración del contrato, permitiendo la prórroga del mismo, estipulando el párrafo tercero que "*el asegurador deberá comunicar al tomador, al menos con dos meses de antelación a la conclusión del período en curso, cualquier modificación del contrato de seguro*". La mencionada estipulación es aplicable a las prórrogas o renovaciones tácitas del contrato, no en caso de renovación expresa como es el supuesto enjuiciado en que las partes suscribieron un documento de renovación de contrato mediante la firma del suplemento n.º 16, con expresión de las condiciones particulares.

Asimismo debemos rechazar cualquier alegación relativa a la existencia de vicio en el consentimiento de la demandada. Y es que un vicio en el consentimiento debe concurrir necesariamente en el momento de contratar, no en un momento posterior. La renovación se firmó el día 25 de enero de 2020 y según afirma la apelante la modificación del objeto del contrato tuvo lugar en junio de 2020, no siendo posible que esta circunstancia, posterior en el tiempo a la contratación, pueda tener incidencia en la formación de la voluntad de la demandada. En su caso, esa pretendida modificación puede suponer un incumplimiento contractual por parte de la compañía pero no puede fundar la nulidad contractual.

3) La demandada afirma que en fecha 23 de junio de 2020 la compañía aseguradora modificó unilateralmente las condiciones del contrato, disminuyendo considerablemente el riesgo asegurado. La sentencia de instancia desestima esta alegación porque no se ha acreditado la existencia de pacto alguno relativo al establecimiento de un determinado nivel de clasificaciones ni la invariabilidad de las mismas durante la vida del contrato. Como acertadamente pone de manifiesto el Juzgador de instancia, el suplemento n.º 16, Módulo Riesgo, dedica un apartado específico a la "*Validez y modificación de la cobertura*", en el que se prevé que la compañía puede "*rechazar, reducir o cancelar un límite de crédito @ rating o una clasificación en todo momento*" y que "*el rechazo, la reducción o la cancelación se aplicará a las entregas, expediciones o prestaciones de servicios realizadas a partir de*

nuestra notificación", estipulación que también se contiene en las Condiciones Particulares del contrato firmado en 2014. De este modo el contrato prevé de forma expresa la posibilidad de modificar la cobertura, lo cual resulta lógico atendido el objeto del contrato, pues, como explica la apelada, la compañía realiza una labor de vigilancia y seguimiento (que también contempla el contrato) que puede aconsejar o hacer necesaria la modificación de una clasificación. No existe, por tanto, una obligación de la compañía de mantener determinadas clasificaciones y, consecuentemente, no ha habido incumplimiento alguno que pudiera justificar ni la resolución contractual *ex* art. 1124 CC postulada por la demandada reconviniente, ni tampoco la apreciación de la *exceptio non adimpleti contractus* también invocada.

Así pues, procede desestimar el recurso de apelación y confirmar la sentencia impugnada en todos sus extremos.

Grandes riesgos

Caso 118

Resumen: Siendo la tomadora del seguro de grandes riesgos la Administración, se entiende que las partes negocian las condiciones de la póliza en plano de igualdad, por lo que son correctas las cláusulas de limitación temporal.

Sentencia: TS, Sala Primera, de lo Civil, 545/2020, de 20 de octubre. Recurso 39/2018. SP/SENT/1069637).

Argumentación jurídica: Los seguros de grandes riesgos.

La Dirección General de Seguros, en respuesta de 26 de junio de 1996, sostuvo que el seguro de responsabilidad civil de la Administración no era jurídicamente viable por incompatibilidad legal.

Hoy en día dicha cuestión no solamente no se discute, sino que tal posibilidad está expresamente reconocida por el art. 21 c) de la Ley reguladora de la Jurisdicción Contencioso Administrativa, que admite a las aseguradoras de la Administración como *"parte codemandada junto con la Administración a quien aseguran"*; precepto que concuerda con el art. 2 e) de la misma Ley, y con el art. 9.4, párrafo III de la Ley Orgánica del Poder Judicial.

No es cuestión discutida, en los presentes autos, que los contratos suscritos entre el Servicio Murciano de la Salud y las compañías codemandadas constituyen seguros de grandes riesgos (art. 107.2 c de la LCS, en la redacción dada por la disposición adicional sexta de Ley 30/1995, del 8 de noviembre, de Ordenación y Supervisión de los Seguros Privados), tal y como se recoge expresamente en el condicionado de las pólizas suscritas con las entidades codemandadas, sometidos, por consiguiente, a lo normado en el art. 44.2 de la LCS, según el cual *"no será de aplicación a los contratos de seguros por grandes riesgos, tal como se delimitan en esta Ley, el mandato contenido en el artículo 2 de la misma"*.

La consecuencia de la calificación de un contrato de seguro con esta naturaleza jurídica supone, como explica la sentencia 117/2019, de 22 de febrero, que:

"[...] no le resulta de aplicación el mandato contenido en el art. 2 LCS, esto es, el carácter imperativo que presenta la regulación de dicha ley en sus distintas modalidades de seguro [...] Por lo que dicho contrato se rige, conforme al citado principio de autonomía de la voluntad de las partes (art. 1255 CC), por lo dispuesto en el clausulado particular y general de la póliza del contrato de seguro; y de modo supletorio por las disposiciones de la LCS".

Por su parte, señala la sentencia 78/2014, de 3 de marzo, en el mismo sentido, que:

"Al contrato de seguro contra daños por grandes riesgos, como el que examinamos, no le es de aplicación el precepto tuitivo del art. 2 LCS, conforme dispone el art. 44 del mismo texto, confiriendo a las partes contratantes «una mayor libertad de contratación, situando el principio de autonomía de la voluntad en lugar preferente», en términos de la Exposición de Motivos de la Ley 21/1990, de 19 de diciembre que introdujo la nueva redacción del art. 44 LCS. Pero esto no quiere decir que el articulado de la póliza no deba ser claro y no deje dudas sobre la intención de los contratantes, con la finalidad básica de establecer el alcance de la vinculación entre las partes".

En el mismo sentido, las sentencias 269/2009, de 23 de abril y 22/2011, de 31 de enero.

La consideración del contrato litigioso como seguro de grandes riesgos determina, como ya hemos advertido hasta la saciedad, que el mismo no se encuentre sometido al régimen imperativo que proclama el art. 2 de la LCS. En estos casos, las partes negocian las condiciones de la póliza en plano de igualdad, sin hallarse limitada y mermada la capacidad del tomador del seguro para influir sobre el contenido contractual, que no se encuentra, en estos supuestos, cerrado y depurado únicamente por una compañía aseguradora, que predispone e impone, de forma exclusiva, el clausulado contractual de sus pólizas. No se da pues esa disímil y asimétrica información entre los contratantes que explica el régimen tuitivo del contrato de seguro. La entidad e intensidad del riesgo es conocida por ambas partes.

Un seguro de esta clase presupone una gran capacidad económica y de negociación del tomador, para pactar directamente o por medio de los corredores de seguro, una póliza de tal clase en un plano de igualdad, máxime cuando la asegurada es una Administración Pública que, por exigencias derivadas del régimen legal de contratación al que se encuentran sometidas, publicita su propio pliego de las condiciones de los seguros que busca contratar, para recibir las correspondientes ofertas de las compañías del sector.

En definitiva, no nos hallamos ante los prototípicos contratos de adhesión al condicionado general de las pólizas impuestas por las aseguradoras en su contratación en masa sino, como destaca la sentencia 78/2014, de 3 de marzo, ante un contrato negociado en un plano de igualdad, con asesoramiento profesional, fundado en la independencia y *"con las coberturas que mejor se adapten a las necesidades de quien se encuentra expuesto al riesgo"*.

No existe duda que el Servicio Murciano de Salud ha pactado con las codemandas las cláusulas de limitación temporal del seguro (cláusula *claim made*) obrantes en sus respectivas pólizas; primero, con la suscrita con W. R. Berkley y, posteriormente, sin solución de continuidad, en la concertada con Mapfre. Manifestación de que tales cláusulas se incorporaron a los contratos, de forma consciente y voluntaria, la encon-

tramos además en la concluyente circunstancia de que ambas pólizas se hallan coordinadas entre sí para no dejar ningún espacio temporal carente de cobertura.

Es cierto que no consta, en la póliza obrante en autos, aportada por W.R. Berkley, una firma específica de la condición *claim made* por parte de la administración tomadora de seguro, siendo indiscutible, no obstante, la celebración del contrato litigioso, con cuya base accionan los demandantes, amén de que la exigencia impuesta por el art. 3 de la LCS, no es aplicable, por el conjunto argumental antes expuesto, a la administración pública asegurada, que era plenamente consciente del juego contractual de dicha condición pactada.

En este sentido, la sentencia 373/2020, de 30 de marzo, desestimó el recurso de casación interpuesto por la administración pública sanitaria contra la propia compañía de seguros, que oponía la vigencia de una cláusula *claim made*, puesto que:

"[...] carecen de fundamento las alegaciones contenidas en el primer motivo de casación, que cuestionan la validez de la cláusula claim made litigiosa por incumplimiento de las exigencias del art. 3 LCS.

En primer lugar, porque, en atención al gran riesgo que era objeto de aseguramiento (art. 44.2 LCS, en relación con el art. 2 LCS), fueron ambas partes las que decidieron libremente incluir dicha cláusula en la póliza inicial, definir su alcance dentro de los límites de la autonomía de la voluntad (sentencias 780/2009, de 2 de diciembre, y 78/2014, de 3 de marzo) y mantenerla en las sucesivas prórrogas; la última de ellas, con la concreta redacción que resulta de aplicación a este caso, propia de las cláusulas claim made retrospectivas o de pasado".

Transporte

Caso 119

Resumen: Sin cobertura de los daños sufridos por la carga transportada desde España a Reino Unido, dado que es de aplicación la cláusula delimitadora del contrato de exclusión de productos perecederos como el ajo.

Sentencia: AP Murcia, Sec. 4.ª, 241/2024, de 29 de febrero. Recurso 693/2022 (SP/SENT/1223209).

Argumentación jurídica: Con carácter previo hay que indicar que la entidad Trading Sureste, S .L., de acuerdo con la póliza de seguro aportada con la demanda, y en la que se basa la reclamación indemnizatoria, contrató un seguro de responsabilidad Civil –Módulo I–, y un seguro de transportes –Módulo II–. El seguro de responsabilidad civil –Módulo I–, según las condiciones especiales, era un seguro de actividad –RC profesional, RC de explotación y RC profesional– que no tiene transcendencia a los efectos de la reclamación por daños en la mercancía transportada.

La reclamación por los daños sufridos por las mercancías transportadas se refiere a la garantía contratada de transporte de mercancías –Módulo II–. La delimitación del riesgo está prevista en las condiciones especiales y en las condiciones generales. En las condiciones generales, relativas al Módulo II, entre otras cláusulas, se establece la extensión del seguro- riesgos cubiertos, artículo 1, riesgos excluidos, artículo 3, y mercancías excluidas, artículo 8. En el artículo 1 se alude expresamente "*a indemnizar los daños materiales que puedan sufrir las mercancías aseguradas con ocasión o consecuencia del transporte*", y en el artículo 8 —Mercancía Excluidas—, apartado 7 "*productos perecederos*".

Resulta, pues, evidente que la exclusión de los productos perecederos es delimitativa de la garantía del seguro de transporte de mercancías, lo cual se determina en función del riesgo estrictamente físico que pueden sufrir las mercancías transportada y las mercancías aseguradas.

La conclusión anterior es coincidente con la sostenida en instancia y la misma se considera acorde con la doctrina jurisprudencial antes citada. No se acepta, pues, que la exclusión antes aludida sea limitativa de derechos, por lo que no se exigen los requisitos previstos en el artículo 3 LCS y por la doctrina jurisprudencial para tal tipo de cláusulas.

Por otra parte, de las condiciones generales tuvo conocimiento la entidad actora y apelante, lo que se infiere del hecho de haberlas aportado con la demanda, circunstancia demostrativa de que las mismas fueron entregadas a la entidad tomadora y asegurada, lo que se corrobora también por lo manifestado por el testigo, D. Darío, pues lo afirmado en instancia de "*haberlas examinado y tenerlas a su disposición antes de la contratación*" no ha sido desvirtuado ni tan siquiera cuestionado en el recurso de apelación.

El hecho de que la póliza inicialmente contratada no cubriera los daños sufridos por las mercancías transportadas perecederas se pone de manifestó con la ampliación de la garantía referida en el suplemento a la póliza, aportado con el escrito de contestación a la demanda, con efectos de 2 de enero de 2019, es decir, posterior a la fecha del siniestro de 22 de noviembre de 2018, en que se basa la reclamación indemnizatoria.

En cuanto a si los ajos transportados, y objeto del siniestro ocurrido en la fecha antes indicada, pueden surgir discrepancias en cuanto a si los ajos son verduras u hortalizas, sin embargo es un producto vegetal, que conforme al CMR debía transportarse refrigerado a una temperatura de 2.º C, y por propia naturaleza es perecedero, de ahí que para aumentar la durabilidad del mismo es necesario su cuidado y mantenimiento en frío. La anterior conclusión se corrobora por lo dispuesto en el Real Decreto 1202/2005, de 10 de octubre, acuerdo ATP de 1 de septiembre de 1970 y Real Decreto 367/2005, de 8 de abril. La naturaleza perecedera del ajo se desprende del propio CMR, pues en este se refiere la variedad de ajo morado y la temperatura de - 2.º grados centígrados.

Resulta, pues, que la póliza de seguro aportada con la demanda e inicialmente contratada no cubría los daños sufridos por los ajos con ocasión del transporte.

Se desestiman los motivos de apelación referidos en el fundamento de derecho primero de la presente, no apreciándose error en la valoración de las pruebas ni infracción de los preceptos de LEC y Código Civil, que se citan, ni infracción por inaplicación del artículo 3 LCS. La entidad demandada en el escrito de contestación sostuvo la exclusión de la cobertura del siniestro al considerarse que los ajos eran un producto perecedero.

Caso 120

Resumen: Es válida la cláusula que limita el importe de la responsabilidad al duplo del valor anual del contrato.

Sentencia: AP Madrid, Sec. 20.ª, 22/2023, de 19 de enero. Recurso 597/2022 (SP/SENT/1174750).

Argumentación jurídica: Entrando, precisamente, en el examen de la cláusula contractual 8.ª e), que limita el importe de la responsabilidad al duplo del valor anual del contrato, se ha de decidir acerca de su validez toda vez que la sentencia apelada entiende inaplicable dicha limitación al no superar el control de incorporación.

Como señala la STS 57/2019, de 25 de enero, que cita la sentencia 314/2018, de 28 de mayo, el control de inclusión o de incorporación supone el cumplimiento por parte del predisponente de una serie de requisitos para que las condiciones generales queden incorporadas al contrato. Mediante el control de incorporación se intenta comprobar que la adhesión se ha realizado con unas mínimas garantías de cognoscibilidad por parte del adherente de las cláusulas que se integran en el contrato. La LCGC se refiere a la incorporación de las condiciones generales en el art. 5 para establecer los requisitos de incorporación; y en el art. 7 para establecer cuándo las condiciones generales no quedan incorporadas al contrato. En la práctica, se aplica en primer lugar el filtro negativo del art. 7 LCGC; y si se supera, es necesario pasar una segunda criba, ahora positiva, que es la prevista en los arts. 5.5 y 7 de la misma Ley: la redacción de las cláusulas generales deberá ajustarse a los criterios de transparencia, claridad, concreción y sencillez, de modo que no quedarán incorporadas al contrato las que sean ilegibles, ambiguas, oscuras e incomprensibles. El primero de los filtros mencionados, el del art. 7, consiste, pues, en acreditar que el adherente tuvo ocasión real de conocer las condiciones generales al tiempo de la celebración del contrato. El segundo de los filtros del control de incorporación, previsto en los arts. 5 y 7 LCGC, hace referencia a la comprensibilidad gramatical y semántica de la cláusula. En suma, para superar el control de incorporación, debe tratarse de una cláusula con una redacción clara, concreta y sencilla, que permita una comprensión gramatical normal y que el adherente haya tenido oportunidad real de conocer al tiempo de la celebración del contrato.

Aplicando la citada doctrina al presente caso, debemos discrepar de la conclusión de la instancia, habida cuenta que Rodríguez Moles, S. A., no ostenta la condición legal de consumidor, y que la cláusula cuestionada supera suficientemente el control de incorporación o inclusión pues está redactada con claridad, concreción y sencillez, como exige el art. 5 de la LCGC, y no resulta ilegible, ambigua, oscura e incomprensible, que es lo que requiere el art. 7.1 de la LCGC para que no pueda quedar incorporada al contrato. Tampoco puede afirmarse que el adherente -asegurado de la actora-, no hubiese tenido la oportunidad real de conocerla al tiempo de su celebración, habida cuenta que consta estampada su firma en el dorso del contrato en el que figura la cláusula controvertida (documento n.º 7 de la demanda). Por tanto, aplicando el criterio que mantiene esta Sala en asuntos análogos, expresado en las sentencias núm. 124/2020, de 30 de marzo, y 3 de noviembre de 2015 (rec. 55/2015), se considera que se da cumplida cuenta a lo

exigido en el art. 5.1 de la LCGC para que la referida cláusula pueda entenderse incorporada. En parecidos términos se pronuncian la Sección 19.ª en la sentencia núm. 94/2021, de 14 de abril, y la Sección 25.ª en la sentencia núm. 419/2021, de 24 de noviembre.

Resultando, por tanto, de aplicación la limitación de responsabilidad contractualmente prevista, el recurso debe ser acogido en el sentido estimar en parte demanda y, como consecuencia de ello, reconocer el derecho de la demandante a resarcirse en la cantidad de 1.231,28 €;, en que se concreta la responsabilidad exigible a la entidad demandada.

Siendo ello así, acreditada que ha sido la preexistencia de la mercancía sustraída y su valor (5.934,18 €;), en virtud del informe pericial aportado con la demanda y las facturas que al mismo se acompañan, entendemos innecesario examinar el motivo de recurso que cuestiona la inclusión de los daños al continente por importe de 438,77 €;, así como el que denuncia la inaplicación de la facultad moderadora del art. 1.103 CC.

Responsabilidad civil

Caso 121

Resumen: Se da la exclusión pactada en la cláusula limitativa del seguro, ya que quedan sin cobertura los accidentes sobrevenidos en actos dolosos o criminales cometidos por el asegurado, que está condenado por la jurisdicción criminal.

Sentencia: AP Zaragoza, Sec. 4.ª, 286/2022, de 10 de octubre. Recurso 178/2022 (SP/SENT/1178712).

Argumentación jurídica: Por otra parte, aunque sí declarara en el procedimiento sobreseído (el que se siguió contra los agentes tras la querella del ahora demandante) no podemos saber si la amiga del recurrente declaró o no en el procedimiento penal en el que fue condenado el ahora apelante, pues la aseguradora apelada nunca fue parte en dicho procedimiento y el testimonio que tenemos de él finaliza antes de que el acusado presentara su escrito de conclusiones provisionales y tal detalle tampoco consta, al menos categóricamente, en las sentencias penales allí dictadas en primera instancia y en apelación (páginas 41/79 y siguientes del acontecimiento 108 del índice electrónico del Juzgado ahora apelado) si bien esta última afirma que ningún testigo compareció al juicio "*para desmentir lo que según los agentes ocurrió en el Centro de Salud*" por lo que parece ser que, efectivamente, la amiga del recurrente no declaró en dicho juicio penal, en el que fue condenado el acusado por atentado y lesiones, quien no puede pretender que, en sede de jurisdicción civil, se revisen ahora los hechos declarados probados en su condena penal, en la que ya pudo defenderse proponiendo cuantas pruebas consideró oportunas, antes de que fuera ejecutoriamente condenado, por la jurisdicción penal, por atentado y lesiones, lo que supone la plena destrucción de la presunción de inocencia por la comisión de unos hechos delictivos que no fueron admitidos, como tales hechos delictivos, en las manifestaciones a la Sra. Petra que se relatan al folio cuarto del recurso, en las que el recurrente se presentaba como la víctima de una agresión, como luego hizo también en su querella contra los agentes.

Sobre este particular, con posterioridad a la sentencia ahora apelada, la Sala primera del Tribunal Supremo, en su auto de 6 de julio de 2022 (Roj: ATS 10984/2022 - ECLI:ES:TS:2022:10984.ª, Sección: 1, N.º de Recurso: 1394/2020) señaló que "*Sobre la vinculación de los hechos probados de la Sentencia Penal el análisis debe hacerse partiendo de los hechos probados de la Sentencia Penal porque, aunque las sentencias que se citan son referentes a supuestos en los que los hechos son la base de la condena penal y la civil (supuestos de responsabilidad civil derivada del delito), con carácter general la Jurisprudencia, entre otras la Sentencia del Tribunal Supremo de 7 de noviembre de 2011 (Sentencia: 802/2011) señala que: (...). En particular, cuando se trata de la vinculación del juez civil a lo resuelto de modo firme en el orden jurisdiccional penal, la jurisprudencia constitucional viene declarando (STC 17/2008, de 31 de enero) (...). En este mismo sentido la STS de 19 de octubre de 2010 (Sentencia: 652/2010) dice lo siguiente: «La jurisprudencia de esta Sala es muy reiterada en la declaración de que resulta vinculante para los órganos de la jurisdicción civil la relación de hechos probados formulados por la sentencia penal firme que han servido de base para la condena en dicha vía penal. La sentencia n.º 728/2005, de 29 septiembre afirma que: 'En igual sentido, referido a la eficacia de las sentencias penales condenatorias en el orden civil, la sentencia n.º 876/2000, de 25 septiembre, sostiene que entenderlo de otra manera, traería las consecuencias de desvalijar de seguridad a los juicios penales y de su fuerza de ejecutoriedad y subrepticiamente poder controlar sus fallos decisorios, introduciendo modificaciones y ampliaciones, para que de esta forma llevar a cabo actuaciones judiciales revisoras de las ejecutorias correspondientes, lo que ha producido unánime repulsa jurisprudencial'». En todo caso, el hecho de partida es la declaración de hechos probados de la Sentencia condenatoria penal (...)*".

En una línea similar, la sentencia del Tribunal Supremo de 11 de enero de 2012 (Roj: STS 104/2012 - ECLI:ES:TS:2012:104, Sección: 1, N.º de Recurso: 2120/2009, N.º de Resolución: 963/2011) si bien matiza que "*Incluso tratándose de sentencias penales condenatorias firmes, su efecto vinculante no puede ser tan enérgico como para quebrantar la proscripción de indefensión establecida en el art. 24 de la Constitución. Por eso la sentencia de esta Sala de 10 de octubre de 2003 (rec. 4145/97) declara que el principio de identidad entre los litigantes, propio de la cosa juzgada, impide extender el efecto vinculante de la sentencia penal condenatoria a quienes no hubieran sido partes en el proceso penal (...)*". Si bien poco antes dicha resolución de 11 de enero de 2012 también afirmó "*(...) que, al no haber mayor indefensión que la de privar a una persona natural o jurídica de toda oportunidad de defenderse oponiéndose a los hechos que se le imputen y proponiendo prueba al respecto, ninguna sentencia penal firme, ni absolutoria ni condenatoria, podrá determinar por sí sola la condena civil de quien no haya sido parte en el proceso penal, salvo en el caso de que la condena civil sea una consecuencia necesaria de los hechos declarados probados y de la probada participación en ellos del acusado, como puede suceder respecto de su asegurador, que en caso de sentencia penal firme condenando al asegurado como autor de los hechos no podrá discutir en un ulterior proceso civil la participación ni responsabilidad del mismo aunque sí, de no haber sido parte el asegurador en el proceso penal, la existencia del seguro o las condiciones de la póliza*".

De este modo, el recurrente, quien sí que fue parte en el proceso penal en el que fue condenado por atentado y lesiones, no puede ahora pretender otro relato de los hechos declarados probados, en los que consta que el ahora recurrente se cayó al suelo y se hizo daño cuando propinó la patada al agente NÚM. 001, lo que, entre otros hechos que ahora no vienen al caso, sustenta la condena penal contra el ahora apelante por atentado y lesiones, que es firme. Incluso la testigo Leonor., la amiga del apelante que declaró en la segunda sesión de este juicio civil, en la diligencia final, aunque no hable de patada sino de levantar el pie, refiere a ese instante, como el hecho declarado probado por la jurisdicción penal, la caída al suelo del recurrente, a quien oyó gritar, se entiende que de dolor, y "*ya se puso mucha gente y bajó [parece quería decir bajaron] los médicos*", como puede verse a los minutos 00H:04M:20S y siguientes de la grabación de la diligencia final.

Es claro, como está declarado probado en la sentencia penal acogiendo el relato de hechos del Ministerio Fiscal, que el demandante se cayó y se hizo daño cuando al atentar contra el agente NÚM. 001 se cayó al suelo, por lo que es también claro que se da el supuesto de hecho de la exclusión pactada en la cláusula limitativa 3.1 b de la página 20 de las condiciones generales aportadas por la misma parte apelante (en el legajo en papel, en la carpetilla de plástico obrante al final de dicho soporte, tal y como el recurrente anunció en su escrito del evento 81 del índice electrónico del Juzgado); por lo que, entre otros supuestos, quedan sin cobertura los accidentes sobrevenidos en actos dolosos o criminales cometidos por el asegurado, quien está ya ejecutoriamente condenado por la jurisdicción criminal, exclusión que también puede verse en la página 20/21 del evento cinco del índice electrónico del juzgado en el que se aportó, como documento número dos de la demanda del ahora apelante quien, en la página dos de su demanda, dijo: " *e adjuntan Condiciones Particulares y Especiales como documento n.º 1, y como documento n.º 2 el Condicionado General. Ambos documentos contractuales, integran, conjuntamente, los pactos y acuerdos alcanzados en su día entre Cia. y su Asegurado*", por lo que ahora no puede sostener otra cosa, ni siquiera pretendiendo acogerse, en fraude del artículo 1091 del Código Civil, a la regulación del artículo 3 de la Ley del contrato de seguro cuando, tal y como se expresa en la sentencia apelada, el recurrente era no solo el tomador del seguro sino también el agente gestor interviniente, lo que no se combate en el recurso y consta expresamente en las condiciones particulares aportadas por el propio apelante, además de en el documento dos de la contestación a la demanda, evento 21 del índice electrónico del juzgado, cuya autenticidad no ha sido impugnada, en el que el propio recurrente firma la solicitud del seguro y el cuestionario de salud como tomador, asegurado y agente.

Si bien, normalmente, solo las formalidades del artículo tres permiten probar que el tomador ha tomado conocimiento, al tiempo de dar su consentimiento y no con posterioridad, de las cláusulas limitativas del contrato de seguro, en este caso no puede obviarse la excepcional situación de que el demandante no solo es el tomador, sino que, al propio tiempo, porque así él lo quiso, es también el agente mediador que formalizó el contrato de seguro en cuestión, cuyas cláusulas limitativas no podía ignorar cuando él mismo es quien venía llamado a explicarse con toda transparencia el condicionado de la póliza que se estaba ofreciendo a él mismo y a cumplimentar todas las

formalidades precisas para ello, incluso las del citado artículo 3 de la Ley de contrato de seguro, siendo así a estos efectos intranscendente que, por error de la aseguradora, inducida o no por una previa remisión errónea del agente mediador (el actor ahora apelante), tenga en su expediente, como puede verse en el evento 7 del índice electrónico del juzgado, documento cuarto de la demanda del ahora apelante, la aceptación de las cláusulas limitativas del artículo 3 firmadas por otro tomador, un tal Arsenio como se reproduce gráficamente en la página 15 del recurso que, por otra parte, es cuestión sobre la que no acertamos a encontrar alusión alguna en la demanda del apelante, pese a que él mismo la aportó como documento cuatro de su demanda.

Caso 122

Resumen: No queda cubierta por el seguro la responsabilidad reclamada, dado que la cláusula de delimitación temporal "*durante la vigencia de la póliza*" cumplía con lo exigido.

Sentencia: AP Madrid, Sec. 10.ª, 90/2023, de 8 de febrero. Recurso 30/2022 (SP/SENT/1182329).

Argumentación jurídica: Se aceptan los fundamentos de la resolución de primera instancia, en lo que no sean contrarios a los de la presente resolución.

La sentencia de primera instancia en primer lugar recoge la pretensión de la parte actora; así como las alegaciones dadas por la demandada al contestar a la demanda.

Entra a analizar en primer lugar la concurrencia de prejudicialidad penal, para rechazar dicha alegación. Seguidamente analiza la alegada excepción de falta de legitimación pasiva, en sus distintas alegaciones, de temporal y en relación a la materia. Rechaza la falta de cobertura en su ámbito temporal, por no ser oponible a tercero una cláusula que no se encuentra firmada. Analiza si el riesgo está cubierto por la póliza suscrita entre la demandada y MAD UNION DENTAL, S.L., analizando la prueba sobre si se ha acreditado o no la mala praxis médica, acogiendo las valoraciones de la pericial aportada por la parte demandante, y concluyendo que ha existido una mala praxis, por lo tanto, considera que el riesgo está cubierto por la póliza. Entra a concretar el importe indemnizatorio reconociendo a la parte actora la cantidad de 3.000 euros por daños morales y la devolución del importe pagado por el actor de 1.309,50 euros. Así como la condena al pago de los intereses del art. 20 de la LCS.

Entraremos a resolver de forma previa el recurso interpuesto por la entidad BILBAO COMPAÑÍA ANÓNIMA DE SEGUROS Y REASEGUROS, S.A., dado que el recurso del parte actor se limita al *quantum* indemnizatorio, y de prosperar el recurso de la aseguradora, haría innecesario entrar a resolver sobre la cuestión planteada por la contraparte.

Sostiene en primer lugar la parte apelante que la sentencia parte, de una errónea apreciación de los doc. núm. 4, 7 y 8 de la contestación a la demanda. Alega que no se ha acreditado el pago de las cantidades que son objeto de resarcimiento. Señala que la cláusula que establece el límite temporal del contrato, es una cláusula que cumple con creces lo estipulado en el art. 73.2 y 3 de la LCS. Pues la comunicación del siniestro a la aseguradora se produjo una vez se había extinguido el contrato, bien se entienda que la comunicación fue con la demanda, o con la reclamación extrajudicial de abril de 2019. La cláusula se encuentra resaltada y firmada, por tanto, se cumple con todos los requisitos para que pueda ser oponible a terceros.

Esta sección ya ha resuelto sobre la cuestión en un caso semejante al presente en concreto en la SAP, Civil sección 10 del 23 de noviembre de 2022 decíamos: "*La cláusula de delimitación temporal contenida en la póliza dice textualmente: «Queda cubierta en los términos pactados, la Responsabilidad Civil del Asegurado derivada de las reclamaciones presentadas por un tercero, al Asegurador o a la Agencia de Suscripción durante la vigencia de la póliza, por errores profesionales o hechos ocurridos no conocidos por el Asegurado a la fecha de efectos del seguro, causante de daños profesionales, materiales y sus perjuicios consecutivos»*".

Señala el art.73, párrafo segundo de la Ley de Contrato de Seguro: "*Asimismo, y con el mismo carácter de cláusulas limitativas conforme a dicho artículo 3 serán admisibles, como límites establecidos en el contrato, aquellas que circunscriban la cobertura del asegurador a los supuestos en que la reclamación del perjudicado tenga lugar durante el período de vigencia de la póliza siempre que, en este caso, tal cobertura se extienda a los supuestos en los que el nacimiento de la obligación de indemnizar a cargo del asegurado haya podido tener lugar con anterioridad, al menos, de un año desde el comienzo de efectos del contrato, y ello aunque dicho contrato sea prorrogado*".

Respecto de la validez de las cláusulas de delimitación temporal, la Sentencia de Pleno de 26 de abril de 2018, n.º 252/2018, establece: "*La jurisprudencia, al interpretar el actual párrafo segundo del art. 73 LCS, añadido por la disposición adicional 6.ª de la Ley 30/1965, de 8 de noviembre, de Ordenación y Supervisión de los Seguros Privados, ha considerado admisibles las cláusulas de delimitación temporal del seguro de responsabilidad civil si cumplen el requisito, como cláusulas limitativas que son según la propia norma, de aparecer destacadas de modo especial en la póliza y haber sido específicamente aceptadas por escrito, como exige el art. 3 LCS (sentencias 700/2003, de 14 de julio, 87/2011, de 14 de febrero, 283/2014, de 20 de mayo y 134/2018, de 8 de marzo). También se ha declarado por la jurisprudencia que la interpretación de estas cláusulas no debe perjudicar al asegurado ni al perjudicado (sentencias 87/2011, de 14 de febrero y 366/2012, de 19 de junio), pero esta declaración debe ponerse en relación o bien con sentencias sobre el art. 73 LCS antes de su modificación en 1995, o bien con la aplicación de su redacción posterior a casos de sucesión o concurrencia de seguros de responsabilidad civil para evitar períodos de carencia de seguro o de disminución de cobertura en detrimento del asegurado o del perjudicado, pues claro está que las cláusulas de delimitación temporal, como limitativas que son, en principio siempre perjudican al asegurado*". En la referida sentencia se estimó suficiente para la validez de la cláusula la "*falta de límite temporal*" respeto del hecho origen de la reclamación, pronunciándose en los siguientes términos: "*En consecuencia, la cláusula de delimitación temporal controvertida cumplía con lo exigido para la modalidad del inciso segundo del párrafo segundo del art. 73 LCS, pues la limitación temporal consistente en que la reclamación al asegurado se formulara «durante la vigencia de la póliza» se compensaba con una falta de límite temporal alguno respecto del hecho origen de la reclamación («obras realizadas con anterioridad o durante la vigencia de este contrato»)*; es decir, cualquiera que fuese el tiempo de «*nacimiento de la obligación*». Criterio reiterado por la más reciente STS de 26 de marzo de 2019 (rec. 3483/2015).

En el presente supuesto, consta la cláusula de delimitación temporal en condiciones especiales se resalta con mayúsculas el enunciado y en negrita, en el certificado de adhesión. Se establece en párrafo separado y debidamente destacado dentro del aparatado de cláusulas limitativas y exclusiones, documento que se encuentra firmado por el asegurado que, además, intervino a través de Corredor de Seguro, cumpliendo con lo dispuesto en el art. 3 de la Ley de Contrato de Seguro. Entiende la Sala, como ya se hizo en el supuesto de la sentencia citada, que la cláusula pactada es válida.

La sentencia de primera instancia considera que la cláusula es una cláusula limitativa de derechos y que requiere que aparezca destacada de molo especial en la póliza y haber sido específicamente aceptadas por escrito. Por otra parte, pese a que considera acreditado que la rescisión del contrato de seguros se produjo el 3 de mayo de 2018, considera que la cláusula controvertida, no viene firmada y por tanto no es oponible al tercer perjudicado.

Por tanto, la sentencia de primera instancia, recoge que se reclamó por primera vez por el demandante, una vez la póliza ya no estaba en vigor, a la luz de los doc. 7 y 8 de la contestación, si bien considera que la cláusula no es oponible al perjudicado.

No comparte la Sala la valoración que realiza la sentencia sobre la oponibilidad de la cláusula a los terceros, puesto que la misma se encuentra firmada y destacada, cumpliendo con los estándares del art. 3 de la LCS. En consecuencia, ha de entenderse que, en el presente caso, no queda cubierta por el seguro la responsabilidad reclamada por el actor. Lo que ha de llevar a la estimación del primero de los motivos de apelación esgrimido por SEGUROS BILBAO, y, en consecuencia, la estimación del recurso, que ha de llevar aparejada la desestimación de la demanda, al no estar cubierto por la póliza de seguros la responsabilidad reclamada.

La estimación de este primer motivo hace innecesario entrar a resolver sobre el resto de los motivos de apelación alegados por la representación procesal de BILBAO COMPAÑÍA ANÓNIMA DE SEGUROS Y REASEGUROS, S.A.; así como del recurso de apelación interpuesto por la representación procesal de D. Lucas, que en consecuencia debe ser desestimado.

Caso 123

Resumen: Los socios, directivos, asalariados y personas que, dependan del tomador del seguro y/o asegurado, mientras actúen en un ámbito de dependencia, no están cubiertos por el seguro de responsabilidad civil, pues no tienen la condición de terceros.

Sentencia: AP Valencia, Sec. 11.ª, 558/2020, de 30 de diciembre. Recurso 52/2020 (SP/SENT/1090561).

Argumentación jurídica: Ceñido el análisis de la apelación exclusivamente a los puntos y cuestiones planteados en el recurso (artículo 465-5 LEC), aduce la apelante, respecto a la obligación de hacerse cargo la aseguradora demandada de la responsabilidad indicada, error en la valoración de la prueba al no quedar demostrado el conocimiento y aceptación previa por parte del tomador asegurado, el demandado D. Indalecio, por ser ello preciso para que le vinculase, admitiendo no tratarse de cláusula limitadora, la delimitadora del riesgo relativa a la consideración del tercero perjudicado inserta dentro de las condiciones especiales (generales) del contrato de seguro de responsabilidad civil profesional vigente entre el indicado demandado y la que también lo era QBE Insurance (Europe) Limited, Sucursal en España, al igual que ignoraba el resto de las generales y especiales también incluidas dentro del clausulado del contrato; así como corresponder reconocer la condición de tercero perjudicado de la entidad actora a efectos de la póliza suscrita, atendiendo a la literalidad de la definición contenida dentro de las exclusiones especiales e interpretación *contra proferentem* que correspondería realizar. E instando de forma subsidiaria no le fueran impuestas las costas del procedimiento en la instancia por la concurrencia de serias dudas de hecho y de derecho en el caso conforme a lo dispuesto en el artículo 394-1 LEC.

Al efecto, debe tenerse en cuenta que, el artículo 73 LCS, define el seguro de responsabilidad civil como aquel en el que el asegurador se obliga, dentro de los límites establecidos en la Ley y en el contrato, a cubrir el riesgo del nacimiento a cargo del asegurado de la obligación de indemnizar a un tercero los daños y perjuicios causados por un hecho previsto en el contrato de cuyas consecuencias sea civilmente responsable el asegurado conforme a derecho. Siendo criterio jurisprudencial, asimismo, que el perjudicado al que se refiere el artículo 76 LCS y le concede acción directa contra el asegurador, ha de ser, obviamente, un tercero extraño o ajeno al propio asegurado (al respecto, STS 25 octubre 1997). Correspondiendo considerar que, en el supuesto analizado, se constata la falta del requisito de la ajenidad o alteridad, que se encuentra en la esencia de esta modalidad de seguro, de la demandante con el demandado D. Indalecio que comparece como tomador y asegurado en la póliza suscrita por su colegio profesional de ingenieros técnicos de obras públicas con la codemandada QBE, y a la que aquel se adhiere. Y ello es así teniendo en cuenta que, contratada por tercero, la Comunidad de Propietarios que se indica, a la también demandada Estudios y Proyectos Orvaz S. L. la instalación de estación depuradora de aguas residuales formando parte de dicho proyecto la colocación de un reactor biológico que a la sazón falla, siendo diseñado conforme a su cualidad profesional por D. Indalecio y encomendada por Estudios y Proyectos Orvaz S. L. a Rebogar Obras y Servicios S. L. su construcción, como expone la apelante, tanto una como otra empresa formaban parte, junto a otras, de un grupo de empresas gestionadas por D. Indalecio, componente y legal representante de aquellas, por lo que al reclamar la demandante a la aseguradora de dicho demandado no se puede desconocer que, bien de forma directa bien indirecta, el que en definitiva resulta beneficiado es el propio asegurado a la vez como tercero perjudicado.

Siendo que, coherente con tales exigencias, la propia definición de tercero incorporada en el clausulado enunciado como de condiciones especiales de la propia póliza, excluye como tal, en lo que ahora nos atañe, a "*los socios, directivos, asalariados y personas que, de hecho o de derecho, dependan del Tomador del seguro y/o Asegurado, mientras actúen en el ámbito de dicha dependencia*", entre los que cabe encuadrar las empresas que dirija el asegurado sin forzar en modo alguno la interpretación de dicha estipulación. Y reconociendo, por lo demás, la recurrente, tratarse de cláusula delimitadora, por lo que no resultaban operativas para su vigencia las exigencias de las limitativas, cuya validez se condiciona a la concurrencia de la aceptación especial prevista en el artículo 3 LCS, por más que así se pretenda indirectamente mediante la alegación de

su desconocimiento y falta de aceptación expresa. Lo que, por otra parte, queda cuestionado al tratarse de póliza colectiva para su colegio profesional, por lo que quien debió conocer y aceptar las cláusulas contenidas en el contrato fue aquel, que es el que las negocia directamente, y no cada uno de los asegurados que son los que los aceptan posteriormente mediante su adhesión.

En consecuencia, y remitiendo por lo demás a lo que se razona en la sentencia recurrida, procede desestimar el recurso de apelación y confirmar aquella resolución, incluido el pronunciamiento imponiendo las costas ocasionadas en la instancia a la demandante, al ser acorde con la regla general establecida en el artículo 394-1 LEC y el principio objetivo del vencimiento, y al no apreciarse en el supuesto estudiado la concurrencia de serias dudas fácticas y jurídicas, al no apreciarse especial complejidad en el debate tal y como quedó delimitado en la instancia, y de acuerdo con los términos que se han razonado anteriormente para la decisión de la apelación, por tanto, sin que se acepten los argumentos expuestos por la recurrente para entender otra cosa..

Marítimo

Caso 124

Resumen: Seguro marítimo: embarcación de recreo. Exclusión de la cobertura: falta de la titulación necesaria para pilotar la embarcación. Cláusula delimitadora del riesgo. Regulación del deber de declaración del riesgo en el seguro marítimo según la Ley de Navegación Marítima.

Sentencia: TS, Sala Primera, de lo Civil, 1013/2023, de 21 de junio. Recurso 5066/2020 (SP/SENT/1187833).

Argumentación jurídica: La exclusión de cobertura por los siniestros de embarcaciones gobernadas por quienes no tengan la titulación oficial necesaria es clausula delimitadora que se expresa en términos claros y fácilmente comprensibles.

Primer motivo de casación. Planteamiento

1. El primer motivo de casación denuncia la infracción del art. 1288 CC, en relación con el art. 3 de la Ley de Contrato de Seguro (LCS) y la jurisprudencia de esta sala sobre la aplicación de la regla *contra proferentem* (sentencias 676/2008, de 15 de julio, y 251/2013, de 24 de abril).

2. En el desarrollo del motivo, la parte recurrente alega, resumidamente, que la Audiencia Provincial, pese a considerar que los apartados 9 y 10 de las Institute Yacht Clauses tienen carácter complementario con las condiciones generales, acaba otorgando preferencia a estas. De tal modo que en las condiciones particulares, donde consta la aplicación de las condiciones inglesas, no figura la exclusión de cobertura por falta de titulación del patrón, que sí consta de modo oscuro y sin resaltar en las condiciones generales.

En suma, se le da consideración de cláusula de delimitación de cobertura a una cláusula limitativa que debería reunir los requisitos del art. LCS.

QUINTO. Decisión de la Sala. Cláusulas delimitadoras del riesgo y cláusulas limitativas.

1. Como recuerda la sentencia 100/2022, de 7 de febrero, como regla general, la contradicción entre condiciones particulares y condiciones generales debe resolverse a favor de las primeras, salvo que las generales resulten más favorables para el adherente (art. 6.1 LCGC). Pero en este caso realmente no hay contradicción, porque el hecho de que las condiciones particulares no incluyeran una exclusión de cobertura por falta de titulación del patrón, no quiere decir que quedara sin efecto la que sí estaba expresamente contenidas en las condiciones generales.

2. El art. 2 de las condiciones generales de la póliza de seguro marítimo suscrita entre las partes, bajo el epígrafe "*Riesgos excluidos con carácter general*", contiene en el apartado 8, en negrita, el siguiente texto:

"*Siniestros y sus consecuencias que ocurran cuando la persona que gobierne la embarcación no haya cumplido con los requisitos previstos por las leyes que regulan los títulos a exigir para el manejo de cada tipo de embarcación de recreo*".

3. Esta delimitación de cobertura debe ponerse en conexión con las previsiones legales al respecto, que exigen, según el tipo de embarcación, una determinada titulación (en este caso, el Real Decreto 875/2014, de 10 de octubre, por el que se regulan las titulaciones náuticas para el gobierno de las embarcaciones de recreo). De tal manera que la expresión contractual de una obligación legal para el ejercicio de la actividad asegurada no puede considerarse una cláusula limitativa. Sin que tampoco pueda ser calificada como cláusula sorprendente, pues lo sorpresivo sería lo contrario, que la compañía de seguros asegurase la navegación sin la acreditación de los conocimientos necesarios para ello, puesto que como declararon las sentencias 622/1998, de 29 de junio, y 160/2020, de 10 de marzo, "*la falta de titulación supone una presunción de impericia*".

Por lo que no cabe apreciar infracción del art. 3 LCS, ni de la jurisprudencia que lo interpreta.

4. Igualmente, no cabe tachar la cláusula controvertida como oscura o ininteligible. Al contrario, la póliza se expresa en términos claros y fácilmente comprensibles, al indicar que no cubrirá los siniestros de embarcaciones gobernadas por quienes no tengan la titulación oficial necesaria para ello. Por lo que tampoco existe infracción del art. 1288 CC.

5. En su virtud, el primer motivo de casación debe ser desestimado.

Caso 125

Resumen: Excluida la cobertura del siniestro al ser causado por la deficiente instalación para del llenado del depósito, queda excluido el derecho a percibir la indemnización a causa del hundimiento del barco.

Sentencia: AP Valencia, Sec. 11.ª, 153/2023, de 31 de marzo. Recurso 1111/2021 (SP/SENT/1193887).

Argumentación jurídica: Motivo primero:

El recurrente en el motivo primero defendió que: la póliza de seguro suscrita entre las partes tiene naturaleza de seguro multirriesgo y, por tanto, ofrece cobertura a los siniestros ocurridos incluso por culpa grave del asegurado: yerra manifiestamente la *"iudex a quo"* al calificar la póliza de seguro litigiosa como un seguro marítimo a pesar de que la misma extendía su cobertura de forma explícita ante una pluralidad de riesgos ajenos a la navegación marítima, (daños, responsabilidad civil, defensa jurídica, riesgos extraordinarios... etc.); y, dicho sea de paso, ajenos hasta a la propia navegación marítima. Encontrándonos, según se ha demostrado, ante una póliza de seguro multirriesgo la conclusión que debe alcanzarse es, de un lado, que el cuerpo normativo aplicable para resolver la presente controversia es la Ley de Contrato de Seguro y, de otro, que el siniestro objeto de estas actuaciones ha de ser cubierto e indemnizado por la sociedad MURIMAR, ni siquiera quedan excluidos los siniestros aun cuando estos hubieran ocurrido por culpa grave del asegurado (*ex* art. 19 LCS), circunstancia que aquí no concurre.

– Decisión de la Sala:

En el primer motivo de recurso de apelación se plantea la naturaleza del seguro suscrito, el demandante defendió que es un seguro multirriesgo, siendo aplicable la LCS y, por tanto, incluiría los daños por negligencia grave del asegurado. Mientras que por el contrario la demandada considera que nos encontramos ante una póliza a la que por el riesgo asegurado es aplicable la Ley de Navegación Marítima, en cuanto que la finalidad del seguro son los riesgos derivados de esa navegación marítima.

Entre nosotros un seguro multirriesgo es aquel en el que la póliza combina varias coberturas diferentes entre sí, evitando tener que contar con diferentes pólizas para los distintos riesgos a cubrir, modalidad propia de los seguros de daños. Ahora bien, el hecho de que la póliza analizada ampare diversos riesgos no implica que cubra los daños al barco por negligencia del asegurado o sus dependientes, ni excluye que la Sala comparta la conclusión de la Sentencia recurrida en sus dos aspectos:

1.º) El contrato de seguro analizado cubre el riesgo acaecido en la navegación marítima, pero sin amparar los daños causados por culpa grave del asegurado, conclusión a la que se llega si se tiene en cuenta: que el objeto asegurado era la embarcación *"DIRECCIÓN 000"* con año de construcción 2018; que en el artículo preliminar ya se establece que el contrato se rige por las condiciones generales, las condiciones particulares y en lo no previsto en ellas por la Ley de la Navegación Marítima, respecto a los seguros obligatorios por la Ley del Contrato de Seguro y la responsabilidad civil se enmarca siempre dentro de los límites previstos en el Reglamento del Seguro de Responsabilidad Civil de suscripción obligatoria para embarcaciones de recreo o deportivas aprobado por el Real decreto 607/1999. Al delimitar la cobertura otorgada por la póliza en el apartado *"área de navegación"* se concreta: surtirá efecto dentro de los mares territoriales de las aguas interiores de España y el más países miembros de la unión europea; especificándose que el incumplimiento de los límites del ámbito de navegación invalidará automáticamente la cobertura; sobre la responsabilidad civil obligatoria se excluyen los daños producidos a la propia embarcación (artículo 12 de las condiciones generales); y en la voluntaria, el alcance del seguro lo es *"el abono a los perjudicados o derechohabientes de las indemnizaciones a que diere lugar la responsabilidad civil del asegurado"*, siendo el objeto: la responsabilidad civil extracontractual que pueda derivarse para el asegurado por los daños materiales y corporales causados involuntariamente a terceros derivada del uso de la embarcación asegurada, (artículo 13.b de las condiciones generales); por demás, subsidiariamente a lo pactado en la póliza y conforme la prelación prevista en el contrato se acude a la Ley de Navegación Marítima y en ella se excluye en el artículo 419.1 de la Ley de Navegación Marítima: *"El asegurador no responde de los daños causados al interés asegurado por dolo del asegurado, sin que valga pacto en contrario. Tampoco responderá por culpa grave del asegurado (...)"*; sin omitir, que la aplicación de la Ley de Contrato de Seguro es subsidiaria y dentro con los límites fijados en el condicionado de la póliza. Por lo que se excluye dar preferencia a lo regulado en ella frente a la establecido en la Ley de Navegación Marítima, como defiende el recurrente, olvidando que el bien asegurado es un barco, que todo el seguro se circunscribe a este objeto, y que el riesgo, cuya indemnización se discute, fue la pérdida total el barco por su hundimiento.

2.º) El hundimiento del barco, aunque fuera en el puerto está cubierto por dicho contrato de seguro, pues como explicó la Juez de instancia, dado que en el presente caso, consta acreditado el hundimiento e inundación de la embarcación asegurada, y la definición que de *"área de navegación"* o *"ámbito de navegación"*, que se establece en la página 7 de la póliza, permite concluir que la exclusión de la póliza es únicamente respecto de los siniestros que no se produzca dentro de los mares territoriales y las aguas interiores de España, lo que no es el caso (fundamento de derecho tercero)

— Motivo segundo:

En el motivo segundo, de manera subsidiaria, el recurrente defendió que: aún si aceptásemos que nos encontramos ante un contrato de seguro marítimo, los siniestros producidos por culpa grave de los dependientes del asegurado quedan cubiertos, por tanto, resultase de aplicación la Ley de Navegación Marítima, de conformidad con el artículo 419.3 del citado corpus jurídico la compañía aseguradora viene obligada a responder de los siniestros ocurridos como consecuencia de actuaciones de dependientes del asegurado (que son precisamente las que la Sentencia califica como gravemente negligentes), tanto si estos se provocan por dolo como por negligencia grave. Como no escapará a la Sala, en los supuestos en los que resulta de aplicación el Derecho de Seguros, al asegurado tan solo le corresponde la prueba del acaecimiento del siniestro mientras que a la compañía aseguradora le corresponde la carga de la prueba de las causas de exclusión que invoque y con las que se pretenda zafar de su responsabilidad, por loque es inexplicable el error de la Sentencia consiste, en este punto, en señalar que en la medida que no se practicó prueba en relación la identidad de la persona que instaló el filtro de partículas (extremo ni tan siquiera controvertido entre las partes), procedía la exclusión del siniestro desatendiendo las normas de la carga de la prueba que la propia Sentencia identifica. La única conclusión lógica que puede alcanzarse es que no resulta de aplicación la causa de exclusión de responsabilidad prevista en el artículo 419.2 de la Ley de Navegación Marítima en la medida que no ha sido probada por la sociedad MURIMAR la concurrencia de los elementos integran dicha causa de exclusión y que consisten, insistimos, tanto en que se trate de un dependiente de MURIMAR, como en que dicho dependiente tuviese encargadas funciones gerenciales o de dirección de las que hubiese dependido la conservación y mantenimiento de *"DIRECCION 000"*.

— Decisión de la Sala:

La Sala no comparte la conclusión defendida por el recurrente, atendiendo a que la circunstancia que califica la actuación del demandado de culpa grave y determina la desestimación de la demanda la Sentencia fue: *"En el presente caso, valorando en su conjunto la totalidad de la prueba practicada esta juzgadora considera acreditado que el asegurado instaló el sistema de llenado del taque de agua dulce de forma adicional al proyecto constructivo original sin la supervisión técnica preceptiva, actuación que motivo por ser defectuosa dicha instalación, el hundimiento de la embarcación (...)"*. Conclusión probatoria aceptada y compartida por este Tribunal si se tienen en cuenta las dos pruebas periciales practicadas.

Así el informe pericial aportado por la demandada concluyó: que la inundación se produjo en el patín de babor en el tramo modificado de la instalación de agua dulce, al haber colocado un elemento nuevo respecto a una embarcación homologada. Conclusión ratificada en la ampliación del informe que de manera clara, en el apartado de conclusiones, explicó: la causa del hundimiento fue el deficiente diseño ejecución de la obra de la instalación del suministro al tanque de agua dulce, que provoca que se desacople una conexión entre manguera, unido a la utilización del sistema por parte del personal ajeno al sector naval, actuando sin tener conciencia de que un error en un suministro puede crear graves problemas para la integridad de la propia embarcación y/o del entorno que la rodea.

Por su parte el perito don Justo también hizo constar que la instalación del llenado no se efectúa por el constructor del barco, sino que se realizó posteriormente y que se asemejó más a una instalación de tierra que a una propia de una embarcación.

En la Ley de Navegación Marítima la responsabilidad del asegurado queda delimitada, en relación al dolo o culpa del asegurado en el artículo 419, distinguiendo en el párrafo primero entre dolo y culpa grave, en el caso del dolo el asegurador no responde por los daños causados en el interés asegurado sin que valga pacto contrario, mientras que en el supuesto de culpa grave se admite pacto en contrario, quedando en este caso siempre un 10 % del daño a cargo del asegurado. Y en el apartado segundo se establece que: *"La responsabilidad del asegurador por los daños ocasionados con dolo o culpa grave por los dependientes del asegurado que desempeñen en tierra funciones de gerencia o dirección de las que dependa el estado de conservación o de mantenimiento del objeto asegurado, se regirá por los criterios previstos en el apartado 1 para el supuesto de culpa grave del asegurado"*. En base a esta regulación era exigible practicar aquella prueba necesaria para constatar la concurrencia de los elementos opuestos por el recurrente para exonerar la apreciación de culpa grave en el demandante o sus dependientes.

Aunque la Sala no discrepa de la carga probatoria expuesta por el recurrente, atendiendo a la reclamación que se impone al asegurado y a la aseguradora; en este caso concreto, se tiene en consideración, conforme al artículo 217 de la LEC, que no puede exigírsele a la compañía demandada que acredite quién efectuó esta instalación en la nave, más allá de haber comprobado que dicha instalación no era la homologada para este barco; ya que es aplicable la regla de la facilidad probatoria al demandante para esa acreditación, al ser el dueño del barco una empresa y con necesaria constancia documental de esa instalación, con medios para concretar los extremos fáctico

atinentes. Recae sobre ella probar que no concurría el supuesto de hecho discutido que determina la aplicación del citado precepto. Por lo que, al igual que concluyó la Juez de instancia, la falta de acreditación de este extremo implica que debe soportar a las consecuencias de su omisión el demandante.